D'ARTAGNAN

GRAND ROMAN HISTORIQUE

Remplissant la période de la vie du célèbre Mousquetaire
qui s'étend de la Jeunesse des Mousquetaires à Vingt Ans après

Les deux Romans d'ALEXANDRE DUMAS

Par

Paul Mahalin

Auteur
du FILS DE PORTHOS

D'ARTAGNAN

I

Au Tourne-Bride.

En 1630, les bois du Vésinet — portion restée debout de la vaste forêt Iveline *(Equalina sylva)* qui couvrait, avant notre ère, la majeure partie de l'Ile-de-France — descendaient encore jusqu'à la Seine par une suite non interrompue de taillis.

Mais déjà François Ier les avait troués d'une route qui reliait Saint-Germain à Paris.

De son côté, Henri IV, qui venait de faire bâtir, en ce même Saint-Germain, un château neuf pour remplacer le vieux château du roi-chevalier, avait tracé, à travers ces épais massifs de chênes et de hêtres centenaires, des voies qui allaient se croisant « non moins pour charmer les yeux que pour faciliter les plaisirs de la promenade et de la chasse ».

L'une de ces voies, l'avenue Royale, se dirigeait presque en droite ligne du Château-Neuf vers le bac qui traversait le fleuve à peu près à l'endroit où se trouve aujourd'hui le pont de Chatou.

Avant d'arriver à ce bac, et au sommet de la rampe le long de laquelle s'étage le village actuel, l'avenue Royale se coupait d'une autre qui filait, à droite, vers Croissy en bris de coque et, à gauche, vers les localités moins naissantes de Montesson, d'Argenteuil, de Carrières et de Cormeilles-en-Parisis.

Au point d'intersection de ces deux routes, s'élevait une maison de deux étages, — d'apparence solide et honnête, — dont le toit de tuiles, d'un rouge criard, s'apercevait des fonds de Rueil, de Nanterre et du calvaire du Mont-Valérien.

Une enseigne de fer battu, portant ces mots : *Au Tourne-Bride*, se balançait fièrement, au bout d'une potence, à l'une des fenêtres du second étage, et, au-dessous de cette fenêtre, on pouvait lire, se détachant en lettres noires sur le crépi jaune clair de la façade, ce complément d'indication :

PAR PERMISSION DU ROY
BONNEBAULT LOGE A PIED ET A CHEVAL

Il fallait, en effet, une autorisation spéciale pour héberger en même temps les cavaliers et les piétons :

« Les lois du royaume, dit Monteil dans son *Histoire des Français des divers états*, empêchant ceux-ci de trop dépenser et ceux-là de ne pas dépenser assez. »

Il y avait, en face de la maison, de l'autre côté de la route, une écurie assez spacieuse, couverte en chaume, et de longs hangars pour abriter la suite que les nobles personnages qui voyageaient de Paris à Saint-Germain traînaient d'ordinaire après eux.

On touchait à la fin de juin.

Un écho de fanfares lointaines vibrait dans les profondeurs du bois.

On devait chasser quelque part sous le couvert.

Il était un peu plus de cinq heures du soir.

Le ciel roulait de gros nuages gris qui semblaient peser sur l'atmosphère.

Le soleil ne se montrait point ; mais sa chaleur, tamisée par les nuages bas, se faisait sentir plus pénétrante.

De courtes rafales d'un vent tiède secouaient les branches.

La Seine noircissait, annonçant l'orage.

Un cavalier, qui venait de passer le bac, s'arrêta devant l'hôtellerie du *Tourne-Bride*.

Sa monture, bien que fatiguée, conservait fort belle apparence.

Vous trouverez le portrait de ce cavalier au début de la première partie de l'immortelle trilogie des *Mousquetaires* :

Le visage long et brun ; la pommette des joues saillante ; l'œil ouvert, intelligent ; le nez crochu, mais finement dessiné ; les muscles maxillaires énormément développés, signe infaillible auquel on reconnaît le Gascon...

Seulement, une demi-douzaine d'années avaient passé sur ce crayon de notre cher et illustre maître, Alexandre Dumas...

De ces années de campagne et d'aventures qui comptent double dans la vie...

L'adolescent, — qui débarquait en l'an de grâce 1626, dans le bourg de Meung, en Orléanais, — était devenu un homme.

Le poil lui avait poussé.

Et ne vous étonnez pas, — quoiqu'il confinât à peine à la trentaine, — si quelques fils d'argent brillaient dans la moustache brune qui se relevait au-dessus de sa lèvre légèrement railleuse, ainsi que dans la riche abondance de la chevelure qui se bouclait sous son feutre empanaché.

Sa tournure, comme sa mine, était celle d'un soldat.

Du reste, sous le vaste manteau qui l'enveloppait de ses plis, du colletin à l'éperon, vous auriez pu apercevoir la casaque rouge, écartelée de la croix d'argent, des mousquetaires de Sa Majesté Louis XIII.

Car, nous ne vous le cacherons pas plus longtemps :

Le héros du présent récit n'est autre que ce chevalier d'Artagnan, dont vous avez tous lu l'émouvante et impérissable épopée.

Nous vous le présentons au moment où Dumas l'abandonne, pendant un certain temps, pour vous le faire retrouver plus tard, dans la seconde suite de son œuvre intitulée : *Vingt ans après*.

. . . .

En entendant venir ce voyageur — dont une longue rapière à fourreau de cuir fauve et à coquille délicatement ouvragée, battait les flancs de la monture — maître Quentin Bonnebault, propriétaire du *Tourne-Bride*, était apparu sur le seuil de son établissement.

Mais, au lieu de se précipiter, ainsi qu'il en avait l'habitude, au-devant de ce nouveau client ; au lieu de lui ôter son bonnet, de lui souhaiter la bienvenue et de lui tenir l'étrier ; au lieu de l'inviter à entrer avec toute sorte de compliments, d'offres de services et de révérences ; au lieu de le précéder, « pour lui montrer le chemin », en lui vantant, avec l'éloquence du cœur, l'excellence de ses lits, de sa cuisine et de sa cave, — ainsi que c'est la conduite ordinaire de ceux qui vendent la pâtée et la niche, — il était demeuré muet et immobile dans l'encadrement de sa porte ouverte et avait paru attendre que le voyageur lui adressât la parole le premier.

Celui-ci n'y avait point manqué.

— Çà maître, avait-il demandé avec un peu d'étonnement, auriez-vous, d'aventure, la vue assez mauvaise pour ne pas vous apercevoir des pratiques qui vous arrivent ?

L'aubergiste était un petit homme replet et sanguin, à la figure canine et aux sourcils farouches sur des yeux débonnaires.

Il salua gravement et dit :

— Votre Seigneurie m'excusera, je me suis parfaitement aperçu qu'elle m'avait fait l'honneur insigne de s'arrêter devant ma maison.

— Et bien ! reprit l'autre gaiement, si votre enseigne n'est pas un leurre, mettez mon cheval à l'écurie, et qu'on le soigne comme il faut ; on s'occupera de moi ensuite, — et, pendant que vous me préparerez une chambre, je souperai, — je souperai même copieusement, si, toutefois, il plaît à Dieu, et à votre garde-manger.

Maître Bonnebault le regarda en face :

— Souper ?... Coucher ?... Votre Seigneurie aurait donc le dessein de loger, cette nuit, chez moi ?

— Ma foi, je n'irai pas plus loin... Cette chaleur étouffante... Cet orage qui se prépare... Et puis, j'ai l'estomac dans les talons...

Et le voyageur fit mine de quitter les arçons.

Mais l'hôtelier, le retenant :

— Un instant, mon gentilhomme, un instant... Cette précipitation... il faudrait s'expliquer, que diable !

— Comment ?

— C'est-à-dire qu'il est nécessaire que je vous adresse une question...

— Une question ?... A moi ?... Et laquelle ?

Maître Quentin cligna de l'œil.

Puis, scandant les mots d'une façon significative :

— Est-ce que vous venez pour la chasse ?

— Pour la chasse ?

L'autre souligna de la voix et du regard :

— Oui, *pour la chasse.*

— Quelle chasse ?

— Une grande chasse aux flambeaux que l'on a organisée pour ce soir... A cette fin de détruire certain sanglier... Un vieux solitaire qui cause des ravages effrayants dans le pays.

— Non, mon ami : je ne viens pas pour la chasse... Et ce sanglier m'importe peu... Je me rends simplement à Saint-Germain, où mon service m'appelle.

La physionomie de Bonnebault se hérissa de mauvaise grâce, ainsi qu'un porc-épic se hérisse de ses dards :

— Alors, déclara-t-il sèchement, je vous engage à continuer votre chemin.

— Hein ?

— Impossible de vous recevoir.

— Et pourquoi cela, je vous prie ?

— Ma maison regorge de monde.

— Vraiment ?... Vous êtes si plein que cela ?... En tout cas, il n'y paraît guère !

— Mes fourneaux sont éteints.

— Vous les rallumerez.

— Il n'y a que des souris dans mon garde-manger.

— Vous m'accommoderez les souris : je ne suis pas difficile !

— Ma cave est vide.
— Oh! oh! voilà une hypothèse contre laquelle s'inscrit en faux la pourpre cardinalice de votre nez, mon hôte.
— Enfin, je n'ai plus un lit vacant.
— Et bien, à défaut de lit, je camperai sur une table.
— Mes tables sont toutes occupées.
— Sur un escabeau, alors.
— Tous mes escabeaux sont retenus.

Le cavalier fronça le sourcil :
— Ah çà ! drôle, que signifie? Auriez-vous l'intention de vous moquer de moi? Mordioux, je ne suis patient que tout juste !

Mais l'hôtelier toujours froid, plus renfrogné et plus hargneux :
— Cela signifie, mon gentilhomme, que je n'ai pas de comptes à vous rendre, et que j'agis comme il me convient... Libre à vous d'en faire autant... Sur ce, bonsoir et bon voyage !

Et, pivotant sur les talons, il rentra dignement dans son établissement.
Puis, il se retourna pour fermer la porte.
Mais le voyageur — toujours en selle — l'avait suivi...
Et sa monture avait ses deux pieds de devant sur le seuil de l'auberge, tandis que sa tête et son cou plongeaient déjà à l'intérieur, où son maître, en se courbant, se préparait à s'introduire avec elle — et sur elle.

— Messire, messire, que faites-vous? s'exclama Quentin stupéfait de cette invasion équestre.

— Vous le voyez, répondit l'autre tranquillement. D'abord j'agis ainsi qu'il me convient : ne venez-vous pas de m'en laisser la liberté ?

— Oh!...

— Ensuite, je me conforme à votre enseigne : *Bonnebault loge à pied et à cheval*...

Vous avez refusé de m'héberger tout-à-l'heure, quand je voulais entrer à pied : vous consentirez peut-être à me recevoir, maintenant que je vais entrer à cheval...

Et, si c'est ici l'écurie...
— L'écurie, ma salle à manger !
— Ce n'est pas l'écurie?... Alors, prouvez-le-moi en me servant, et conduisez ma bête ailleurs...
— Mais, Monsieur, encore une fois...
— Ah ! trêve de verbiage et de plaisanterie !... Si vous avez derechef quelques observations à présenter, adressez-les à mon cheval... Seulement, je vous préviens qu'il rue...

Et sautant prestement à bas de l'animal, dont il jeta la bride aux mains de l'aubergiste abêti, le cavalier pénétra dans la salle à manger.

Au bruit de la discussion, un judas à charnière, pratiqué dans le plafond de cette salle, et qui servait de communication entre le rez-de-chaussée et le premier étage, s'était ouvert, et une voix de femme était tombée d'en haut, s'informant :

— Çà, Monsieur Bonnebault, quel est ce tapage ? Avec qui vous disputez-vous ? Ou bien est-ce que le feu serait à la maison ?

Presque aussitôt, la propriétaire de cette voix était descendue en toute hâte :

Une luronne rondelette, dont la mine ragoûtante donnait une agréable idée de la cuisine et du confort du *Tourne-bride*.

Le mousquetaire l'interpella d'un ton de bonne humeur.

— Hé ! arrivez donc, ma commère, et dévisagez-moi de pied en cap... Est-ce que j'ai l'air d'un espion ou d'un voleur ?... Que diable ! il y a des choses qui sont écrites dans la figure d'un homme... Et puis, dites à votre mari, — car vous êtes, à ce que je suppose, la compagne de cet aubergiste-cervier, — dites-lui qu'il ne court aucun risque à me donner, en payant, un morceau et un gîte...

Il tira de sa poche une bourse bien garnie :

— Je ne demande rien pour rien, — et, si vous ne tenez pas à me faire croire qu'il se passe ici quelque chose dont vous redoutez que je sois le spectateur ou l'auditeur...

Les deux époux se regardèrent avec effroi :

— Oh ! Messire, protesta le mari, est-ce que vous pourriez penser !

Et la femme, après s'être recordée un moment :

— Mon Dieu, mon gentilhomme, nous serions enchantés de mettre la maison à la disposition de Votre Seigneurie... Mais c'est qu'elle nous a été louée tout entière, pour cette nuit, par des personnages de la cour... Oui, par un écot de jeunes seigneurs qui viennent y faire carrousse à cinq pistoles par tête...

Le voyageur haussa les épaules :

— Cinq pistoles !... La belle affaire !... Moi, je vous en offre dix pour une croûte à casser et un coin où dormir.

— Dix pistoles !

Monsieur et Madame se regardèrent de nouveau.

Mais, cette fois, il y avait plus de cupidité que de crainte dans leurs regards.

Puis, ils échangèrent rapidement quelques paroles à voix basse.

Puis encore, Madame dit avec résolution :

— Monsieur Bonnebault, vous allez installer de ce pas la monture de ce gentilhomme au fond de la petite écurie, où elle ne sera vue de personne.

Maître Quentin s'empressa d'obéir.

L'hôtelière continua :

— Mon cavalier, il y aurait peut-être moyen d'arranger les choses.

— Voyons ce moyen, ma chère dame.

— Nous n'avions pas compris notre chambre à coucher dans le marché avec ces jeunes seigneurs.

— Ah!...

— Celle qui est ici au-dessus et dont je descendais tout à l'heure...

— Eh bien ?

— Eh bien, nous pourrions vous la céder et aller passer la nuit, mon mari et moi, dans le grenier à foin, au-dessus du hangar en face...

— A merveille!...

— Seulement, il y aurait une ou deux conditions...

— Dites, et, pour peu qu'elles soient acceptables...

— D'abord, on vous y servirait votre souper, parce que les personnes que nous attendons peuvent, d'un instant à l'autre, arriver dans cette salle.

— Bon ! pourvu que je soupe, que la chère soit abondante et que le vin soit frais, du diable si je me préoccupe de l'endroit où aura lieu cette opération !

— Ensuite, il faudra vous coucher de bonne heure, car, ces personnes étant ici en catimini, si elles vous entendaient marcher...

— Soyez tranquille : je ne serai pas long à aller de la table au lit... La lourdeur de ce temps d'orage augmente ma lassitude.

Or, comme j'ai doublé l'étape ce matin, ne m'étant arrêté à Paris, que juste le temps nécessaire pour apprendre que la cour est à Saint-Germain...

— Enfin, il ne me sera pas possible de vous donner de la lumière... Une lumière s'apercevrait du dehors... Et ces Messieurs voudraient savoir qui veille en haut pendant qu'ils conversent en bas.

L'autre éclata de rire :

— Tant de précautions... Qu'est-ce qu'ils complotent, vos Messieurs !... Mordioux ! si ce ne sont pas d'abominables conspirateurs !...

— Des conspirateurs ! répéta avec épouvante Maître Bonnebault qui rentrait.

Sa femme, de son côté, était devenue plus blanche que la toile de sa gorgerette.

D'Artagnan n'eut pas l'air de remarquer leur trouble :

— Après tout, leur dit-il tout haut, peu m'importe !

Puis tout bas à lui-même :

Tous étaient debout et s'inclinaient... (page 14).

— Il y a ici un secret. Or les secrets sont la fortune de ceux qui n'en ont pas. Je ne les cherche jamais ; mais quand, par hasard, j'en rencontre un sur ma route...

II

LE JUDAS.

C'était une chambre d'auberge, avec un grand lit à baldaquin et à courtines de serge verte, et, en face de ce lit, une fenêtre drapée de rideaux de même étoffe et de même couleur.

De cette fenêtre, on aurait pu apercevoir un cavalier immobile à dix pas en avant du *Tourne-Bride.*

Ce cavalier était enveloppé d'un manteau.

Il avait l'air d'une vedette.

Une petite étincelle bleuâtre qui tremblottait dans la nuit, dont l'ombre s'épaississait de plus en plus, trahissait la mèche du pistolet qu'il avait au poing, la crosse appuyée sur son genou.

Deux autres cavaliers arrivèrent au galop par la route de Saint-Germain.

Aussitôt, le premier leva son pistolet :

— Où allez-vous, Messieurs ? demanda-t-il.

— Nous venons pour la chasse, lui fut-il répondu.

— C'est bien : passez.

La vedette baissa son arme.

Les cavaliers passèrent. Ils mirent pied à terre à la porte de l'hôtellerie. Maître Bonnebault conduisit leurs chevaux sous le hangar. Pendant ce temps, ils entraient dans la salle à manger.

Derrière eux, deux nouveaux cavaliers débouchèrent par la route de Paris.

Puis, deux par la route de Montesson.

Puis, deux par la route de Croissy.

Puis encore, successivement, par chacune des quatre routes, plusieurs autres — toujours deux par deux.

A chaque couple, la sentinelle adressait la même demande et recevait la même réponse.

Et la même scène se renouvelait.

Deux amazones se présentèrent les dernières.

Cette fois la sentinelle n'interrogea pas. Elle ne haussa pas son arme. Elle se découvrit en silence et s'effaça respectueusement.

L'hôtelier s'inclina jusqu'à terre devant ces nouvelles arrivantes, et ce furent deux des personnes qui les avaient précédées, qui sortirent du logis pour leur tenir l'étrier.

. . . .

Dans la chambre dont nous parlons, — la chambre du premier étage, — celle des époux Bonnebault, — notre voyageur de tout à l'heure n'avait rien remarqué de ce manège : il tournait le dos à la fenêtre.

Ensuite, il était assis devant une table, sur laquelle, complément d'un plantureux repas, au milieu de deux corps diaphanes qui avaient été des bouteilles pleines, s'élevait, trapue et orgueilleuse de sa rotondité, une fiole matelassée de roseaux, par les interstices desquels, si la pièce eût été éclairée, on eût pu voir jaillir des étincelles de topazes et de rubis.

C'était un flacon d'un de ces vieux vins d'Espagne dont un palais, déjà échauffé, aime à savourer l'épice mielleuse.

Autour de ce flacon, des figues sèches, des amandes, des biscuits, des fromages piquants révélaient un calcul intéressé de l'hôtesse.

Il était certain, en effet, que quiconque toucherait à ce dessert provocateur ferait nécessairement, quelque sobre qu'il fût, une ample consommation de liquide.

Cependant, ce calcul avait été déjoué...

Et notre voyageur avait laissé à peu près intacts, et « ces éperons de la soif » et la bouteille destinée à satisfaire celle-ci.

Ah! c'est qu'entre la poire et le gruyère, le Gascon s'était mis à songer...

A songer que, depuis le jour où nous l'avons vu accomplir sa dernière prouesse, bien des choses s'étaient passées.

A songer que, s'il n'avait pas manqué aux circonstances, les circonstances lui avaient manqué...

Tant que ses amis l'avaient entouré, d'Artagnan était resté dans sa jeunesse et dans sa poésie.

C'était, en effet, une de ces natures fines et ingénieuses qui s'assimilent facilement les qualités des autres :

Athos lui donnait de sa grandeur; Porthos, de sa verve; Aramis, de son élégance...

Si notre mousquetaire eût continué à vivre avec ces trois compagnons, il fût devenu un homme supérieur...

Oui, mais Athos l'avait quitté le premier pour se retirer dans une petite terre dont il avait hérité du côté de Blois.

Porthos, le second, pour épouser sa procureuse.

Enfin Aramis, le troisième, pour entrer définitivement dans les ordres.

A partir de ce moment, d'Artagnan, qui semblait avoir confondu son avenir avec celui de ses trois amis, s'était trouvé isolé et faible, — sans courage pour poursuivre une carrière dans laquelle il sentait qu'il ne pouvait devenir quelque chose qu'à la condition que chacun des trois autres mousquetaires lui céderait — si cela se peut dire — une part du fluide électrique qu'il avait reçu du ciel.

Aussi, quoique devenu lieutenant des mousquetaires, notre héros ne s'en trouvait que plus solitaire.

Il n'était pas d'assez haute naissance, comme Athos, pour que les grandes maisons s'ouvrissent devant lui.

Il n'était pas assez vaniteux, comme Porthos, pour faire croire qu'il voyait la haute société.

Il n'était pas assez gentilhomme comme Aramis, pour se maintenir dans son élégance native en tirant son élégance de lui-même.

Quelque temps, le souvenir charmant de Mme Bonacieux avait imprimé à l'esprit du jeune lieutenant une certaine poésie ; mais comme celui de toutes choses de ce monde, ce souvenir périssable s'était peu à peu effacé.

La vie de garnison est fatale, même aux natures aristocratiques.

Des deux natures opposées qui composaient l'individualité de d'Artagnan, la nature matérielle l'avait peu à peu emporté, et tout doucement, sans s'en apercevoir lui-même, notre Gascon était devenu, — nous ne savons comment cela s'appelait à cette époque, — ce qu'on appelle de nos jours un *troupier fini*.

Non point qu'il eût perdu de sa finesse primitive.

Au contraire.

Cette finesse s'était augmentée — ou du moins paraissait doublement remarquable — sous une enveloppe un peu grossière.

Mais cette finesse, il l'avait appliquée aux petites et non aux grandes choses de la vie.

Au bien-être matériel...

Au bien-être comme les soldats l'entendent...

C'est-à-dire à avoir un bon gîte, une bonne table et une maîtresse sans importance.

Il avait renoncé — il le croyait du moins — aux dramatiques équipées.

Et celles-ci, pourtant, ne cessaient point de courir après lui — comme les filles après l'amant qui les dédaigne, et qui les fuit.

C'est ainsi qu'il lui était advenu, — quelque temps auparavant, — une aventure sur laquelle il nous faudra revenir amplement tout-à-l'heure.

C'est à cette aventure qu'il avait fini par penser, lorsque nous le retrouvons achevant de souper, au premier étage de l'auberge du *Tourne-Bride*, entre Paris à Saint-Germain.

Nous croyons avoir suffisamment constaté que la soirée était orageuse.

Au dehors, de brusques rafales d'un vent lourd et brûlant frémissaient dans le feuillage.

A l'intérieur de la chambre, dont la fenêtre restait fermée, la chaleur était énervante.

Ajoutons que cette chambre demeurait sans lumière, et que le voyageur se sentait considérablement fatigué.

Or, c'est une vérité banale, que rien ne prédispose au sommeil comme la lassitude, l'absence de lumière et l'air chargé d'accablantes vapeurs.

Ne vous étonnez donc point si, de la rêverie, d'Artagnan avait glissé peu à peu dans une sorte d'assoupissement qui le tenait cloué sur son siège, sans force pour gagner son lit, et sans conscience de ce qui s'agitait autour lui.

Cependant, à un instant, réagissant contre cet affaissement de tout son être :

— Je ne puis, pourtant, se dit-il, passer la nuit sur cette chaise !

Il fit un effort héroïque, souleva non sans peine ses paupières appesanties, bailla à se démancher la mâchoire, se détira les bras à deux reprises et essaya de se lever.

En ce moment un bruit de voix vint — d'en bas — frapper son oreille.

— Ah ! murmura-t-il *in petto*, ce sont sans doute ces chasseurs dont mes hôtes m'ont annoncé la réunion, et qui s'entourent de tant de mystère.

On continuait à parler.

Il écouta machinalement.

La conversation allait son train au rez-de-chaussée.

Puis, elle s'éteignit brusquement.

Le mousquetaire se tâta :

Il réfléchit une minute ou deux.

Ensuite, comme emporté par une curiosité involontaire et irrésistible.

— Mordioux ! tout ceci m'intéresse.

Il faut que je sache, à tout prix.

Oui, mais comment ?... Voilà le hic !

La nuit était venue tout à fait.

Il fouilla d'un œil investigateur les ténèbres opaques qui remplissaient la chambre.

Puis tout à coup il tressaillit.

Dans ces ténèbres, au ras du plancher, il venait d'apercevoir une mince ligne de clarté, qui dessinait les trois côtés d'un petit carré de la dimension d'une chatière.

C'était le judas qu'il avait vu fonctionner en entrant dans la salle à manger de l'hôtellerie.

Ce judas, par chacun de ses trois côtés mobiles, laissait filtrer un léger filet des lumières qui illuminaient cette salle à manger.

— Voici mon affaire, pensa notre Gascon.

Il quitta sa chaise doucement, marcha sur la pointe du pied vers le petit carré lumineux, s'agenouilla en retenant son souffle, fit jouer sans bruit la charnière et entr'ouvrit le judas avec précaution.

Par cette fissure, son regard plongea dans le rez-de-chaussée.

Celui-ci, dont les fenêtres s'aveuglaient de volets soigneusement clos, était illuminé *a giorno*, par une profusion de bougies allumées sur la table, qui en occupait le milieu.

Autour de cette table, une douzaine de personnages étaient placés, dont les uns portaient un riche costume de chasse, et les autres, un élégant habit de cour.

Tous étaient debout et s'inclinaient, devant les deux amazones qui entraient — la main de chacune appuyée sur le poing d'un des cavaliers qui étaient allés les recevoir.

Toutes deux avaient le justaucorps de velours nacarat, à longues basques et à fausses manches, l'ample jupe de satin gris-perle, le col rabattu de point de Venise, et le chapeau masculin, ombragé de plumes blanches.

Seulement, chez celle-ci, ce chapeau couronnait des cheveux de cette riante couleur cendrée, qui donne à la fois aux visages qu'ils encadrent la suavité du teint des blondes et l'animation de celui des brunes.

Chez celle-là, il coiffait une chevelure d'un or pâle; aux grappes descendant mollement de chaque côté d'une figure dont, à défaut d'autres perfections, on pouvait admirer l'ovale irréprochable et charmant.

Nous écrivons : *à défaut d'autres perfections*...

En effet, chacune de ces jeunes femmes — on les devinait jeunes à l'harmonieuse souplesse de leur taille et de leurs mouvements — abritait ses traits sous un de ces *loups* de velours ou de satin noir, derrière lesquels les dames du temps se cachaient dans leurs équipées d'intrigues ou de galanterie.

Ce masque n'empêchait point, du reste, que l'on ne distinguât, chez la première, un air tout empreint d'impérieuse majesté, et, chez la seconde, une grâce entraînante et mobile, d'un attrait irrésistible.

Les cavaliers qui leur servaient d'introducteurs offraient un contraste frappant.

Celui-ci avait à la fois l'apparence patriarcale et juvénile.

Ses cheveux tombaient en boucles argentées de ses tempes encore bien garnies, tandis que le haut de sa tête laissait voir un crâne aux tons ivoirins.

La blancheur de ces mèches *renvoyait* davantage — pour emprunter un de ses termes à la peinture — des joues fouettées de couleurs violentes qui prouvaient l'habitude de la vie au grand air et, peut-être aussi, le culte rabelaisien de « la purée septembrale ».

Les sourcils, restés noirs et fournis, surmontaient des yeux dont l'âge n'avait pas éteint la vivacité, et qui pétillaient encore dans leur cercle de rides profondes.

Des moustaches et une *royale*, auxquelles on eût pu appliquer cette épithète de *griffaigne*, que les vieux romans de chevalerie appliquent invariablement à la barbe de Charlemagne, se hérissaient en virgules autour de sa bouche sensuelle et lippue.

Un double menton rattachait sa figure à un col replet.

Au demeurant, l'ensemble de cette physionomie eût été assez commun, sans le regard ferme et fin, qui relevait tout cela — le regard du diplomate et du soldat — et qui ne permettait pas de mettre en doute la naissance et la valeur du personnage.

Celui-là était un jeune homme d'une beauté un peu efféminée : la peau blanche et satinée, le profil régulier, l'œil nonchalant, la chevelure frisée en spirale, et la moustache tournée en croc.

A l'aisance de ses mouvements, à la sécurité de son maintien, on reconnaissait le grand seigneur fier de sa race, devant laquelle — plus encore que devant son mérite — toutes les portes devaient s'ouvrir à deux battants.

Une profusion de nœuds de rubans, de ferrets et d'aiguillettes couvrait son vêtement coupé à la dernière mode des *petits maîtres* de la cour.

Le premier, au contraire, portait la fraise bouillonnée à la Henri IV, ainsi qu'un pourpoint et des grègues tailladés à la manière du dernier règne, — et la lourde rapière qui pendait à son baudrier de cuir historié de clous d'or, son colletin d'acier, son chapeau de ligueur et ses pesantes chaussures de chasse à genouillières, juraient singulièrement avec les dentelles parfumées, les plumes flottantes, l'épée de bal et les bottes évasées, à revers de maroquin rouge, du second.

Chaque membre de la réunion avait une chaise près de lui.

Au haut bout de la table, il y avait un tabouret et un fauteuil.

Le vieillard conduisit la première des deux amazones à ce fauteuil.

Le jeune homme conduisit la seconde vers ce tabouret.

Puis, chacun d'eux fit une profonde révérence.

— Merci, monsieur de Bassompierre, prononça la première des deux femmes.

— Monsieur de Chalais, merci, ajouta la seconde.

Celle-ci attendit debout que sa compagne se fût installée.

Ensuite, sur un signe de cette dernière, elle s'assit elle-même en disant :

— La séance est ouverte. Prenez place, Messieurs; Madame la comtesse de Madrid vous y invite.

III

LES AVERSIONNAIRES.

On obéit !

La jeune femme désignée sous le titre de comtesse de Madrid fit, du regard, le tour de la table.

Ensuite, avec un peu d'étonnement :

— Mais, interrogea-t-elle, je ne vois pas ici la personne qui devait présider avec moi cette assemblée des chefs du parti de l'*Aversion*.

En ce temps-là, on appelait parti de l'*Aversion*, ou *Aversionnaires*, les gens qui faisaient profession de détester ouvertement le cardinal de Richelieu, ministre déjà tout-puissant de S. M. Louis XIII.

— Son Altesse n'est pas encore arrivée, répondit une voix.

— Sans compter qu'elle n'arrivera pas, grommela M. de Bassompierre, qui s'était établi carrément sur son siège.

— Que dites-vous, monsieur le maréchal ? demanda la seconde amazone.

— Ventre-saint-gris ! duchesse, je dis...

Puis, s'interrompant pour s'adresser à la dame qui occupait le fauteuil :

— Que Votre Grâce, poursuivit le vieux seigneur, me pardonne ces façons de parler en usage sous le feu roi, lequel pensait avec raison qu'il vaut mieux rencontrer un juron qu'un mensonge dans la bouche d'un gentilhomme...

Je dis que, lorsqu'il s'agit d'adopter un parti, d'arrêter une résolution, de faire acte viril enfin, celui que nous attendons est rarement en avance...

Je dis que le bon roi Henri, mon défunt et vénéré maître, s'est vu

Celui qui parlait ainsi était un jeune homme de taille moyenne (page 22).

moins privilégié dans sa descendance légitime que le dernier de ses sujets : car, les deux fils que lui a donnés la reine Marie sont aussi timides et aussi indécis qu'il était lui-même énergique, décidé et avisé...

Je dis que, si le prince ne vient pas à nous, il n'y a qu'à nous passer du prince...

Mon précepteur avait là-dessus un axiome qu'il formulait ainsi, si je me rappelle mon latin : *Uno avulso, non deficit alter*...

Ce que je traduis par ceci : « Faute d'un moine, l'abbaye ne chômera pas... »

Et, ayant dit, j'ajoute, du plus profond de mon respect, de ma fidélité et de mon amour :

Dieu garde madame la comtesse ! qui est à nos yeux la plus belle, la plus noble et la plus aimée !

— Dieu garde madame la comtesse ! répétèrent les assistants d'une commune voix.

D'Artagnan était penché à son observatoire.

— Oh ! oh ! murmura-t-il, cette comtesse sur un fauteuil... Cette duchesse sur un tabouret... Ces deux femmes qui ont gardé leur masque... Ces hommages prodigués à la première... Et cette Altesse que l'on attend... Voilà qui n'est pas ordinaire.

Il continua à regarder et à écouter.

Cependant, la « comtesse de Madrid » avait remercié Bassompierre du geste.

— Messieurs, reprit-elle, voici madame la duchesse qui est la confidente discrète de mes chagrins, de mes vœux et de mes espérances : j'ai décidé qu'elle serait mon interprète auprès de vous.

La duchesse se leva :

— Messieurs, dit-elle, Dieu gardera l'auguste femme, si éprouvée, qui m'honore de son amitié, qui vous honore de sa confiance, si vous lui faites un rempart de votre dévouement, de votre poitrine et de votre épée...

Vous savez tous pourquoi nous sommes ici, n'est-ce pas ?

Nous avons un ennemi commun qu'il est urgent de renverser, si nous ne voulons pas être écrasés par lui...

Encouragé par la faiblesse d'un monarque sans caractère et maladif, qui le craint tout en le haïssant, son audace devient inouïe, son ambition insatiable, son orgueil outrageant pour la couronne de France, dont nous sommes les soutiens nés...

Cet homme, qui ne souffre de s'incliner ni devant les droits de la noblesse, ni devant la majesté du trône, ni devant la supériorité du nom, du rang et du mérite ; qui prétend nous rendre tributaires de ses caprices et esclaves de ses volontés ; cet homme qui nous a tout pris : la faveur du souverain, les grands commandements du Royaume, les principales charges de l'Etat pour en doter ses créatures, — les Rochefort, les Laubardemont, les Laffemas...

— Bon, se disait notre Gascon, c'est de Richelieu qu'il s'agit...

Eh bien, le portrait n'est pas flatté.

Sur mon âme le crayon est moins pointu et le burin moins mordant que cette langue de femme.

— Cet homme, poursuivit l'orateur en jupons, ne rêve rien moins que de faire répudier la Reine.

Il y eut un murmure général d'indignation.

— Oui, messieurs, insista l'amazone, de faire répudier la Reine et de jeter dans l'alcôve royale quelque intrigante à sa dévotion, complice de ses vues, instrument de ses desseins, qui lui permette d'asservir encore davantage le fantôme qui nous gouverne, d'achever de confisquer le sceptre à son profit, et, tyran sous un maître, de régner jusqu'au tombeau.

La comtesse de Madrid s'était levée à son tour.

— Et la Reine, prononça-t-elle, humiliée comme femme, comme épouse, comme souveraine ; persécutée dans ses serviteurs ; flétrie des accusations les plus injustes et les soupçons les plus odieux ; blessée dans ses affections les plus légitimes, les plus avouables, dans ses intérêts les plus chers, — dans sa dignité et dans son honneur...

La Reine, Messieurs, vient vous demander conseil :

Faut-il qu'elle cède la place à son implacable adversaire ?

Qu'elle quitte cette cour sur laquelle vous l'aviez appelée à régner ?

Qu'elle se retire comme une veuve, dans ce pays d'où elle était partie naguère avec tant d'espoir dans l'avenir et de tendresse pour ce peuple de France qui allait devenir le sien ?...

Ou bien, doit-elle relever le gant, accepter le défi, rendre la guerre pour la guerre et se défendre enfin contre les attaques incessantes sous lesquelles elle a courbé le front jusqu'à ce jour ?

Réfléchissez, parlez, dictez-lui sa conduite...

La Reine est prête à s'éloigner, si ce sacrifice de sa personne est jugé, par vous, nécessaire au bien de l'Etat...

Prête aussi à vous donner des ordres, si vous la placez à votre tête pour marcher contre l'oppresseur du Roi, contre le sien, et contre le vôtre.

— Harnibieu ! comme disait mon vieil ami Crillon, s'exclama M. de Bassompierre, point n'est besoin de penser ni de discourir longuement...

Le temps de résoudre est arrivé et celui d'agir n'est pas loin...

Il faut que la Reine combatte ; elle nous aura tous pour soldats.

— Oui, tous ! fut-il appuyé à la ronde avec élan.

— La Reine, reprit la jeune femme, n'attendait pas moins de votre vaillance, de votre loyauté et de votre attachement.

Elle vous rend grâces par ma voix.

Mais pour combattre, il faut des armes, un plan, de l'argent, des alliances...

— Nous avons tout cela, Madame, s'écria la duchesse d'un ton triomphant.

— En vérité, ma chère Marie !

— Et si vous daignez écouter le dénombrement de nos forces...

Elle appela :

— M. le baron de Beauvau !

Un jeune Seigneur, de figure et de tournure agréables, se leva.

La duchesse se leva :

— Vous arrivez d'Espagne...

— D'Espagne, fit l'autre dame avec émotion. Il y a du courage à faire ce voyage en un pareil moment ! Vous avez vu ma famille ?

Le jeune homme s'inclina :

— J'ai eu cet honneur, Madame ; j'ai vu aussi M. d'Olivarès...

— Eh bien !...

— Eh bien ! le cardinal-comte de San-Lucar nous offre dix-sept mille hommes de vieilles troupes et cent mille écus comptant...

La jeune femme secoua la tête :

— Dieu m'est témoin, murmura-t-elle, que j'aurais voulu me passer du secours de l'étranger... Oui : *de l'étranger*. Que ce mot ne vous étonne point dans ma bouche. — La patrie d'une reine est autour de son trône... Malheureusement notre ennemi ne nous a pas laissé le choix des moyens d'échapper aux effets de sa haine.

La duchesse appela de nouveau :

— M. de Montrésor, M. de Saint-Hal.

M. de Montrésor vient de la Rochelle.

M. de Saint-Hal vient de la Navarre...

— Oui, Madame, déclara le premier, la Rochelle vaincue, mais non soumise, est présentement en train de s'armer pour la défense des droits que l'édit de Nantes a reconnus aux réformés...

— Et ceux de la Navarre, ajouta le second, se préparent à donner la main à leurs coreligionnaires de l'ouest...

La duchesse reprit :

— M. de Mouy; M. de Guichaumont ; M. de Modène !

— Toutes nos compagnies de gendarmes et de chevau-légers ne

demandent qu'à se mesurer avec les cardinalistes et à leur rabattre leur caquet...

— Bravo, jeunes gens ! s'écria Bassompierre. Et moi, je vous réponds de MM. de Vendôme. Deux vrais fils du Béarnais, ceux-là, et qui ont dans les veines le meilleur sang du vainqueur d'Arques, d'Yvry et de Cahors !...

Or, ce n'est pas un mince atout dans notre jeu, que le concours de ces deux bâtards royaux...

Songez que l'un est grand-prieur de France, et l'autre gouverneur de Bretagne, — la Bretagne, ce fleuron qui n'est point si solidement soudé à la Couronne, qu'il ne puisse s'en détacher à la voix du rejeton direct du grand Henri...

Et M. le duc de Vendôme n'est pas seulement le titulaire d'un pareil gouvernement :

Par le fait de sa femme, héritière de la maison de Luxembourg, et, par conséquent, de la maison de Penthièvre, il a des prétentions à la souveraineté de cette province, — et l'on prétend qu'il va marier son fils avec la fille aînée du duc de Retz, qui a deux places fortes dans le pays...

— Pour ma part, dit M. de Chalais, quelque imprévoyant, quelque étourdi, quelque léger que l'on me représente, j'ai dû me précautionner d'un lieu de refuge hors des frontières, en cas d'insuccès de nos projets, ou de quelque bonne ville en France, derrière les murailles de laquelle nous puissions tenir tête à l'adversaire et lui dicter nos conditions...

J'ai donc écrit en ce sens au comte de Soissons, à Paris ; au marquis de Lavalette, à Metz ; et au marquis de Laisque, favori de l'archiduc, à Bruxelles...

MM. de Lavalette et de Laisque ne m'ont pas encore répondu...

M. de Soissons m'a dépêché M. Boyer que voici...

— Parlez, monsieur Boyer, et répétez-nous ce que ce cher comte vous a chargé de nous apprendre...

— Madame, fit en saluant le personnage ainsi mis en cause, M. de Soissons, mon maître, tient à la disposition du parti de l'*Aversion*, cinq cent mille écus, huit mille hommes de pied et cinq cents chevaux.

Il offre dans Paris un asile inviolable à ceux des chefs du parti qui se décideraient à l'y rejoindre..

Il s'engage, en outre, à fournir une escorte, capable de les garantir de toute mauvaise rencontre, à celles de ces personnes qui préféreraient se rendre directement à Bruxelles pour attendre les événements.

— Bruxelles est trop loin de Paris, et Paris est trop près de Rueil, prononça une voix sur le seuil de la porte.

IV

MARIAGE DE PRINCE.

Celui qui parlait de la sorte était un homme de taille moyenne, jeune, pâle, avec de longs cheveux noirs sous un chapeau soigneusement rabattu et, dans l'ombre étendue sur le haut du visage par les ailes de ce chapeau, deux grands yeux bleus au regard vague, défiant et inquiet.

Quand un de ses mouvements dérangeait les plis du manteau dont il demeurait enveloppé, comme s'il avait peur que son rang ne se reconnût à son costume, on voyait le collier de l'ordre du Saint-Esprit briller sur le velours vert, semé de petites fleurs de lis d'or, de son pourpoint.

Le nouveau venu commença par aller baiser galamment la main de la jeune femme qui occupait le fauteuil.

— *Madame la comtesse de Madrid*, fit-il en soulignant le mot, me pardonnera d'arriver à une heure aussi avancée, quand elle saura que c'est Sa Majesté elle-même qui m'a retenu pour m'adresser une communication urgente...

— Vous êtes tout pardonné, mon frère, répondit doucement la dame. Vous êtes aussi le bienvenu, à quelque heure que vous arriviez. N'est-ce pas un proverbe de France qui dit : *Mieux vaut tard que jamais ?*

Le cavalier salua la seconde amazone.

— Bonsoir, duchesse !... En vérité, ce costume de cheval vous sied comme au plus mignon et au plus charmant de mes pages... Foi de gentilhomme, vous êtes faite pour porter la casaque de cadet aux gardes...

Puis, se tournant vers les assistants qui s'étaient levés à son aspect :

— Savez-vous, Messieurs, que c'est toute une affaire que de pénétrer jusqu'à vous ?...

Il m'a fallu donner le mot d'ordre à la bouche d'un pistolet...

Sur mon âme, vous brasseriez une conjuration, un complot, que vous ne vous entoureriez pas de plus de postes avancés et de sentinelles...

— Un complot ? Une conjuration ? Fi donc ! protesta M. de Chalais...

Une ligue, tout au plus : la nouvelle ligue du *Bien public*...

Un petit accord pour diriger l'accomplissement des vœux unanimes de la nation et de la Cour...

— A votre aise, Messieurs, à votre aise! Seulement, souvenez-vous que je ne sais rien, que je n'ai rien vu, rien entendu, et que je ne veux rien voir, ni entendre.

Que diable! je ne suis l'ennemi de personne!...

— Pas même de M. de Richelieu? demanda brusquement Bassompierre.

— De lui moins que personne, mon cher maréchal...

C'est un grand politique, certainement, un très grand politique.

Le Roi le juge ainsi, du moins, et il serait malséant à moi d'aller contre l'avis du Roi...

— Alors, questionna Montrésor, Votre Altesse épousera Mlle de Montpensier?

— Pas du tout, Messieurs, pas du tout!...

A parler franc, aucun de vous n'ignore que le mariage m'agréait assez peu, quoique, en somme, il n'y ait pas autrement à rougir d'une alliance avec la descendance du Balafré...

Mais il paraît que tout est changé...

— Comment?...

— C'est l'objet de la communication que Sa Majesté vient de me faire : il résulte, en effet, de celle-ci que l'Eminence grise, le Père Joseph, a été chargé de me notifier de la part de son auguste maître, — qui est aussi le nôtre à tous, — l'intention manifestée par ce dernier de tenir compte de mes légitimes répugnances à m'unir avec Mlle de Guise...

— Ah!...

— Seulement, l'Eminence rouge ne renonce pas pour cela à son projet de me marier de sa main... Et devinez quelle compagne elle trouve propre à nous donner des héritiers?... Je vous le baille en cent, je vous le baille en mille : Mme de Combalet, sa nièce!

Il y eut une exclamation universelle.

Son Altesse poursuivit avec une gaieté forcée, dans laquelle on distinguait de l'ironie et de l'amertume.

— Mon Dieu, oui, c'est ainsi. Sa Toute-Puissance, l'ancien évêque de Luçon, nous juge d'assez bonne maison pour entrer dans sa famille : il m'accorde celle de ses parentes pour laquelle il professe une si vive tendresse que, toutes les fois qu'il la reçoit en audience secrète, la porte de son cabinet reste fermée à tout le monde, même au Roi!

MM. de Guichaumont et de Saint-Ibal interrogèrent en même temps :

— Et qu'a répondu Votre Altesse à de semblables ouvertures?

— Qu'a-t-elle décidé de faire?
— Eh! ne suis-je pas accoutumé à toutes les persécutions?...
Oui, je dois m'attendre à tout de la part de cet homme... Il a la force : il faut plier sous cette volonté de fer.

Il y eut un silence significatif.

Les traits des auditeurs seuls parlaient. Ils exprimaient avec éloquence la surprise presque indignée que leur causaient la résignation et la placidité de leur interlocuteur.

Puis, la seconde amazone reprit, après un moment :

— En vérité, c'est grand dommage que Monseigneur soit disposé à accepter ainsi pour femme celle que le Ministre lui impose...

— Et pourquoi cela, belle Marie? s'informa « Monseigneur » avec une apparente insouciance.

— Parce que j'avais justement un parti à lui proposer...

— Un parti?... Vous?... A moi?...

La jeune femme appuya :

— Un parti exceptionnellement avantageux dans les circonstances actuelles...

— Oui-dà!... Et ce parti, quel est-il?... Duchesse, expliquez-vous de grâce...

— Votre Altesse me permettra-t-elle auparavant de lui adresser une question?...

— Toutes les questions que vous voudrez...

— Eh bien, pourquoi Votre Altesse nous disait-elle tout-à-l'heure qu'en face de ce qui se passe — ou de ce qui va se passer — Bruxelles est trop loin de Paris et Paris trop près de Rueil?

L'autre jouait négligemment avec le collier du Saint-Esprit qui pendait sur sa poitrine :

— Oh! oh! fit-il, voilà que vous m'embarrassez : ai-je vraiment tenu ce langage?

— En toutes lettres, et ces messieurs l'ont tous entendu comme moi...

— Puisque vous l'affirmez, duchesse, je n'aurai garde de vous démentir, mais du diable si je me rappelle...

— Ne serait-ce point parce que, de sa maison de campagne de Rueil, où il s'est retiré, depuis quelques jours, sous prétexte de maladie...

— Ah! le cardinal est à Rueil!

Et en mauvaise santé?... Quel diantre d'intérêt peut-il bien avoir à être malade dans cette banlieue?

L'amazone sourit :

Toujours aux écoutes, d'Artagnan... (page 30).

— Monseigneur, je vous y prends, je n'avais pas parlé du cardinal. C'est vous qui avez deviné qu'il s'agissait de lui.

Monseigneur se mordit les lèvres, qu'il avait fort minces et « assez peu colorées ».

Son interlocutrice poursuivit :

— N'auriez-vous point voulu indiquer que l'Éminence rouge, connaissant sur le bout de la langue de ses espions, tout ce qui se passe dans la capitale, et faisant particulièrement surveiller M. de Soissons, il ne serait point prudent à quiconque intriguerait contre elle, d'aller rejoindre le comte dans une ville où le ministre a répandu plus de mouchards que n'en eut jamais feu le président Mouchy, leur inventeur, et où Sa Majesté possède, pour y loger les factieux, les cabaleurs et les mécontents, une hôtellerie d'État qui a nom la *Bastille* ?

— Bravo ! vous êtes sorcière... continuez, je vous en prie...

— Tandis qu'au contraire, si vous aviez derrière vous un pays sûr, un asile inviolable, où vous puissiez attendre, à l'abri des colères et des vengeances de Richelieu, le triomphe de vos partisans et la confusion de vos ennemis...

— Dites : des ennemis de la couronne.

— Soit : des ennemis de cette couronne que vous essayez en rêve chaque nuit...

— Duchesse !...

— Si vous trouviez dans ce pays l'appui d'un prince entreprenant et belliqueux, qui entraînerait à sa suite les forces de l'Allemagne entière...

— Mais encore quel pays ? Quel prince ? Je suis à cent lieues de soupçonner...

— Ce pays, c'est la Lorraine. Ce prince, c'est le duc Charles IV. Une alliance avec la maison de Vaudémont les attacherait l'un et l'autre à la cause de Votre Altesse.

Celle-ci parut réfléchir.

Ensuite, avec un hochement d'épaules :

— Si je vous comprends bien, Duchesse, vous me conseillez d'épouser une sœur, une parente de M. de Lorraine...

— Une de ses belles-sœurs, Monseigneur.

— Eh bien, Madame, c'est une chose impraticable...

— Impraticable ?

— Oh ! non pas que l'obstacle vienne de mon côté...

J'apprécie comme il convient les avantages qui résulteraient pour moi d'une pareille union...

Des avantages si importants... si décisifs, que jamais le Cardinal ne permettrait...

— Alors, on se passera de sa permission...

— Mais songez donc qu'une affaire de cette nature ne saurait se traiter que par ambassadeurs...

Qu'elle exige des pourparlers qui dureraient des semaines et des mois...

Que, si secrètes que nous tenions ces démarches, Richelieu finirait certainement par en être instruit avant qu'elles eussent abouti, et, qu'il mettrait tout en œuvre pour en empêcher le succès...

Oui, tout : jusqu'à signer sans hésitation l'ordre d'arrestation d'un fils de France !...

Jusqu'à souffler dans l'esprit du Roi les plus détestables pensées !...

N'est-ce pas Satan, en effet, qui a suggéré à Caïn l'idée de se défaire d'Abel ?

. . . .

Toute l'assemblée avait prêté une attention soutenue à ce dialogue échangé — avec la rapidité d'attaques et de ripostes d'un duel — entre la jeune femme et son interlocuteur.

Celui-ci, en prononçant ces derniers mots, aveu involontaire des sentiments de faiblesse et de terreur qui ne cessèrent, pendant toute sa vie, d'être la règle de sa conduite, celui-ci était devenu pâle malgré lui et avait porté son mouchoir à son front humide de sueur.

Sous l'empire de ces mêmes sentiments et avec une franchise de pusillanimité qui amena un sourire de dédain sur les traits de ses auditeurs, comme sous le velours du masque, elle alluma un double éclair de dépit dans les yeux de la dame qui occupait le fauteuil :

— En conséquence, conclut-il, *vade retro*, belle tentatrice !... Je vous répète encore une fois que je n'approuve rien, que je n'autorise rien, que je ne me mêle de rien... Du moins tant qu'on ne m'aura pas prouvé que je n'ai aucun risque à courir et aucun péril à redouter.

L'amazone repartit froidement :

— Et si je vous prouvais, Monseigneur, que je suis en mesure de vous marier, ici, avant huit jours, avec une princesse de Lorraine ?

L'autre bondit sur son siège :

— Me marier !... Vous !... Moi !... Ici !

Elle reprit lentement, en pesant sur chaque syllabe :

— Sans ambassade, sans pourparlers, sans démarches préliminaires...

— Hein !...

— Sans retardements ni déplacements, sans qu'aucun émissaire de Richelieu s'en doute ; sans aucun péril à courir, sans aucun risque à redouter.

— Avant huit jours?
— Avant huit jours. Demain, s'il le faut. Ce soir même, s'il le fallait.
— Avec une princesse de Lorraine ?... Un vrai mariage ?... Une vraie princesse ?
— Si vraie, que le duc Charles IV sera forcé de s'incliner quand vous établirez les droits de votre femme à la couronne qu'il porte au détriment de celle-ci, et que pour conserver cette couronne — s'il vous plaît de la lui laisser, — il se verra contraint de devenir à jamais le plus fidèle et le plus dévoué de vos alliés.

Pendant qu'elle discourait ainsi, Monseigneur arrêtait sur elle des prunelles dilatées par une surprise intense.

— Sur mon honneur ! fit-il, voilà qui me confond !... Et je lis sur le visage de ceux qui vous écoutent, un étonnement égal au mien... Tout ceci passe d'une telle façon notre entendement à tous...

Il ajouta avec une incrédulité railleuse :

— Voyons, Duchesse, je me pique de trop de galanterie pour vous demander si vous êtes sûre de posséder tout votre bon sens...

Que diable ! Vous avez fait perdre la tête à assez de gens pour qu'il vous soit permis d'égarer un instant la vôtre...

— Grand merci du compliment, Monseigneur ; mais je suis encore trop jeune pour être à moitié folle, comme cette bonne vieille Mademoiselle de Gournay, dont l'aventure avec le poète Racan, nous a tant fait rire l'autre soir, au Cercle de Sa Majesté...

— Quelle est cette plaisanterie, alors !

— Prince, j'ai trop le respect des personnes et des circonstances présentes pour faire, en face de celles-ci ou de celles-là, acte de badinage ou de moquerie.

— Enfin, où est-elle cette princesse ?

— C'est ce que chacun ici va savoir, si ma noble maîtresse, si Votre Altesse et si ces gentilshommes consentent encore à m'accorder quelques instants.

— Parlez, ma chère Marie, dit la première amazone.
— Parlez, Duchesse, appuya le prince.
— Parlez, parlez, redirent toutes les voix.

La jeune femme appela :
— M. de Fenestrange !

Un cavalier, qui n'avait pas ouvert la bouche jusqu'alors, se leva au bas bout de la table.

La duchesse le présenta en ces termes à l'assemblée :

— M. le baron de Fenestrange, gentilhomme du pays messin, ancien page du comte François de Vaudémont, et l'une des plus précieuses recrues du parti de l'*Aversion*.

Le cavalier s'inclina à la ronde.

Monseigneur l'examinait avec attention.

— Ah çà ! demanda-t-il après un moment, n'ai-je pas déjà rencontré Monsieur au Louvre, dans les appartements de la Reine et à Saint-Germain dans l'antichambre du Roi ?

— M. de Fenestrange, répondit la jeune femme, est, en effet, attaché, comme moi, à la personne de Sa Majesté Anne d'Autriche...

Il habite la France depuis plusieurs années et les environs de Saint-Germain, depuis que la Cour s'est installée au Château-Neuf.

— Oui, je sais, reprit Son Altesse avec une précision qui prouvait que sa police n'était pas moins bien faite que celle du Cardinal : n'y a-t-il pas acheté, dans l'île de la Loge, au sud du bois du Vésinet, la maisonnette où Charles IX frayait avec la petite bourgeoise Marie Touchet !

— Précisément, Monseigneur, fit le gentilhomme en s'inclinant de nouveau.

L'autre insista.

— Vous avez là, avec vous, une charmante jeune fille...

— Ma pupille, Monseigneur.

— Recevez tous mes compliments, Monsieur, elle m'a paru accomplie.

— Ainsi, s'informa la duchesse, Votre Altesse l'a remarquée !

— Cette jeune fille ?... Oui, pardieu !... En chassant au bord de l'eau... La désinvolture, la beauté, la grâce d'une nymphe agreste !...

— C'est votre opinion vraie ? interrogea de rechef l'amazone avec vivacité.

— Sans flatterie aucune, Duchesse.

— Eh bien, rien ne saurait me causer plus de plaisir...

— Oh ! oh ! Ai-je bien entendu...

Voilà qui est bizarre, sur ma foi... Comment ! Vous êtes toute joyeuse que l'on ait remarqué une autre femme que vous ?

— Et je n'en suis pas seulement joyeuse pour moi, Monseigneur ; mais encore pour deux personnes...

Pour votre nymphe agreste, d'abord, qui a su captiver les yeux d'un fin connaisseur tel que vous...

Ensuite, pour Votre Altesse elle-même.

— Pour moi ? En vérité ! Et pour quelle raison, Duchesse ?...

Marie de Rohan interpella M. de Fenestrange :

— Baron, veuillez donc répéter à Madame la Comtesse de Madrid, à Monseigneur et à ces Messieurs la curieuse histoire que vous m'avez contée touchant une fille du duc Henri II de Lorraine, oncle et prédécesseur du Prince régnant, Charles IV, et votre ex-souverain.

V

PAR LA FENÊTRE

Toujours aux écoutes, d'Artagnan n'avait pas perdu une miette de ce qui précède.

Tout d'abord son attention s'était portée sur les deux dames masquées...

Et, après avoir écouté, après avoir considéré celle qui trônait sur le fauteuil :

— Oh ! oh ! murmura-t-il, cette taille divine, cette noblesse de port, cette couleur de cheveux ne me sont certes pas étrangers...

Cette voix non plus...

Je la reconnais à ce léger accent exotique...

Et puis aussi, ce sentiment de domination naturellement empreint dans toutes les paroles souveraines...

Oui, c'est la voix que j'ai entendue, le jour où rapportant d'Angleterre les ferrets que j'étais allé redemander à Milord, Duc de Buckingham, j'avais été introduit par cette pauvre et charmante Constance Bonacieux dans le cabinet attenant à la chambre de la reine Anne.

Le bras que recouvre la manche de cet habit d'amazone est, j'en suis sûr, celui qui fut passé, pour me remercier, à travers une tapisserie...

Et la main que moule le gant de chasse est, je le jurerais, celle sur laquelle j'appuyai respectueusement les lèvres, et qui, en se retirant, laissa entre mes doigts cette bague dont il m'a fallu me séparer plus tard...

— Parlez, Monsieur de Fenestrange, disait la première dame en ce moment.

— Parlez, appuya la seconde.

— Celle-là, rumina le mousquetaire, m'a bien l'air d'une très proche parente de la Marie Michon de ce sournois d'Aramis... Une sœur jumelle, oui-dà... A moins qu'elles ne soient qu'une seule et même personne.

M. de Fenestrange parlait.

Notre héros se gratta le front :

— Encore un timbre qui a déjà frappé mon oreille !... On dirait de cet intrigant que j'ai rencontré dans les Cévennes... Mordioux ! il faut que je déchiffre son visage...

Ce disant, il s'était penché sur l'ouverture du judas.

En ce moment, la dame qui occupait le fauteuil avait levé — machinalement — les yeux en l'air.

Elle aperçut ce petit carré béant au milieu du plafond et, encadrée dans ce carré, une tête aux prunelles étincelantes.

Un cri s'échappa de ses lèvres.

— Là !... Voyez !... Il y a un homme !...

A ce cri, le Gascon se retira brusquement.

Et, sans savoir ce qu'il faisait, il laissa retomber la petite trappe du judas...

Celui-ci se referma avec bruit...

Un bruit qui eut, dans la salle du rez-de-chaussée, l'éclat d'un coup de tonnerre...

N'expliquait-il pas, en effet, de la façon la plus péremptoire, l'exclamation poussée par la comtesse de Madrid.

Tout le monde avait bondi d'un même mouvement.

Monseigneur était devenu livide.

— Nous sommes perdus ! balbutia-t-il. Il y avait quelqu'un là-haut !...

— Quelqu'un !...

— Un espion du Cardinal, sans doute !...

M. de Bassompierre se leva :

— Si c'est un affidé de l'Eminence Rouge, tant pis pour lui, déclara-t-il.

La première amazone s'était levée pareillement, frémissante :

— Que dites-vous ? demanda-t-elle, et que comptez-vous faire !

Le vieux Seigneur eut un geste significatif :

— Empêcher ce misérable d'aller vendre à son maître les secrets qu'il a surpris ici ce soir.

— Un meurtre !

— Une exécution nécessaire.

La jeune femme semblait près de s'évanouir :

— Oh ! Maréchal, je vous en prie...

— Eh ! Madame, laissez faire, repartit sa compagne froidement, notre salut dépend de cet acte d'énergie.

— Oui, appuya Son Altesse, dont la voix tremblait affreusement, la duchesse a raison, ma sœur. Laissez faire, notre vie à tous est à ce prix.

M. de Chalais intervint.

— Voyons, s'informa-t-il avec humanité, n'y aurait-il pas moyen de s'assurer du silence de cet homme sans recourir à cette sanglante extrémité !

M. de Bassompierre haussa les épaules.

— Générosité imprudente !... Parlez pour vous, j'agis pour tous... Morte la bête, mort le venin.

Puis, tirant son épée :

— Attention, Messieurs ! Beauveau, Saint-Hal, Montrésor, Guichaumont, vous allez m'accompagner et me prêter main-forte...

Les quatre gentilshommes dégainèrent et vinrent se grouper auprès de lui.

— Je monterai avec vous, et je vous éclairerai, prononça la duchesse avec résolution.

M. de Bassompierre reprit :

— Qui veille dehors en sentinelle ?

— M. de Marcillac, lui fut-il répondu.

— Eh bien, que Modène, Déageant, Chaudebonne et M. de Fenestrange aillent le rejoindre. Cernez la maison. Que personne ne sorte.

La Duchesse avait pris un flambeau sur la table.

— Venez-vous avec nous, Monsieur de Chalais ! questionna-t-elle.

— S'il vous plaît, je resterai ici, repartit le jeune homme sèchement. Il me répugnerait d'assister à un acte que ma conscience réprouve. Et puis, n'êtes-vous pas assez d'une demi-douzaine pour mettre à mal un pauvre diable qui ne se défendra peut-être pas.

Personne ne releva ces dernières paroles.

Tous ceux à qui elles s'adressaient savaient, en effet, que Henri de Talleyrand, comte de Chalais, petit-fils du Maréchal de Montluc et parent par les femmes de ces Fussy si renommés pour leur bravoure, était non moins « friand de la lame » qu'imprudent et « peu réfléchi ».

Un de ses duels venait de faire grand bruit.

Ayant eu à se plaindre, dans une affaire d'amour, de M. de Pontgibaut, et l'ayant rencontré sur le Pont-neuf, qui revenait de la campagne à cheval et en grosses bottes, il l'avait invité à mettre pied à terre et à lui donner satisfaction sur le lieu même.

Pontgibaut était descendu à l'instant, et, à la troisième passe, il était tombé raide mort.

. . . .

Notre héros entendait tout ce qui se disait en bas :

Mordioux ! pensa-t-il, je suis pris !... Ils vont me piler ici comme dans un mortier... J'en tuerai bien un ou deux ; mais du diable si les autres ne me rendent pas la pareille !...

Il ajouta avec dépit :

— Je ne voudrais pourtant pas mourir avant d'avoir revu ma belle

Le choc fut si violent que le cheval plia sur ses jarrets (page 34).

chère Diamante, et réglé mes comptes avec ce Baron, à double nom et à double face...

Il regarda autour de lui...

Puis, avec une idée subite :

— Allons, je n'ai que cette ressource !... La clef de la chambre était demeurée en dedans, sur la porte.

Le mousquetaire ferma rapidement celle-ci à double tour :

— Elle est en bois plein... A merveille !... Il faudra du temps pour l'enfoncer !

Il se glissa vers la fenêtre qu'il ouvrit.

L'orage qui menaçait depuis si longtemps, venait d'éclater avec furie.

Le bruit de la grêle et du tonnerre couvrit celui des deux châssis qui s'écartaient.

Au dehors, M. de Marcillac était toujours à son poste, à cheval, embossé dans son manteau, le pistolet au poing.

Seulement, pour s'abriter de l'averse, il s'était rapproché le plus possible de l'hôtellerie, et la croupe de sa monture s'appuyait à la muraille du rez-de-chaussée de celle-ci !

Il était juste au dessous de la fenêtre.

Mais d'Artagnan ne pouvait le voir.

Dans l'obscurité de cette nuit, doublée par celle de la tourmente, tout à l'extérieur n'était pour lui qu'une masse sombre.

Au milieu du tumulte des éléments, le Gascon enjamba prestement l'appui de fer forgé de la croisée...

Puis, après une seconde :

— A la grâce de Dieu ! se dit-il.

Et lâchant tout, il s'abandonna dans le vide.

Il y eut un cri et un juron simultanés :

Le cri avait été poussé par le mousquetaire qui, entre ses pieds et la terre, avait rencontré le cavalier et sa monture.

Le juron venait de M. de Marcillac, qui avait senti un corps humain lui tomber lourdement sur les épaules.

Le choc fut si violent que le cheval plia sur les jarrets, et que le gentilhomme et le lieutenant, tout étourdis et tout meurtris, roulèrent ensemble dans la boue.

Mais le premier était embarrassé empêtré dans son long manteau...

Quand il se releva tout déferré de sa chute, il put, à l'éblouissement d'un éclair, voir un homme, qui l'avait remplacé en selle, détaler à fond de train, sur son propre coursier, dans la direction de Saint-Germain.

Au même moment, MM. de Modène, Dégeant, de Chaudebonne et de Fénestrane se montrèrent au seuil de l'auberge.

Au même moment encore, on entendit des voix se croiser au premier étage.

— La porte est fermée !
— Enfonçons-la !
— Un marteau !... Un merlin !... Une hache.

Au rez-de-chaussée, la comtesse de Madrid était affaissée dans son fauteuil.

— Je ne veux pas, bégayait-elle, je ne veux pas qu'on commette ce crime...

Elle fit un mouvement pour se dresser.

Monseigneur lui saisit le bras :

— Madame, lui murmura-t-il à l'oreille, Charles, duc de Guyenne, était prince du sang et fils de roi, — et Louis XI l'envoya à l'échafaud, tout en demandant pardon à Dieu.

Brunehaut était reine de France, et elle paya de sa vie les troubles qu'on l'accusa d'avoir suscités dans l'État...

Ne fournissons pas à Louis XIII et à son ministre des armes pour nous traiter comme le duc Charles de Guyenne et comme la reine Brunehaut.

— Oh !...

M. de Chalais les examinait tous deux en silence.

Il avait un sourire aux lèvres...

Un sourire de pitié pour la jeune femme ; un sourire de dédain pour Son Altesse.

. . . .

Il y avait sur le palier du premier étage un escabeau de chêne massif.

— Harnibieu ! dit Bassompierre, voici qui va nous servir de bélier ou de catapulte pour effondrer cette barrière importune.

Avec une vigueur que l'on n'eût point soupçonnée chez un homme de son âge, il saisit le meuble pesant et le lança contre la serrure de la porte.

La serrure sauta, et la porte s'ouvrit.

Un coup de feu répondit du dehors au fracas de cette effraction.

C'était M. de Marcillac qui déchargeait son pistolet sur le fuyard.

Les gentilshommes s'étaient précipités dans la chambre, l'épée haute.

La duchesse les suivait, un flambeau à la main.

Il y eut échange d'exclamations, de déceptions et de colère :

— Personne !...
— Il s'est échappé !...
— Par la fenêtre !...

— Oui, par la fenêtre, cria M. de Marcillac. Il s'est abattu sur mon dos ainsi qu'un clocher qui s'écroule, et il m'a volé mon cheval !...

Près de lui, Déageant, Chaudebonne, de Modène et le baron de Sierk-Fenestrange, comme en haut, Guichaumont, Montrésor, Saint-Hal et de Beauvau se regardaient avec le même désappointement.

Bassompierre mâchait sa moustache :

— Ventre-saint-gris ! se demandait-il, où est passé ce sycophante?.. Quel est-il ?... Et par quel miracle le découvrir ?

— Ce miracle, le voici, maréchal. C'était la duchesse qui parlait. Elle venait d'apercevoir sur la table, au milieu des reliefs du repas, les gants que d'Artagnan y avait oubliés, après les avoir enlevés pour souper.

Elle s'en empara vivement et les serra dans l'une des poches de sa jupe.

Ensuite, de ce ton terrible, dans sa douceur même, des femmes qui dénoncent une volonté arrêtée dans leur esprit :

— Soyez tranquille, reprit-elle ; je le retrouverai, coûte que coûte. Alors, fiez-vous à moi. Il paiera au poids de son sang les angoisses dont il nous a poignés ce soir.

VI

AVENTURE DE VOYAGE

Vous venez d'entendre d'Artagnan prononcer le nom de *Diamante*...

Vous l'avez entendu pareillement faire allusion tout à l'heure à sa rencontre dans les Cévennes...

Et vous n'avez point manqué de vous demander quels étaient ces deux personnages que vous n'avez pas vus figurer dans l'œuvre d'Alexandre Dumas.

Pour vous édifier sur ce point, il est indispensable que nous vous fassions remonter à quelques semaines et que nous vous contions par le menu certain épisode d'un voyage entrepris par notre héros.

Nous croyons avoir suffisamment indiqué qu'une fois promu au grade de lieutenant de mousquetaires et séparé de ses quatre amis, notre Gascon s'était senti en proie à une profonde solitude ainsi qu'à un ennui plus attristant encore.

Au milieu de cet ennui et de cette solitude, le souvenir du pays natal avait surgi en lui, — soudain, vivace, envahisseur.

Depuis nombre d'années, ses relations avec sa famille s'étaient bornées à l'échange traditionnel des compliments épistolaires du jour de l'an.

M. d'Artagnan père avait depuis longtemps dépassé la soixantaine.

Un vif désir de l'embrasser, — avant que l'âge ne l'emportât, — s'empara de notre mousquetaire.

Celui-ci grillait, du reste, de narrer lui-même au digne vieillard avec quelle rapidité il avait fait son chemin dans le monde en suivant à la lettre ses recommandations.

Et puis, il n'était pas fâché non plus de montrer à ses compatriotes sa casaque rouge, sa moustache neuve, ses galons et son plumet.

Sous l'empire de ses idées, notre héros s'était donc — un beau matin — rendu chez M. de Tréville.

Ce dernier était dans son salon avec sa cour habituelle de gentilshommes.

D'Artagnan, que l'on connaissait comme un familier de la maison, alla droit à son cabinet et le fit prévenir qu'il avait une requête à lui présenter.

Le visiteur était là depuis quelques minutes à peine lorsque le capitaine entra. Il sourit au lieutenant :

— Vous avez quelque chose à me demander, mon cher ami ? s'informa-t-il.

— Oui, Monsieur : un congé d'un mois.

M. de Tréville fixa sur le Gascon un regard interrogateur.

Et baissant la voix, — inquiet :

— Ah çà ! serait-ce pour entreprendre un de ces périlleux voyages comme celui que vous fîtes à Londres autrefois, et la vie, l'honneur d'une personne souveraine seraient-ils de nouveau en danger ?

D'Artagnan sourit à son tour :

— Non pas, Monsieur : il ne s'agit que de l'envie immodérée qui me tient d'aller me ragaillardir au foyer paternel.

Le visage du capitaine s'éclaircit :

— A la bonne heure ?... J'aime mieux cela... Et quand comptez-vous vous mettre en route ?

— Le plus tôt qu'il vous plaira et qu'il me sera possible.

— Voulez-vous partir dès demain ?

— Si vous n'y voyez pas d'obstacle.

— Voici votre congé... Avez-vous de l'argent ?

Le mousquetaire rougit :

— Monsieur, j'ai mes petites économies.

L'autre haussa les épaules :

— Les économies d'un lieutenant qui n'a que sa solde !... Vous passerez chez mon trésorier, et vous le prierez, de ma part, de vous compter soixante pistoles... Je vous défends de refuser, et, surtout, de me remercier...

Il tendit la main à son interlocuteur.

Celui-ci la serra avec un respect mêlé de reconnaissance.

Depuis qu'il était arrivé à Paris, il n'a eu qu'à se louer de cet excellent homme qu'il avait toujours trouvé juste, loyal et grand.

Le bon capitaine ajouta :

— Mes amitiés à votre père... Dites-lui qu'il a un brave enfant, que j'aiderai à faire fortune... Car il le mérite sûrement.

. . . .

D'Artagnan partit le lendemain.

Ayant du temps devant lui et de l'argent en poche, il prit par le plus long : histoire de voir du pays.

Ce fut ainsi qu'il traversa successivement Orléans, Bourges, Clermont et Mende pour s'engager dans les Cévennes, et, de là, gagner Rodez, Albi, Toulouse et Tarbes.

Rien ne lui advint d'insolite jusqu'au bourg d'Anduze.

A quelque distance de celui-ci, il fit rencontre d'un cavalier qui se dirigeait vers le même point, mais qui arrivait par la route de Provence.

Ce cavalier accusait un peu plus de la trentaine.

Ses tempes dégarnies et semées d'innombrables rides ténues indiquaient qu'il avait vécu dans la fournaise des passions.

Sa paupière s'abaissait sur ses yeux d'un gris froid, comme une toile de théâtre retombe sur une scène muette et cependant peuplée de choses indistinctes.

Sous sa moustache d'un roux ardent, sa bouche ne cessait point de sourire — une bouche de courtisan, — souple, persuasive, mielleuse...

Mais le sourire était un masque, comme la paupière était un rideau...

Et, derrière celui-ci et celui-là, on devinait que ce courtisan était un homme d'imagination et d'action extrêmes, capable à la fois de tramer un coup d'Etat, un coup de main comme de Luynes et de l'exécuter comme Vitry.

Ce personnage portait une tenue de voyage qui ressemblait singulièrement à un équipage de guerre :

Le feutre doublé d'une coiffe de mailles, le court manteau militaire, le pourpoint et les hautes bottes de buffle, les chausses garnies de cuir dans l'entre-jambes, l'épée au baudrier, la dague à la ceinture et, dans les fontes de la selle, ces *pistoles avec pierre à feu*, — premier essai du pistolet à pierre, auquel bien des gens de guerre préféraient encore, à tort, les armes à rouet et à mèche.

En apercevant sur le dos de d'Artagnan la livrée de la maison du Roi, le voyageur toucha son chapeau de la main.

Le Gascon lui rendit poliment son salut.

Tous deux cheminèrent de compagnie en échangeant des phrases banales sur la chaleur du jour, la poussière de la route, le plus ou moins de confort des gîtes et le plus ou moins de coquinerie des hôteliers.

Ils atteignirent ainsi Anduze.

En temps ordinaire, l'arrivée de deux étrangers n'eût point manqué d'attirer dehors toute la population du bourg.

Mais celle-ci était, pour l'instant, occupée à s'extasier devant un spectacle qui, d'ores et déjà, fait sortir du logis, et, hommes, femmes, enfants, vieillards, se tenait tout entière massée — entre l'hôtellerie et l'église — en un cercle compact, muet et ébahi.

Ce cercle obstruait le passage…

Nos voyageurs vinrent s'y heurter… Et force leur fut de s'arrêter devant ce mur de dos de tous âges, de tous sexes et de toutes conditions.

Cela ne fit point le compte du gentilhomme à la moustache rousse :

— Ah çà ! s'écria-t-il avec colère, qui diantre empêche ces marauds de se déranger, lorsque des gens de qualité leur font l'honneur de traverser leur taupinière ?

D'Artagnan s'était haussé sur ses étriers…

Et après avoir regardé par dessus la muraille vivante :

— Hé ! fit-il, c'est une jeune fille qui danse…

— Une jeune fille !

— Oui, une bohémienne, je crois…

L'autre regarda à son tour :

— En effet, c'est une Egyptiaque…

— Fort accorte, ma foi, constata d'Artagnan.

— Vous avez raison : et vive comme un oiseau.

— N'êtes-vous pas d'avis de voir cela de plus près ? interrogea le mousquetaire.

Pour toute réponse, son compagnon poussa son cheval, et, sans se soucier des pauvres diables qu'il bousculait, et de l'émeute de cris, de gémissements, d'imprécations qu'il soulevait, troua violemment la cohue et arriva au premier rang de celle-ci.

VII

LA BOHÉMIENNE

Dans un espace circulaire laissé vide par ces derniers, c'était, en effet, une gitana qui dansait.

Elle dansait au son d'une guzla, dont un grand escogriffe, théâtralement planté, grattait les cordes avec ardeur, tandis qu'une douzaine d'autres zingares, assises sur leurs talons autour de lui, bourdonnaient à bouche close une mélopée bizarre, scandée par les claquements de leurs mains sèches comme des palettes de buis.

Un peu à l'écart de ce groupe, un vieillard, appuyé sur un long bâton blanc, surveillait avec une paternelle sollicitude toutes les évolutions de la balerine.

Celle-ci piaffait, bondissait, tourbillonnait à la surface d'un tapis de Perse jeté sur le pavé.

Sa figure rayonnait. Ses yeux lançaient des éclairs. Tantôt elle se balançait sur place, avec des ondulations voluptueuses et de chastes abandons...

Tantôt, elle s'élevait, elle planait, elle volait, — les bras harmonieusement arrondis au-dessus de sa tête comme les deux anses d'une amphore, — agitant en cadence les sonnailles d'un tambour de basque et en martelant la peau de coups destinés à rythmer le chœur assourdi de ses compagnes...

Tantôt, elle retombait, ainsi qu'une flèche sur son fer, sur la pointe de son pied mignon.

On avait peine à la suivre de l'œil, tellement ses mouvements étaient prestes sans cesser d'être gracieux.

Assurément, elle eût marché sur la corolle des marguerites sans en faire tomber la rosée.

Ses cheveux dénoués formaient comme une vapeur d'or autour de son aérienne beauté, et les paillettes d'argent, qui ruisselaient sur son corsage et sur sa jupe, tremblaient dans un fourmillement perpétuel comme une eau agitée où se reflète la lune.

Dans l'assistance, tous les regards étaient fixes, toutes les bouches étaient ouvertes.

Mais nul ne se montrait plus fasciné par cette chorégraphie en dehors de toutes les règles que notre lieutenant de mousquetaires.

Celui-là semblait se demander si cette jeune fille était un être

C'était, en effet, une gitana qui dansait (page 40).

humain ou une fée, une nymphe ou un ange, une créature naturelle ou une éblouissante apparition.

A la fin, cependant, celle-ci s'arrêta.

Alors, il n'y eut qu'un cri dans la foule en délire :

— Bravo, la danseuse, bravo !

Et, de toutes les mains, les menues pièces de monnaie commencèrent à pleuvoir sur le tapis, autour d'elle.

Elle remercia du geste et du sourire.

Puis, laissant ses compagnes ramasser ces pièces, — sans lassitude comme sans joie apparente, — ainsi qu'une grande dame après une sarabande ou une pavane cérémonieuse, elle s'en fut rejoindre le vieillard, dont elle prit le bras avec une familiarité cordiale.

D'Artagnan avait tiré de sa poche une demi-pistole :

— Hé ! la belle, fit-il, à toi !

La jeune fille leva les yeux sur notre héros.

Ensuite, elle rougit et pâlit tour à tour.

Et elle demeura en proie à une forte émotion admirative, qui se lisait dans la fixité de ses prunelles et dans l'immobilité de son corps.

D'Artagnan, de son côté, ne trouvait pas un compliment, pas un mot à lui adresser.

Il se bornait à la contempler dans une sorte d'extase qui, à défaut de la parole, se traduisait par l'éloquence du regard.

A la fin, cependant, la bohémienne prit la pièce que lui tendait le mousquetaire.

Puis, elle la porta à ses lèvres.

Puis, encore, elle s'en fut — lentement et comme à regret — rejoindre le joueur de guzla.

Pendant ce temps, le compagnon de notre Gascon n'avait cessé d'examiner le vieux bohémien qui se tenait non loin de la grappe des chanteurs.

Et, durant les quelques minutes que la danseuse et le lieutenant avaient mises à se regarder silencieusement, il s'était approché du vieillard :

— Tu te nommes Pharam, lui dit-il, et tu es l'époux de Mani, la reine des Grands-Scorpions.

Un mouvement des muscles faciaux témoigna de la surprise du bohémien.

D'un coup d'œil prompt et sûr, il dévisagea celui qui l'interpellait ainsi.

Ensuite, sans se départir de sa tranquillité rigide :

— C'est vrai, répondit-il, Pharam est mon nom ; mais Mani a cessé de vivre.

Il y eut un moment de silence.

Puis le cavalier continua :

— Pharam, il est urgent que nous nous entendions.

— A quel propos, Messire ? Parlez. Je vous écoute.

— Oh ! ce n'est ni le lieu, ni l'heure. Ce que nous avons à échanger exige plus de temps et de mystère. Où te trouverai-je, cette nuit ?

— Cette nuit, je serai au milieu des miens à l'endroit où nous avons fait halte, débridé nos montures et allumé nos feux.

— Où est situé ce campement ?

— A trois milles d'ici, dans la montagne, sur le plateau qui domine le ravin du *Lac-Noir*.

— Par quelle route y arrive-t-on ?

Le gitano allongea le bras :

— Sortez du village par la route que voici ; suivez-la jusqu'à ce que vous rencontriez un bois de mélèzes ; tournez à gauche, alors, et montez, — montez jusqu'à ce que ce sentier lui-même devienne impraticable aux cavaliers : vous vous heurterez là à l'une de nos vedettes..

— C'est bien : tu recevras ma visite avant demain.

Puis, appuyant un regard scrutateur sur le masque de pierre de son interlocuteur :

— Seulement, poursuivit le gentilhomme, tu vas auparavant m'engager ta foi qu'il me sera permis de m'en retourner aussi facilement, aussi librement que je serais venu, — sans effort, accroc ni dommage...

— Seigneur, commença le vieillard qui ne l'étudiait pas avec moins d'attention, si vous me promettez vous-même que vous ne vous présenterez pas en ennemi...

Le voyageur l'interrompit :

— Je viens tout simplement te proposer un marché que tu accepteras, j'en suis sûr ; car il sera pour vous une source de profits.

Pharam appuya :

— Si rien dans vos projets ne menace notre Diamante...

— Votre Diamante ?... Je n'ai en vue que son bonheur... Tu n'en douteras plus un instant, lorsque tu m'auras entendu.

— Alors, soyez sans crainte, le Pharaon vous garantit qu'il ne sera touché ni à un fer de votre monture, ni à un écu de votre bourse, ni à un cheveu de votre tête.

L'autre insista :

— Je veux un serment solennel.

Le bohémien frappa le sol de son bâton :

— Sur les os de mes pères et de Mani, je le jure.

L'autre lui tendit la main :

— A la bonne heure ! Voilà qui est parler. Je prends acte...

Et, comme le vieillard accusait plus d'étonnement de ce geste de familiarité amicale qu'il n'en avait montré de la rencontre et du langage du gentilhomme :

— Oh! ricana ce dernier, je n'ai pas de préjugés, moi!... Surtout, quand ils ne me rapportent rien... Et puis, je sais que, pour ceux de ta race, la vie de celui-là est sacrée, dont ils ont effleuré la main...

Le vieillard avança le bras sans empressement et effleura du bout des doigts l'extrémité de ceux de son interlocuteur.

— A cette nuit donc, dit le cavalier.
— A cette nuit, répondit Pharam.

VIII

HALTE DE BOHÉMIENS

Le soleil descendait à l'horizon derrière les cimes dentelées des Cévennes.

Le ciel, rayé de larges bandes aux couleurs violentes, présentait un de ces aspects que les peintres hésitent à rendre, redoutant la critique imbécile du vulgaire...

Car le vulgaire proteste toujours en voyant reproduite par la plume ou par le pinceau une chose qui ne lui est point familière, et s'écrie volontiers : « Ceci est un mensonge! »

Les nuages, violets, verts, oranges, sanglants, superposaient leurs zones symétriques au-dessus d'un âpre site de montagnes :

Des éboulements de roches férocement difformes ; un torrent noir tombant dans un gouffre ; quelques sapins à demi foudroyés, tordant leurs branches, dont les entailles ressemblaient à des plaies saignantes.

Les gens qui, pour l'instant, animaient ce paysage sinistre, n'avaient pas une physionomie beaucoup plus rassurante que ce dernier.

C'était une horde de bohémiens qui s'était arrêtée là pour y passer la nuit.

Ces campements de nomades se font rares, de nos jours.

La civilisation, aidée par les gendarmes, a dispersé à toutes les aires du vent cette grande et mystérieuse famille, qui se donne à elle-même le nom de *Roumi* ou de *Rômes*, et que nous appelons, selon les pays, tantôt les zingari, tantôt les gitanos, tantôt les tziganes et tantôt les gypsies.

En ce temps-là, la race bohème infestait toute la chrétienté, — encore qu'elle y fût cruellement persécutée, — et les tribus errantes de ces enfants de l'Egypte, comme on les avait baptisées, se promenaient, sinon librement, du moins dans de nombreuses et bizarres proportions, à travers toutes les contrées de l'Europe, et particulièrement dans les régions de l'Est et du Midi.

Celle dont il est ici question était dite : *des Grands-Scorpions.*

Elle tirait son nom du pouvoir de *charmer* les animaux malfaisants que ses reines se transmettaient de mère en fille.

Car les Grands-Scorpions étaient gouvernés par une reine, dont le conjoint, — comme en Angleterre, — était réduit au rôle modeste de prince-époux.

Au chant de la *Grande-Scorpionne*, — comme on appelait cette souveraine, — tarentules, aspics, couleuvres et scorpions venaient tourner autour du fouet à manche d'ébène qui lui servait de sceptre, et tombaient morts quand elle leur disait : « Meurs ! »

Etait-ce à l'unique exercice de cette singulière puissance, que les sujets de la charmeuse devaient l'air de bien-être répandu sur leur visage ?

Il était permis d'en douter.

Hommes et femmes, ils avaient, sans doute, d'autres qualités et d'autres talents :

Les femmes, — en outre de la fascination de leur beauté sauvage, de leurs danses et de leurs chansons, — ce prétendu don de « seconde vue » avec lequel il est si facile d'exploiter la crédulité des badauds de toutes les conditions, de tous les âges et de tous les pays.

Les hommes, la main preste, le couteau prompt, l'esprit subtil, une conscience dénuée de toute espèce de préjugés et de scrupules.

Ajoutez la fabrication des philtres, la guérison des bestiaux, la vente de l'orviétan, les tours de gobelet, d'agilité, de force...

Nous ne parlons ici que des industries avouables...

Et, ne soyez pas surpris si, tout en présentant un assortiment de figures que l'on n'eût point aimé coudoyer, à la corne d'un bois, entre chien et loup, — la horde que nous mettons en scène paraissait jouir en abondance de tous les objets nécessaires à la vie et témoignait d'un excellent état de santé — physique et moral — sous ses haillons pittoresquement arrangés.

Il y avait plusieurs feux allumés dans les roches, et au-dessus de ces foyers improvisés d'énormes marmites bouillaient, suspendues chacune à trois pieux dont les sommets formaient le faisceau.

On buvait dans divers endroits ; dans d'autres on chantait, en s'accompagnant de la mandoline ; dans d'autres encore on dansait.

Ailleurs, les dés roulaient sur le sol au milieu des groupes avides et attentifs.

Quelques hommes ronflaient roulés dans leur manteau.

Quelques belles filles, couvertes d'oripeaux et de clinquant, babillaient avec leurs amants, maigres, bruns et bizarrement accoutrés.

Toute une piaulée d'enfants couleur de bistre jouaient autour des mules au piquet.

Enfin de vieilles femmes, laides comme des sorcières, surveillaient la cuisine et attisaient les feux de bois vert qui brûlaient comme des fournaises.

Parmi cette fourmillière de personnages vaquant à différentes occupations, nous en choisirons trois pour les présenter plus amplement à nos lecteurs.

Ces trois-là ne faisaient rien et se tenaient à l'écart des autres.

C'étaient une jeune fille, un jeune homme et un vieillard.

Le vieillard était accroupi à la façon orientale auprès de deux ou trois tisons qui achevaient de s'éteindre.

Il se drapait dans une couverture de laine.

On devinait sa haute taille à la longueur de son torse.

Sa chevelure abondante et d'un blanc de neige se séparait en deux masses égales sur un front raviné de rides qui ressemblaient à des balafres.

Ses yeux étaient noirs, vifs, durs et tranchants ; son nez avait la courbe du bec de l'aigle, et sa bouche, abaissée dans les mille plis que creuse l'âge, gardait une vigoureuse expression de commandement.

Il avait à portée de sa main un bâton de bois blanc, recourbé à son extrémité comme celui d'un roi pasteur.

Son être et son esprit paraissaient enfouis dans une méditation profonde.

Le jeune homme était debout, et s'adossait à un arbre.

Il était grand comme le vieillard.

Comme le vieillard aussi, — avec lequel il possédait un air de famille évident, — il avait le profil aquilin, le regard perçant, quelque chose de farouche et d'altier dans le port.

Son teint bronzé, ses cheveux crépus et sa moustache naissante, sombres comme l'ébène ; ses lèvres renflées, d'un rouge de sang, qui se retroussaient sur des dents luisantes et aiguës comme celles d'un fauve, attestaient en lui le gitano sans alliage.

Celui-ci, du reste, s'accusait encore mieux, chez cet adolescent d'une vingtaine d'années, par l'ensemble de ses traits, qui conservaient le reflet de toutes les passions caractéristiques de sa race : l'effronterie, la violence, la cupidité, l'astuce, la perfidie, une sensualité effrénée, le mépris des hommes et des dieux, — tout cela voilé, au besoin, par la forte dose de dissimulation et d'hypocrisie innées chez ces gens en dehors de toute loi et de toute morale communes, fils d'Adam abrutis ou loups intelligents.

La maigreur nerveuse de son buste et de ses cuisses se dessinait sous un justaucorps de cuir, à l'épreuve, sinon de la balle, du moins du stylet et de la dague, et sous une paire de grègues de velours cramoisi, par les crevés desquelles une doublure de soie défraîchie s'échappait en bouillonnant.

Cette partie de son costume, — soustraite sans doute à quelque élégant cavalier, — jurait singulièrement avec les misérables espadrilles qui se laçaient sur ses jambes nues et avec un de ces chapeaux effarouchés, hérissés de plumes de coq, — chapeaux sans nom, sans forme, sans raison d'être, ruines arrogantes et désespérées dont Callot devait immortaliser plus tard la splendide et grotesque invraisemblance.

Nonobstant, il n'eût point fallu sourire de ce contraste.

Le jeune bandit avait, en effet, de quoi imposer silence aux railleurs.

C'était, d'abord, à son côté, un braquemard ou estramaçon, d'une dimension respectable ;

Puis, dans le ceinturon de celui-ci, un couteau catalan à juguler un bœuf ;

Puis encore, auprès de ce couteau, un de ces grands pistolets, appelés *poitrinals*, du genre de celui dont Poltrot de Méré s'était servi pour tuer le Balafré devant Orléans ; dont Montigny, le page de Pardaillan, s'était servi pour tuer La Renaudie dans la forêt d'Amboise, et dont Vitry s'était servi, sur le pont du Louvre, pour tuer le maréchal d'Ancre.

En outre, son coude s'appuyait sur le canon d'une arquebuse dont la mèche allumée fumait, prête à s'abattre sur le bassinet rempli de poudre.

En somme, une panoplie vivante.

Arrivons à la jeune fille.

Celle-ci reposait sous une tente, dont un pan de toile relevé permettait de distinguer son corps étendu sur une natte, hors du cercle de lumière que projetaient les brasiers.

Ce corps disparaissait sous une mante.

On n'en apercevait que deux petits pieds mignons chaussés de babouches turques et capables de danser dans la pantoufle de Cendrillon.

Le vieillard avait nom Pharam ; le jeune homme, Yanoz, et la jeune fille Diamante.

Le premier avait été l'époux de Mani, la feue reine des Grands-Scorpions.

Il était comme le tuteur et comme le premier ministre de la souveraine qui avait succédé à Mani.

Dans la tribu, ce premier ministre portait le titre de *Pharaon*.

Yanoz était le fils de Pharam et de Mani.

Nous vous dirons plus tard ce qu'était Diamante.

Pour l'instant, celle-ci dormait, le vieillard rêvait, et le jeune homme regardait.

Il regardait dormir la jeune fille...

Et, par moments, sa prunelle s'incendiait de désirs charnels, en suivant — sous l'étoffe qui les recouvrait — les lignes souples et moelleuses et les contours harmonieux de ce corps qu'il devinait charmant...

Alors, toute sa personne frémissait de passion ; ses tempes battaient la fièvre ; les veines de son front se gonflaient et bleuissaient de sang en rut ; des gouttelettes de sueur roulaient, comme des perles jaunes, le long de ses joues aux tons d'ocre...

Et cette exclamation jaillissait, ardente et sourde, de ses lèvres :

— Comme je l'aime !... Oh ! comme je l'aime !...

Puis, secouant la tête tandis que sa figure revêtait un caractère de résolution indomptable, il ajoutait entre ses dents :

— Il faudrait bien qu'elle m'aime aussi !

Puis encore, le sourcil froncé, la voix sifflante et menaçante, les doigts crispés sur le manche de son couteau :

— Si elle ne m'aime pas, je la tue !

IX

LE CONSEIL DES ANCIENS

L'attention avec laquelle le Bohémien couvait, pour ainsi dire, le sommeil de la jeune fille, l'empêchait de prêter l'oreille à ce qui se passait aux environs.

On parlait, pourtant, assez haut, non loin de lui.

Il y avait là, autour d'un feu, une demi-douzaine de barbons qu'à leur chef branlant et chenu, on reconnaissait pour les anciens de la tribu.

..... l'escarcelle de notre muguet était passée de sa poche dans la mienne (page 54).

Quelques vieilles femmes, avenantes comme les Furies, étaient mêlées à ce sanhédrin.

Celui-ci paraissait de fort méchante humeur.

On y bougonnait franchement.

Des voix cassées lançaient d'aigres protestations :

— Les saines traditions s'effacent !...

— Les bonnes mœurs se relâchent !...

— Les lois sont méconnues !

— Les antiques coutumes se perdent !...

Et, en chœur :

— Où allons-nous, mes frères, où allons-nous ?

— Par Hermès ! répliqua l'un des Pères-conscrits, la chose n'est pas si difficile à deviner : nous allons à ceci, mes maîtres, que nous devenons peu à peu semblables à ce genre humain qui nous prodigue généreusement un mépris que nous lui rendons avec usure...

Il y eut un grognement de réprobation générale.

— Oui, continua l'orateur, je maintiens que, si nous n'y mettons ordre, on nous obligera bientôt à nous reposer dans un lit, à habiter sous un toit, à respecter le bien d'autrui...

— Oh !...

— A trépasser entre deux draps, comme un marchand douillet ou un bourgeois repu, et à dormir le grand sommeil dans une boîte, sous six pieds de terre, avec une pierre estampillée de cette plaisanterie funéraire : *Bon mouton qui a apporté, de gaîté au cœur, sa laine au tondeur et ses côtelettes au couperet du boucher !*

Cette fois, le grognement se changea en clameur :

— Allons donc !...

— Jamais !...

— Impossible !

— Personne de nous ne le souffrira !

— Quand nous devrions faire une révolution !...

Cette clameur s'enfla tellement, qu'elle arriva jusqu'au jeune homme.

Celui-ci détourna le regard de la dormeuse, et, apostrophant l'aréopage avec une irrespectueuse ironie :

— Holà ! s'écria-t-il, vénérables crécelles, vous faites bien du bruit, ce me semble. La langue vous tourne dans la bouche comme si celle-ci avait encore toutes ses dents. Çà, quel grain de rebellion sort-il de votre moulin à paroles ? Expliquez-vous. A qui en ont vos radoteuses seigneuries ?

Un petit vieillard se leva.

Il était comme perdu dans une robe noire, — toge, simarre ou soutane, — qui avait été celle d'un juge, d'un médecin ou d'un prêtre.

La couleur sombre de l'étoffe accentuait encore les tons de parchemin racorni de sa peau et l'ivoire luisant de son crâne.

Il était à la fois astrologue, pharmacien et manipulateur de pâtes à détruire les rongeurs et d'onguents à guérir les chiens galeux.

Aussi l'appelait-on *le Docteur.*

— A qui nous en avons? fit-il. Tu nous le demandes, fils de Pharam ? Comme si ce pouvait être à une autre personne que celle que vous soutenez sans cesse, toi et ton père, par ce qu'elle vous tient au cœur et par la chair et par le sang...

Yanoz haussa les épaules.

— Vous voulez parler de Diamante ? Voyons que lui reprochez-vous encore ?... Toujours la même chose, je parie : de n'avoir pas cinquante ans de plus et de ressembler à un oiseau de paradis égaré dans un nid de chouettes et de hiboux...

Le bonhomme s'insurgea contre ces railleries :

— Jeune homme, fit-il sévèrement, je vous rappelle aux égards qui sont dus à nos cheveux blancs.

— D'abord, Docteur, vous êtes chauve !

Et puis, vous m'exaspérez tous !...

Oui, parbleu ! vous m'exaspérez avec vos doléances sans fin et sans raison !...

La Reine par ci !... La Reine par là !...

Comme si elle était coupable de vos rhumatismes, de vos catarrhes et de l'âge qui neige sur vos tignasses dégarnies !...

Cornes du diable ! manquez-vous donc de quelque chose sous son règne ?...

Vos poches sonnent-elles le creux ?...

Vos flacons tintent-ils le vide ?...

Votre ventre hurle-t-il misère ?...

Non : vos chiens ont de la pâtée à revendre ; vos marmites sont si pleines que le contenu en soulève le couvercle, et il y a assez de vin dans vos outres pour allumer comme autant de phares, votre cénacle de nez séculaires !...

— Il est certain, opina l'un des opposants, qu'un affamé se ravitaillerait l'estomac rien qu'en reniflant la fumée de nos alchimies culinaires...

— Alors, de quoi vous plaignez-vous, vertueux Gargajal, éponge insatiable, tonneau sans fond, garde-manger toujours ouvert, et, cependant, jamais rempli ?

Celui qui répondait à ce nom euphonique et à ces qualificatifs flatteurs, se leva à son tour.

C'était une sorte de Silène, à la trogne fleurie de bubelettes, coiffé d'un morion de gendarme, caparaçonné d'une brigandine — ou cotte de mailles qui descendait jusqu'aux genoux, — et armé d'un tranchelard, d'une écumoire et d'une cuillère à pot.

— Fils de Mani, interrogea-t-il gravement, ces volatiles domestiques, — poulets, dindons, canards, oisons, — qui concourent, en ce moment, à l'élaboration de notre consommé, vous êtes-vous seulement demandé de quelle façon nous nous les sommes procurés ?

Le jeune homme fit un geste d'insouciance.

L'autre poursuivit en piquant ses mots :

— De la façon la plus saugrenue, la plus exorbitante, la plus invraisemblable...

— Hein ?...

— En même temps que la plus contraire à nos habitudes, à nos procédés, à nos principes...

— Comment ?...

— Je vous le donne en dix... Je vous le donne en cent... Je vous le donne en mille...

— Mais encore ?...

Gargajal prit la pose d'un homme profondément humilié, et, s'insurgeant du visage, de la voix et du geste contre l'énormité qu'il allait proférer :

— Eh bien, prononça-t-il avec une amertume mêlée de honte, nous nous les sommes procurés... *en les payant*.

Il avait mis dans ces trois mots tout ce que renferment de révolte et de douleur *l'infandum !* des héros de Virgile et le *proh pudor !* des harangues de Cicéron.

Un murmure monta du sein de l'auguste assemblée.

Gargajal renchérit de mine, d'attitude et de ton indignés :

— Oui, c'est ainsi : *en les payant !*

En les payant à beaux deniers aux paysans de ce gros bourg où nous avons fait halte hier...

Par Mercurius qui fut le patron des Bohémiens de l'ancienne Rome, n'avons-nous donc plus le bras long, la main agile, les doigts crochus ?...

Acheter, quand il est si facile de prendre !...

Pouah ! le rouge m'en monte aux bajoues, et je m'en sens offensé dans toutes mes pudeurs !...

Et le Docteur appuya, en faisant un mouvement pour se voiler la face avec un pan de sa robe trop large :

— Ce n'est pas Mani, notre austère et défunte souveraine, qui nous aurait jamais réduits à une si dure extrémité, infligé un si rude affront !...

Elle avait trop souci de l'honneur professionnel, et des talents de ses sujets !...

Mais quoi ! sous le nouveau règne, sommes-nous assez déchus des précieuses qualités de nos pères !

Et les os de ceux-ci doivent-ils assez claqueter d'étonnement et de courroux au bout des branches où ils blanchissent, entre ciel et terre, dans l'espace, bercés par l'air libre des nuits et caressés par l'aile sombre des corbeaux !

Il y eut un *tolle* universel et bruyant :

— C'est odieux !
— Avilissant !
— Intolérable !
— Nous prend-on pour des fainéants ?
— Pour des maladroits ?
— Pour des idiots ?
— Pour des chrétiens ?

Car le dieu du vol, le petit dieu *Fur* des Latins, est, à peu près, le seul honoré chez ces incomparables larrons.

Il a été, il est encore toute leur religion, toute leur vie.

Il a pour eux les entraînements de la passion, de l'art, de la gloire.

Yanoz avait commencé par courber la tête sous cet ouragan de récriminations.

Ensuite, avec impatience :

— Quand vous vous époumoneriez jusqu'à demain !... Elle le veut ainsi... C'est la reine !

Il ajouta avec colère :

— Est-ce que je ne me soumets pas à sa volonté, moi, alors qu'elle m'empêche de chatouiller avec la pointe de mon couteau les côtes des galants qui la regardent de trop près ?

— Hé ! glapit une matrone dont le nez, du plus considérable gabarit, portait à son extrême pointe des lunettes de fer cruellement serrées, eh ! ne m'a-t-elle pas menacée de me livrer aux gens de justice, pour avoir vendu à une riche bourgeoise de la ville voisine, une poudre destinée à la débarrasser d'un mari caduc et grognon ?

Il y avait une autre commère, — basse sur jambes, bouffie et bulbeuse, avec une loupe tapissée de poils jaunes entre deux yeux ronds d'épervier, — qui fumait avec le sang-froid d'un flibustier de l'île de la Tortue.

Elle ôta lentement son calumet de sa bouche :

— C'est comme l'autre jour, se mit-elle à conter, dans le jardin de cette villa au revers de la route, cette belle dame qui écoutait les doux propos d'un cavalier, sans s'occuper de la fillette qui jouait à quelques pas d'elle...

J'allais escamoter l'enfant : histoire d'apprendre à la mère à mieux veiller sur sa famille...

Mais la Diamante m'avait suivie, — et, sur un signe impérieux, j'ai dû remettre à terre la *bambina d'amore* que j'avais commencée à serrer dans mon sac...

Puis, toutes deux, alternativement :

— S'il n'est plus permis d'adopter un chérubin du bon Dieu !...

— Ni de rétablir la paix dans un honnête ménage !...

Entre Wiarda, la mégère aux lunettes, et Baïssa, la sorcière à la loupe, un grand corps était assis, qui flottait dans l'habit d'un garde suisse du Vatican et dont le visage pointu semblait plus blafard encore dans tout ce drap écarlate.

— Sur ma foi, narra-t-il, voici qui est plus fort : c'était hier, au bourg, lorsque ce cercle de badauds s'extasiait devant nos exercices...

Pendant qu'un de ces curieux faisait les yeux doux à la belle, moi je regardais amoureusement une bourse, assez rondelette, qui formait la plus séduisante des saillies sous le velours de son pourpoint...

Or, il paraît que le nerf visuel est doué, chez moi, d'une puissance dont je ne m'étais jamais douté...

Car, au bout de quelques minutes, l'escarcelle de notre muguet était passée de sa poche dans la mienne.

— A la bonne heure ! fut-il opiné d'un commun élan.

Et les deux vieilles, avec effusion :

— Horeb, mon mignon, montre-nous-la, veux-tu ?

— Quoi ?

— La bourse de ce gentilhomme.

— La bourse ? Impossible ! Je ne l'ai plus !

— Comment ?

— La Diamante avait vu le coup : elle m'a commandé de restituer l'objet...

— Et alors ?...

L'aréopage entier était pendu aux lèvres de l'orateur.

— Alors j'ai obéi : n'est-elle pas la reine ?

Une rumeur de réprobation gronda :

— Tu as rendu la bourse ?

— Oui.

— Oh !

Ce monosyllabe exprimait à sa période la plus aiguë, l'horreur qu'inspire à d'honnêtes gens l'aveu d'un acte infâme, monstrueux, inouï.

Horeb sourit.

— Attendez donc ! attendez donc ! Oui, j'ai rendu la bourse à son propriétaire. Seulement...

— Seulement ?...
— Seulement j'avais eu soin de garder les trente pistoles qui étaient dedans.

Il n'y eut qu'un cri.

— Bravo, Horeb !

Le Docteur lui frappa sur l'épaule :

— Voilà qui est d'un vrai fils d'Égypte, déclara-t-il solennellement.

Et Gargajal, lui tapant à l'endroit où ceux qui ont du ventre le placent d'ordinaire :

— Compère, la descendance entière de Ptolaüm te congratule par mon canal... Tu nous réconcilies avec nous-mêmes... Oui, ta généreuse conduite nous réhabilite à nos propres yeux...

Wiarda essuya le verre de ses lunettes, qu'obscurcissait un pleur d'attendrissement.

— Le cher trésor ! murmura-t-elle. Il a conservé les pistoles ! Je ne sais ce qui me retient de l'embrasser !...

— Et moi, je l'embrasse sans barguigner, fit gaillardement Baïssa, qui donna un tour cavalier à la mèche de poils de sa loupe.

Tout n'est pas rose dans le métier de triomphateur.

Horeb dut subir l'accolade.

Il avait eu la précaution de mettre ses mains sur ses poches.

En ce moment, une voix appela :

— Yanoz !

Cette voix était celle de Pharam.

Le vieillard venait de se lever.

Il s'appuyait sur son bâton de commandement.

Pendant l'échange des propos qui précèdent, rien n'avait bougé dans le camp : les jeunes filles et leurs amoureux ne s'étaient point dérangés de leurs conversations, les joueurs de leurs dés, les dormeurs de leur sommeil.

Mais, au seul mot prononcé par le Pharaon, les joyeux murmures des causeurs avaient cessé comme par enchantement.

Les dormeurs, les joueurs s'étaient mis sur leurs jambes.

Un religieux silence régnait dans toute la halte.

Seule, la fillette qui reposait sous la tente n'avait point donné signe de vie.

Yanoz s'était empressé de se diriger vers Pharam :

— Que désire mon père ? demanda-t-il avec respect.

— J'attends ici quelqu'un, répondit le vieillard.

— Quelqu'un ?...

— Un homme avec qui j'ai besoin de m'entretenir seul à seul...

— Un homme de notre race ?

Le vieux bohémien demeura silencieux.

— Un chrétien, alors !

Pharam se retrancha dans le même mutisme.

— Un chrétien ! répéta le jeune homme avec un étonnement hostile.

Ensuite, avec une expression qui dévoilait une malveillance préconçue :

— Serait-ce, par hasard, cet étranger, ce voyageur avec lequel je vous ai vu converser hier au bourg ?

Le vieillard le couvrit d'un regard sévère :

— Depuis quand, interrogea-t-il froidement, est-ce la mode, chez nous, que le fils adresse des questions à son père ?

Yanoz baissa la tête en se mordant les lèvres.

Le Pharaon haussa le ton :

— N'y a-t-il point de sentinelle sur la route qui descend vers la plaine ?

— Il y a Mikel, fut-il répondu à la ronde.

— Eh bien, Mikel sera puni s'il s'est endormi à son poste, et s'il néglige de signaler l'arrivée du profane qui doit, en cet instant, approcher de ces lieux.

Il n'avait pas achevé, qu'une huée plaintive et perçante, semblable au cri d'un oiseau de nuit, monta du fond de la vallée.

— C'est bien, fit le vieux chef radouci, Mikel veillait. L'homme approche.

— Un profane !...

Ce mot avait couru parmi les gitanos...

Et il y avait déjà des couteaux ouverts dans toutes les mains...

— Qu'on laisse là les armes ! commanda Pharam.

Il poursuivit :

— Giseph et Polgar, avancez !

Deux robustes zingari sortirent du cercle des auditeurs :

— Qu'ordonne le père ? s'informèrent-ils en se courbant.

— Allez recevoir celui qui vient, et servez-lui de guides jusqu'ici...

Et, quelles que soient les intentions qui l'amènent, que ce visiteur vous soit sacré, ainsi qu'à tous ceux qui m'entendent !...

Car, pour une heure, il est notre hôte.

Il me sembla que la terre s'entr'ouvrait sous mes pieds (page 64).

X

PREMIER VISITEUR

Environ dix minutes plus tard, Polgar et Giseph revenaient.

Ils tenaient chacun par un bras un personnage qu'ils conduisirent au Pharaon.

Celui-ci s'était assis sur une pierre et semblait s'être replongé dans de sérieuses réflexions.

Cependant, au bruit des pas des survenants et des chuchotements de l'assistance, dont le cercle se resserrait avec curiosité, il leva lentement la tête et dévisagea d'un coup d'œil l'individu qu'on lui présentait.

Aussitôt une violente surprise remplaça sur ses traits l'impassibilité qui faisait de ceux-ci comme un masque de bronze antique.

Il se dressa de toute sa hauteur ; une lueur s'alluma dans le fouillis de ses rides, et sa voix tonna, courroucée et menaçante :

— Çà, quelle est cette plaisanterie ?... Se raillerait-on de moi ici ?... Ou bien est-ce ainsi qu'on exécute mes ordres ?

La galerie regarda avec ébahissement Giseph et Polgar, qui se regardaient avec stupeur.

Le Pharaon continua avec un redoublement de colère :

— Que m'amenez-vous là, ânes bâtés, chiens sans flair, linots sans cervelle ?

— Mais, père, c'est l'étranger qui...

— Père, c'est le visiteur que...

Le vieillard les interrompit avec un tour d'épaules ironique :

— L'étranger ! le visiteur ! oui-dà !... Vous êtes fous ou ivres, mes drilles !... Ce n'est pas là le cavalier à qui j'ai donné rendez-vous !

— Cependant, balbutia Polgar, c'est lui que nous avons rencontré aux abords de la sentinelle.

— Et c'est lui, bégaya Giseph, qui, lorsque nous lui avons demandé si c'était bien nous qu'il cherchait, nous a suivis sans résistance.

— C'est-à-dire qu'il s'est moqué de vous... Deux *rômes* dupés par un *goï* !... Par Gog et Magog ! quelle misère !...

Goï signifie *chrétien* en argot de Bohême.

Les deux gitanos répliquèrent tout honteux :

— Pourtant, père...

— Nous vous assurons...

Pharam frappa l'une contre l'autre ses mains qui rendirent un son de parchemin sec :

— Assez !... Vous serez châtiés de votre incroyable ineptie !.. Encore une fois, je ne connais pas cet homme !

— Alors, riposta un organe clair et sonore, permettez-moi, Seigneur, de vous le faire connaître !...

Et le personnage, qui était l'objet du débat, fit un pas vers le Pharaon :

— Je suis, dit-il, le chevalier d'Artagnan, lieutenant aux mousquetaires de S. M. le roi de France.

— Après, dit froidement Pharam.

— D'abord, deux mots d'explication, à cette fin d'innocenter ces deux pauvres diables, qui ne sont coupables que d'une méprise à laquelle j'ai moi-même aidé sans le savoir...

— Sois bref, intima le vieillard.

Le Gascon se mit à rire.

— J'y tâcherai, répliqua-t-il. Mais je ne vous le promets pas, étant de mon pays. Mordioux ! il ne faut pas demander l'impossible !...

Du reste, voici toute l'histoire :

Je me rends, en ce moment, chez mon honoré père, là-bas, de l'autre côté de Tarbes...

Je suis arrivé, ce soir, à Anduze...

J'y ai soupé dans une hôtellerie...

Puis, comme la chaleur de ces journées d'été est incommode au premier chef, j'ai résolu de voyager la nuit...

La provende donnée à mon cheval, je me suis donc remis en selle, et nous nous sommes engagés tous deux dans la montagne...

Des sites superbes en vérité !...

Mais, en les admirant, j'ai quitté la bonne route...

Et, quand je m'en suis aperçu, pas moyen de la retrouver !...

Pas une cabane de pâtre, de charbonnier ou de bûcheron où je puisse me renseigner...

Ce fut juste en ce moment que j'eus la bonne fortune de me heurter à ces deux messieurs...

L'un d'eux m'adressa cette question :

— Ne cherchez-vous pas un campement de bohémiens ?...

Je ne le cherchais pas, sur ma foi...

Mais je n'étais pas fâché de l'avoir rencontré...

Ma monture est sur les dents...

J'ai dû la laisser — attachée à un arbre — au bas de ce plateau, qu'elle n'a pu gravir...

C'est un cheval de guerre qui n'a pas le pied montagnard...

Lorsque l'obscurité se sera épaissie, nous courrons risque de nous rompre le cou dans quelque fondrière ouverte sous nos pas, dans quelque précipice invisible ou contre quelque entassement monstrueux de rochers...

Et puis, je ne sais pas si c'est l'air vif de ces libres sommets...

Mais, il me semble que j'ai digéré depuis longtemps mon repas à l'hôtellerie d'Anduze...

J'ai faim, — et une fatigue étrange est née chez moi de cet appétit...

Je voudrais manger et dormir...

Or, je sais que si les Juifs se prosternèrent jadis devant le veau parce que celui-ci était d'or, les fils d'Egypte, sans mépriser l'or aucunement, s'agenouillent bien plutôt devant ce même symbole lorsque ce dernier tourne à la broche ou lorsqu'il sort de la marmite...

Je sais qu'ils adorent surtout ce que le soleil fertilise, ce que l'eau arrose et fait pousser, ce que le soleil mûrit ou cuit...

Je sais, enfin, que l'on s'accorde à leur attribuer deux vertus essentiellement opposées, mais qu'Alcibiade et plusieurs grands hommes ont réunies en eux-mêmes, avant eux : une admirable faculté de supporter la privation, et une gourmandise, une sensualité effrénées...

Voilà pourquoi j'ai suivi vos compagnons, en laisse de ma lassitude — et de mon appétit...

Et maintenant je vous dis ceci :

« Avez-vous par là, sous ces couvercles fumants, quelque morceau à partager avec l'hôte que le hasard vous envoie ?...

» Vrai Dieu ! je vous serai aussi reconnaissant que si vous me faisiez asseoir devant un festin de Balthazar, de Trymalcion ou de Lucullus !...

» Êtes-vous, au contraire, non moins besogneux que moi ?...

» Attablons-nous de compagnie devant la détresse commune. Les voyages et les aventures m'ont appris à me sustenter d'un cran serré au ceinturon...

» Et je m'endormirai gaiement, auprès de l'un de vos feux, avec ma fatigue pour matelas, mes illusions pour traversin, mes espérances pour oreiller, la nuit pour couverture, l'azur pour baldaquin et la lune pour chandelle ! »

. . . .

Toute cette harangue avait été débitée avec une verve et une bonne humeur incroyables.

Le mousquetaire conclut en frappant sur sa poche :

— Aussi bien, j'ai là-dedans de quoi payer mon couvert et mon lit à l'hôtellerie de la Belle-Etoile.

— Garde ton argent, répliqua Yanoz rudement : ce n'est pas à lui que nous en voulons.

— Et à quoi donc ?

— A ta vie.

D'Artagnan demanda avec tranquillité.

— A ma vie ?... Vous plaisantez !... Pourquoi cela, mon camarade ?

— Parce que tu es un espion à la solde des gens du Roi, nos éternels persécuteurs.

— Un espion !... Moi !... Terre et ciel !

Cette protestation eut l'éclat d'un coup de trompette.

En même temps, le mousquetaire avait bondi vers le bohémien.

Polgar et Giseph, qui se tenaient à ses côtés, essayèrent bien de l'arrêter.

Ses bras se détendirent violemment....

Et les deux gitanos furent lancés à distance comme par le jet d'une catapulte.

Les femmes étaient éblouies.

Jamais elles n'avaient rien vu d'aussi superbe que le formidable courroux qui pétillait dans les yeux, qui frémissait dans les narines et qui tonnait par la bouche de notre héros.

Encore qu'il n'eût pas porté la main à son épée, — sans doute le fils de Pharam lui paraissait-il indigne d'un coup d'estoc ou de taille, — le Gascon était si terrible de rut, de geste et de visage, que Yanoz recula d'un pas, cherchant à sa ceinture une arme qui lui permît de faire face à l'attaque qui menaçait de le pulvériser.

Mais cette attaque n'eut pas lieu.

En ce moment, le cri d'oiseau, qui était le signal de l'approche d'un étranger, retentit de rechef à travers l'espace...

Tout le monde se retourna...

La silhouette d'un cavalier venait d'apparaître au débouché du chemin qui grimpait en zigzags de la plaine sur le plateau.

Nous écrivons *cavalier* à cause des éperons que l'on entendait sonner aux talons de ses grosses bottes de voyage.

Aussi bien, ces éperons et ces bottes étaient à peu près tout ce que l'on apercevait de lui, avec le sombrero dont les vastes ailes se rabattaient sur ses sourcils, et l'ample manteau dont le bas était relevé par le fourreau d'une rapière.

Ce personnage qui avait dû abandonner sa monture aux mains du gitano placé en sentinelle à l'endroit où la route était impraticable pour tout autre que pour un piéton, — ce personnage, disons-nous, avait fait halte à l'orifice de cette route et semblait chercher, de l'œil, quelqu'un, à la clarté falotte des feux que l'on avait négligé d'entretenir depuis l'arrivée du Gascon et dont la flamme allait mourant.

— Ranimez les foyers, enjoignit Pharam.

Le campement se ralluma brusquement.

Une brassée de sarments avait été jetée sur les tisons dont l'agonie fumait aux pieds du vieillard.

La flamme se raviva aussitôt, éclairant le visage du Pharaon, sur lequel elle marqua avec brutalité le contraste d'ombre et de lumière.

Ce visage avait repris son enveloppe impénétrable et morne.

Le cavalier avait reconnu de loin celui à qui il avait affaire.

Il se hâta de marcher à lui, et, touchant légèrement les bords de son chapeau :

— Salut, s'écria-t-il, doyen de la tribu des Grands-Scorpions.

Le vieillard inclina gravement la tête :

— Salut, baron Christian de Sierk, répondit-il sur le même ton un peu hautain.

Le nouveau venu tressaillit :

— Ah ! ah ! murmura-t-il, il paraît que je suis connu ici...

Il y eut un instant de silence.

Ensuite, le gentilhomme reprit :

— Tu n'as pas oublié, mon maître, que nous avons à nous entretenir seul à seul...

— Je ne l'ai pas oublié, messire.

Puis, étendant la main vers d'Artagnan :

— Emmenez ce chrétien, ordonna le Pharaon ; il sera statué tout à l'heure sur son sort.

Puis encore, élevant la voix et s'adressant au reste de la tribu d'une façon qui ne souffrait aucune réplique :

— Vous autres, tirez-vous à l'écart ! Et que toutes les oreilles soient sourdes, comme tous les yeux aveugles, toutes les langues muettes et toutes les armes au repos !...

. . . .

On avait obéi.

Notre héros avait été emmené.

On l'avait relégué dans une sorte de grotte, devant l'ouverture de laquelle Yanoz, son arquebuse au bras, se promenait avec une rancune rageuse.

Le gitano ne s'en rapportait qu'à lui-même du soin de garder le prisonnier et de l'empêcher de s'enfuir.

Ses compagnons mâles et femelles se tenaient désormais à une distance respectueuse de leur chef.

Ce dernier donnait audience au nouveau venu, assis en face de lui sur un quartier de roc.

Avons-nous besoin d'ajouter que celui-ci n'était autre que le voyageur au poil roux arrivé à Anduze en même temps que d'Artagnan.

XI

CE QUI S'ÉTAIT PASSÉ DANS LA NUIT DU 16 OCTOBRE 1604, ET CE QUI EN ÉTAIT RÉSULTÉ

Le Pharaon écoutait et le baron parlait :

— Il y a seize ans, disait-il, tu étais un homme heureux, Pharam...

Tu avais épousé ta parente Mani, souveraine de la tribu, et de cette union était née une fille que vous aviez appelée Diamante...

Après avoir parcouru les Flandres et les provinces riveraines de la Moselle, vous aviez décidé de descendre vers la Suisse et le Piémont en traversant le duché de Lorraine...

Vous vous étiez donc engagés dans ce dernier pays, et, après différentes étapes, vous étiez venus camper sous les murs de Nancy, à l'endroit dit : *La Commanderie de Saint-Jean*, hors de la porte de ce nom et près de l'étang dans les glaces duquel avait été trouvé — un siècle auparavant — le corps de Charles le Téméraire...

C'était une grave imprudence...

Il ne faisait pas bon par ce temps, en Lorraine, pour les hérétiques, les idolâtres, les démoniaques et les sorciers...

Le procureur général Nicolas Remy leur donnait une chasse continue, acharnée, impitoyable...

Et la population, rendue féroce par la vue des gibets, des échafauds et des bûchers, ne demandait qu'à déchirer de ses propres mains ceux que le fanatique magistrat lui désignait comme fabricants de maléfices, jeteurs de sorts, ennemis de la religion et autres suppôts de Satan, — capables de déchaîner sur la contrée que souille leur présence, toutes les calamités vengeresses et tous les fléaux destructeurs...

Aussi, la nuit de votre arrivée — c'était, si je ne m'abuse, celle du 16 octobre 1604, — une foule, ivre de colère et de carnage, assaillit-elle votre campement...

On mit le feu à vos tentes...

Et, lorsque, réveillés dans leur premier sommeil, les tiens essayèrent de se soustraire aux flammes qui les entouraient, ils se heurtèrent à une muraille de bourreaux qui les rejeta sans pitié dans le brasier, à coups de fourche, de pique, d'épieu et de mousquet...

— Oui, murmura le bohémien, je me souviens de cette nuit terrible : une nuit pleine de lueurs sinistres, de cris de détresse, de chocs d'armes et de fauves rugissements...

J'avais pris mon enfant dans mes bras...

Ma femme s'accrochait à moi défaillante, éperdue, folle...

Nous tentâmes de rompre le cercle de fer et de feu qui nous étreignait...

Hélas ! j'y parvins seul !...

Et, quand, après une heure d'une course furieuse, insensée et sans but, je me fus enfoncé dans l'ombre et la campagne assez loin pour n'être plus poursuivi par les sanglants reflets de l'incendie, par les rauques clameurs du massacre et par les gémissements déchirants des victimes...

Lorsque je fus contraint de m'arrêter, à bout de force et de courage, Mani n'était plus avec moi...

Elle ne m'avait point suivi...

J'eus un instant l'idée de retourner la chercher...

Puis, comme, à la clarté livide de la lune, je regardais machinalement mon enfant, une épouvante suprême paralysa mes membres...

La pauvre petite figure de Diamante était blanche comme de la cire...

Ses yeux étaient éteints...

Sa bouche n'avait plus de souffle...

Quelque chose de tiède et de rouge coulait de son corps sur mes mains...

C'était du sang !...

Horreur ! le sang de mon enfant !...

Un coup qui m'était destiné l'avait sans doute frappée, dans la bagarre...

Misère de moi ! ma fille, — mon trésor, mon espoir, celle qui était toute ma vie et tout ce qui me restait de sa mère, ma fille, ma Diamante était morte !...

C'était un cadavre que je serrais contre ma poitrine haletante et que je m'efforçais en vain de réchauffer sous mes baisers !...

Alors, oh ! alors, il me sembla que la terre s'entr'ouvrait sous mes pieds et que le ciel s'écroulait sur ma tête...

Un voile s'étendit devant ma vue...

Puis, bondissant sur le jeune homme, tu le terrassas... (page 70).

Je tombai, foudroyé sur le bord du chemin...

— Et ce fut là, reprit le gentilhomme, que l'on te ramassa le lendemain, pour te jeter en prison, instruire ton procès, te traîner devant des juges, et te condamner au bûcher, pour crimes d'hérésie, de sortilège et de magie.

Le vieillard haussa les épaules :

— Que m'importait l'arrêt de votre tribunal !

La fatalité ne m'avait-elle pas condamné à un supplice cent fois plus atroce que le feu, en me privant des deux seuls êtres que j'eusse jamais aimés? Par le dieu de mes pères, il fut le bienvenu, ce jour qui devait me délivrer d'une existence insupportable!

— Seulement, la veille de ce jour-là, deux personnes furent introduites par le geôlier dans ton cachot :

Un cavalier d'allures hautaines, enveloppé d'un manteau, comme je le suis aujourd'hui, et dont, par surcroît de précaution, un masque couvrait le visage...

Et un page qui comptait de quinze à dix-huit ans.

Le premier te dit :

« — Ta femme n'est pas morte. On l'a arrêtée comme toi. Comme toi, on l'a jugée et condamnée. Comme toi, elle sera exécutée demain matin... »

Tu l'écoutas, d'abord hébété et sans comprendre...

Puis, à la pensée que la flamme allait mordre, enlacer, dévorer ces membres que tu avais tenus, palpitants dans tes bras amoureux sur la couche nuptiale, ce cœur qui avait battu contre le tien, cette femme encore jeune, encore belle, et qui pouvait devenir mère une seconde fois, à cette pensée ton désespoir dépassa ton malheur, et l'on te vit t'arracher les cheveux et la barbe, te meurtrir le front et la poitrine, et te rouler sur les dalles avec des hurlements et des sanglots...

Le visiteur masqué poursuivit :

« — Je vous offre la liberté à tous les deux...

» — La liberté !...

» — Tu vas sortir de cette prison. Ta femme quittera la sienne pareillement. Elle te rejoindra cette nuit en un lieu où l'on te conduira. Vous partirez ensemble. Voici un sauf-conduit qui vous permettra de vous retirer au-delà du Rhin sans être inquiétés. »

Tu osais à peine croire à ce que tu entendais.

C'était le salut inespéré à la veille du supplice terrible.

Tu te laissas choir à deux genoux devant le sauveur inattendu.

Tu saisis le bas de son manteau, et tu l'approchas de tes lèvres, comme font les gens de ta race pour témoigner de leur humilité et de leur gratitude.

Et d'une voix que la surprise, la joie et le doute mêlés étranglaient dans ta poitrine haletante :

« — Oh ! Monseigneur, t'écrias-tu, comment payer la dette de la reconnaissance ?... Disposez de mon bras, de ma volonté, de ma vie... Oui, si mon sang versé goutte à goutte, si ma chair arrachée lambeau par lambeau, si tout ce qui m'appartient dans ce monde, et tout ce qui m'attend dans l'autre... »

Ton interlocuteur t'interrompit froidement :

« — On n'en exige pas tant de toi...

» — Que faut-il que je fasse alors ? »

L'inconnu te désigna l'adolescent qui l'accompagnait :

« — Suivre mon page, et lui obéir en tout ce qu'il te commandera.

» — Je suis prêt, Monseigneur. »

Le gentilhomme appuya :

« — Tu as bien entendu et bien compris : *en tout*... »

Tu étendis le bras comme pour jurer, et tu protestas avec chaleur :

« — Même quand il s'agirait d'un crime !...

» — Sans question, sans hésitation, sans scrupules ?

» — Muet et soumis comme le chien l'est à son maître. »

. . . .

Vingt minutes plus tard, le jeune homme et toi, vous galopiez hors de la ville sur deux excellents chevaux de race.

Vous arrivâtes ainsi à la corne d'un bois.

C'était vers le milieu de la nuit du 20 octobre.

Ton compagnon mit pied à terre et te fit signe de l'imiter.

Vos montures furent attachées à un arbre.

Ensuite le page te dit :

« — Remarque bien l'endroit où nous sommes et le chemin qu'il te faudra prendre pour y revenir. C'est ici que Mani sera amenée tout à l'heure. C'est ici que tu nous retrouveras tous les deux, une fois la besogne terminée.

» — Quelle besogne ?

» — Viens : je vais te l'indiquer. »

Vous longeâtes la lisière du bois pendant un quart d'heure environ...

Puis, un mur se dressa devant vous...

Dans ce mur il y avait une petite porte basse...

Ton guide te remit trois clefs :

« — Avec celle-ci, reprit-il, tu vas ouvrir cette porte...

» Tu traverseras le jardin qui s'étend derrière cette muraille...

» Au bout de ce jardin, tu rencontreras un corps de logis assez vaste...

» Sur la façade de celui-ci, une fenêtre sera faiblement éclairée...

» Sous cette fenêtre, une seconde porte...

» Tu te serviras de cette seconde clef pour ouvrir cette seconde porte...

» Tu monteras un escalier. Une troisième porte sera devant toi. Tu l'ouvriras avec la troisième clef que voici...

» Tu entreras dans une chambre...

» Il y a dans cette chambre un lit et un berceau.

» Dans le lit, une femme. Dans le berceau, un enfant. Profondément endormis tous les deux.

» Tu enlèveras l'enfant, et tu me l'apporteras là-bas, près de nos chevaux, où je vais aller t'attendre et où t'attendra ta compagne...

» — Mais, demandas-tu, et la femme ?

» — La femme ne te dérangera point.

» — Si elle se réveillait, pourtant ?

» — Elle ne se réveillera pas : un narcotique lui a été versé ce soir, qui nous répond de son immobilité et de son silence...

» — Bien.

» — Quant aux gens de la maison, rien à craindre de leur part : ils sont entièrement à notre dévotion...

» — A merveille !

» — Si cependant, par un hasard difficile à prévoir, tu te heurtais à quelqu'un qui fît mine de s'opposer à l'exécution de l'ordre que mon maître te transmet par ma voix...

» — Eh bien ?...

» — Eh bien, prends ce poignard et frappe... Frappe sans peur comme sans faiblesse. Celui à qui tu as promis obéissance est assez haut placé pour garantir l'impunité à quiconque fait preuve de zèle à son service. »

En parlant de cette façon, le page te tendit sa dague.

Ensuite, il ajouta, en pesant sur les mots :

« — Songe que ce n'est que contre cet enfant que ta femme te sera rendue. »

Est-ce exact tout cela, mon maître ?

— C'est exact, répéta Pharam.

Puis, comme emporté par ses souvenirs :

— J'ouvris la première porte, et je me glissai dans le jardin ; j'ouvris la seconde porte, et je gravis l'escalier ; j'ouvris la troisième porte et j'entrai dans la chambre...

Il y avait, sur une table, une lampe d'un riche travail, dont la lumière, tamisée par un verre dépoli, éclairait un lit et un berceau...

Un lit de chêne, à colonnes torses et à baldaquin empanaché, que surmontait un large écusson et que drapaient de vieilles tapisseries...

Un berceau qui n'était que dentelle et fine toile de Flandre, avec une couronne au-dessus...

Dans le lit, une femme reposait...

Un enfant était couché dans le berceau...

Le page ne m'avait pas trompé : leur respiration à tous deux annonçait un sommeil lourd et profond...

Je soufflai la lampe sur la table...

Aussitôt, dans l'obscurité, un rayon de lune tomba sur le visage de la dormeuse et dessina sur les velours de la courte-pointe les contours vigoureux et l'éclatante blancheur de sa poitrine et de ses bras...

Elle me parut belle, très belle...

Mais je n'étais point là pour elle...

Je m'avançai sur la pointe du pied...

L'épaisseur des tapis étouffait le bruit de mes pas...

Du reste, nous autres zingari, nous savons avoir, quand il faut, la marche silencieuse des fauves.

Je me penchai sur le berceau ; j'en retirai l'enfant avec précaution, et je l'enveloppai dans ma cape : une fillette calme, blonde et rose, dont les lèvres fraîches, entr'ouvertes pour laisser passer le souffle si doux des petits, semblaient appeler à la fois le baiser et le sein maternels...

La dormeuse n'avait pas bougé...

Chargé de mon précieux fardeau, je me retirai comme j'étais venu...

Aucune rencontre malencontreuse ne me mit, Dieu merci, dans la nécessité de me servir de l'arme du page...

J'eus bientôt rejoint celui-ci à l'endroit indiqué, près de nos chevaux à l'attache...

Mani, ma chère Mani, était à ses côtés...

— Oui, interrompit M. de Sierk, le cavalier masqué avait tenu sa promesse ; mais vous, seigneur Pharam, comment tîntes-vous la vôtre ?

— Oh! moi, répliqua le vieillard, lorsque je sentis dans mes bras la frêle créature endormie, un souvenir que j'avais perdu dans le tourbillon d'événements qui m'entraînait depuis quelques jours, se dressa soudain devant moi, comme un fantôme...

Ce souvenir, c'était celui de ma fille, de ma petite Diamante, que j'avais emportée de la même façon, dans la nuit de sang et de flamme, et dont l'âme s'était envolée sans seulement m'effleurer d'un souffle au passage...

Qu'allais-je répondre à Mani, lorsque celle-ci me demanderait ce qu'était devenu notre enfant ?

Lui apprendre sans ménagements la mort violente du cher trésor, c'était la tuer aussi sûrement que si on la frappait au cœur du coup qui avait atteint l'innocente créature...

Je ne le pouvais pas, non certes!...

Alors, une idée folle jaillit de mon anxiété poignante...

L'enfant que je tenais là, dans les plis de ma cape, était à peu près du même âge que Diamante...

Comme celle-ci, c'était une fille...

Tous les enfants de cet âge se ressemblent...

Pas pour une mère, peut-être!

Mais, si peu qu'un pieux mensonge abusât ma pauvre Mani, j'aurais le temps de la préparer à toute l'étendue de son malheur....

— Si bien, reprit M. de Sierk, que, quand tu abordas le page qui t'attendait sans défiance, tu ne songeais plus à lui remettre ta capture, comme il avait été convenu...

— Oui, je jetai l'enfant dans les bras de ma femme...

— Puis, bondissant sur le jeune homme, tu le terrassas à l'improviste, et tu lui posas sur la gorge la pointe de son propre poignard...

Tu lui disais en même temps, d'un ton qui ne souffrait pas de réplique :

« — Si tu fais un mouvement ou si tu pousses un cri, je te saigne sans miséricorde ! »

Et tu n'y aurais pas manqué, mon maître.

Tes doigts s'étaient noués comme un collier de fer autour du cou du pauvre diable qui sentait l'acier de ton arme labourer sa chair d'une menace plus significative encore que tes paroles.

Il se tint coi.

C'était le plus sage.

A l'aide de ta ceinture et de celle de ta compagne, tu le lias et le bâillonnas avec une dextérité qui témoigne de votre habitude en ce genre d'opérations...

Ensuite, tu détachas les chevaux de l'arbre qui les retenait ; tu fis monter ta femme sur l'un ; tu enfourchas l'autre lestement...

Et, sans échanger un seul mot, vous partîtes sous bois à fond de train, emportant dans cette fuite rapide le poupon doublement volé...

Volé à sa mère endormie...

Et à l'inconnu de la prison, au page duquel tu t'étais engagé à le rendre.

— Messire, dit le bohémien, c'est vous qui étiez ce page.

— Moi !

— Oh ! n'essayez pas de nier : je vous ai reconnu pendant que vous parliez, comme vous m'avez reconnu hier, en dépit des changements que le temps a imprimés sur notre visage à tous deux.

Le vieillard ajouta d'une voix grave et avec un regard profond :

— M'expliquerez-vous, maintenant, pourquoi vous êtes venu me rappeler toutes ces choses d'un passé déjà si loin de nous ?

— Mons Pharam, reprit le baron, il faudrait m'apprendre d'abord ce qu'est devenue la fillette qui nous occupe.

— Elle est devenue notre Reine:

En vous quittant, Mani et moi, nous nous dirigeâmes vers les Vosges, et nous les atteignîmes sans trop de difficultés, grâce au sauf-conduit du gentilhomme masqué et à la vigueur de jarret de nos montures...

Ce fut dans l'un des courts répits de ce voyage à toute vitesse, que ma compagne s'aperçut que l'enfant qu'elle serrait, d'une main sur son cœur, tandis que de l'autre, elle guidait la course vertigineuse de son cheval, — que cet enfant, dis-je, n'était pas celui qu'elle avait porté dans son sein...

Il me fallut lui révéler la vérité épouvantable...

Ah ! ce furent bien des larmes amères, bien des sanglots déchirants, bien des malédictions rugies : l'agonie d'un cœur qui se brise !...

Un instant, je pus croire que l'infortunée avait perdu la raison...

Elle fit un mouvement pour jeter sur la route l'être faible et inconscient qui m'avait servi à la tromper...

Celui-ci s'était réveillé...

Il agitait ses petits bras ; ses petites mains cherchaient ; une plainte vague s'échappait de ses lèvres...

Il avait froid ; il avait soif ; il souffrait...

Ses gémissements allaient se changer en râle...

Mani le regardait de ses prunelles agrandies par la douleur, et désormais sèches et brûlantes...

Que se passa-t-il en elle ?...

Je ne sais...

Mais je la vis soudain dégrafer son corsage...

Je lui demandai :

« — Que vas-tu faire ? »

Elle me répondit brièvement :

« — Faut-il donc le laisser mourir ? »

L'enfant avait pris le sein qu'elle lui présentait...

Elle poursuivit, tandis qu'il buvait avidement :

« — J'ai entendu une voix en moi, une voix qui parlait dans mon âme, une voix douce comme une prière et suave comme un chant...

» Elle venait d'en haut : c'était celle de notre Diamante, dont l'ombre, invisible pour nous, erre dans les espaces supérieurs avec les martyrs et les anges...

» Cette voix me disait :

» — Ne pleure plus, mère adorée. Celle-ci est ma sœur. Aime-la comme si elle sortait de tes flancs. Elle me remplacera près de toi et te consolera de ma perte. La moitié des baisers que tu lui prodigueras montera vers moi dans l'extra-monde d'où je te souris, et je te les rendrai par ses lèvres. »

Nous autres gitanos, Messire, nous avons scindé le système de Pythagore, et nous croyons volontiers qu'après le trépas, l'âme immortelle peut quelquefois revenir habiter un autre logis que celui qu'elle vient d'abandonner.

Je songeai :

« — Si l'âme de notre Diamante était passée dans le corps de cet enfantelet ? »

Que vous raconterai-je davantage ?

Les débris de notre tribu avaient cherché un refuge dans la montagne.

Nous les ralliâmes et Mani en reprit le commandement.

Pour tous nos frères, c'était notre fille à tous deux qu'elle nourrissait de son lait.

Bref, l'étrangère grandit au milieu de nous comme si elle eût été notre propre héritière.

Et elle le devint par le fait, lorsque, voici tantôt un an, à son heure dernière, ma vaillante et généreuse femme, la désignant pour lui succéder, — comme c'étaient son droit et la loi — déposa entre ses mains le fouet à manche d'ébène et le sifflet d'argent, insignes de sa royauté.

Elle sait qu'elle n'est point née de nous, et qu'elle doit le jour à des chrétiens...

Mani le lui a avoué à son lit de mort...

Mais elle ne sait que cela, et, hormis elle et moi, une seule personne connaît le secret de son origine : c'est mon fils Yanoz, lequel était présent lorsque sa mère fit cet aveu.

XII

A BON DEMANDEUR, BON REFUSEUR

Il y eut une légère pause.

Ensuite, M. de Sierk se leva.

— Compère, fit-il, finissons-en. Le temps marche. Or, je suis pressé.

Prends garde! Nous ne sommes pas loin de Mende... (page 78).

Le doyen des Grands-Scorpions l'imita et, saluant avec une humilité trop accusée pour ne pas être feinte :

— J'attends, prononça-t-il, que M. le baron m'instruise de ce qu'il désire de son obéissant serviteur. Qu'il parle. Je suis tout oreilles.

Le gentilhomme n'eut point l'air de s'apercevoir de l'ironie qui se dissimulait sous cette affectation de respect.

Il passa familièrement son bras sous celui de Pharam.

— Que dirais-tu, questionna-t-il, de cinq cents pistoles à empocher.

— Cinq cents pistoles ?... Une pareille somme ?... A moi ?

— A toi.

On n'a jamais parlé d'argent impunément devant un membre de la grande famille égyptienne.

Hommes et femmes, jeunes ou vieux, l'ivresse jaune leur monte violemment au cerveau, sitôt qu'ils entendent le bruissement métallique d'un chiffre.

Le Pharaon leva la tête.

Sous le rideau de rides qui le bridait aux tempes, son œil lança le grand éclair de la cupidité excitée.

— Excellence, je dirais que c'est une pluie d'or tombée du ciel dans la besace d'un misérable tel que moi.

— Eh bien, il ne tient qu'à toi d'encaisser cette averse sonnante et trébuchante.

Le vieillard questionna à son tour.

— Et que faut-il faire pour mériter une aubaine de cette importance ?

— Peu de chose. Moins que rien. Une bonne œuvre.

Le gitano hocha le front :

— Une bonne œuvre ?... Hum ! c'est difficile... Quand on n'en a pas l'habitude !

— Rassure-toi : celle-ci ne te coûtera aucun effort.

De plus on te la payera comme une mauvaise action.

Il s'agit simplement de me remettre, pour que je la conduise à ses parents, la jeune fille qui fait depuis une heure l'objet de notre conversation.

— Diamante ?

— Elle-même.

— Notre Reine ?

— Précisément.

Le regard de Pharam se fit perçant et scrutateur.

— Et avant ? interrogea-t-il.

— Avant quoi ?

— Avant de la conduire à ses parents, à qui vous tentiez de la dérober il y a seize ans...

— Hein ?...

— Que comptez-vous faire de cette enfant ?

M. de Sierk retira son bras de dessous celui du bohémien :

— Oh ! oh ! qu'est-ce que ceci ? fit-il avec surprise.

L'autre répliqua froidement :

— Ceci, Messire, est une question à laquelle je vous invite à répondre d'une façon aussi nette qu'elle vous est adressée, si vous tenez à prolonger cet entretien.

Le gentilhomme le toisa de haut :

— Et s'il ne me plaisait pas d'obtempérer à cette véritable sommation ?

Le Pharaon s'inclina comme pour prendre congé :

— A votre aise. Gardez le silence. Moi, je garde ma fille.

Le Baron recula comme s'il avait marché sur un serpent.

— Garder Diamante ! s'exclama-t-il. Allons donc ! Tu n'en as pas le droit !

Le vieillard eut un sourire narquois :

— Eh bien ! je le prends, voilà tout. Il faut toujours que nous prenions quelque chose.

Christian frappa du pied avec colère :

— Trêve de raillerie, mon Maître !... Tu n'y songes pas, sur mon âme !... Cette enfant a une famille...

Pharam demanda froidement :

— Et quelle est-elle, cette famille ? Où est-elle ? Comment se nomme-t-elle ? Parlez. Est-ce elle qui vous a chargé de venir réclamer le trésor que vous forciez jadis mon bras à lui soustraire ?... S'il en est ainsi, fournissez-moi une preuve, — une seule, — de la réalité de cette mission, et je suis prêt à vous fournir tous les moyens de l'accomplir... Tenez, prouvez-moi, par exemple, que vous étiez à la recherche de la mignonne, que vous saviez la trouver ici et que ce n'est pas uniquement le hasard qui vous a mis en sa présence...

Il ajouta avec un hochement de tête ironique :

— Mais non, vous ne sauriez rien établir de tout cela... Aussi brisons-là, Seigneurie... Et si le temps vous presse, ainsi que vous le disiez tout à l'heure...

A cette manière non équivoque de l'éconduire, M. de Sierk riposta par un bruyant accès d'hilarité :

— Ah ! vieux mécréant bien joué !... Etais-je assez sottement ta dupe !... Mais je te comprends, à présent...

— Et que comprenez-vous, je vous prie ?...

— Que tu ne me tiens la dragée haute, qu'afin de me la faire payer plus cher...

— Oh !

— Ne te dépense pas en protestation. Economise-les pour de meilleures occasions et sois raisonnable, parbleu ! Encore une fois, je te répète que j'ai besoin de cette fille : non que je nourrisse contre elle aucun méchant dessein ; mais simplement pour la doter d'une fortune...

— Dont j'imagine qu'il restera quelque parcelle entre vos mains...

— Entre les miennes, si tu veux ; entre les nôtres, si tu aimes mieux... Par ainsi, réfléchis, calcule, fixe ton prix... Voyons, faut-il que je double la somme ?... Mille pistoles : un joli denier !

Le vieillard demeura immobile et muet.

L'autre insista :

— Deux mille !... Trois mille !... Quatre mille !...

Le Pharaon ferma les yeux pour échapper au mirage de l'or.

M. de Sierk appuya :

— J'irai jusqu'à dix mille pistoles...

Ce fut au tour du bohémien de frapper le sol du talon :

— Taisez-vous !... Ne me tentez pas !... Ne m'éblouissez pas !...

Ensuite, après un moment, d'une voix qui, de sourde et tremblante, allait s'affermissant, s'animant, avec des vibrations convaincues, solennelles :

— Oui, l'argent est le Baal auquel les gens de ma race ont sacrifié dans tous les temps...

Mais vous en étendriez aujourd'hui une nappe sous mes pas, que je ne me baisserais point pour en ramasser une bribe...

Car il y a deux seules choses que le gitano ne vend pas : son amour et sa haine...

Or, j'aime comme un père l'adorable créature que vous avez entrepris de m'acheter...

Je l'aime parce que Mani, ma femme idolâtrée, la chérissait comme si elle eût été le propre fruit de ses entrailles...

Je l'aime comme si elle avait de notre sang bleu dans les veines...

Je l'aime pour tout ce qui devrait la faire haïr d'un tzigane rouge de Moravie, septième arrière-neveu, comme moi, de Ptolaüm et d'Egyptus, double tige de nos tribus : pour la transparence de sa peau, pour la lumière de sa chevelure, pour l'orgueil de sa caste, pour la noblesse de son origine et pour la fierté de son cœur...

Je l'aime parce qu'elle est bonne, parce qu'elle est belle, parce qu'elle n'a aucun des vices de sa race et de la mienne, parce qu'elle me rend tendresse pour tendresse, enfin...

Son sourire est la joie de ma misère vagabonde ; le rayon dans l'orage de ma vie tourmentée ; la consolation du mépris dont les chrétiens, ses frères, nous écrasent, des persécutions dont ils nous accablent, des piloris, des gibets, des bûchers auxquels ils nous condamnent sans pitié...

Quand elle penche sa sereine jeunesse vers mes épaules voûtées, vers mes membres aux ressorts rouillés, vers ma face ravagée de rides, je sens renaître en moi toutes les forces, toutes les espérances, toutes les illusions de mon printemps...

Et, quand elle me parle de son Dieu, il me semble que je vais croire aux récompenses réservées à ceux qui ont été ici-bas victimes de l'injustice et de l'erreur des hommes...

Voilà pourquoi on m'arrachera plutôt le cœur de la poitrine que de l'arracher, elle, de mes bras.

Et puis, je vous connais, baron de Sierk...

Vous ne valez pas mieux que les fils d'Egyptus...

Comme nous, en effet, vous professez l'absence de tous scrupules et le dédain de toutes lois...

Sans compter les ambitions inassouvies, les appétits insatiables, les criminelles rancœurs que je devine sous votre masque de courtisan...

Oh! oui, en dépit de ce masque, je déchiffre dans les plis de votre front, l'incubation de quelque comédie coupable, de quelque tragédie ténébreuse dont ma Diamante serait l'héroïne vouée d'avance à un sinistre dénouement...

Donc, vous n'obtiendrez rien de moi...

Cherchez ailleurs une proie et un complice...

Tant que le « vieux mécréant » vivra, sa fille d'adoption ne le quittera pas...

Il la défendra, il se défendra avec tout ce qui lui reste d'énergie et de vigueur contre quiconque entreprendrait de les séparer...

Et malheur à celui qui s'aviserait de porter une main hardie et sacrilège sur le bonheur ou l'honneur de la reine des Grands-Scorpions!

. . . .
. . . .

Pendant que le vieillard parlait avec des notes tour à tour émues, attendries ou menaçantes, les traits de son interlocuteur avaient dépouillé leur apparente bonhomie pour passer successivement de l'impatience à la colère...

Et lorsque Pharam eut terminé, en accentuant la péroraison de sa harangue d'un geste qui ne laissait aucun doute sur la nature résolue et immuable de ses intentions :

— Ainsi, questionna le gentilhomme d'une voix qui sifflait entre ses dents serrées, ainsi, septième neveu d'Egyptus et de Ptolaüm, c'est la guerre que tu me déclares?

— Je ne la déclare pas, je ne la demande pas, je ne la cherche pas, Excellence, répondit le Pharaon avec un calme glacial ; mais je suis prêt à la soutenir, s'il vous convient de me la faire.

— Prends garde !

Pas un pli ne bougea sur le visage du bohémien.

— Seigneur baron, répliqua-t-il, n'espérez pas m'intimider. Vous y perdriez votre peine. A mon âge, croyez-le, on est trop près de la mort pour avoir grand'peur des vivants.

L'autre répéta :

— Prends garde ! nous ne sommes pas si loin de Mende... Or, mon premier soin en entrant dans cette ville sera d'aller trouver le Grand-prévôt, et de requérir l'appui de sa justice pour t'arracher, de gré ou de force, ce que tu ne crains pas de me refuser.

Le doyen des Grands-Scorpions reprit sa place sur la pierre qui lui servait de siège.

Il était là comme sur un trône, — le buste tendu, la tête droite, l'œil grand ouvert.

Sa physionomie revêtait une sorte de majesté sauvage.

— C'est bien, fit-il avec défi : amenez contre nous tous les sbires du pays...

Contre eux, contre le Grand-prévôt, contre sa prétendue justice, nous avons une alliée sûre, fidèle, invincible : la montagne !...

La montagne aux cimes inaccessibles, aux défilés infranchissables, aux gorges dans lesquelles cent hommes déterminés arrêteraient, écraseraient une armée tout entière, aux entrailles assez profondes pour dérober un peuple de fuyards aux recherches d'un monde de limiers !

Il ajouta, tandis qu'un sourire sarcastique creusait ses rides :

— Allez, les puissances supérieures — quelles qu'elles soient, Dieu ou diable — ont bien fait ce qu'elles ont fait. Aux forts, aux riches, aux puissants, aux heureux, elles ont donné la plaine pour y étaler l'insolence de ces privilèges du hasard. Aux pauvres, aux opprimés, aux proscrits, aux gitanos, pour y abriter leur faiblesse, elles ont donné la montagne.

Christian ne contenait plus sa rage :

— Cette armée que tu braves, je l'aurai, gronda-t-il, et nous verrons quelle figure feront les bandits que tu commandes en face des soldats de Louis XIII.

Pharam se croisa les bras sur la poitrine.

— Les bandits que je commande ne sont pas des soldats, c'est vrai...

Ce sont encore moins des héros...

Les soldats savent combattre. Mes bandits ne savent que fuir. C'est là leur force et leur triomphe !...

Essayez de saisir la poussière que le vent balaie de son souffle ! Tentez de fermer la main sur ce souffle lui-même ! Vous n'y réussirez jamais...

Il en sera ainsi avec mes compagnons :

C'est en vain que vous vous fatiguerez à les poursuivre sur les plateaux où les transportera leur vol d'aigle, à travers les abîmes qu'ils franchiront de leur pied de chamois et dans les retraites souterraines où ils se couleront avec la prudente souplesse du serpent !...

— Oh ! s'écria M. de Sierk, j'intéresserai à ma cause toute la magistrature de France !...

— Eh bien, nous quitterons la France...

— Vous !

— Est-ce que quelque chose nous attache à ce sol, nous autres éternels voyageurs, citoyens de l'immensité, sujets de notre volonté seule ?...

Est-ce que, pour nous retenir plutôt ici que là, nous avons des biens au soleil, des maisons où dormir, des temples où prier, une tombe où nous coucher à côté des aïeux ?...

Non, nous n'avons rien de tout cela : rien qui nous gêne, rien qui nous retarde, rien qui nous lie !...

Mais nous avons l'espace qui est notre domaine, et la rapidité qui est notre salut...

Sait-on seulement d'où nous venons ? On prétend que c'est de là-bas, dans le Midi, ou de tout là-bas, dans le Nord.

Qui nous empêche d'y retourner ?...

Oui, plutôt que de vous livrer la douce et innocente fille, objet de vos convoitises et de vos machinations, par dessus les pays parcourus d'une haleine, et par dessus les mers enjambées d'un élan, nous nous enfoncerons dans les sables du désert ou dans les neiges du pôle, — habitués que nous sommes à respirer cet air embrasé des terres chaudes ou cet air glacé de solitudes boréales qui dévoreraient quiconque rêverait de nous atteindre !

— Misère de Dieu ! gronda le baron, vous n'en êtes pas encore là, mes maîtres !

— Et vous, vous êtes encore ici : ne l'oubliez pas, Excellence.

— Que veux-tu dire ?

Le Pharaon montra l'espèce de crosse blanche qui était le symbole de son pouvoir :

— Je veux dire que, si je frappais le sol avec ceci, vous seriez englouti sur l'heure.

Le gentilhomme eut un court frisson, et sa main chercha sous son manteau la poignée de sa rapière.

Pharam continua d'un ton dédaigneux :

— Oui, je sais, vous avez au côté une brette de capitaine... Mais veillez à ce qu'elle ne quitte pas le fourreau... Autrement, cinquante couteaux sortiraient aussitôt de leur gaine...

Christian pâlit :

— Tu me laisserais assassiner ! s'exclama-t-il.

Un frémissement secoua le corps du vieillard et une lueur farouche brilla sous la double touffe de sourcils, épais et blancs comme ses cheveux, qui formait saillie au-dessus de son nez hardi et coupant comme une serre :

— Messire, poursuivit-il, voilà bien des années que le sang versé crie vengeance...

Bien des années que l'occasion ne s'est pas présentée d'immoler un chrétien aux mânes de nos frères égorgés sous les murs de Nancy...

Par Ptolaüm, fils d'Egyptus ! ne tentez pas notre patience, ne réveillez pas nos souvenirs et ne prolongez pas votre séjour ici !

— Mais, balbutia M. de Sierk, je n'y suis venu qu'en me fiant à ta promesse que j'en sortirais sain et sauf.

Le doyen appuya :

— Si vous ne vous y présentiez pas en ennemi.

Ensuite, d'un ton grave et digne :

— Votre confiance, du reste, ne sera point trompée. La promesse faite sera tenue. Vous pouvez vous retirer en toute sécurité. Ma parole vous protège mieux que la trempe de votre épée.

Puis, après un moment :

— Nous n'avons plus rien à nous dire, n'est-ce-pas ?

Puis, encore, appelant :

— Holà ! Polgar et Giseph !

Les deux gitanos s'approchèrent vivement.

Le Pharaon leur intima :

— Reconduisez ce cavalier jusqu'à l'endroit où il a laissé sa monture.

Le gentilhomme regarda fixement le Bohémien :

— C'est ton dernier mot ? demanda-t-il.

— Je ne reviens jamais sur ce que j'ai décidé, répondit le vieillard.

Il salua de la tête, et, avec intention :

— Adieu donc, Monsieur le baron.

Ensuite, s'adressant au reste de la tribu, qui formait le cercle à distance :

Chacun va de vie à trépas, selon la destinée écrite (page 85).

— Et vous, que l'on fasse place et honneur à notre hôte !

Le cercle obéit, docile, et ce fut entre une double haie d'hommes et de femmes immobiles, muets, inclinés avec déférence, que Christian de Sierk s'éloigna à grands pas.

Pharam avait repris sa pose méditative, et l'impassibilité était revenue sur ses traits.

Quelqu'un le toucha à l'épaule.

Le vieillard se retourna avec impatience :

— Qu'est-ce donc ? interrogea-t-il.

— Seigneur doyen, demanda le jovial Gargajal, que va-t-on faire du prisonnier ? On a fini de souper. C'est le moment de rire.

— Quel prisonnier ? questionna de rechef le Pharaon tout entier à ses réflexions.

— Hé ! ce voyageur... Notre premier visiteur de cette nuit... Celui qui dort là-bas, sous la garde de votre fils.

— C'est vrai, je l'avais oublié. Qu'on l'amène.

XIII

LE RÊVE DE D'ARTAGNAN

Pendant ce temps, notre héros dormait.

La fatigue avait eu raison de ses forces.

A peine s'était-il adossé à la paroi du roc qui lui servait de cellule, que le sommeil s'était appesanti sur ses yeux : un sommeil de plomb, — soudain, envahisseur, invincible.

C'est tout au plus, s'il avait eu le temps de s'étendre de son long sur le sol et de s'envelopper de son manteau.

Maintenant, il reposait à poings fermés comme dans son lit.

Et le brave garçon était bien loin d'Anduze, des Cévennes et de la tribu des Grands Scorpions !

Il se revoyait — en rêve — entrer à Meung par la porte de Beaugency, et mettre pied à terre dans la cour de l'hôtellerie du *Franc-Meunier*, muni des trois présents de M. d'Artagnan père, lesquels se composaient de quinze écus, d'un cheval jaune et d'une lettre de recommandation pour M. de Tréville.

Il entendait l'explosion d'hilarité que soulevait, parmi les assistants, la couleur au moins singulière de sa monture, et, dans cette explosion, le rire hautain et moqueur de celui qu'il avait su plus tard être le comte de Rochefort...

Sa querelle avec ce dernier et l'intervention soudaine — à coups de bâton, de pelles et de pincettes — de l'aubergiste et de ses valets, passaient rapidement sous ses yeux, ainsi que la physionomie de cette blonde et pâle Milady qui devait jouer, par la suite, un rôle si important, si sombre et si cruel dans le drame de sa jeunesse et de ses premières amours...

Puis, il se retrouvait à Paris, — rue du Vieux-Colombier, — dans l'antichambre de M. de Tréville...

Les trois mousquetaires étaient là, qui allaient devenir ses compagnons, ses amis, et marcher, inséparables, à ses côtés, dans la vie d'aventures avec cette devise gravée au cœur : *Tous pour un, — Un pour tous.*

Porthos, avec sa haute taille, sa prestance d'hercule et le magnifique baudrier qui reluisait sur son justaucorps de velours bleu de ciel — un peu fané — comme les écailles dont l'eau se couvre au grand soleil...

Aramis, avec sa figure naïve et doucereuse, sa fine moustache, ses joues roses et veloutées, sa parole onctueuse, son sourire bénisseur...

Athos, enfin, si grand, si fier, si digne, et portant — même dans l'ivresse — sa casaque d'uniforme comme un manteau de roi...

Et d'Artagnan dormait toujours !...

Et, pendant ce sommeil profond, les détails de son premier duel revenaient précis à son esprit :

Le terrain vague qui s'étendait au pied du monastère des Carmes-Deschaux...

L'épée engagée avec Athos...

L'arrivée de Jussac et des gardes de son Éminence...

Les différentes phases du combat...

Puis encore, le rêve changeait brusquement...

De nouvelles figures émergeaient de ces vapeurs :

La mine niaise et bonasse du bourgeois Bonacieux...

La jolie tête de la femme de celui-ci, — cette brune aux yeux bleus, au nez légèrement retroussé, aux dents admirables, au teint marbré de rose et d'opale...

L'élégante silhouette du duc de Buckingham...

Le profil souverain d'Anne d'Autriche...

Ensuite le tourbillon des événements l'emportait :

Son voyage en Angleterre, son retour à Paris avec les ferrets de la reine, l'enlèvement de Constance Bonacieux...

Les terribles confidences d'Athos ; son intrigue, à lui d'Artagnan, avec la comtesse de Winter ; l'apparition de la fleur de lis sur l'épaule de la jeune femme...

Le siège de la Rochelle ; la scène de l'Auberge du *Colombier Rouge* ; l'affaire du bastion Saint-Gervais...

L'assassinat de Buckingham, à Portsmouth ; l'empoisonnement de Constance Bonacieux, au couvent des Ursulines de Béthune ; l'exécution de Milady dans la nuit sanglante d'Armentières...

. . . .

— Çà, debout, beau soldat du roi de France !

C'était le fils de Pharam qui parlait ainsi en poussant du pied le dormeur.

Celui-ci se mit sur ses jambes machinalement.

Le heurt brutal du bohémien ne l'avait réveillé qu'à demi.

Il avait encore les yeux pleins de sommeil et brouillés par les hallucinations du songe.

Yanoz lui fit signe de le suivre, et il le suivit incontinent.

Ne croyait-il pas toujours dormir ?

Ne croyait-il pas rêver sans cesse ?

— Bon ! se disait-il, voilà ma vie qui continue à se dérouler à mes regards et je vais sans doute me trouver en présence du cardinal qui me remettra ma commission de lieutenant.

Nous savons si notre Gascon était en passe de se tromper.

Ce n'était point devant Richelieu que l'on le conduisait.

Toute la sauvage horreur d'un site éclairé par de fantastiques clartés avait remplacé le cabinet du ministre...

Et, au lieu du visage sévère de ce dernier, c'était un fourmillement de figures glapissantes et grimaçantes que l'ami d'Aramis, de Porthos et d'Athos voyait grouiller dans le brouillard confus de la nuit et danser dans les zones où tremblaient la lueur incertaine de la lune et le rouge reflet des feux.

Comme il arrivait devant Pharam :

— Ce que vous voulez faire là, déclarait celui-ci, est injuste, barbare, inutile...

— C'est la loi, répliqua le docteur.

Puis, pesant sur chacun des mots :

— Faut-il te rappeler ce qui est édicté dans le code parlé que nous nous transmettons de génération en génération ?

« *Les chrétiens seront traités chez nous comme ils traitent les nôtres chez eux.* » Encore une fois, c'est la loi !

— C'est la loi ! répéta le cénacle à l'unisson.

La tribu fit chorus ;

— C'est la loi ! c'est la loi !

Le vieillard se courba sous cette manifestation spontanée et générale.

L'arme dont il s'était servi auparavant pour effrayer Christian de Sierk, se retournait dans sa main pour atteindre celui qu'il avait dessein de protéger.

Son regard fit rapidement le tour de l'assistance : vous auriez juré qu'il cherchait un allié qui le secondât dans ses généreuses intentions.

Mais il n'y avait là que des faces sordides, sinistres et bestiales.

Pharam essuya d'un revers de manche la sueur qui perlait dans les rides de son front :

— Ainsi, demanda-t-il lentement, c'est votre volonté qu'il meure ?

— C'est notre volonté, déclara l'aréopage.

Parmi les autres, il y eut une sorte d'explosion :

— Qu'il meure ! oui, qu'il meure, le *goï* !

Les femmes n'étaient pas les moins promptes à crier.

Le Pharaon se leva :

— C'est bien ; que votre volonté soit faite !

Il eut le geste de Pilate abandonnant Jésus à la fureur de Caïphe, des Pharisiens et de la plèbe de Jérusalem.

Ensuite, s'adressant au Gascon :

— L'ami, prononça-t-il avec un accent de pitié qui pleurait malgré lui dans sa voix rude et brève, le ciel m'est témoin que j'ai fait pour te sauver tout ce qui est en mon pouvoir...

Ce n'est pas moi qui te condamne : ce sont ceux de tes compatriotes qui ont assassiné nos frères...

Chacun va de vie à trépas selon sa destinée écrite...

La tienne m'afflige...

Elle est cruelle...

Oppose-lui, pourtant, bon visage et sache mourir comme je suis sûr que tu aurais vécu : sans peur.

Ayant ainsi parlé, le doyen des Grands-Scorpions se détourna — non sans émotion, — et se couvrit la tête d'un pan de la couverture qui lui tenait lieu de manteau pour ne pas assister à ce qui allait se passer.

D'Artagnan avait bien entendu cet arrêt sans appel.

Mais il n'en avait saisi ni le sens ni la portée terribles.

Yanoz lui posa la main sur l'épaule :

— Si tu as un Dieu, railla-t-il, on t'accorde une couple de minutes pour lui jeter ton âme à la tête.

En même temps, il poussait le pauvre garçon vers un gros arbre qui se penchait sur une fissure de la montagne, et dont la maîtresse branche se balançait au-dessus d'un ravin de près de cent pieds de profondeur.

Un Bohémien était déjà à cheval sur cette branche, à laquelle il avait attaché une corde neuve que terminait un nœud coulant.

Notre héros se laissa conduire sans résistance vers cet instrument de son supplice :

— C'est la suite du rêve ! pensa-t-il.

Cependant quand il se vit placé en équilibre au bord extrême de la crevasse dont le vide s'ouvrait à quelques lignes de ses talons...

Quand il sentit le *lasso* fatal, adroitement lancé par le bourreau improvisé, lui enserrrer le cou dans son anneau de chanvre...

Quand il entendit le ventripotent Gargajal se constituer l'ordonnateur de la triste cérémonie et en formuler de la sorte le programme succinct, clair et net :

— Je frappe trois coups dans mes mains...

Au troisième, v'lan ! une poussée !...

Et notre jouvenceau gigotte, au bout de son fil, entre le fond du ravin que voici et la branche de l'arbre que voilà...

C'est aussi simple que de faire un pape avec un cardinal et une poignée d'écus romains.

Quand il entendit pareillement le féroce Yanoz approuver :

— C'est bon ; je me charge de la poussée...

Quand il s'aperçut, à la fin, qu'on lui avait enlevé son épée...

Et quand il eut examiné le cercle de démons qui l'enveloppait : masques couleur de suie ou de tan, prunelles en escarbilles, rires silencieux et diaboliques...

Alors, il commença à trouver que le rêve tournait au cauchemar.

Une chose le rassurait, pourtant...

C'est que ce cauchemar ne pouvait pas durer.

Dans tout rêve, quand on s'imagine tomber d'un endroit élevé, on se réveille sur le coup.

Or, ici la chute était imminente...

Donc, le réveil était proche...

Sous l'empire de cette idée :

— Dépêchons-nous, hein, camarades ? dit notre dormeur éveillé : j'ai hâte de me retrouver dans un lit.

Les assistants se regardèrent avec étonnement.

— Mort de mes os ! le drôle nous brave ! murmura le fils de Pharam.

— Heureusement, c'est nous qui rirons les derniers, fit paisiblement Gargajal.

Puis, saluant notre Gascon avec une soumission ironique :

— A vos ordres, mon prince !

Puis encore, écartant les mains :

— Attention !... Je commence... Un !... Deux !...

Il allait ajouter :

— Trois !

Un coup de sifflet strident et prolongé lui coupa le mot sur les lèvres.

XIV

LE FOUET A MANCHE D'ÉBÈNE ET LE SIFFLET D'ARGENT

Ces choses arrivent dans les féeries :

A un moment suprême, quand on s'y attend le moins, une divinité — bienfaisante ou malfaisante — monte des *dessous*, descend du cintre, jaillit d'une machine, étend le bras, lève sa baguette...

Et tout ce qui était mouvement et bruit sur le théâtre s'arrête, se tait, se fige, se pétrifie à ce geste de commandement.

Il en fut à peu près de même dans la scène qui allait avoir un si funèbre dénouement.

A cette modulation subite et impérieuse, Gargajal, ordonnateur de la tragique cérémonie, demeura là, la bouche bée, — et les deux mains, qu'il s'apprêtait à rapprocher pour frapper le troisième coup, restèrent comme ankylosées par une soudaine et foudroyante paralysie.

Yanoz, de son côté, s'était métamorphosé en statue.

Son père regardait et écoutait sans bouger.

Quand aux autres Bohémiens, après un léger frémissement, ils se tenaient cois et silencieux.

La personne qui intervenait de la sorte n'était point, cependant, d'aspect si imposant qu'elle dût frapper de respect ou d'effroi la tribu toute entière, des enfants aux vieillards.

C'était la jeune fille que nous avons vue danser, devant la foule éblouie, sur la place d'Anduze.

Elle était grande, presque longue, et il fallait le riche témoignage de sa poitrine aux merveilleux contours pour ne pas favoriser la pensée de faiblesse qui voulait naître dans l'esprit.

Tout d'abord, au milieu de ces femmes aux cheveux plantés bas sur un crâne bombé, et aux lèvres, au teint, aux yeux africains, l'admiration qu'elle inspirait se doublait d'une bizarrerie à la triomphante séduction.

Les fatigues de la vie au grand air, sous la pluie et sous le soleil, n'avaient point étendu leur hâle sur sa peau, qui avait la blancheur et l'éclat d'un marbre mouillé.

L'ovale pur de son visage s'élargissait au-dessus des tempes et donnait à son front une majestueuse ampleur, et les spirales d'une abondante chevelure aux lumineuses nuances d'or se déroulaient jusqu'au-dessous de ses hanches.

Toutefois, sous les boucles molles de cette chevelure si légère et si claire, il y avait deux fiers sourcils bruns, dessinés nettement, et des prunelles d'un bleu d'acier dont la froide étincelle commandait.

Ce regard, dont l'audace inattendue s'allumait parmi tant de douceur, avait d'irrésistibles charmes.

Parce que, bien souvent, sa hardiesse s'éteignait en des langueurs qui prêtaient à cette créature deux beautés distinctes, — celles de l'ange et de la femme — et lui livraient ainsi les deux portes du cœur.

Un corsage de velours cerise emprisonnait sa taille; une jupe de satin d'un vert tendre bouillonnait autour de ses reins, que ceignait une écharpe mauresque; une sorte de petit diadème se penchait coquettement sur le côté gauche de sa tête.

En outre, ses jambes et ses bras étaient cerclés de bracelets aux poignets et aux chevilles.

Il est vrai que bracelets et diadème n'étaient guère que cuivres et verroteries.

Il est vrai que le velours du corsage s'élimait par endroits, que le satin de la jupe se ternissait par places, et que les babouches de Cendrillon, dans lesquelles dansaient ses pieds andalous, avaient quelque peu éraillé leur maroquin aux ronces, aux pierres des sentiers, et perdu leur vive couleur rouge sous la poussière des grands chemins.

N'importe : elle était belle à tourner toutes les têtes!

En la voyant marcher vers lui :

— Mordioux! se dit le mousquetaire, voici mon rêve qui commence à devenir agréable!

Un petit fouet à manche d'ébène était passé dans la ceinture de la survenante, et un petit sifflet d'argent pendait à son cou par une chaînette du même métal : le sifflet qui venait de jeter sa note aiguë et impérative.

La jeune fille s'avança jusqu'au centre de l'arc que les rangs pressés des zingari décrivaient autour du patient.

Elle examina alternativement celui-ci et ceux-là.

Puis, elle demanda d'une voix brève :

— Que se passe-t-il donc, mes frères?

Et comme personne ne répondait :

— Vous vous taisez? poursuivit-elle. Alors je vais parler pour vous... Car voici près d'une heure que j'ai cessé de dormir, et je suis au courant de ce qui se prépare... Vous allez faire ripaille de sang et tuer une créature humaine pour le régal des yeux, pour le plaisir, pour rien...

Enfant, prononça-t-il avec solennité (page 91).

Il y eut un grognement de révolte.

Encouragé par cette attitude des masses :

— Diamante, déclara le Docteur, ne t'occupe pas de nos affaires.

— D'abord, répliqua-t-elle vivement, quand j'ai à ma ceinture le fouet à manche d'ébène et à mon cou le sifflet d'argent, insignes de mon autorité, j'entends qu'on me parle comme à celle qui a succédé à Mani et qui a le droit d'être consultée sur toutes les mesures débattues en conseil.

— Eh bien, reprit l'autre, que la reine laisse passer notre justice, et, si le spectacle de nos représailles lui répugne, qu'elle s'en retourne achever son somme interrompu.

La jeune fille battit le sol de son pied mignon :

— Et toi, fit-elle avec colère, retourne-t-en à tes grimoires et à tes fioles, fabricant de mauvaises chicanes, avocat des méchantes causes, Esculape des chiens gâtés, ange exterminateur des mulots et des taupes !...

— Bon ! grommela le rubicond Gargajal, si l'on ne peut plus prendre un moment de bon temps !

Diamante l'apostropha :

— Vous, Monsieur le Grand-Écumoir, j'engage Votre Gourmandise à ne prendre désormais de bon temps que dans la fréquentation des pots et le commerce des marmites !

Horeb, Wiarda et Baïssa s'étant avisés, de leur côté, de coasser quelque chose qui ressemblait à une protestation, elle les interrompit rudement :

— La paix, coupeur de bourses ! La paix, voleuse d'enfants ! La paix, marchande de mort subite !

D'Artagnan la dévorait des yeux.

La preuve que je dors, pensait-il, c'est que voilà une enchanteresse comme on n'en rencontre qu'en rêve.

L'enchanteresse étendit le bras vers lui :

— Que l'on enlève, ordonna-t-elle, la corde qui menace d'étrangler ce gentilhomme.

— Quoi ! s'écria Yanoz, tu veux...

Elle le regarda avec une indéfinissable expression :

— Silence, hyène enragée ! reprit-elle. Nous agissons chacun selon notre volonté. Moi, pour le bien ; toi, pour le mal...

Le bohémien insista avec une exaspération croissante :

— Tu n'es pas la maîtresse de la vie de cet homme... Non, tu n'en es pas la maîtresse... Demande plutôt à notre père.

Ainsi mis en cause, le vieillard intervint :

— Yanoz a raison, ma fille... Moi aussi, tout à l'heure j'ai eu l'intention de sauver ce malheureux étranger... Mais je n'en avais pas le pouvoir... Pas plus que tu ne l'as toi-même...

Diamante haussa les épaules avec impatience :

— Oui, oui, je sais, j'ai entendu... La nécessité des représailles, la loi du talion, le code d'Egyptus et de Ptolaüm... Toutes choses absurdes et cruelles !...

La figure du Pharaon devint sévère :

— Enfant, prononça-t-il avec solennité, cette loi, ce sont les chrétiens eux-mêmes qui l'ont faite en nous traitant comme des bêtes fauves...

Ce sont eux qui nous ont contraints de la placer dans le faisceau de celles que nos pères nous ont léguées pour nous régir et, au besoin, pour nous défendre...

L'en arracher, c'est rompre ce faisceau ;

C'est en éparpiller la force ;

C'est détruire l'unité d'une race qui, en butte à toutes les oppressions, à tous les dénis de justice, à toutes les persécutions, n'existe qu'en se serrant dans le respect de ses aïeux, dans l'observation de ses coutumes et dans la pratique de ses vertus...

Et c'est parce que tu es la première de cette tribu que tu dois donner l'exemple de la soumission aux principes qui forment la base de notre code...

— Hé ! mon père, qui songe à les méconnaître, ces principes ? Qui pense à les violer, ces lois ? Qui cherche à le fouler aux pieds, ce code ?

Pendant que le vieillard parlait, la jeune fille avait paru réfléchir.

Maintenant, il y avait une singulière malice dans ses yeux et dans son sourire.

— Seulement, continua-t-elle, si vous les invoquez pour punir, ces lois, ce code, ces principes, il m'est bien permis, à mon tour, de les invoquer pour faire grâce...

Pharam, intrigué, s'enquit :

— Où veux-tu en venir, ma fille ?

— A ceci, père : c'est que, si ce voyageur sollicite, s'il obtient son admission dans la tribu des Grands-Scorpions...

— Notre compagnon !... Lui !... Jamais !...

C'était Yanoz qui éclatait.

Diamante le toisa froidement :

— Pourquoi non ?... S'il le demande, et si j'y consens...

Car vos législateurs ont prévu le cas : c'est à la Reine qu'ils laissent le soin de statuer sur une requête de cette nature.

Puis, se tournant vers le Gascon :

— Çà, Messire, reprit-elle, vous plaît-il de devenir des nôtres ?

XV

L'AVENTURE DU RAVIN ET DE L'ENFANT

Pendant toute cette discussion, qui n'avait rien moins que sa vie pour objet, d'Artagnan n'avait entendu, n'avait vu que cette bizarre et séduisante créature.

Il l'avait entendue sans comprendre les paroles qu'elle prononçait, — l'oreille enivrée par la musique de cette voix qui lui semblait mêler des roucoulements de tourterelle caressante à des grondements de lionne irritée.

Il l'avait vue, sans se rendre compte de l'énergie qu'elle déployait pour le sauver, — l'œil pris par cette beauté pétrie de contrastes, par ces allures faites d'oppositions, comme le costume aux vives couleurs sous lequel la mignonne apprivoisait la sauvagerie de la bohémienne par l'élégance de la grande dame.

Et ne vous étonnez pas s'il persistait à croire à un rêve prolongé...

Et si sa raison, ballottée dans les espaces imaginaires, ne tenait plus qu'à un fil, de même que son corps, prêt à perdre plante, ne se rattachait plus à la terre que par la corde qui allait le lancer dans l'éternité.

Pour le tirer de son mutisme, la jeune fille fut obligée de répéter sa question :

— Je vous demande s'il vous convient de rester avec nous.

Elle le regardait fixement.

Ce regard lui rendit la parole :

— Avec vous! s'exclama-t-il avec impétuosité. Vous me demandez s'il me convient de rester avec vous, si belle, si radieuse, si divine! Mais je voudrais y passer le reste de mes jours, avec vous! Quand chacun de ceux-ci devrait durer un an, et quand leur somme devrait parfaire des siècles!

Elle fit sa jolie petite moue de la lèvre inférieure :

— Il ne s'agit pas de moi seule, répliqua-t-elle; il s'agit de savoir si vous acceptez de prendre notre tribu pour famille, notre métier pour profession, mes compagnons pour frères et la liberté pour tout bien, toute religion et toute patrie...

Elle continuait à le regarder.

Ce regard fascinait le mousquetaire.

— Madame la Reine, répondit-il, — car je vois que vous êtes la

Reine, non pas seulement à la couronne qui vous sied comme une auréole, mais encore à la majesté toute de grâce et de prestige souverain qui se dégage de votre personne, — Madame la Reine, disposez de moi.

Je suis votre sujet, votre serviteur, votre esclave...

Là, vrai, vous me commanderiez de me brûler vif et à petit feu, ou de me laisser mourir de faim, — ce qui est un genre de trépas éminemment désagréable, — que ma foi, je vous obéirais sans barguigner...

— Ainsi, vous consentez à marcher dans le rang des Tziganes rouges...

— Des Tziganes de toutes les couleurs que vous voudrez.

— Des Tziganes rouges de Moravie...

— De tous les pays qu'il vous plaira.

— Connus sous le nom de Grands-Scorpions ?

— Oui, certes.

— A reconnaître Ptolaüm pour tige et Châl, en Egypte, pour berceau de la race des *Roumi* ou *Rômes*...

— Précisément.

— Vous renoncez à retourner jamais parmi les vôtres ?

A pratiquer un autre culte que celui de l'eau, de l'air et du feu ?

A avoir d'autres amitiés et d'autres haines, d'autres ennemis et d'autres alliés, d'autres intérêts et d'autres calculs que les calculs, les intérêts, les alliés, les ennemis, les haines et les amitiés de ceux qui vont devenir vos frères ?

— Diable ! pensa notre héros, voilà, ce me semble, un tas de choses qui ne sont pas catholiques !

Puis, après un moment de réflexion :

— Mais, puisque je dors, qu'est-ce que je risque ?

Puis encore, d'un ton déterminé :

— Affaire entendue ; j'y renonce.

Diamante poursuivit :

— Vous jurez de préférer la ruse à la force, l'or à l'argent, le bien et le salut de tous à votre bonheur, à votre fortune, à votre vie...

— Je le jure.

— De vous conformer à nos usages, de respecter nos rites, d'observer nos lois ; de garder le secret de nos mystères ; d'exécuter aveuglément les ordres qui vous seront donnés...

— Je le jure.

— Enfin, de frapper sans faiblesse, sans hésitation, sans pitié, quiconque vous sera désigné, ne fût-ce que par un mot, ne fût-ce que par un signe de votre Reine, — maîtresse absolue de vos pensées, guide suprême de vos actions, arbitre de votre destinée...

— Je le jure, je le jure, je le jure !

Et, toujours sous l'empire de son idée de rêve :

— Pendant que j'y suis, ajouta le Gascon gaillardement, y a-t-il encore autre chose ?

— Vous jurez tout cela dans l'âme ?

— Dans l'âme.

— Par le fouet à manche d'ébène et par le sifflet d'argent ?

— Par ces deux instruments, — l'un à vent, l'autre à corde — je le jure très volontiers.

— C'est bien.

La jeune fille se tourna vers les bohémiens :

— Otez-lui le collier de chanvre, intima-t-elle.

On obéit.

D'Artagnan respira bruyamment :

— Bon ! se dit-il, voici que je vais me réveiller.

Cependant, quelques voix réclamèrent :

— Les épreuves !... Nous exigeons les épreuves !... Les épreuves de la force, du courage et de l'adresse !

— Les épreuves, les voilà ! hurla le fils de Pharam.

Et, s'écartant de quelques pas, il épaula vivement son arquebuse dans la direction du Gascon, appuya sur le ressort et fit feu...

Mais, au moment où la mèche s'abattait sur le bassinet, un bras releva le canon de l'arme qui dévia du point de mire, et le coup partit en l'air...

Ce bras était celui du Pharaon.

— Respect aux volontés de la Reine ! prononça impérieusement le vieillard en repoussant le jeune homme furieux.

Or, à la détonation un double cri avait répondu :

Un cri d'enfant et un cri de femme !

Un cri d'angoisse et un cri de mort !

Voici ce qui était arrivé :

Une demi douzaine de galopins de la bande s'étaient glissés, pour ainsi dire, jusque sous les pieds du patient, afin de ne perdre aucun des détails de son supplice...

Au geste menaçant de Yanoz, à l'explosion de l'arquebuse, l'un d'eux, épouvanté, avait fait un mouvement de recul...

Mais, derrière lui, c'était la fissure béante au bord de laquelle d'Artagnan avait été placé...

Le talon de l'enfant — un enfant de cinq à six ans — ne rencontra que le vide...

Et le pauvre petit disparut en poussant un appel strident...

C'était la mère — Djabel — une créature bien découplée, au teint et aux yeux de charbon — qui avait jeté l'autre cri...

Le père — nommé Gorbas — demeurait comme cloué à sa place dans une terreur impuissante.

Diamante était devenue pâle comme une morte, et ses dents claquaient ainsi que dans une crise nerveuse.

Les autres bohémiens — hommes et femmes — restaient immobiles, comme Gorbas, la poitrine étreinte et le sang glacé.

Notre héros songeait :

— Le rêve ne finit pas. Au contraire. Il se corse.

Cependant, Djabel s'était précipitée vers l'abîme...

Mais elle n'osait pas plonger les yeux dedans...

Elle avait peur d'apercevoir son fils broyé sur les quartiers de roc qui hérissaient le fond du ravin ou entraîné par le torrent qu'on entendait gronder contre ces véritables brisants...

Et elle frappait du pied avec un désespoir sinistre...

Elle levait les bras, elle les tendait, elle les tordait...

Elle répétait en trépignant :

— Mon enfant ! mon enfant ! mon enfant !

Ce cri de l'inexprimable angoisse n'est donné qu'aux mères. Rien n'est plus farouche, et rien n'est plus touchant.

Un grand poète a dit :

« Quand une femme le jette, on croit entendre une louve, et quand une louve le pousse, on croit entendre une femme. »

La tribu tout entière écoutait avec une consternation muette ce hurlement effrayant et déchirant.

Elle considérait, dans le paroxysme de l'effroi, cette figure hagarde et lamentable.

On regardait aussi du côté du gouffre.

Mais en se gardant d'en approcher.

Tous ces vivants semblaient redouter que la victime de cette chute mortelle ne les attirât après elle dans le vide.

Seul, notre Gascon eut le cœur de se pencher.

Puis, après un moment :

— Rassurez-vous, ma bonne femme, prononça-t-il, le marmot s'est arrêté en route.

Il ajouta avec simplicité :

— Je vais aller vous le chercher.

XVI

LE SAUVETAGE ET L'ENROLEMENT

Le mousquetaire avait dit vrai :

A mi-chemin, entre l'orifice et le fond du ravin, entre les quartiers de roc qui en formaient les flancs, un figuier sauvage avait poussé.

Et le ciel, protecteur des innocents, avait voulu que l'enfant restât accroché par sa ceinture dans la chevelure de cet arbre.

Par une chance non moins providentielle, le malheureux s'était évanoui en tombant.

Il n'y avait donc pas à craindre qu'un mouvement, le détachant de ce point d'appui fragile ou brisant sous lui la branche qui l'avait happé au passage, l'envoyât s'abîmer sur les pierres aiguës qui pointaient et dans l'eau rageuse qui roulait à une trentaine de pieds plus bas.

Il n'en semblait pas moins perdu pour cela.

Aller le chercher ainsi, entre ciel et terre, eût paru à tout le monde une entreprise plus que périlleuse : téméraire, insensée, impossible !...

D'Artagnan n'hésita pas pourtant...

Les bohémiens le virent avec stupeur mettre les jambes, puis le reste du corps, dans la crevasse profonde et noire, et, sans se hâter, résolument, avec une sûreté, une souplesse et une agilité magistrales, se couler dans l'horreur et le danger du vide.

Le vide au-dessous de lui, autour de lui, — partout !...

Il commença à descendre.

Opération qui eût donné le vertige au plus brave !...

Il se retenait à toutes les touffes de broussailles, à toutes les étroites anfractuosités qu'il rencontrait sur cette paroi coupée à pic...

Ses genoux s'y écorchaient ; ses mains s'y ensanglantaient ; ses habits et sa chair s'y en allaient également par lambeaux...

Si, par hasard, une branche se rompait sous son poids ; si son pied glissait, d'aventure, sur une de ces saillies si peu prononcées que c'était à peine s'il pouvait y accrocher le bout de l'orteil ; si les grêles bouquets de pariétaires, sur lesquels ses doigts se crispaient, cédaient sous l'étreinte de ceux-ci, c'en était fait de lui et de l'enfant, qu'il eût entraîné dans sa chute !...

Lentement, il s'enfonça dans la nuit de l'abîme qu'éclairaient seuls,

Il tenait entre ses dents le petit bohémien (page 98).

à une distance que l'ombre défendait d'apprécier, les blancs remous d'écume du torrent...

Tous les cous s'étaient tendus, tous les yeux étaient devenus fixes, toutes les poitrines haletaient.

On entendait je ne sais quoi d'inarticulé.

C'étaient Djabel et Gorbas.

Tous deux se dressaient devant l'abîme.

La mère, avec l'éclair de son œil sec et sa face convulsée d'où tombaient des imprécations rauques.

Le père, les prunelles noyées de larmes et la lèvre marmottant quelque chose comme une prière.

Vingt minutes s'écoulèrent — de ces minutes que les circonstances rendent plus longues que des siècles.

Ensuite, une voix s'éleva de la profondeur et de l'ombre :

— Une corde ! demanda-t-elle.

Il y en avait justement un paquet qui gisait là, sur le sol ; le paquet dans lequel on avait coupé les quelques brasses qui devaient servir à la pendaison du Gascon.

Deux hommes, — Polgar et Giseph, — s'empressèrent de le saisir et de le dérouler dans le vide...

Bientôt, ils la sentirent, cette corde, se tendre violemment entre leurs doigts...

C'était notre héros qui venait de se cramponner des deux mains à son extrémité...

Le mousquetaire remontait à la force des poignets...

Il tenait entre ses dents, — des dents de fer et d'acier comme ses muscles, — le bout de l'écharpe, heureusement solide, à laquelle pendait le petit bohémien, toujours privé de sentiment...

Après quelques instants, sa tête reparut au niveau du rebord de la fissure...

Puis, elle dépassa ce niveau...

Puis, après, la tête, le buste...

Puis, encore, le genou du jeune homme s'appuya sur ce rebord...

D'Artagnan, d'un dernier effort, prit alors terre lestement, — les mains sanglantes, les vêtements déchirés, le front ruisselant de sueur, — mais l'œil et le visage radieux...

Et, élevant dans ses bras le bambin qui finissait par donner signe de vie :

— A qui l'objet ? questionna-t-il.

Djabel bondit, insensée, ivre...

Elle se jeta sur l'enfant et le couvrit de baisers...

Puis elle éclata de rire et tomba évanouie...

Gorbas s'était agenouillé à la droite du jeune homme...

Il lui avait saisi la main et l'avait portée à ses lèvres.

. . . .

— Eh bien, interrogea Diamante, croyez-vous que celui-là ait encore besoin de faire ses preuves de force, de courage et d'adresse ?

La tribu entière répondit par un immense battement de mains.

La jeune fille continua :

— Ainsi vous ne refusez plus de le recevoir dans votre famille ?

Il n'y eut qu'un cri :

— Non ! non ! non !

— Vous consentez à l'accepter pour compagnon, ami et frère ?

On trépigna :

— Oui ! Oui ! Oui !

Diamante prit son air et son accent de reine.

— Alors, que la plus jeune et la plus vieille donnent l'accolade au nouveau fils d'Egypte et qu'on lui verse le vin de bienvenue !

Une fillette de deux ou trois mois, qui ressemblait dans ses langes à une baie de cassis, fut aussitôt mise sous le nez du mousquetaire qui l'embrassa sans répugnance.

Puis Wiarda et Baïssa s'avancèrent d'un commun mouvement.

— J'ai soixante-quatorze ans, dit l'une.

— J'en ai soixante-quinze, dit l'autre.

— Ouais ! murmura notre Gascon, voilà le cauchemar qui recommence !

Les deux sorcières se montraient le poing :

— Tu mens, guenon de Lucifer !

— Tu mens, girafe de Belzébuth !

Un conflit était imminent.

D'Artagnan le prévint gaiement.

— Mesdames les Parques, déclara-t-il, m'est avis que c'est celle de vous qui n'est point là qui doit être la plus âgée. En son absence, vous me permettrez de lui substituer le brelan de piquantes créatures que voici. Chacune d'elles me paraît approcher vingt-cinq ans. Or, comme trois fois vingt-cinq font soixante-quinze, le compte d'années y est, n'est-il pas vrai ?

Et, joignant l'action à la parole, il planta un rapide et solide baiser sur les joues mordorées de trois jeunes bohémiennes qui ne s'en montrèrent point fâchées.

On applaudit.

Toute foule a des revirements soudains.

On cria d'un bruyant accord :

— Allons, le vin de bienvenue à ce joli garçon !

Gargajal s'approcha, porteur d'un gobelet et d'une fiasque.

— Mon gros Bacchus, reprit notre héros, je viderai volontiers un flacon à la santé de madame la Reine. Mais je ne serais pas fâché non plus de casser une légère croûte... Je suis à jeûn depuis ce soir, et cette quasi-pendaison m'a donné une faim canine !

On s'empressa de lui apporter, qui un quartier d'agneau, qui un jambon, une moitié de dinde, un chapelet de saucissons, une meule de pain, un disque de fromage.

Aussitôt, il commença à manger avec un si héroïque appétit que tous les coudes se touchèrent à la ronde dans l'honorable assistance.

C'était un spectacle plus curieux que celui d'un patient cravaté par la corde.

Chacun voulait le voir.

Il y avait là des maîtres en fait de goinfrerie ; mais on n'avait rien contemplé de si glorieux et de si complet.

La tribu ouvrait des yeux démesurés.

Les hommes disaient :

— Voilà une solide recrue !

Les femmes pensaient en s'extasiant :

— Il en est à sa troisième miche et à sa quatrième bouteille !

L'enthousiasme avait gagné le clan des pères conscrits.

— On pourrait, opinait le docteur, l'utiliser comme phénomène.

— C'est cela, appuyait Gargajal, on le montrerait dans les foires : *l'homme-machine à faire le vide dans les fioles et dans les plats.*

— Sans compter, ajoutait Horeb, que, pendant que la foule des badauds admirerait cette mâchoire incomparable et cet entonnoir sans pareil, les mains habiles auraient beau jeu à travailler dans les poches.

De son côté, Wiarda, — la Tisiphone en bésicles, — marmottait :

— Il dévore comme un loup. J'aime les beaux mangeurs. Ceux qui ne boudent pas devant le rôti ne renaclent point davantage devant l'amoureuse besogne.

Et Baïssa, — l'Alecto à la loupe et au calumet, — ruminait :

— C'est un franc luron. Il me plaît. Que diable ! Je suis encore de calibre à enterrer un jeune mari !

Yanoz était allé blasphémer dans un coin.

Pharam s'entretenait avec Diamante.

A un moment, celle-ci donna un coup de sifflet.

Toutes les têtes se dressèrent.

— Frères, prononça la jeune fille, nous quitterons ces lieux à l'aube. Songez à prendre du repos. Que tout le monde soit debout dès la fine pique du jour.

Il y eut un va et vient général.

Chacun s'arrangeait pour achever la nuit de la façon la plus commode possible.

A la faveur de ce mouvement, la Reine s'approcha du Gascon, qui broyait sa dernière bouchée et humait sa dernière rasade.

— Écoutez-moi, lui murmura-t-elle rapidement.
— Majesté, je suis tout oreilles, répondit l'autre la bouche pleine.
— Vous allez vous coucher auprès de l'un de ces feux...
— Bien.
— Vous feindrez de vous endormir...
— Volontiers.
— Puis, lorsque vos voisins seront plongés dans le sommeil, vous vous lèverez sans bruit, vous vous glisserez avec précaution hors du campement, et vous vous engagerez dans ce sentier à chèvres que vous apercevez là-bas, derrière ce bouquet de sapins...
— Ensuite ?
— Ce sentier descend vers la plaine...

D'Artagnan savourait avec délices cette voix d'or et de velours, métallique et moelleuse à la fois.

— Et après ? interrogea-t-il en frissonnant sous le souffle chaud de cette bouche qui effleurait ses cheveux.
— Vous êtes agile et robuste. Le sentier conduit au village. Avant une heure, en vous hâtant, vous aurez atteint les premières maisons d'Anduze.

Le mousquetaire regarda la jeune fille avec une surprise intense :
— Vous me renvoyez ! s'écria-t-il.

Elle lui imposa silence du geste.

— Avez-vous donc pensé, demanda-t-elle, que tout ce qui vient de se passer pût être autre chose qu'une comédie jouée par moi pour vous sauver.

Le Gascon laissa tomber ses bras :
— Une comédie maintenant !... Un rêve tout-à-l'heure !... Du diable, si je sais où j'en suis !

Diamante reprit gravement :
— Je vous ai deviné trop galant homme, trop bon fils et trop bon chrétien pour avoir un instant songé sérieusement à vous enlever à votre patrie, à vos parents, à votre religion, — à cette religion qui est la mienne, et que je suis forcée, hélas ! de ne pratiquer que dans mon cœur...

Vous-même, vous n'avez pas cru, une seule minute, que votre place fût parmi nous...

Encore une fois, il faut partir...

— Partir ?... Vous quitter ?... Vous voulez...

— Sans retard. Je l'exige. Je vous en prie...
— Vous m'en priez ?...
Il fit un mouvement pour s'élancer vers elle.
Mais elle fit un pas en arrière...
Et le saluant avec une incomparable majesté :
— Dieu vous garde, Messire !... Allez en paix !... Et n'oubliez pas dans vos prières la Reine des Grands-Scorpions.

XVII

LES PERPLEXITÉS DE D'ARTAGNAN

Il avait été fait ainsi que dit.

Pendant le sommeil des bohémiens, notre héros s'était glissé hors du campement.

Il avait retrouvé sa monture à l'endroit où il l'avait laissée.

Et il s'était empressé de regagner Anduze, d'où continuant son voyage, il s'était dirigé sur Tarbes, par Rodez, Albi, Toulouse et Castelnaudary.

Aucune autre aventure ne lui étant survenue, il était arrivé sans encombre au foyer paternel.

Nous n'essayerons pas de dépeindre avec quelle allégresse il y avait été reçu.

M. d'Artagnan père avait failli mourir d'orgueil en retrouvant sa progéniture si grandie, *si forcie*, si mûrie, — et pourvue d'un grade dans ce corps des mousquetaires que le vieux gentilhomme appelait *une légion de Césars*.

— Vous voilà lieutenant, s'était-il écrié. Il s'agit maintenant de devenir capitaine. Comme M. de Tréville, pardieu ! lequel est un fort grand seigneur et gagne dix mille écus par an, ce qui n'est point à dédaigner.

Puis donnant à notre héros une chaleureuse et solennelle accolade :

— Mon fils, je suis content de vous.

M. d'Artagnan était un homme...

Et, au retour comme au départ, il eut regardé comme indigne de son sexe de se laisser aller à son émotion...

Quant à Mme d'Artagnan, — qui était mère, et qui, partant

n'avait point le même souci, — elle ne s'était point gênée pour couvrir le nouvel arrivant de larmes, de caresses et de baisers...

Et, disons-le à la louange de notre Gascon, quelque effort qu'il tentât pour rester ferme comme devait être un lieutenant de mousquetaires, la nature l'emporta et il rendit avec usure à la bonne dame les témoignages de tendresse que celle-ci lui prodiguait.

Vous pensez si le temps passa vite au milieu de ces joies de famille, des visites aux voisins, aux amis, et des fêtes cordiales, des banquets plantureux, des congratulations excessives dont ses compatriotes s'ingénièrent à combler, à célébrer, celui qu'ils considéraient à bon droit comme la seconde gloire du pays.

La première était — bien entendu — M. de Tréville ou de Troisville, ainsi qu'on l'appelait encore là-bas.

Ce dernier avait réellement commencé comme notre héros : c'est-à-dire sans un sou vaillant, mais avec ce fonds d'audace, d'esprit et d'entendement qui fait que le plus pauvre gentillâtre Gascon reçoit souvent plus en ses espérances de l'héritage paternel que le plus riche gentilhomme périgourdin ou berrichon ne reçoit en réalité.

Sa bravoure insolente, son bonheur plus insolent encore à une époque où les coups pleuvaient comme grêle, l'avaient hissé au sommet de cette échelle difficile qu'on appelle la faveur de la Cour, et dont il avait escaladé quatre à quatre les échelons.

D'Artagnan comptait bien faire comme lui.

Pour cela, seulement, il lui fallait retourner à Paris.

Aussi son congé expiré, remit-il sans répugnance le pied à l'étrier...

Il y eut force embrassades et force recommandations :

Les embrassades de l'excellente Mme d'Artagnan...

Et les recommandations de M. d'Artagnan père.

Il y eut même un certain attendrissement chez notre mousquetaire lorsque que sa mère le serra une dernière fois dans ses bras, et lorsque le vieux gentilhomme, après l'avoir baisé sur les deux joues, lui donna de rechef sa bénédiction.

Cette fois, le voyageur coupa par le plus court : par le Périgord, le Limousin, la Marche et l'Orléanais.

Nous ajouterons que cette fois, il ne cheminait pas seul.

Une vision chevauchait sur l'arçon de sa selle :

Celle de la Reine des Grands-Scorpions.

Près de ses parents, absorbé par les effusions familiales, notre héros avait eu à peine le loisir de songer à Diamante.

A présent, pendant la longueur, pendant les ennuis du voyage, l'image de la bohémienne revenait occuper son esprit et ses yeux.

Et cette image le charmait et l'importunait à la fois.

Car cette part, sans cesse croissante, que la pensée de la jeune femme prenait en lui, d'Artagnan se la reprochait comme un vol fait à la mémoire de la pauvre Constance Bonacieux...

D'Artagnan s'était promis de rester fidèle au souvenir de la chère morte.

Et il s'était tenu parole...

Jamais il n'avait plus aimé...

Des caprices d'un moment avaient pu réveiller ses sens...

Ils n'avaient point réussi à faire battre son cœur...

Or, maintenant, ce cœur remuait...

Le Gascon le sentait tressauter dans sa poitrine..

Il le sentait bondir sous l'éperon de la beauté de Diamante...

De quoi il se montrait doublement furieux!...

Contre la Gitana, d'abord...

Ensuite contre lui-même...

Ce fut donc tout heureux de reprendre le harnais militaire — pour s'arracher à la passion envahissante — qu'il rentra dans Paris et, qu'ayant appris que la Cour était à Saint-Germain, il mit, sans quitter l'étrier, le cap sur cette dernière ville.

Nous le retrouvons à Chatou après les scènes qui forment le début de ce récit.

Vous l'avez vu assister au conciliabule des *Aversionnaires*.

Vous l'avez vu fuir par la fenêtre de l'auberge du *Tourne-Bride* pour échapper aux coups de M. de Bassompierre et de ses compagnons.

Vous l'avez vu se substituer — violemment — à M. de Marcillac sur la monture de ce dernier.

Une fois la bête entre les genoux, d'Artagnan lui enfonça les éperons dans le ventre.

Le cheval partit à fond de train.

Vingt minutes plus tard, les flancs lustrés de sueur et le mors blanc d'écume, il s'arrêtait devant le Vieux-Château de Saint-Germain.

C'était dans celui-ci qu'avaient pris leurs quartiers les gardes et les mousquetaires qui formaient la petite garnison de la Ville.

Les premiers étaient de service, cette nuit-là.

Le lieutenant se fit reconnaître de son collègue M. de Gordes qui était de planton au guichet.

Celui-ci s'empressa de lui faire ouvrir la poterne et de lui indiquer son logis.

Ce logis confinait à celui de M. de Tréville au-dessus de la porte récemment ouverte entre les deux pavillons de l'Est.

Une fois chez lui, la porte close, en se débottant et en se dévêtant, d'Artagnan se mit à réfléchir à ce qui venait de lui arriver :

Armand Duplessis allait se mettre au lit (page 103).

Il est évident que c'était un complot qui se brassait à l'hôtellerie du *Tourne-Bride*...

Un complot contre le Cardinal...

Un complot dont Anne d'Autriche était l'âme, dont le duc d'Anjou était la tête et dont Madame de Chevreuse semblait être le bras...

Soit ; mais que venait faire Diamante dans cet imbroglio de cour ?

Quelles relations existaient entre la reine des Grands-Scorpions et ces grands seigneurs, ces grandes dames ?

Quel lien mystérieux rattachait la bohémienne à ce baron de Fenestrange rencontré par le mousquetaire à l'entrée du bourg d'Anduze et retrouvé par lui, quelques heures plus tard, à la halte des gitanos ?

Car la jeune fille avait son rôle dans l'intrigue qui se tramait dans l'ombre...

Quel rôle ?...

Notre Gascon ne pouvait le soupçonner...

Mais il devinait un ennemi dans le gentilhomme à la moustache rousse.

Ce cavalier lui serait fatal.

Il serait fatal à Diamante...

D'Artagnan en était certain...

Ses pressentiments le lui répétaient à la sourdine...

Et ses pressentiments ne l'avaient jamais trompé.

Le lieutenant, toutefois, ne s'alarmait pas outre mesure.

Il tenait, en effet, pour constant qu'un homme averti en vaut deux.

Son intuition l'avait prévenu du danger, et le danger n'avait oncques effrayé ce champion qui eût pu s'écrier avec un personnage de Shakespeare :

« Le danger et moi, nous sommes deux lions nés le même jour ; seulement, je suis l'aîné. »

Ce qui l'embarrassait davantage, c'était la ligne de conduite à suivre dans les circonstances actuelles.

Quel parti allait-il tirer — pour sa fortune — du secret qu'il avait surpris ?

Ce secret, il pouvait le vendre au Cardinal...

Oui, mais toute dénonciation répugnait à sa loyauté de soldat.

Surtout quand cette dénonciation compromettait deux femmes — dont une reine.

D'Artagnan aimait cette dernière pour le service qu'il lui avait rendu.

Richelieu, il est vrai, paraissait avoir désarmé à l'endroit de ses adversaires.

Mais cette réconciliation était trop fraîche pour être bien solide. Était-elle bien sincère d'abord ?

Et n'était-il pas permis de croire que le rancunier prélat eût gardé une dent au Gascon, de la façon dont ce dernier l'avait joué sous jambe lors de l'affaire des ferrets, et dont, de compagnie avec ses trois amis, il avait soutenu la lutte contre Rochefort, contre Milady et contre Son Éminence elle-même ?

D'ailleurs, ce ne devait pas être chose bien sérieuse et bien terrible qu'une conspiration dans laquelle trempaient des écervelés comme M. de Chalais, de « vieilles barbes » comme M. de Bassompierre, une étourdie comme la Reine, une brouillonne comme Madame de Chevreuse et un prince aussi indécis, aussi ondoyant et aussi pusillanime que M. le duc d'Anjou.

Tout au plus y avait-il là une de ces cabales anodines comme on en avait tant vu sourdre — dans l'antichambre ou le salon — depuis le commencement du règne et le ministère de Richelieu...

Cabales qui avaient toutes pour but le renversement de ce dernier.

Et dans lesquelles on prétendait que Louis XIII mettait la main.

Il était, en effet, de notoriété publique, que le monarque supportait difficilement ce qu'il appelait en petit comité « la tyrannie de son ministre ».

On l'avait entendu, en mainte occasion, se plaindre avec acrimonie des façons hautaines et des procédés autoritaires de celui-ci.

On l'avait surpris plus d'une fois en train de faire cause commune avec les détracteurs des actes, des idées et du caractère de Son Éminence.

On colportait — entre chien et loup — qu'il ne souhaitait rien tant que se débarrasser d'une tutelle gênante pour ses royales épaules, et humiliante pour son orgueil de fils aîné du grand Henri.

Et l'on allait jusqu'à soutenir qu'il favorisait volontiers — à la sourdine — ceux qui tentaient de l'affranchir de cette tutelle, quitte à les désavouer, à les renier et à les punir — ainsi que cela était arrivé jusqu'alors — si le succès ne couronnait point l'outrance de leur zèle et le mystère de leurs efforts.

Bref, qui prouvait à d'Artagnan que le Roi n'était pas — d'intention au moins — le complice des menées de la Reine et de Monsieur ?

Enfin notre héros se disait :

— Ne nous embrouillons pas dans les fils de la politique...

Ces fils-là vous lient bras et jambes, quand ils ne vous étranglent point...

Je ne suis qu'un homme d'action...

Comme Besme, comme Maurevers, comme Poltrot de Méré, comme Vitry...

Mordioux! que l'on me commande d'arrêter M. de Bassompierre, M. de Chalais, voire monseigneur le duc d'Anjou...

Du diable si je ne leur mets pas la main au collet aussi facilement que si j'avais à coffrer un coupeur de bourse du Pont-Neuf ou un timide bourgeois de la rue Saint-Denis!...

Mais les vendre au *duc rouge*, jamais!

Par ainsi, il convient de se taire et d'attendre les événements.

Peut-être de ceux-ci surgira-t-il l'occasion de faire ma fortune.

Ah! cette occasion-là, l'ai-je assez manquée jusqu'ici!

Mais je la guette, et je me promets bien de la saisir par ses trois cheveux si jamais elle passe à la portée de ma main.

. . . .

Sur quoi, notre héros se coucha et s'endormit aussi tranquillement que l'avait fait, quelque dix-sept ou dix-huit ans auparavant, Armand-Jean Duplessis, futur cardinal de Richelieu, dans une circonstance autrement dramatique.

En ce temps-là — 1617 — le ministre et l'éminence en herbe, qui n'était encore qu'évêque de Luçon, venait d'être nommé conseiller d'État par la reine Marie de Médicis, sur les instances de Léonora Galigaï, femme de Concino Concini, maréchal d'Ancre.

La veille de l'assassinat de ce dernier, on apporta au doyen de Luçon — chez lequel logeait le jeune secrétaire d'État — un paquet de lettres qu'on le pria de remettre sur-le-champ à celui-ci, attendu que l'une des lettres que renfermait ce paquet contenait un avis des plus importants et des plus pressés.

Onze heures du soir venaient de sonner lorsque ce paquet fut remis à son adresse.

Armand Duplessis allait se mettre au lit.

Cependant, sur la recommandation du doyen en personne, il fit l'ouverture et prit connaissance de l'envoi.

L'une des lettres était, en effet, des plus significatives et des plus urgentes.

Elle informait le destinataire que Concini serait assassiné le lendemain, à dix heures.

Le lieu, le nom des auteurs, tous les détails du crime y étaient minutieusement consignés.

Il n'y avait pas lieu de douter que l'avis n'émanât d'une personne admirablement renseignée.

Après avoir lu cette révélation, l'évêque de Luçon tomba dans une profonde rêverie.

Puis, enfin, relevant la tête et se retournant vers le doyen qui était demeuré là.

— C'est bien, dit-il, la nuit porte conseil.

Et, plaçant le papier sous son traversin, il se coula entre les draps et s'endormit incontinent...

Le lendemain, il ne sortit de sa chambre qu'à onze heures, et la première chose qu'il apprit en sortant fut la mort du maréchal.

XVIII

LE CHATEAU-NEUF

Transportons-nous à Saint-Germain.

Si coquettement rehaussée par sa parure italienne que se présentât au regard — et que se présente encore aujourd'hui — l'œuvre de François Ier, ce Vieux-Château dans lequel nous avons placé quelques-unes des scènes d'un précédent récit (1), Henri IV avait estimé que ces ponts-levis et ces hautes murailles, contournées de fossés, rappelaient trop l'ère et les guerres féodales.

Un château-fort lui paraissait plus agréable à prendre qu'à habiter.

Celui de Saint-Germain — qui conservait un faux air de citadelle perdue au milieu des bois, avec son double cordon de sentinelles et de mâchicoulis accommodés au style de la Renaissance, et sa cour unique, qui guettait un rayon de soleil, le matin à l'orient, le soir à l'occident — avait un aspect bien sévère aux yeux d'un souverain vaillant comme Mars, mais pratique avant tout.

Que d'attraits ne présenterait pas, au contraire, une habitation de plain-pied sur la colline qui commande la Seine et à l'aise dans les vastes cours où circuleraient librement chevaux et carrosses !

Quel agrément dans un entourage de fleurs, d'arbustes, de ruisseaux et de cascades, qui s'inclinerait en pente douce jusqu'à la rivière !

Comme on respirerait à l'aise au milieu de cet immense horizon !

Les tours de Notre-Dame, vibrantes encore des tocsins de la Ligue,

---

(1) LE FILS DE PORTHOS, 2 vol. Tresse, éditeur.

n'y apparaîtraient que juste comme il convient, au dernier plan d'un beau panorama, dans un lointain brumeux.

Ainsi avait pensé le Béarnais.

Ainsi avait-il été fait selon sa volonté.

La construction du Château-Neuf avait été confiée à l'architecte Marchand.

Celui-ci en avait placé l'entrée principale en face de celle du Vieux-Château.

Une pelouse de quatre cents mètres séparait les deux édifices.

Toutefois, la façade, dite *royale*, du premier dominait la Seine du haut de la colline du Pecq.

Elle se composait d'un corps de bâtiment de fort grand air, avec trois cours, et quatre pavillons en saillie — deux vers son milieu et deux à ses extrémités — le tout relié par des galeries en arcades.

Les deux pavillons des extrémités sont restés debout. L'un d'eux, bien connu, a conservé le nom de pavillon « Henri IV ». L'autre a été défiguré par une restauration récente.

Ce véritable palais reposait sur une terrasse monumentale — percée de baies cintrées et garnie de balustrades sculptées — que l'on quittait par deux rampes en fer-à-cheval, pour se perdre, par d'autres étages, dans les jardins échelonnés jusqu'au fleuve.

C'est au milieu de ces splendeurs, célébrées par les contemporains à l'égal de la huitième merveille du monde, que Louis XIII, la jeune reine Anne d'Autriche, la reine-mère Marie de Médicis, Monsieur frère du Roi et la cour séjournaient depuis deux mois environ à l'époque où vient de commencer cette histoire.

Richelieu y était arrivé avec eux.

Puis, soudain, prétextant sa mauvaise santé — voile éternel qui lui servait à cacher tant de choses — il s'était confiné dans son « pied-à-terre » de Rueil, d'où il continuait néanmoins à diriger les affaires du royaume.

Cette absence du terrible ministre ne contribuait pas peu à donner un certain air de joyeuseté aux hôtes du Château-Neuf et à leurs commensaux.

Pénétrons dans cette résidence, toute peuplée d'enchantements, quelques jours après les scènes que vous avez vu se dérouler à l'auberge du *Tourne-Bride*.

Franchissons le seuil du portail, orné de douze colonnes d'ordre toscan, qui donnait accès dans la cour d'honneur, et que surmontaient les armes de France et de Navarre, avec la devise : *Deo protegit unus*.

Descendons l'escalier où « estoient gravés, écrit Du Chesne, les images d'Hercule et d'un lyon », et arrivons dans ces jardins, rivaux de ceux de Babylone et d'Armide, où l'on avait exploité sur une vaste échelle le moyen, inventé par le président Claude de Maçonnis, d'élever les eaux au-dessus de leur source, et où, sous la force motrice de celles-ci, tout un olympe d'automates s'agitait dans une disposition savante de verdure, de parterres, de grottes et de bassins.

Sous les quinconces de marronniers et dans les allées de mûriers blancs, plantés par le Béarnais pour nourrir les vers à soie dont il se plaisait à faire lui-même l'éducation, les courtisans se promenaient par groupes, se saluaient, se tendaient la main ou se toisaient avec hauteur selon les différents partis — de la Reine, de Monsieur ou du Cardinal-Duc — auxquels ils appartenaient.

Foule brillante qui déployait tous les raffinements de la mode dans ce cadre d'une magnificence d'opéra où tout étincelait — broderies, galons, croix du Saint-Esprit, aiguillettes, ferrets, armes, bijoux — moins encore que le soleil de cet après-midi d'été, que le feu des regards, que les propos vifs et que les rires spirituels et éclatants.

Louis XIII n'avait pas encore paru.

Il était sans doute occupé à l'un de ses *métiers*.

Ce prince n'avait guère, en effet, qu'un seul plaisir réel : la chasse.

Mais, comme il ne pouvait chasser tous les jours ni toute la journée, il lui fallait bien faire autre chose.

C'est ainsi qu'il avait successivement tressé des filets, des corbeilles, fondu des canons, sculpté des arbalètes, fabriqué des châssis, forgé des arquebuses, et que, de jardinier, s'improvisant cuisinier, il avait eu, pendant quelque temps, la passion de larder, se servant pour cela de lardoires en vermeil que lui apportait son écuyer George.

Pour le moment, il s'amusait à « composer de la fausse monnoye » avec M. d'Angoulême, petit-fils de Charles IX, lequel M. d'Angoulême lui disait à propos de leurs travaux communs :

— Sire, nous devrions nous associer ensemble ; je vous empêcherais de vous ruiner en vous montrant comment on remplace l'or et l'argent par du cuivre et de l'étain, et vous, vous m'empêcheriez d'être pendu.

. . . .

A défaut du Roi, l'on avait la Reine.

Celle-ci était assise sur une chaise rustique au milieu de la pelouse qui s'arrondissait au bas de ses appartements.

Auprès d'elle, sur des pliants, étaient placées madame de Chevreuse, sa grande amie ; madame de Lannoy, grande maîtresse de sa maison ; madame de Motteville, sa première dame ; dona Estefana, sa caméristic espagnole ; la duchesse de Guéménée et Mademoiselle de Montbazon.

Mesdemoiselles de Guise, de Rohan et de Vendôme se tenaient debout derrière elle.

Autour de ce bouquet de jolies femmes papillonnait tout un essaim de seigneurs empressés et bruyants, parmi lesquels vous auriez trouvé la plupart des *Aversionnaires* de l'hôtellerie du *Tourne-Bride*, — Bassompierre et Chalais en tête.

Le premier, de conspirateur redevenu vert-galant et affectant à l'endroit des dames les effusions d'une galanterie quelque peu surannée ;

Le second, étalant les splendeurs de son costume de satin blanc, relevé de nœuds ponceau, de son feutre à plume incarnadine, de ses gants *à la frangipane* et de son écharpe à toile d'argent.

Anne d'Autriche était alors une femme accomplie pour l'œil d'un amant, une souveraine parfaite pour l'œil d'un sujet :

Grande, bien prise dans sa taille, possédant la main la plus délicate et la plus noble qui eût jamais fait un geste impérieux, des yeux auxquels leur couleur verdâtre donnait une transparence infinie, une bouche petite et vermeille avec cette lèvre inférieure des princesses d'Autriche, un peu avancée et légèrement fendue en forme de cerise.

Ses vêtements noirs rehaussaient encore l'ivoire de ses bras, découverts jusqu'aux coudes, et qui sortaient ronds, fermes et purs, du bouillonnement de dentelles de ses larges manches à l'espagnole.

De grosses perles pendaient à ses oreilles, et une grappe d'autres, plus grandes, se balançait sur sa poitrine et se rattachait à sa ceinture.

Quant à Marie de Rohan — fille d'Hercule de Rohan, duc de Montbazon et de Madeleine de Lenoncourt, veuve à vingt ans de Charles d'Albert, connétable de Luynes, et épouse en secondes noces de Charles-Claude de Lorraine, duc de Chevreuse, dernier fils du Balafré — au dire de ses contemporains, elle avait un corps d'une souplesse et d'une harmonie sans pareilles.

Rien d'agréable comme l'ovale de son visage.

Peut-être l'expression en eût-elle paru un peu libre et hardie, si elle n'eût été merveilleusement tempérée par la douceur des contours, ainsi que par la finesse et la clarté du teint.

Le charme particulier de sa physionomie, c'étaient la vivacité, la gaieté, l'entrain ; c'était l'esprit qui non seulement se faisait jour par des regards pleins de feu, mais qui animait aussi sa voix, son geste, jusqu'à ses moindres mouvements, et répandait sur toute sa personne une séduction irrésistible.

Madame de Chevreuse était devenue promptement la favorite de la Reine, par la part qu'elle semblait prendre aux chagrins de celle-ci, « chagrins qu'elle tâchait de dissiper par tous les divertissements qu'elle lui proposait, lui communiquant son humeur galante et enjouée

Celui-ci avait mis le chapeau à la main (page 117).

pour faire servir les choses les plus sérieuses et de la plus grande conséquence de matière à leur gaieté et à leur plaisanterie : *a giovine cuor tutto é giuocco* (1). »

Pour l'instant, cependant, la belle humeur proverbiale de la jeune femme avait l'air de lui faire défaut.

La duchesse était distraite.

Anne d'Autriche pareillement.

On avait beau passer en revue autour d'elles toutes les nouvelles du jour :

La dernière aventure de Marion de Lorme, pour qui la Ferté-Senectère venait de se battre avec Rouville, beau-frère de Bussy-Rabutin...

Le dernier *caprice* — c'était elle qui avait inventé le mot — de Mademoiselle Anne de Lenclos, que l'on n'appelait pas encore familièrement Ninon...

La dernière folie de M. de Guise, qui, amoureux de mademoiselle de Pons, avait imaginé de lui dérober un bas de soie qu'elle venait de quitter, et de le porter, en guise de plume, à son chapeau...

La fameuse *chambre bleue*, qu'était en train de se faire meubler, dans son hôtel de la rue Saint-Thomas-du-Louvre, Catherine de Vivonne, marquise de Rambouillet...

Les deux pamphlets dirigés contre le Cardinal, à propos de ses prétentions au commandement de l'expédition exécutée contre La Rochelle : *les Questions quolibétiques ajustées au temps présent et l'impiété sanglante du dieu Mars.*

Enfin, les débuts de trois jeunes gens dont on commençait à parler :

Le Rouennais Pierre Corneille, qui avait donné avec succès une comédie intitulée *Mélite ;*

Le sieur Georges de Scudéry, qui avait tiré de son roman de *l'Astrée* sa pièce de *Lygdamon* et *Lydie*, jouée chez Mondory par la Valliote et la Beaupré ;

Et un certain abbé Bossuet, qui avait *préchoté* d'une façon remarquable chez madame de Rambouillet...

Rien de tout cela ne déridait Sa Majesté.

Rien de tout cela non plus n'occupait la duchesse.

Son regard allait et venait avec insistance de promeneur en promeneur, comme si elle se fût obstinée à chercher le mot d'une énigme sur le visage de chacun de ceux-ci.

---

(1) *Mémoires de Madame de Motteville*, t. 1ᵉʳ, p. 339.

A un moment, la Reine se pencha de son côté et, se couvrant de son éventail :

— Eh bien, Duchesse, lui demanda-t-elle, soupçonnez-vous enfin quelqu'un ?

La jeune femme secoua la tête :

— Personne, Madame, répondit-elle. J'ai beau examiner, observer, étudier. Toutes ces figures gardent leur secret.

Elle ajouta après un moment :

— Par bonheur, j'ai soufflé à M. le duc d'Anjou une idée qui pourra nous mettre sur la piste... Attendons l'arrivée du prince... C'est lui qui nous renseignera.

M. de Bassompierre causait, derrière madame de Chevreuse, avec mesdemoiselles de Vendôme, de Guise et de Rohan.

Et il citait à cette dernière cette épigramme qui l'égratignait légèrement, tout en visant mademoiselle de Choisy, laquelle, très érudite et très *précieuse*, passait pour apprendre à ses amies, à ses élèves, autre chose que le beau langage :

> Je ne sais si l'on me trompe,
> Mais on dit que l'on vous montre,
> Mademoiselle de Rohan,
> A jouer de la prunelle.
> Qu'en dis-tu, Jean de Nivelle ?
> C'est la Choisy qui l'apprend.

Au milieu des éclats de rires des trois jeunes filles — et mademoiselle de Rohan riait plus fort que ses compagnes — le vieux seigneur avait entendu le court aparté de la Reine et de la duchesse.

— Harnibieu ! fit-il en s'adressant à celle-ci, vous êtes une grande magicienne et vos yeux malins ont le pouvoir de la baguette de Circé...

— Comment ?

— A peine formez-vous un vœu, que ce vœu se trouve accompli... Vous souhaitiez voir venir Monsieur ?...

Le voici qui débouche sur la pelouse, et qui se dirige vers Sa Majesté, en compagnie de Guitaut, de Fontrailles, et de M. le baron de Fenestrange, lequel, du reste ne le quitte plus...

— Ah ! oui, dit madame de Guémenée : celui qui possède, à ce qu'il paraît, une pupille belle comme le jour...

— Et qui doit être présentée au Roi aujourd'hui, ajouta madame de Motteville, pour ensuite prendre rang près de nous parmi les dames d'honneur de Sa Majesté.

— Oui, ma bonne, appuya celle-ci, et je vous serai obligée de lui réserver vos meilleures grâces, car c'est une personne de naissance, appelée à de hautes destinées et pour laquelle, Monsieur et moi, nous professons une estime toute particulière.

On se regarda — et le jeune duc de Beaufort, avec cette voix élevée et cet air de suffisance qui lui méritèrent par la suite le surnom d'*Important*, questionna bruyamment, en interpelant tout le monde.

— Pardieu ! qu'est-ce que c'est que ce baron de Fenestrange ?

M. de Chalais répondit :

— C'est un Lorrain.

XIX

L'ENQUÊTE DU DUC D'ANJOU

Pendant ce temps, Gaston, duc d'Anjou, Monsieur, frère du Roi — il ne fut duc d'Orléans que plus tard, après son mariage avec mademoiselle de Montpensier — s'était approché peu à peu du groupe formé par nos causeurs.

D'un extérieur séduisant, n'ignorant, du reste, aucun de ses avantages et aimant à les rehausser par l'éclat de la parure, le second fils d'Henri IV et de Marie de Médicis portait, ce jour-là, un pourpoint de couleur chamois, avec les manches ouvertes, ornées de rubans bleus.

Ses chausses étaient garnies de même.

Une profusion de riches dentelles s'échappait de « l'entonnoir » à demi-renversé de ses bottes.

Un petit manteau de velours, où la croix du Saint-Esprit était brodée en paillettes d'or et d'argent, couvrait son bras gauche, appuyé sur le pommeau de son épée.

En marchant, il s'entretenait familièrement avec M. de Fenestrange, ainsi qu'avec deux autres personnages dont l'un avait la mine énergique d'un soldat, et dont l'autre était petit, malingre et contrefait, avec de méchants yeux dans une méchante figure.

Le premier était Guitaut, le capitaine des gardes de la Reine.

Le second était ce Fontrailles à qui le cardinal, un soir que l'on attendait au Louvre je ne sais quel ambassadeur, avait dit, dans un mouvement de mauvaise humeur :

— Rangez-vous donc, mon cher ! Cet étranger n'est pas venu en France pour voir des monstres.

De ce moment, Fontrailles était devenu l'ennemi déclaré de Richelieu.

C'est à ce titre qu'il passait pour l'instrument secret du duc d'Anjou.

Celui-ci, en abordant sa belle-sœur, avait mis le chapeau à la main, et, s'inclinant sur ces mains dont le marbre avait été, dit-on, échauffé plus d'une fois par les baisers de Buckingham :

— Madame, fit-il, je suis ravi de vous trouver en bonne santé... Oui, vraiment, j'étais inquiet de vous, n'ayant pas eu, ce matin, l'avantage de vous rencontrer en forêt, où nous avons chassé avec Sa Majesté...

— Mon frère, répondit Anne d'Autriche, j'étais allée, selon le désir du Roi, commencer une neuvaine à la chapelle du Vieux-Château.

— Une neuvaine ?...
— Et pourquoi donc ?...

Pour que le Tout-Puissant ouvre enfin les yeux aux malheureux qui ne connaissent ni la lumière du soleil, ni le rayonnement de vos charmes...

— Non, mais pour demander au ciel la grâce qu'il me refuse depuis si longtemps, de donner un fils à mon époux, un héritier à la couronne, un Dauphin à la France...

Gaston prit une physionomie narquoise :

— J'entends, vous êtes allée solliciter vos juges contre moi.
— Monsieur le Duc !
— Eh ! Madame, je consens volontiers que vous gagniez votre procès...

Il ajouta d'un ton légèrement narquois :

— Si Louis a toutefois assez de crédit pour cela.

La jeune femme rougit.

Les dames pincèrent les lèvres.

Il y eut parmi les gentilshommes des chuchotements et de petits rires étouffés.

Bassompierre poussa Chalais du coude :

— Ventre-saint-gris ! murmura-t-il, voilà un mot qui, s'il est rapporté au Roi, n'augmentera pas sensiblement la modique somme d'affection que celui-ci garde à son frère.

Sur un signe de dona Estefana, un page avait apporté un siège.

Monsieur s'installa près de la Reine.

— Maintenant, Madame, reprit-il, une communication toute confidentielle...

Chacun s'écarta par discrétion.

Madame de Chevreuse elle-même fit mine d'imiter les autres.

Mais M. d'Anjou, la retenant :

— Restez, Duchesse, nous avons à vous consulter sur un point...

Puis, quand tout le monde se fut éloigné :

— Mesdames, poursuivit le prince, j'apporte des nouvelles...

— Ah! s'exclama Marie de Rohan, ce conseil que je vous avais donné...

— Ce conseil était excellent, Duchesse; seulement il est arrivé trop tard...

— En vérité !...

— Vous espériez qu'en visitant les bagages abandonnés au *Tourne-Bride* par notre auditeur inconnu, nous trouverions quelque indice révélateur de sa mystérieuse personne...

J'ai donc expédié Fontrailles à Chatou...

Par malheur, les bagages n'étaient plus là...

— Comment ?...

— Notre homme les avait envoyés quérir par un mousquetaire qui ramenait en même temps, le cheval de Marcillac...

Ces bagages ne se composaient, du reste, que d'une valise assez légère et d'un manteau d'uniforme...

— Un mousquetaire ?... Un manteau d'uniforme ?... Que signifie ?...

— Attendez, Duchesse, attendez...

Fontrailles a fait jaser maître Quentin Bonnebault...

Il a pareillement fait bavarder l'hôtelière...

Or, il résulte de leurs aveux, à tous deux, que le voyageur auquel ils avaient eu la faiblesse coupable de louer leur propre chambre...

— Eh bien ?...

— Eh bien, ce voyageur portait sous son manteau une casaque de mousquetaire...

— Oh !...

— Ce n'est pas tout : je me suis enquis adroitement auprès de M. de Tréville...

Celui-ci m'a certifié qu'aucun des gentilshommes placés sous ses ordres ne s'était absenté de la ville au cours de la nuit en question...

Seulement il a ajouté que, cette nuit-là, son lieutenant était rentré de permission...

— Son lieutenant ?...

— Le fait m'a été confirmé par M. de Gorde, l'officier des gardes de planton au guichet...

— Ah !

— Entre minuit et une heure du matin, un cavalier est arrivé au Vieux-Château :

Ce cavalier n'était autre que le lieutenant dont il s'agit...

M. de Gorde a remarqué que son cheval, aux flancs fumants de sueur et labourés de coups d'éperon, avait l'air d'avoir fourni une course à bride abattue...

— Mais, demanda vivement madame de Chevreuse, ce lieutenant n'est-il pas le chevalier d'Artagnan ?

— Le chevalier d'Artagnan, en effet, répondit le frère du Roi.

— Le chevalier d'Artagnan ! répéta Anne d'Autriche.

Pendant le dialogue qui précède, celle-ci était restée silencieuse et inquiète.

Au nom de notre héros, son beau front se rasséréna subitement.

— Maintenant, je suis tranquille, fit-elle : notre secret sera bien gardé.

— Vous connaissez cet officier, ma sœur ? interrogea le prince avec une curiosité ombrageuse.

— Oui, mon frère, repartit la jeune femme gravement : c'est une âme vaillante et fière, — incapable d'une bassesse et, surtout, d'une délation.

Gaston échangea un regard avec la Duchesse.

— Quoi qu'il en soit, reprit-il, il est bon de s'assurer de ce que ce cadet de Gascogne compte faire du secret qu'il a surpris.

Tous deux continuèrent à s'entretenir à voix basse.

La Reine avait baissé la tête et songeait.

Le nom du mousquetaire avait évoqué en elle tout un monde de souvenirs.

Un autre nom montait de son cœur à ses lèvres :

Celui de Georges Villiers, duc de Buckingham...

De Buckingham qu'elle revoyait, non pas élégant, radieux, superbe, — couvert de satin, de dentelles et de perles, — tel qu'elle l'avait admiré dans sa première visite au Louvre...

Non pas chevaleresque, mélancolique et passionné tel qu'il s'était agenouillé à ses pieds — dans le boudoir de Madame de Chevreuse — pour lui déclarer son amour...

Non pas ardent, impétueux, emporté comme dans ces jardins d'Amiens où la Reine avait dû venir au secours de la femme qui faiblissait...

Mais couché sanglant, frappé au côté gauche, rendant l'âme par la blessure dont l'avait troué le couteau d'un assassin...

Tel qu'elle l'avait entrevu en rêve...

Et tel que la réalité le lui avait montré plus tard.

Pendant ce temps, on causait parmi les courtisans.

Fronçant le sourcil pour se donner l'air belliqueux, fermant à demi les yeux pour mieux voir, — car il était myope comme une taupe, — et relevant à la cavalière la moustache que les ecclésiastiques portaient alors, le petit abbé de Gondi s'était jeté à travers les causeurs.

— Messieurs, s'était-il écrié, venez donc à mon aide : je cherche...

— Un second, je parie, pour une nouvelle affaire, avait interrompu M. de Maillencourt :

Eh bien, si c'est sur moi que vous comptez, grand merci de la préférence.

Je décline cet honneur, l'abbé.

— Oh! oh! et depuis quand, s'informae lui-ci, faites-vous fi de ces parties d'escrime qui ne sauraient déplaire à un homme comme il faut.

— Depuis que le chevalier Du Plessis m'a gratifié d'un grand coup de pointe dans l'estomac, lorsque je vous ai assisté dans votre querelle avec Graslin.

Gondi haussa les épaules :

— Bon! j'en ai reçu trois, de ces furieuses estocades : la première, de Bassompierre neveu ; la seconde, du comte d'Harcourt ; la troisième de ce cher Graslin, — et je n'en vénère pas moins tierce, quarte et octave...

Et puis, on n'en est pas plus mal avec ses amis pour s'être pratiqué réciproquement des boutonnières...

Ce dont j'enrage, par exemple, c'est que, malgré ces boutonnières, ma soutane m'est restée au dos...

— Monsieur de Retz, prenez garde...

C'était Chalais qui intervenait.

Jean-François-Paul de Gondi, d'une ancienne famille d'Italie, établie en France, venait d'être, bien malgré lui, reçu chanoine de Notre-Dame de Paris et titulaire de l'abbaye de Buzay ; mais, ce nom approchant de Buze, il se faisait appeler l'abbé de Retz.

Chalais poursuivit en le menaçant amicalement du doigt :

— Encore une fois, prenez garde...

Sa Majesté commence à trouver mauvais que le sang de sa fidèle noblesse coule autrement que pour son service, et Son Éminence tient rancune à nos épées d'une besogne qu'elle réserve sans doute à ses échafauds et à ses bourreaux...

Ceci posé, en quoi pouvons-nous vous servir et de qui êtes-vous en quête ?

— Ma foi, Comte, il s'agit de m'apprendre quel est ce gentilhomme qui converse là-bas avec Fontrailles et Guitaut...

Je me suis buté dedans tout-à-l'heure, et je ne serais pas fâché de savoir à qui j'ai eu affaire...

Ne fût-ce que pour retirer les excuses que je lui ai faites des effets de ma mauvaise vue, si, par hasard, c'est un croquant...

Il s'adressa pour cela à un gitano (page 124).

— Eh ! l'abbé, fit Montrésor en frappant gaiement sur l'épaule du petit homme, comment t'y prends-tu pour conduire tes ouailles dans le droit chemin ?...

Tu ne distingues pas, à quatre pas, un mousquetaire d'un suisse ou un garde française d'un garde corse...

Sans quoi, tu aurais reconnu le sire baron de Fénestrange....

— Le baron de Fénestrange ?...

— Un gentilhomme de province...

— Bon ! quelque hobereau qui vient se faire présenter...

— Ah ! mais, avança Chaudebonne, pas si topinambou, ce hobereau : le nouveau favori de Monsieur, qui ne le quitte pas depuis quelques jours...

— Nous parlions de lui tout-à-l'heure, appuya M. de Beaufort, et quelqu'un nous disait, je crois, que ce nouveau venu nous arrivait de Lorraine....

— C'est moi qui ait dit cela, fit M. de Chalais, et j'ajouterai qu'il ne me revient qu'à moitié, ce baron qui louche du sourire sinon de l'œil.

— Voilà le Prince qui lui fait signe d'approcher, annonça Saint-Ybal.

— Et voici madame de Chevreuse qui nous invite du geste à en faire autant, ajouta Bassompierre. Allons, Messieurs, allons. Ne faisons pas attendre la Reine.

Tous les seigneurs rejoignirent avec empressement le groupe formé par Anne d'Autriche, par Marie de Rohan, par le duc d'Anjou et par le « nouveau favori » de ce dernier, M. le baron de Fénestrange.

La duchesse prit la parole :

— Messieurs, commença-t-elle, en décochant à la ronde un regard significatif, vous n'avez sans doute pas oublié que l'autre soir, à l'auberge du *Tourne-Bride*, lorsque la révélation subite de la présence d'un espion ou d'un intrus nous a forcés de nous séparer, M. le baron de Fénestrange se préparait à nous adresser une communication de la plus haute importance...

Cette communication, il convient que tous ceux qui sont entrés dans le parti de l'*Aversion* — et qui ont souci, par conséquent, des intérêts sacrés de Sa Majesté la Reine et de Monseigneur le duc d'Anjou — en prennent une prompte, exacte et entière connaissance...

Parlez donc, Monsieur le baron...

Et vous tous, Messieurs, écoutez.

XX

VIEILLE HISTOIRE

M. de Fénestrange s'empressa de se rendre à l'invitation qui lui était adressée — et après avoir, en courtisan bien appris, salué chacun de ses auditeurs avec le degré de déférence que commandait la situation de celui-ci :

— Madame, commença-t-il, en se tournant vers la Reine, c'est une opinion généralement admise en France, que le feu duc Henri II de Lorraine n'aurait eu que deux filles de sa femme Marguerite de Gonzague, propre nièce de la reine Marie de Médicis.

La princesse Nicole et la princesse Claude — dont la première, en épousant son cousin, le prince Charles de Vaudémont, a transporté à ce dernier ses droits à la succession de la couronne ducale.

Il y a là une erreur, qui s'est accréditée, du reste, dans notre pays non moins que dans le vôtre par une suite de circonstances particulières dont j'aurai l'honneur de vous entretenir tout à l'heure.

Avant la princesse Nicole et la princesse Claude, Marguerite de Gonzague avait donné à Henri II une première fille, laquelle fut baptisée, à la collégiale de Saint-Georges, à Nancy, par le doyen de cette église Melchior de la Vallée, qui partageait avec le maître d'armes André des Bordes, les bonnes grâces du souverain...

— Eh! interrompit Bassompierre, cette fille ne fut-elle pas enlevée par des bohémiens, voici tantôt plus de vingt ans?...

Il me semble d'avoir entendu parler de quelque chose d'approchant, lors de mon dernier voyage à Nancy, en 1609...

L'événement avait eu lieu, si je ne m'abuse, quelques années auparavant...

— Les souvenirs de M. le Maréchal sont exacts en tous points, reprit le narrateur: oui, la petite princesse Géralde — c'était le nom qu'elle avait reçu — disparut de son berceau, au château de Jarville, dans une nuit du mois d'octobre 1604.

Mais l'idée première de cet enlèvement n'était point venue à ceux qui s'en rendirent coupables.

Le duc Henri n'était guère qu'une nature molle et indécise.

Sa douceur confinait à la faiblesse et la crainte excessive de déplaire faisait de lui l'homme de toutes les irrésolutions, de toutes les tergiversations.

Il y avait surtout de par le monde deux personnages principaux dont il subissait l'ascendant et dont il redoutait les projets ambitieux :

L'un était son tout puissant allié et voisin — le glorieux roi de France Henri IV ;

L'autre était son propre frère, le comte François de Vaudémont, père du souverain actuel.

Henri IV, dans une politique dirigée contre la maison d'Autriche, visait à s'attacher la Lorraine et son duc par les liens les plus étroits.

Il avait donc résolu d'arranger d'avance le mariage du Dauphin, son fils — aujourd'hui le roi Louis XIII — avec la fille aînée du prince lorrain.

Or, c'était justement cette fille que le comte François convoitait pour son fils Charles.

M. de Vaudémont ne pouvait se dissimuler quel compétiteur ce serait, dans la succession de Lorraine, qu'un fils de France, fort du titre acquis par son mariage avec l'héritière de ce duché.

Il y eut à ce propos, entre les deux frères, de violentes scènes d'explication :

Le comte, d'un caractère hardi et emporté, sommait le duc de fiancer solennellement le cousin et la cousine, tous deux encore entre les bras de la nourrice...

Il menaçait...

Il déclarait fièrement que, si la main de Géralde n'était pas octroyée à Charles, il disputerait la couronne à cette princesse jusqu'à la dernière extrémité, et que toute sa maison périrait plutôt que de laisser la souveraineté passer à un prince étranger.

Le duc, de son côté, ne craignait rien tant que mécontenter le Béarnais.

Aussi, s'était-il résigné à signer un acquiescement formel à la proposition de ce dernier.

En même temps, il cherchait à calmer les ombrages de M. de Vaudémont, et il s'ingéniait à lui représenter que leurs enfants étaient encore beaucoup trop jeunes pour que l'on pensât à les marier.

Le comte ne fut pas dupe de cette vague assurance...

Et, n'ayant pu tirer de son frère aucune parole plus explicite, il prit un parti qui, selon lui, devait trancher la difficulté :

Celui de s'emparer de la personne de la princesse et de la faire élever secrètement en Allemagne, jusqu'à ce qu'elle eût atteint l'âge de devenir la femme du prince Charles.

Il s'adressa, pour cela, à un gitano qui attendait dans les prisons de Nancy, l'instant de marcher au supplice...

Car il fallait que le rapt de l'héritière du duc fût imputé à cette race d'oiseaux de proie capable de tous les méfaits — même de ceux dont elle est à moitié innocente...

La femme de cet hérétique devait l'accompagner au bûcher...

Le comte François les fit évader tous les deux...

Un de ses pages introduisit le mari — de nuit — au château de Jarville...

Et la petite Géralde fut enlevée !...

Oui, mais au lieu de remettre celle-ci entre les mains du page, qui avait commission de la conduire au-delà du Rhin, les deux coquins — mâle et femelle — l'emportèrent, je ne sais dans quel but, à travers la chaîne des Vosges, d'où ils gagnèrent ensuite le Jura et la Suisse...

Le comte n'osa les faire poursuivre, de peur qu'atteints et arrêtés, ils ne révélassent le rôle qu'il avait joué dans ce drame...

Quant au duc Henri, il est constant qu'il ne fut point sans soupçonner la part prise par son frère à l'acte qui le privait de son enfant.

Mais il manquait de l'énergie nécessaire pour punir...

Par son ordre, le silence se fit sur ce bizarre événement...

Un silence si profond et si complet, que c'est tout au plus si l'on se rappelle maintenant en Lorraine que la duchesse actuelle a eu une sœur aînée.

Plus tard, Marguerite de Gonzague étant heureusement accouchée d'une seconde fille, celle-ci remplaça l'autre — naturellement — dans l'ordre de succession à la couronne, dans les projets d'alliance du roi Henri et aussi dans ceux de François de Vaudémont.

Plus tard encore, le Béarnais étant tombé sous le poignard de l'exécrable Ravaillac, et sa veuve, la reine-régente, ayant renoncé à ses vues, la princesse Nicole épousa le prince Charles, auquel elle apporta en dot un trône qu'elle n'occupait qu'au détriment de sa sœur disparue.

— Et qu'est devenue celle-ci, interrogea le duc d'Anjou ? qui avait semblé écouter ce long récit avec une curiosité, un intérêt toujours croissants.

La duchesse prit la parole :

— Monseigneur, elle est devenue reine.

— Reine ?

— Reine de la tribu de bohémiens à laquelle ses ravisseurs appartenaient.

— Est-il possible !... Mais c'est tout un roman !... Le *Cyrus* et la *Clélie* n'ont rien de plus surprenant !

— Un roman qui n'est pas encore terminé, et dont il appartient à Votre Altesse d'écrire le dénouement.

— Comment ?...

— C'est ce que je me réserve de vous apprendre, dans un instant... Si, toutefois, vous ne l'avez pas deviné... En attendant, laissez-moi vous régaler encore d'un chapitre de ce roman qui sera bientôt de l'histoire.

Elle poursuivit en regardant fixement M. de Fénestrange :

— Un gentilhomme lorrain qui voyageait en France rencontra la jeune Géralde dans les montagnes des Cévennes, la reconnut au milieu de la horde de nomades dans laquelle elle portait le nom de Diamante, et réussit à l'arracher à cette détestable compagnie...

Ce gentilhomme était en même temps un habile homme...

J'imagine qu'il avait formé le dessein d'épouser cette jeune fille, et de s'en venir ensuite dire au bon duc Henri :

« — Voici votre héritière et je suis son mari. »

N'est-ce point un peu cela, baron ?

— C'est tout à fait cela, madame, approuva celui-ci qui n'avait pas bronché.

La jeune femme continua :

— Par malheur, comme il venait d'enlever la jeune fille, il apprit que la princesse Nicole avait épousé son cousin, que le duc Henri II était mort, et que Charles IV, son gendre et successeur, avait pris sans conteste possession du pouvoir.

Le gentilhomme jugea alors inopportun de se rendre à Nancy, où seul, sans appui, sans influence, sans ressources, il n'avait aucune chance de voir aboutir les légitimes revendications de la fille aînée — et frustrée — du souverain défunt.

Il partit pour Paris et se présenta au Louvre.

Il y fut reçu par l'une des femmes les plus dévouées de notre reine Anne d'Autriche :

Une personne généreuse, entreprenante et discrète à laquelle il pouvait, sans hésitation, confier le secret de la naissance de sa pupille...

— Et cette personne, cette amie de la Reine, interrompit Gaston ; cette personne généreuse, entreprenante et discrète, dont votre modestie bien connue vous empêche de nous dévoiler les autres mérites sans nombre, cette personne, je gage que c'était vous, duchesse...

— Monseigneur, j'aurais mauvaise grâce à le nier.

Et, désignant l'ancien page de M. de Vaudémont :

— Comme voici le gentilhomme qui naguère, au service du comte François, a assisté au rapt du château de Jarville...

C'est encore lui qui a retrouvé dans la bohémienne Diamante l'enfant soustraite pendant cette nuit d'octobre 1604 ; qui l'a tirée des griffes de ses ravisseurs ; qui a recueilli, rassemblé, accumulé les preuves les plus irrécusables de l'origine de cette enfant...

A la cour de Nancy, on l'appelait Christian de Sierk...

Aujourd'hui, pour des raisons dont il a donné l'explication à qui de droit et dont j'ai pu moi-même apprécier la nature, il a pris le nom de l'un des fiefs de sa famille et se fait, comme je vous l'ai dit, appeler le baron de Fénestrange.

. . . .

Comme madame de Chevreuse achevait de parler, on entendit, du côté du château, des commandements et des bruits d'armes.

Les sentinelles qui se promenaient le long de la façade s'arrêtèrent et présentèrent la hallebarde ou le mousquet.

En même temps, ce mot : *le Roi !* prononcé en sourdine par toutes les bouches, circula de la cour d'honneur et des pavillons, jusqu'aux derniers étages des terrasses, et jusqu'aux derniers degrés des escaliers.

Louis XIII venait d'apparaître sous les galeries en arcades.

Vêtu de noir, le cordon bleu sur la poitrine, ses cheveux bruns et plats encadraient son visage d'une pâleur de cire, attristé par un incurable ennui.

L'ennui était, en effet, la pire maladie de ce prince, qui, souvent, prenait un de ses courtisans sous le bras et l'entraînait dans l'embrasure d'une fenêtre en lui disant :

— Monsieur un tel, ennuyons-nous ensemble.

Ses yeux ne semblaient réfléchir aucun objet.

Aucun désir, aucune pensée, aucun vouloir n'y mettaient la flamme.

Un dégoût profond de la vie avait relâché sa lèvre inférieure, qui tombait morose avec une sorte de moue boudeuse.

Sa *royale* augmentait la maigreur de son profil et exagérait encore la mélancolie de cette figure inanimée en qui se figeait le généreux sang de Henri IV.

Un jour, il avait pris fantaisie à Louis de s'improviser barbier.

Il avait donc rassemblé tous ses officiers et leur avait rasé le menton, à l'exception d'une légère mèche de poils.

C'était cette mèche de poils, effilée en pointe, que l'on avait baptisée une *royale*.

A la vue du monarque, Anne d'Autriche échangea un rapide regard avec Marie de Rohan et avec M. le duc d'Anjou.

Gaston fit aussitôt un signe à M. de Fénestrange.

Celui-ci s'approcha vivement.

— Où est votre pupille ? lui demanda la Reine.

— Madame, répondit le gentilhomme qui balaya le sol de la plume de son feutre, celle qui est encore aujourd'hui mademoiselle de Fénestrange, attend, dans l'allée des Cyclopes, les ordres de Votre Majesté.

— Allez la quérir à l'instant, et faites-la asseoir entre madame de Motteville et dona Estefana ; c'est moi qui, tout à l'heure, la présenterai au Roi.

Monsieur ajouta :

— Baron, vous vous tiendrez ensuite auprès de nous. Un peu en arrière de Guitaut qui *a le pas*, en sa qualité de capitaine des gardes. Je vous présenterai à mon tour.

XXI

PRÉSENTATION

Ce jour-là, le roi Louis XIII semblait de moins méchante humeur que d'ordinaire.

D'abord, Richelieu, calfeutré dans son *buen-retiro* de Rueil, ne lui donnait plus signe de vie.

Point de nouvelles, bonnes nouvelles.

L'élève couronné respirait, délivré pour un moment, de la lourde férule de son pédagogue à robe rouge.

Et puis, la chasse avait été belle le matin.

On avait lancé un dix-cors qui s'était proprement conduit.

Enfin, au retour, Sa Majesté avait trouvé l'occasion de faire acte d'économie en retranchant de l'état de sa maison un potage au lait que la générale Coquet se faisait servir à déjeuner et un certain dessert dont M. de la Vrillière se montrait fort gourmand.

Tout cela avait rendu le fils du Béarnais, sinon joyeux — il ne le fut au grand jamais — du moins, d'un abord plus aisé que d'habitude.

Cependant, quand du seuil du château — d'où, comme du haut d'un perron, il embrassait tout ce qui se passait dans les jardins — il aperçut la Reine en train de deviser avec Monsieur, sa figure se rembrunit sensiblement.

C'est que, depuis qu'il n'était plus jaloux de Buckingham, Louis était jaloux de son frère.

N'était-ce pas le cardinal qui lui avait soufflé cette idée qu'Anne d'Autriche complotait pour se débarrasser de lui et épouser Gaston ?

Aussi, fronçant le sourcil, se mit-il en devoir d'aller troubler l'entretien de la reine et du duc d'Anjou.

Diamante maniait son éventail de plumes (page 131).

Sa main blanche et maigre appuyée sur une longue canne à pomme d'ivoire, il se dirigea rapidement vers la jeune femme et vers Monsieur.

Son premier valet de chambre, La Chesnaye, le suivait.

Derrière lui, marchaient pareillement les capitaines et les lieutenants des gardes et des mousquetaires, MM. de Mercœur et de Tréville, MM. de Gorde et d'Artagnan — de fiers et énergiques soldats — ceux-ci dans la casaque rouge, ceux-là dans la casaque bleue de leurs compagnies respectives.

Le mécontentement visible qui se peignait sur les traits du monarque n'empêcha point les courtisans de se ranger sur son passage.

Dans les résidences royales, mieux vaut encore être vu par le maître d'un œil indifférent ou irrité que de ne pas être vu du tout.

Mais Louis XIII n'eut l'air de remarquer personne.

Il se hâta, pensif, à travers les courbettes aussi humbles qu'intéressées.

Les privilégiés de son intimité n'obtinrent, à défaut d'un sourire — l'héritier du Vert-Galant ne souriait point — ni une parole, ni un geste, ni un clin d'œil de sa part.

La Reine et le duc d'Anjou s'en furent au devant de lui.

— Ah! c'est vous, Madame, fit Louis sans quitter son air renfrogné. Nous allions à vous. Vous êtes venue à nous. C'est une prévenance dont il faut vous savoir d'autant plus gré qu'elle est moins dans vos habitudes...

Il ajouta avec amertume :

— Surtout, lorsque vous êtes en l'agréable société de votre amie et de mon frère.

Le monarque avait en horreur Marie de Rohan, qui avait joué, dans l'intrigue de Buckingham, un rôle assez préjudiciable à ses intérêts de mari.

Puis, fouettant sa botte de sa canne :

— On m'a dit que vous aviez une nouvelle dame d'honneur à me présenter...

— Oui, Sire: mademoiselle Géralde de Fénestrange.

— De Fénestrange?

— La pupille d'un brave gentilhomme que je viens de m'attacher, appuya le duc d'Anjou.

Le Monarque fit la grimace.

— Un nouveau gentilhomme!...Une nouvelle dame d'honneur!... Ventre-Saint-Gris! comme disait feu notre père, il faut que vous ayez plus d'argent que moi à dépenser, Monsieur mon frère, et vous pareillement, Madame, pour entretenir ce train d'oisifs à votre suite...

Puis, avec un hochement d'épaules :

— Après tout, c'est l'affaire de votre cassette.

Puis encore, avec un bâillement d'impatience :

— Va pour le gentilhomme et pour la dame d'honneur! Mais faites vite, je vous en prie... Il faut que j'aille de ce pas rendre visite à mes gerfauts, dont l'un est fort souffrant depuis ce matin.

— Approchez, Baron, fit Monsieur.

— Mademoiselle de Fénestrange, approchez dit la Reine.

Il y avait derrière Anne d'Autriche un buisson de jolies femmes qui s'écarta pour livrer passage à celle que visait l'invitation de la souveraine.

D'Artagnan eut peine à retenir une exclamation faite de surprise, d'admiration et de bonheur.

Ce cou gracieux, que les *concetti* italiens en vogue à cette époque n'auraient point manqué de comparer au pistil de la corolle d'une fleur, et ces épaules d'albâtre qu'encadrait une collerette empesée et découpée à jour...

Ces cheveux imprégnés de rayons, au milieu desquels les perles de la coiffure scintillaient comme des gouttelettes de rosée dans une aurore...

Cette figure qui empruntait un charme de plus à une certaine gravité et à une certaine pâleur :

Cet œil toujours fier ;

Ce front toujours pur ;

Cette bouche à la fois pleine de caresses et de commandements...

Tout cela, c'était Diamante, — mais Diamante devenue de bohémienne grande dame, — Diamante, dont la taille allongeait encore sa finesse et sa souplesse dans la gaine d'un corsage en pointe d'argent.

Diamante, non moins à l'aise sous les bouillonnements de sa jupe de satin d'un vert glauque, que sous les ajustements écourtés de la zingare.

Diamante, qui maniait son éventail de plumes blanches aussi dextrement que jadis le fouet à manche d'ébène de la reine des Grands-Scorpions.

Bref, Diamante, dont la beauté s'imposait à tous avec une si aveuglante intensité de splendeur qu'un murmure général s'était élevé à son aspect parmi les dames et parmi les cavaliers : murmure d'admiration contenue chez ceux-ci, murmure de jalousie étouffée chez celles-là...

Que l'émail aux vagues reflets de la prunelle de Monsieur s'était échauffé d'un désir soudain...

Et que le Roi, enfin, s'était senti rougir du sentiment qu'elle éveillait en lui...

Car si capricieux et si infidèle qu'il fût, l'ancien amant de mademoiselle de La Fayette et de mademoiselle de Hautefort voulait qu'on l'appelât *Louis le Chaste* aussi bien que *Louis le Juste* ; caractère que l'histoire n'explique que par des faits et jamais par des raisonnements.

. . . .

D'Artagnan était placé en arrière du monarque.

Ému, tremblant, la tête en feu, le cœur sautant dans la poitrine, il dévorait du regard la jeune femme qui se dirigeait vers le Roi avec une allure libre et digne.

Anne d'Autriche la prit par la main.

Elle la présenta dans les formes.

On remarqua qu'au lieu de l'accueillir avec les quelques paroles brèves et sèches qu'il avait coutume d'adresser aux créatures de la Reine, dont il se défiait d'instinct, Louis s'efforça de tourner à la nouvelle dame d'honneur un madrigal assez embarrassé et assez confus, d'ailleurs.

Lorsque Géralde — ou Diamante — on nous permettra de lui donner indistinctement ces deux noms, — après avoir salué, confondue de tant de bienveillance, fit un pas pour se retirer et pour céder la place à Monsieur qui amenait au Roi M. de Fénestrange, les yeux de notre héros s'appuyèrent sur elle avec une si ardente passion, et l'étincelle qu'ils dégageaient, vibrante et chargée de fluide, alla si droit à son but, que la jeune fille éprouva une sorte de frémissement fiévreux.

Son œil, invinciblement attiré, rencontra celui du Gascon.

Aussitôt ses joues s'empourprèrent.

Ses paupières aux longs cils battirent.

Elle appuya son éventail sur ses lèvres pour étouffer le cri qui allait s'en échapper...

— Qu'avez-vous, mon enfant ? interrogea la Reine.

— Rien... Oh ! ce n'est rien, Madame ! répondit l'ancienne gitane d'une voix dont elle ne pouvait dissimuler le trouble.

— Vous souffrez, cependant... Estefana, mes sels !

Diamante refusa du geste le flacon que la camériste espagnole s'empressait de lui présenter :

— Merci... C'est inutile... Cette crise est passée...

Anne d'Autriche insista :

— D'où venait votre mal ?

— Je ne sais... Une douleur violente et subite... Là, au cœur...

La jeune femme ajouta :

— Je n'ai pas été maîtresse de moi dans le premier moment... Que Votre Majesté me pardonne... J'ai honte de ma faiblesse...

Madame de Chevreuse s'approcha :

— La chaleur, sans doute... On étouffe au milieu de tout ce monde... Si mademoiselle de Fénestrange acceptait l'appui de mon bras pour aller respirer dans une allée moins encombrée ?...

Mais Géralde remerciant :

— Mille grâces, Madame... Les forces me font encore défaut... Il me serait impossible de marcher...

Anne d'Autriche appela son valet de chambre :

— Laporte, un pliant ! — Asseyez-vous, mon enfant... Et vous, Messieurs, que l'on s'écarte... Mademoiselle de Fénestrange a besoin d'air.

Louis XIII ne s'était pas aperçu de cet incident.

Il semblait absorbé dans sa conversation avec M. d'Anjou et avec le baron.

Celui-ci avait pâli en apercevant le mousquetaire.

Mais nous savons que le visage, comme la parole, lui avait été donné pour dissimuler sa pensée.

Il s'était donc remis promptement.

Nous n'ignorons pas non plus que c'était un courtisan rompu à toutes les finesses du métier.

Ce qui nous le prouve, c'est que, Monsieur ayant mis, dès l'abord, l'entretien sur la chasse, l'adroit gentilhomme déclara avec une brusquerie franche que, dans toutes ses pérégrinations, tant en Lorraine qu'en Italie et en Allemagne, il avait entendu citer le Roi de France comme le premier veneur du siècle.

Le successeur de Henri IV avait hérité de son père ce goût « de parler aux chiens et de malmener le gibier ».

Aucun sujet ne pouvait lui être plus agréable à traiter que celui abordé — avec intention — par Gaston.

Pour s'en occuper à l'aise, il eut offert une trêve à son ennemi mortel.

— Ainsi, avait-il demandé, on parle à l'étranger de nos chasses de Fontainebleau, de Vincennes et de Saint-Germain ?

— Si l'on en parle, Sire ! s'était exclamé le baron avec un ton de conviction et d'enthousiasme qui eût fait honneur au plus habile comédien ; c'est-à-dire que l'on y répète unanimement que Votre Majesté n'a pas d'émule pour détourner le cerf sans jamais le méjuger ni au pied ni aux fumées !

— Vraiment !...

— Que personne ne sait mieux décider du choix de la bête, frapper aux brisées, attaquer, garder ferme la voie...

Le monarque se frottait les mains...

— Enfin, acheva Christian, qu'il n'y a qu'elle pour sonner comme Nemrod et pour forhuer comme feu Stentor !...

Le rusé compère savait s'échauffer à propos.

A propos pareillement, il savait s'arrêter.

S'interrompant, avec humilité.

— Que le Roi daigne m'excuser... Je ne suis ici qu'un écho... L'écho des maîtres en vénerie qu'il m'a été donné d'approcher...

Louis XIII était rouge de plaisir et d'orgueil.

Il prit familièrement le flatteur sous le bras et faisant à son frère signe de l'accompagner :

— Allons voir mes gerfauts, dit-il.

Sur quoi, sans prendre autrement congé de la Reine et du reste de la cour, il se dirigea vers les communs du château.

XXII

LES G... RÉVÉLATEURS

D'Artagnan se préparait à suivre Louis XIII.

Mais il enrageait *in petto*.

Ne venait-il donc de retrouver la séduisante bohémienne que pour se voir contraint de s'en éloigner sitôt ?

Sans avoir pu l'aborder !

Sans avoir pu lui parler !

Sans lui avoir adressé une seule des questions dont il brûlait de l'accabler !

Sans avoir appris de sa bouche tout ce qu'il souhaitait savoir :

Comment, après l'avoir quittée dans la montagne, en plein campement de gitanos, il la rencontrait à Saint-Germain, en pied à la cour de France...

Comment elle avait échangé les allures, la parure sauvages de la fille d'Égypte qui danse dans les carrefours, pour les atours, les élégances et les façons de la femme de qualité...

Comment, enfin, de ballerine, de zingare et de reine des Grands-Scorpions, elle était devenue la pupille du baron de Fénestrange et avait conquis rang et place dans l'escadron volant des dames d'honneur d'Anne d'Autriche...

Il y avait là de quoi se perdre...

Et notre Gascon s'y perdait.
En attendant, il lui fallait accompagner le souverain.
Son service l'y obligeait.
Aussi, se mettait-il en devoir d'emboîter — non sans maugréer — le pas à M. de Tréville, lorsque ce dernier s'arrêta sur un signe de la Reine à qui madame de Chevreuse venait de jeter rapidement quelques mots à l'oreille.

Le gentilhomme se découvrit et fit un pas vers Anne d'Autriche.

— Votre Majesté, demanda-t-il, me fait l'honneur de m'appeler?
— Oui, Capitaine : ne pourriez-vous pas nous laisser votre lieutenant?
— Mon lieutenant?
— Oh! pour quelques minutes seulement — ayant à lui donner des ordres d'une nature toute particulière.

M. de Tréville s'inclina :

— Trop heureux d'être, en quoi que ce soit, agréable à ma souveraine.

Puis, se tournant vers notre héros :

— Holà! chevalier!...

Celui-ci pivota sur les talons :

— Mon capitaine?...
— Vous avez entendu?
— Oui, mon capitaine.
— Eh bien, avancez et mettez-vous à la disposition de Sa Majesté.

D'Artagnan obéit.

Son cœur battait à soulever sa casaque.

M. de Tréville s'inclina de rechef :

— Est-ce là tout ce que désire Votre Majesté?

La jeune femme le remercia d'un sourire :

— Mille grâces, Capitaine... Nous ne vous retenons plus... Vous pouvez vaquer aux devoirs de votre charge.

Le gentilhomme s'inclina une troisième fois et rejoignit le Roi, qui en compagnie de son frère et du baron de Fénestrange, se dirigeait vers les communs du château.

Le sourire d'Anne d'Autriche s'était fait plus aimable et plus encourageant encore.

— Approchez, Monsieur, dit-elle, avec une bienveillance non équivoque.

Le mousquetaire s'empressa d'obtempérer.

Il écoutait la Reine.

Mais il regardait Diamante.

Celle-ci ne levait pas les yeux.

Mais son émotion n'avait point cessé :
Son sein battait, à elle aussi, sous le satin et les dentelles...
Sa tête se penchait comme une fleur mourante...
Et ses joues conservaient les teintes ardentes de la fièvre.

— Monsieur, reprit Anne d'Autriche, c'est demain que commence, je crois, cette fête foraine qui attire en forêt une grande affluence de populaire...

— La fête des Loges, oui, Madame.

— J'ai fait la partie de m'y rendre avec mes dames : vous veillerez donc à ce qu'une escorte de mousquetaires protège nos carrosses contre une curiosité et une cohue indiscrètes.

— Bien, Madame.

En ce moment, Marie de Rohan poussa un petit cri.

— Qu'est-ce donc ? s'informa la Reine.

— Oh ! moins que rien assurément... Mon bracelet qui s'est dégrafé... Et que j'allais perdre sans y prendre garde...

Puis, d'un ton enjoué et cavalier :

— Et, si quelqu'un de ces messieurs voulait m'aider à le rattacher...

Tous les assistants firent un mouvement pour répondre à cette invitation...

Le petit abbé de Gondi en tête...

Mais la capricieuse jeune femme, allongeant le bras vers d'Artagnan :

— A vous, Monsieur le mousquetaire !

Le bras était charmant de rondeur et de blancheur.

Notre héros n'avait pas plus l'habitude de trembler devant les femmes qu'en face des hommes.

Pourtant, il se sentit embarrassé.

L'œil de Diamante pesait sur lui d'abord.

Ensuite, son esprit sans cesse en éveil, devinait je ne sais quoi d'anormal et de *machiné* dans cet acte, si spontané en apparence, de la jeune femme et si conforme à la liberté de ses allures et à l'originalité de son caractère.

La duchesse insista gaiement :

— Voyons, décidez-vous... J'attends... Vous me feriez douter de votre galanterie.

D'Artagnan s'empressa de protester :

— Oh ! Madame, pouvez-vous croire ?... Mais il faut m'excuser... J'ai si peu l'habitude...

Marie de Rohan éclata de rire :

— De servir de camériste aux dames ? Eh bien, vous l'apprendrez, parbleu, il y a commencement à tout.

Elle présenta de rechef au lieutenant son poignet aristocratique (page 138).

Et elle présenta de rechef au lieutenant son poignet aristocratique.

D'Artagnan dut s'exécuter...

Et tout en procédant à l'opération délicate :

— Je suis confus, en vérité de me montrer si maladroit...

— Ce sont vos gants, mon cher Monsieur, qui sont coupables de maladresse... Aussi vous permet-on de les ôter...

Le mousquetaire se hâta de le faire...

Puis, il se remit à la besogne — laquelle du reste fut menée à bien en un instant.

La duchesse battit des mains :

— A merveille !... Voilà qui est parfait ! Désormais je ne recruterai plus mes filles d'atours que parmi les soldats du Roi.

En ce moment madame de Lannoy s'approcha.

Madame de Lannoy était cette vieille dame qui assise au chevet du lit d'Anne d'Autriche, alors que Buckingham était venu s'agenouiller devant celui-ci à Amiens, s'était écrié en se signant :

— Jésus Dieu ! Madame, n'a-t-il pas osé dire à Votre Majesté qu'il l'aimait !

Marie de Médicis l'avait placée auprès de sa bru comme une sorte de *camerera mayor* chargée de lui inculquer les usages de la cour de France : soin dont la bonne dame s'acquittait avec tant de minutie, de sévérité et de raideur, que la duchesse de Chevreuse l'avait baptisée *Madame de l'Etiquette*, et que toute la cour ne la connaissait plus que sous ce sobriquet.

Madame de Lannoy s'approcha, disons-nous.

Elle adressa à Anne d'Autriche une révérence cérémonieuse et prononça aussi gravement que si elle eût rendu un arrêt :

— J'ai l'honneur de rappeler à Votre Majesté qu'il est l'heure de son goûter.

La jeune femme fit un geste d'impatience :

— Le goûter ?... Déjà !... Vous devez vous tromper, ma bonne.

La grande-maîtresse consulta *l'horloge de poche* — ou grosse montre — qui pendait sur l'un des côtés de son vertugadin.

Ensuite avec une nouvelle révérence :

— J'ai l'honneur d'affirmer à Votre Majesté que je ne me trompe jamais dans l'exercice de mes fonctions...

Il est trois heures moins deux minutes...

Le goûter est servi à trois heures...

— Eh bien, nous sommes en avance...

— Pardon, j'ai l'honneur de faire observer à Votre Majesté qu'il nous faut trois minutes et demie pour aller d'ici au château. Nous serons donc en retard, au bas mot, de deux minutes et d'une fraction, — ce qui est d'un déplorable exemple dans le relâchement actuel...

Puis, avec une troisième révérence et un ton qui, du grave, passait au solennel :

— Songez que si la Reine Marie de Médicis était exposée à attendre...

Anne étouffa un soupir :

— C'est vrai. Vous avez raison. Crime de lèse-belle-mère !

Ensuite, avec résignation :

— Allons, Mesdames, nous rentrons.

Il y eut un mouvement général.

La souveraine continua en s'adressant à mademoiselle de Fenestrange :

— Vous nous accompagnerez, mignonne. Quoique, sur la demande du baron, votre tuteur, vous ne deviez commencer que dans quelques jours votre service auprès de nous, nous vous gardons jusqu'à ce soir. Vous prendrez place à notre table.

Ensuite, interpellant d'Artagnan :

— Nous partirons demain à trois heures pour la promenade. Que l'escorte se tienne prête à la porte du vieux-château. Vous en prendrez le commandement.

Le lieutenant salua :

— Les ordres de Votre Majesté seront exécutés.

Il fit un pas pour se retirer.

Mais sa royale interlocutrice poursuivit en le retenant du geste :

— Nous vous verrons avec plaisir à notre jeu, ce soir.

Le Gascon salua plus bas :

— Madame, un tel honneur....

Anne continua en piquant ses paroles :

— Nous sommes d'anciennes connaissances, monsieur d'Artagnan, et nous ne vous avons pas oublié.

Elle baissa la voix :

— Nous n'avons pas oublié les obligations que nous avons contractées envers vous, et nous avons le ferme espoir qu'il nous sera donné quelque jour de nous en acquitter en toute liberté et en toute munificence.

Ensuite, se tournant vers madame de Chevreuse :

— En attendant, ma chère duchesse, c'est moi qui me charge de payer les gages de votre chambrière improvisée.

Elle tendit la main au mousquetaire.

Celui-ci effleura respectueusement de ses lèvres le bout de ces doigts d'albâtre.

Puis Anne reprit en faisant signe de la suivre à sa petite cour en-juponnée :

— Venez, Mesdames. Allons goûter. Il ne faudrait point faire attendre la reine, — la Reine-Mère, — la vraie Reine.

. . . .

Nous avons vu, quelques minutes auparavant, notre héros ôter ses gants pour rattacher le bracelet de Marie de Rohan.

Il les tenait de la main droite lorsque l'épouse de Louis XIII avait étendu le bras vers lui.

Tout ébloui de cette faveur inattendue, le mousquetaire, pour prendre la main d'Anne d'Autriche, avait lâché, — machinalement — ces gants qui avaient glissé à terre.

Madame de Chevreuse mit le pied dessus.

Puis, d'un mouvement rapide de ce pied elle les fit disparaître sous l'ampleur de sa traîne.

Puis, plus rapidement encore, elle tira de sa poche ceux qu'elle avait trouvés chez maître Bonnebault, dans la chambre un instant occupée par le Gascon.

Celui-ci, penché sur les doigts de la Reine, n'avait rien remarqué de ce manège.

La duchesse se baissa et feignit de ramasser quelque chose.

Ensuite, présentant à d'Artagnan les gants oubliés par ce dernier au *Tourne-Bride* :

— Ceci n'est-il point à vous, monsieur ? questionna-t-elle.

— En effet, Madame ; je vous remercie...

Il prit les gants qu'on lui offrait, les reconnut pour siens sans s'apercevoir de la substitution, et se mit d'instinct à se reganter en regardant de tous ses yeux, de toute son âme la nouvelle dame d'honneur qui s'éloignait à la suite d'Anne d'Autriche.

Ensuite, il s'en revint vers le château en se disant avec ivresse :

— Je la reverrai ce soir au jeu de la Reine.

Marie de Rohan, elle aussi, avait repris le chemin du château.

Elle marchait lentement, — pensive, — la tête basse :

— Allons, murmura-t-elle, les renseignements de Monsieur étaient exacts.

Ce mousquetaire est bien décidément l'homme de Chatou...

Un rude jouteur, c'est certain...

Il l'a prouvé suffisamment dans la lutte qu'il a soutenue — avec ses trois compagnons — pour la Reine contre le cardinal...

Ce serait un ami précieux...

Et ce peut être un ennemi redoutable...

Dans tous les cas, il convient de s'assurer au plus tôt de ses sentiments, de ses intentions à notre égard...

Ami, nous l'accueillerons avec joie dans nos rangs...

Ennemi... Eh bien, ma foi, ennemi, on n'hésitera pas à le combattre... Et l'on s'arrangera pour le vaincre !

XXIII

LE JEU DE LA REINE

— On ne joue pas assez au *Jeu de la Reine,* disait volontiers Louis XIII ; en revanche, on y intrigue beaucoup trop.

Sa Majesté avait raison.

Cette réunion de chaque soir n'était guère qu'un prétexte à toute sorte de conversations, de machinations clandestines et subversives.

Tout le monde, en effet, complotait peu ou prou dans cette cour brouillonne et tapageuse.

La Reine-Mère, la jeune Reine et leurs partisans contre le Cardinal-duc.

Le duc d'Anjou, contre son frère et contre le prélat.

Celui-ci, contre Marie de Médicis, contre Anne d'Autriche et contre Gaston.

Le Roi, un peu contre sa mère, beaucoup contre sa femme et davantage contre son ministre.

Enfin, ceux des courtisans qui tenaient pour la veuve de Henri IV, pour l'épouse du souverain, pour Monsieur ou pour Son Éminence, contre les défenseurs de la partie adverse.

Ce soir-là, la Reine venait de s'assseoir à une table *d'hombre.*

Diamante était placée à sa gauche.

Madame de Lannoy à sa droite.

Bassompierre et Mesdemoiselles de La Fayette et de Hautefort, en face d'elle.

On disait que le Roi était fort amoureux de ces deux aimables personnes.

Il est certain qu'il leur rendit — successivement à chacune — des hommages constatés par l'Histoire.

Oh ! mais rassurez-vous : des hommages purement platoniques.

Christine de Suède affirmait que des femmes, il n'aimait que l'espèce.

Un jour qu'il jouait au volant avec ces deux jolies personnes, le volant alla se planter entre les seins de Mademoiselle de Hautefort.

Celle-ci, en riant, s'approcha de Louis et lui offrit le volant sur la charmante raquette où il était tombé.

Mais le pudibond monarque prit une paire de pincettes — ainsi qu'on fait au lazaret de peur de la peste — et se servit du bout de celles-ci pour retirer le volant.

Une autre fois, la Reine, ayant reçu un billet dont elle voulait faire mystère à son soupçonneux époux, et auquel cependant elle désirait répondre, attacha ce billet à la tapisserie de sa chambre, afin de l'avoir sous les yeux, et de ne le point oublier.

Tout à coup le Roi vint à entrer, — et Anne d'Autriche n'eut que le temps de faire un signe à Mademoiselle de Hautefort qui s'empara du billet.

Louis avait vu le mouvement.

Il s'avança vers la jeune fille et tenta de lui arracher le papier.

Pour le soustraire à ses efforts, la rusée créature l'enfonça dans son corsage.

Aux yeux du fils — dégénéré — du Vert-Galant, c'était là un lieu d'asile, et le billet fut respecté.

La gorge de Mademoiselle de Hautefort avait cependant une grande réputation de beauté.

Une perle y était tombée, Bois-Robert fit à ce sujet le madrigal suivant :

> Ne te plains pas du piège où je te vois tombée,
> Riche perle qui fais le plaisir de nos yeux :
>   La gorge qui t'a dérobée
>   Fait des larcins plus précieux.

Cette haine de Louis le Chaste pour les gorges de ses sujettes se manifesta d'une façon plus éclatante encore.

On lit dans le jésuite Barry l'anecdote suivante :

« Une jeune demoiselle s'étant présentée au dîner de Louis XIII, à Dijon, avec la gorge découverte, le Roi s'en prit garde et tint son chapeau enfoncé et l'aile abattue tout le temps du dîner, du côté de cette curieuse ; seulement, la dernière fois qu'il but, il retint une gorgée de vin en sa bouche et la lança dans le sein découvert de la demoiselle. »

. . . .

Les invités d'Anne d'Autriche formaient le cercle en se promenant autour de la table de jeu.

On remarquait parmi eux M. de Fenestrange qui s'entretenait familièrement avec Monsieur, et madame de Chevreuse qui voltigeait de groupe en groupe, observant tout ce qui se passait et écoutant tout ce qui se disait, tout en dissimulant sous des allures de coquette et d'étourdie, sa volonté bien arrêtée de tout voir et de tout savoir.

Un page annonça :
— Le Roi.

Louis XIII entra, suivi — selon l'habitude — des capitaines et des lieutenants de ses mousquetaires et de ses gardes.

Du seuil, il avisa — sur son passage — un personnage à la moustache ébouriffée, au chapeau à plumail sombre, au harnais militaire et à la rapière d'acier bronzé.

— N'êtes-vous pas, lui demanda-t-il, le capitaine Abraham Fabert.
— Oui, Sire, répondit l'autre en saluant.
— L'officier de fortune dont MM. de Bassonipierre et d'Épernon m'ont parlé avec tant d'éloges ? Le volontaire qui a commencé par porter la pique dans le rang et qui a conquis tous ses grades à la pointe de son épée ? Le soldat du Pont-de-Cé, de Nérac et de Montpellier ?

Le capitaine salua de nouveau en façon affirmative.

Louis releva fièrement sa moustache et se posa sur sa hanche :

— Nous aimons beaucoup les gens de guerre, poursuivit-il, et vos chefs m'ont affirmé qu'à la bravoure du partisan, vous unissiez les qualités du général, de l'administrateur et de l'ingénieur...

Il ajouta avec mélancolie :

— Employez tous ces dons à nous servir, monsieur Fabert...

Nous avons grand besoin de serviteurs capables et dévoués...

Et ce sera bien l'aventure si vous n'êtes pas un jour chevalier de mes ordres...

— Ah ! pour cela, Sire, je ne crois pas, repartit rondement l'officier de fortune.

— Et pourquoi donc ?

— Parce que, pour porter le collier, il faut avoir fait ses preuves de noblesse jusqu'à la quatrième génération, et que, pour ma part, je serais fort empêché de faire les miennes jusqu'à la seconde.

Ensuite, avec un mouvement plein de résolution :

— Mais si jamais, pour éviter qu'une place, qu'un poste que le Roi m'aurait confiés tombassent au pouvoir de l'ennemi, il me fallait mettre à une brèche ma personne, ma famille et tout ce que je possède, Dieu m'est témoin que je n'hésiterais pas une minute.

La mâle simplicité de ces accents parut impressionner le fils de Henri IV.

— Capitaine, reprit-il, votre franchise me plait. J'aurai soin de vous. Désormais vous appartenez à ma maison.

— Bravo! appuya une voix.

Cette voix était celle de d'Artagnan.

Le Roi se retourna brusquement :

— Qui a parlé? s'informa-t-il.

Notre héros se mordait déjà les lèvres de ce cri involontairement échappé à l'expansion de sa nature méridionale.

De son côté, M. de Tréville lui lançait un regard terrible.

Ce regard signifiait clairement :

— Etes-vous fou de braver ainsi les lois de l'étiquette?... Voilà Sa Majesté furieuse!... Ma foi, tirez-vous de là comme vous pourrez.

Par bonheur, notre Gascon n'était pas de ceux qui se laissent prendre sans vert.

Et, comme le monarque répétait :

— Qui a parlé?

— C'est moi, Sire, déclara-t-il avec une respectueuse hardiesse.

— Et que dites-vous là, Monsieur? interrogea le Roi en fronçant le sourcil.

— Je dis, Sire, répliqua le mousquetaire sans paraître autrement troublé, que c'est avec raison qu'on vous appelle Louis le Juste; car vous savez tenir compte de la sincérité du langage comme de la probité des sentiments et de la loyauté des cœurs.

— Par la morbleu! pensa Tréville, il s'en est tiré, le déluré compagnon!... Il s'en est tiré à sa gloire... Voilà le Roi en train de sourire...

Louis XIII souriait, en effet, blessé et flatté à la fois :

Blessé de cette dérogation aux usages de la cour, qui défendent d'adresser la parole au souverain, et d'émettre, sans y être convié, une opinion sur ses dires et sur ses actes ;

Flatté de la grosse louange qu'on lui tirait à brûle-pourpoint.

Et, frappant sur l'épaule de notre Gascon :

— Ces compatriotes de mon père ont excuse et riposte à tout, déclara-t-il.

Puis, faisant un signe à Tréville et à Fabert :

— Venez çà, Messieurs, enjoignit-il. Passons dans mon cabinet. Je tiens à vous communiquer — en l'absence du Cardinal — le plan de la prochaine campagne.

Puis encore, intimant du geste l'ordre de demeurer aux autres personnes, il se dirigea vers la porte opposée à celle par laquelle il était entré, sans faire plus d'attention à la Reine que s'il n'eût point été chez elle, et que si elle n'eût point été là.

Mais le pudibond monarque prit une paire de pincettes (page 142).

Madame de Chevreuse se trouvait sur son chemin.

Elle lui adressa sa plus cérémonieuse révérence et son plus gracieux sourire.

— Ah! maugréa le Roi, c'est vous, Madame la grande-maîtresse de tous les petits complots qui se trament à la cour...

La fine mouche joua la confusion :

— Oh! Sire, pouvez-vous bien dire !... Moi qui n'entends rien à la politique... Et qu'on accuse, avec raison, de ne m'occuper que de babioles, de commérages et de chiffons !

Ensuite, avec effronterie :

— Et, tenez, à propos de commérages, Monseigneur le duc d'Anjou ne prétendait-il pas tout à l'heure que Votre Majesté n'aime ses maîtresses que de la ceinture en haut ?

Le monarque rougit :

— Mon frère dit vrai, Madame, répliqua-t-il sèchement.

— Cela étant, riposta la folle jeune femme, vos maîtresses feront comme Gros-Guillaume : elles se ceindront au milieu des cuisses.

Louis devint écarlate :

— Allons, Messieurs ! commanda-t-il.

Et il sortit en baissant les yeux.

XXIV

LES JEUX DE LA POLITIQUE ET DE L'AMOUR

— Voilà bien tous mes conjurés du *Tourne-Bride*... Tous ceux qui brûlaient, l'autre soir, de me mettre en capilotade... Depuis ce vieux reître de Bassompierre, si prompt à décider ma mort, jusqu'à ce gentil garçon de Chalais qui a refusé de s'associer à mon massacre... Sans oublier ce bon M. de Marsillac dont j'ai emprunté le Bucéphale.

Ainsi raisonnait d'Artagnan en promenant — d'un coin du salon — son regard d'aigle sur l'assemblée.

Bientôt, ce regard s'arrêta sur Diamante.

Et notre héros ne pensa plus aux gens du parti de l'*Aversion*.

L'ex-bohémienne, de son côté, ne paraissait plus guère songer à l'illustre compagnie en laquelle elle était assise.

Ces yeux qu'elle avait tenus baissés jusqu'alors pour en dissimuler les révélations, elle avait fini par les lever sur le mousquetaire, pleins de tendresse passionnée et débordante.

Cependant, Madame de Chevreuse était allée rejoindre le duc d'Anjou et M. de Fenestrange.

Puis, d'un signe, elle avait appelé Bassompierre et Chalais.

Puis encore, s'adressant au gentilhomme lorrain :

— Baron, demanda-t-elle, remarquez-vous une chose ?

— Laquelle, Duchesse ? questionna l'autre.

— Ce que fait votre belle pupille en ce moment.

— Ma pupille ?...

— Suivez, je vous prie, la direction de ses yeux...

— Eh bien ?

— Eh bien, n'êtes-vous pas surpris de l'ardeur avec laquelle ils se fixent sur ceux de ce galant officier, qui, du reste, leur rendent caresse pour caresse ?

— Le chevalier d'Artagnan ! murmura Gaston, dont le front se plissa.

— Le chevalier que j'ai rencontré à Anduze ! s'exclama le baron de son côté.

Ensuite, se parlant à lui-même :

— Ah çà ! l'aurait-elle reconnue ?

— Il la connaissait donc ? interrogea Monsieur.

La duchesse n'attendit pas la réponse du Lorrain :

— Je ne sais pas s'ils se connaissent, affirma-t-elle péremptoirement ; mais ce dont je suis sûre, c'est qu'ils s'aiment...

— Ils s'aiment...

— Parbleu ! étudiez-les plutôt !

L'ivresse qui resplendissait sur le visage du mousquetaire ; l'émotion de l'ancienne gitane, son sein palpitant, l'éclair humide de sa prunelle, tout cela prouvait suffisamment que l'experte commère ne se trompait point.

Elle poursuivit — après une pause — en se tournant vers le frère du Roi :

— Votre Altesse ne redoute-t-elle pas qu'il y ait là un sérieux obstacle à l'accomplissement de nos projets ?

Le duc balbutia :

— Vous pourriez croire !...

— Je crois, Monseigneur, articula Marie de Rohan avec netteté, que nous n'avons pas affaire ici à l'une de ces amourettes dont la flamme passagère s'éteint au vent du caprice, des circonstances ou de l'intérêt...

Je crois que nous nous trouvons en face de l'une de ces passions profondes, violentes et tenaces qu'il est extrêmement difficile, sinon tout à fait impossible, de déraciner de deux cœurs jeunes, purs, fermes et vaillants...

Je crois que le chevalier d'Artagnan n'est pas un de ces damerets dont on a raison aisément...

Je crois, enfin, baron, que votre chère pupille doit avoir conservé de la condition où vous êtes allé la chercher, les habitudes d'indépendance et l'énergie de volonté qui sont les qualités de la race au milieu de laquelle elle s'est façonnée à la vie...

— Comment, s'écria de Fenestrange, vous pensez qu'elle serait capable de décliner l'honneur que nous lui réservons ?

La duchesse eut un sourire étrange :

— Oh ! reprit-elle, s'il s'agissait d'une des femmes de notre monde, je n'aurais crainte ni souci !...

Il n'en est pas une qui ne ramperait sur le ventre au-devant de cet honneur insigne...

S'asseoir sur les marches d'un trône !...

Devenir la première en France après la Reine-Mère, après la Reine régnante !...

Qui sait ? les remplacer peut-être toutes deux au faîte du pouvoir, du pinacle de la fortune, dans l'éblouissement du diadème et l'enivrement des grandeurs !...

Quelle vertu de cœur ne se vendrait — corps et âme — pour réaliser ce beau rêve ?...

Mais ici c'est d'une sauvagesse qu'il est question...

D'une sauvagesse pétrie de préjugés, de scrupules et de ridicules...

Vous verrez si elle se gênera pour refuser la main du prince !

— Cette main, on peut la contraindre à l'accepter.

C'était le baron qui parlait — le front sombre et les dents serrées.

La duchesse secoua la tête :

— Humph ! la mignonne ne me paraît pas d'accommodante composition... Encore une fois, c'est une Huron et une luronne... Elle saura trouver bec et ongles pour se garder à son amant...

Elle ajouta en pesant sur les mots :

— Sans compter que cet amant ne manquera pas de la recorder et de la défendre...

Gaston eut un froncement de lèvres dédaigneux :

— Eh quoi ! ce cadet de Gascogne oserait venir à l'encontre...

La jeune femme repartit vivement :

— Monseigneur, ce cadet de Gascogne a osé se mesurer avec le Cardinal, et il est certain que ce dernier n'a pas eu beau jeu avec lui...

— En vérité !...

— Avez-vous entendu parler de ce quadrille de mousquetaires qui prit parti pour la Reine, ma chère maîtresse, et pour le duc de Buckingham contre l'Éminence rouge et ses deux redoutables acolytes : le comte de Rochefort et la comtesse de Winter — celle que l'on désignait par le nom de *Milady* ?

Monsieur eut l'air de chercher :

— En effet, j'ai ouï conter quelque chose d'approchant...

Ne s'agissait-il pas de bijoux que mon imprudente belle-sœur s'était laissé ravir par l'ambassadeur de Charles Ier, et que l'un des quatre compagnons alla rechercher en Angleterre — afin de faire pièce à Richelieu — à travers des dangers nombreux et sérieux ?...

Et trois de ces mousquetaires ne portaient-ils pas des noms d'emprunt ?...

Des noms de guerre ?... Des noms bizarres ?... Des noms à désinence grecque, si je ne m'abuse ?

— Athos, Porthos et Aramis, prononça Madame de Chevreuse, qui avait d'excellentes raisons pour se rappeler ces pseudonymes et particulièrement ce dernier.

— C'est cela, duchesse... Oui, c'est cela... Et vous dites que ce d'Artagnan...

— D'Artagnan était l'âme de cette association qui renouvela — il n'y a pas si longtemps — les prouesses légendaires des quatre fils Aymon...

Une espèce de Briarée capable d'escalader l'olympe ou de sauter la mer à pied joints...

A telle enseigne que le Cardinal a dû baisser pavillon devant lui...

— Est-il possible ?

— Monseigneur, qui s'y frotte s'y pique... Ne nous frottons pas à ce Gascon... ce serait un terrible adversaire !...

— Oh !...

— Avez-vous oublié, d'ailleurs, quelle arme il a entre les mains ?

— Une arme contre nous ?... Laquelle ?

— Notre secret.

— Hein ?

— Le secret qu'il a surpris à Chatou...

Gaston pâlit.

Son interlocuteur appuya :

— Ce secret, de quelle façon compte-t-il s'en servir ?... Je l'ignore... Mais ce dont je ne puis douter, c'est que celui qui le possède est devenu, à l'heure présente, le maître du succès de notre entreprise et l'arbitre de nos destinées.

Il y eut un silence.

L'amie de la Reine insista :

— Qu'il parle... que le cardinal apprenne de sa bouche la nouvelle ligue du *Bien public* que nous ressuscitons contre lui, le mariage que nous sommes en train de faire contracter à Son Altesse, et l'alliance que nous avons conclue avec l'Espagne, avec l'Empire, avec les réformes, avec MM. de Soissons et de Vendôme — et le moins que puisse advenir de tout cela, c'est l'exil pour ma noble maîtresse et c'est la Bastille pour nous... Trop heureux si notre ennemi triomphant borne là les résultats de sa victoire, les effets de sa colère et l'assouvissement de sa vengeance !

De pâle, le duc d'Anjou était devenu livide.

Livide pareillement M. de Fenestrange.

Bassompierre chiffonnait sa moustache d'un air de mauvaise humeur.

Seul, Chalais demeurait calme.

— Mais, s'exclama le baron, n'y a-t-il donc aucun moyen de réduire cet homme au silence ?

— Demandez à Son Altesse, fit madame de Chevreuse.

Son Altesse réfléchissait.

Ensuite, sans lever la tête :

— Je n'en connais qu'un seul, dit-elle d'une voix sourde.

— Et lequel ? questionna le Lorrain.

Le prince eut un léger mouvement d'épaules :

— Ai-je besoin de vous l'indiquer ?... surtout si j'ajoute qu'il est infaillible... Vous m'avez compris, n'est-ce pas ?

Il y eut un nouveau silence.

Ensuite, Chalais prit la parole :

— Votre Altesse, déclara-t-il, me permettra de ne pas être de son avis...

— Comment ?...

— Si j'ai bien saisi son idée, il ne s'agirait rien moins que de supprimer *per fas et nefas* — et surtout *per nefas* — le danger qui nous menace...

Monsieur garda le silence.

Son interlocuteur reprit :

— C'est aller, ce me semble, un peu vite en besogne — et avant de recourir à des extrémités auxquelles, pour ma part, je refuse de m'associer...

— Vous refusez ?...

— Oui, Monseigneur.

Et, regardant le prince en face :

— Votre Altesse, accentua-t-il, oublie sans doute que c'est à des gentilshommes français qu'elle s'adresse, et non à des *bravi* italiens.

Le duc d'Anjou se mordit les lèvres jusqu'au sang.

Chalais continua avec placidité :

— La première chose à faire, selon mon humble avis, dans le cas qui nous préoccupe, est de s'attacher à savoir si le chevalier d'Artagnan est avec nous ou contre nous...

— Soit : mais de quelle façon et par qui être renseigné sur ce point.

— Par lui-même, pardieu !

— Comment ?

— En allant lui demander.

Le frère du Roi se rebiffa :

— Vous voudriez qu'un fils de France...

— Oh ! interrompit le jeune homme, Votre Altesse ne saurait s'abaisser jusque là. Mais quelqu'un de ses familiers. Moi tout le premier, par exemple...

— Vous ?...

— Si Monseigneur daignait m'en donner commission.

— Vous irez interroger ce mousquetaire ?

— Sans retard. Dès ce soir. A l'instant.

— Et s'il refusait de vous répondre ?

— Ou bien, insista la duchesse, si sa réponse n'était pas de nature à nous rassurer ?

— Alors, répartit le comte avec résolution, c'est mon épée que je chargerais du soin de le réduire au silence.

Ensuite, sur un mouvement de ses auditeurs :

— Oh ! mais dans un combat loyal. Sur le pré. Homme contre homme, poitrine contre poitrine et lame contre lame.

— Harnibleu ! intervint Bassompierre, vous auriez affaire à forte partie.

— Vous croyez ?

— J'en suis sûr. Ce damné Gascon est un batailleur enragé. Vous a-t-on conté de quelle manière — avec les trois amis dont madame la duchesse vous citait le nom tout à l'heure — il a, en mainte occasion, décousu et expédié nombre de gardes de Son Eminence ?

— Hé ! Maréchal, fit aigrement le frère du Roi, si vous avez quelque raison de ne pas manger de ce bretteur, tout au moins pour l'amour de Dieu, n'en dégoûtez pas les autres !

— Monseigneur, répliqua durement le vieil ami du Béarnais, votre père Henri IV savait, par expérience, que je ne suis pas de ceux qui marchande leur peau en matière de point d'honneur, non plus que devant l'ennemi...

Eh bien, m'est avis que j'y regarderais à deux fois avant de croiser le fer avec ce gentilhomme...

Tréville — qui n'est pas un hâbleur avec moi — m'en a rebattu les oreilles...

Il paraît qu'entre autres exploits, au siège de La Rochelle, dans certain bastion...

— Le bastion Saint-Gervais, indiqua Marie de Rohan.

— C'est cela. Il paraît, dis-je, qu'au bastion Saint-Gervais, il s'est conduit comme un Renaud, comme un Roland, comme un Achille. Toujours avec le brelan de compagnons dont il ne se séparait guère...

— Bref, mon cher Chalais, insinua Gaston avec une ironie calculée, M. le Maréchal... ne vous conseille pas de vous frotter à ce foudre de guerre...

— C'est pourtant ce que je vais faire incontinent, répondit le jeune homme en saluant pour prendre congé.

XXV

EXPLICATION

Pendant qu'on s'occupait ainsi de lui, d'Artagnan — qui était à cent lieues de s'en douter — continuait à regarder Diamante, laquelle ne cessait de son côté de lui rendre regard pour regard.

Nos deux amoureux ne pouvaient se rapprocher, — la jeune fille étant retenue par l'étiquette à la table du jeu royal.

Mais ce que leurs yeux se parlaient avec une étonnante prolixité !

Et pour se dire toujours la même chose, du reste !

A un moment, une main toucha l'épaule du mousquetaire.

Celui-ci se retourna avec un mouvement de mauvaise humeur.

Il était furieux — à l'intérieur — qu'un fâcheux vînt le troubler dans sa contemplation.

M. de Chalais lui souriait en s'inclinant.

— Deux mots, Monsieur le Chevalier ? commença le jeune gentilhomme.

— Quatre si vous voulez, répondit le Gascon qui enrageait à part lui.

M. de Chalais poursuivit :

— J'ai à vous entretenir d'une chose d'importance. Il y a trop d'oreilles indiscrètes autour de nous. Vous plaît-il que nous nous écartions quelque peu ?

Ensuite Chalais prit la parole (page 150).

— A vos ordres, Monsieur le Comte.

Et, faisant contre fortune bon cœur, notre héros suivit son interlocuteur dans l'embrasure de l'une des portes-fenêtres ouvertes sur les jardins.

Une fois là :

— Monsieur, entama Chalais, je serai bref et je vous demanderai d'être franc.

— Monsieur, riposta d'Artagnan piqué au vif, voilà une demande que je n'ai jamais permis à personne de m'adresser.

— Tout beau ! protesta l'autre, croyez que je n'ai point l'intention de vous offenser... Donc, ne nous fâchons pas... Pour le moment, du moins.

Ensuite, étudiant de l'œil le visage du mousquetaire :

— Maintenant, arrivons au fait...

— Oui, mordioux ! arrivons-y ! maugréa le Gascon avec impatience. Au galop de charge. Je suis pressé.

— N'est-ce pas vous qui étiez, une de ces nuits dernières, dans une certaine maison de Chatou ?

— Quelle maison ?

— L'hôtellerie du *Tourne-Bride*. Au premier étage. Dans la chambre dont le plancher est percé d'un judas...

— Oh ! oh ! nous y voici, pensa notre héros : on veut m'acheter, me séduire ou m'effrayer...

Son interlocuteur reprit :

— Vous voyez que je suis précis autant que bref...

— Et moi, Monsieur le Comte, je vais fournir une preuve de cette franchise à laquelle vous faisiez appel tout à l'heure. Vous ne vous êtes pas trompé. C'est votre serviteur qui était, au *Tourne-Bride*, dans la chambre susdite...

— Pendant que nombre de personnes s'entretenaient au rez-de-chaussée...

— Nombre de personnes dont vous étiez, et dont faisaient également partie d'aucunes individualités souveraines qui se trouvent ici en ce moment...

— Et vous avez entendu ?...

— Tout ce qui s'est dit en cette auguste compagnie... Jusqu'au généreux effort que vous avez tenté — en pure perte du reste — pour m'arracher au sort que je n'ai évité que par une fuite ingénieuse... Effort dont je saisis avec empressement cette occasion de vous rendre grâce...

— La chose n'en vaut pas la peine... Je n'ai fait qu'obéir à la voix de ma conscience... Et l'on ne remercie pas un gentilhomme d'avoir agi conformément aux traditions d'honneur, de droiture et d'humanité que lui ont léguées ses ancêtres...

Une question, à présent — et de votre réponse dépendra la tournure que va prendre notre conversation :

Êtes-vous avec nous ou contre nous ?

— Monsieur le Comte, je suis pour moi.

— Pour vous ?

Notre héros se mit à rire :

— Oui, oui, je sais, continua-t-il, il y a deux partis à la Cour...

Celui du Cardinal, d'abord, qui tient à gouverner tout seul...

Et puis celui de Sa Majesté la Reine et de Monseigneur le duc d'Anjou — celui des grands seigneurs, le vôtre — qui vise à renverser le Ministre et à gouverner à sa place...

Ote-toi de là que je m'y mette : c'est là le fond de l'histoire et le secret de la politique.

Or, entre ceux qui souhaitent ceci et ceux qui désirent cela, personne ne s'inquiète du chevalier d'Artagnan...

Partant, qui s'occuperait de lui, s'il ne s'en occupait lui-même ?

Car il est ambitieux, le chevalier d'Artagnan...

Ambitieux à sa façon...

Mon Dieu, pour faire comme tout le monde...

L'appétit lui est venu en mangeant...

Ne voilà-t-il pas qu'il aspire à succéder à M. de Tréville — alors que celui-ci sera monté plus haut — dans le commandement des mousquetaires...

Et, quand, plus tard, il sera capitaine, peut-être ne rêvera-t-il rien moins que de finir maréchal de France !...

Avec une modeste aisance pour dorloter ses rhumatismes ; le pignon sur rue ou sur champ, le vin à la cave, le blé au grenier, le linge et l'argenterie dans le bahut de chêne sculpté...

— Hé ! Monsieur, déclara Chalais, nous sommes en mesure de vous donner tout cela...

— Certes : si vous réussissez... Je n'en doute point une seule minute... Mais si vous ne réussissez pas — car Richelieu est un malin — voilà ma fortune à venir singulièrement compromise...

Ma fortune et ma tête mêmement...

Êtes-vous pêcheur, monsieur le Comte ?

— Cette question...

— C'est que si vous étiez pêcheur, vous auriez remarqué ceci :

Qu'il advient le plus souvent que ce sont les gros poissons qui échappent à la friture en rompant les mailles du filet...

Tandis que le menu fretin reste prisonnier dans l'épervier et se voit condamné à la poêle...

— Ce qui signifie en d'autres termes...

— Ce qui signifie, en bon français, que, si vos menées sont découvertes, la Reine en sera quitte pour faire sa soumission au Cardinal...

Monsieur, aussi, madame de Chevreuse, aussi; et vous tous aussi, Messeigneurs...

Tandis que le malheureux chevalier d'Artagnan — convaincu d'avoir eu connaissance du complot, et de n'en pas avoir averti qui de droit court risque de pourrir dans quelque cul-de-basse-fosse, si on ne le juge pas d'assez noble maison pour poser son cou sur le billot d'un Biron...

— Ainsi, reprit Chalais, dont le front s'assombrit, vous êtes contre nous, Chevalier?

— Je vous répète que je ne suis avec ni contre personne : je me réserve et j'attends, voilà tout...

Du reste, tenez-vous en repos :

Si le ministre apprend ce qui se passe, ce ne sera pas par moi le premier.

— C'est possible, ce ne me paraît pas suffisant; répartit l'autre avec hauteur.

— Et que vous faut-il donc de plus que ce que j'affirme? interrogea notre héros, dont le caractère batailleur commençait à se réveiller.

— Il me faut, de votre part, l'engagement solennel que vous ne soufflerez mot à âme qui vive, de ce que vous étiez venu écouter à Chatou.

D'Artagnan bondit :

— Quoi! vous supposeriez que je fais métier de...

— Je suppose ce qui me convient. Finissons-en. Promettez-vous?

Un éclair brilla dans les yeux de notre héros.

— Par ma foi, gronda-t-il d'une voix où tremblait une colère sourde, ce ton et ces exigences ne me permettent de vous répondre que par une fin de non-recevoir catégorique et absolue.

— Vous vous refusez à ce que je demande?

— Que penseriez-vous de moi si je m'y soumettais?

— C'est réfléchi?

— Tout réfléchi!

Le gentilhomme ébaucha un geste de menace.

— Monsieur, Monsieur, prenez garde!

— A quoi?

— Aux conséquences de ce refus.

— Et quelles seront-elles, je vous prie?

— Elles m'acculeront à une nécessité pénible.

— Qui est...

— Qui est celle de vous tuer, pardieu!

— Bon ! fit d'Artagnan tranquillement, on ne me tue pas comme cela, moi, à moins que je n'y mette beaucoup de bonne volonté.

— Gascon !

Notre héros s'inclina :

— Merci du compliment. Le Béarnais l'était. Mais si vous me connaissiez davantage...

— Oh ! je vous connais de beau reste ! interrompit Chalais. Il n'y a pas cinq minutes, l'on me cornait aux oreilles et votre adresse et vos prouesses. Ce sont elles justement qui m'ont donné l'idée d'éprouver si vous serez aussi terrible et aussi heureux avec moi qu'avec vos précédents et nombreux adversaires.

— M. le grand-maître de la garde-robe me ferait l'honneur de tirer l'épée avec un simple lieutenant de mousquetaire ?

— Je tirerais l'épée avec le diable, si je croyais avoir à me plaindre de celui-ci ou s'il croyait avoir à se plaindre de moi.

— Quant à moi, Monsieur le Comte, déclara le Gascon, j'ai gardé gravés dans mon cœur les conseils que mon vénéré père y a déposés à mon départ de son logis, — ces conseils dont la substance est :

« Ne rien souffrir que du Roi, du Cardinal et de M. de Tréville. »

Or, comme vous n'êtes ni Sa Majesté, ni Son Éminence, ni mon Capitaine, il ne me reste qu'à vous prévenir que je me tiens à votre entière et immédiate disposition.

— A merveille ! proposa l'autre : ce sera pour demain, si vous le voulez bien.

— Pour demain, soit, acquiesça le mousquetaire.

— A l'endroit et à l'heure qui vous conviendront le mieux.

— L'endroit m'est fort indifférent ; mais pour l'heure c'est autre chose :

Votre Seigneurie se rappelle que je commande l'escorte qui doit accompagner Sa Majesté la Reine à la fête des Loges...

Je ne serai libre, par conséquent, qu'assez avant dans la journée...

— Que vous semble de la tombée de la nuit ? Nous procéderons à la fraîcheur. Sans crainte d'être incommodés par le soleil, la poussière, les taons et les curieux...

— Va pour la tombée de la nuit.

— A l'Angelus du soir alors. En forêt. Au rond-point du rendez-vous de chasse.

— C'est entendu.

Les deux adversaires se saluèrent courtoisement.

Puis, d'Artagnan s'en fut s'absorber de nouveau dans la contemplation de Diamante, tandis que M. de Chalais s'en allait papillonner autour des dames.

Madame de Chevreuse et M. de Bassompierre étaient venus, de leur côté s'asseoir auprès du jeu royal.

Pendant ce temps, le duc d'Anjou avait pris familièrement le bras de M. de Fenestrange et l'avait emmené dans un coin :

— Baron, dit-il, je suis inquiet...

Le Lorrain s'informa :

— Votre Altesse me permettra-t-elle de lui demander le sujet de cette inquiétude ?

— C'est cette rencontre qui me trouble... Car il va y avoir une rencontre... Entre cet étourdi de Chalais et ce mousquetaire que Dieu damne...

Il y eut un moment de silence.

Ensuite, Gaston continua :

— J'ai peur pour le comte... Ces mousquetaires ont un bonheur !... Puis, ce d'Artagnan est, dit-on, un spadassin de la pire espèce...

Et, après une nouvelle pause :

— S'il nous tuait ce pauvre ami, je ne m'en consolerais jamais...

Il fit mine d'essuyer une larme.

Et, se penchant vers Fenestrange :

— D'autant plus que le danger que cette clairvoyante duchesse nous signalait à la minute planerait toujours sur notre tête...

Ce danger c'est ce Gascon maudit...

Il faut le supprimer à tout prix...

— Le Gascon ? questionna son interlocuteur.

— Le danger, appuya le prince.

Puis, avec un soupir :

— Ah ! si seulement le ciel daignait nous venir en aide !... Tenez, si demain, par exemple...

— Demain ?

— Eh ! oui : c'est le jour ou jamais...

Demain, c'est la fête des Loges...

Tout ce que Paris compte de mendiants, de tire-laine et de mal-roulants grouillera autour de Saint-Germain, attiré par l'espoir de couper l'escarcelle ou d'escamoter le manteau des badauds...

Tous ces gens-là ont un couteau sous leurs guenilles...

Malheur à qui cherche à leur disputer sa bourse !...

Ils frapperaient le Père Eternel sur son trône pour lui dérober les étoiles de son globe terrestre ou les rayons de son diadème...

Eh bien, supposez que d'aucuns de ce passe-volants attirent notre mousquetaire dans quelque méchant endroit, l'assaillent, pour le dépouiller, et lui fassent un mauvais parti...

Du coup, nous voici débarrassés de ce personnage incommode...

Et, n'ayant trempé en rien dans l'acte qui nous en délivre, il nous est permis de nous en laver les mains...

— Comme Ponce Pilate, acheva M. de Fenestrange.

L'Altesse et le courtisan échangèrent un signe d'intelligence.

Ensuite le baron prononça :

— Monseigneur, je prierai le ciel de nous aider.

Puis, après un temps :

— Et il nous aidera certainement.

Puis encore, en piquant les mots :

— Car je lui mâcherai la besogne.

XXVI

DEUX NOUVEAUX PERSONNAGES

Transportons-nous en pleine forêt de Saint-Germain, à l'endroit où s'élève aujourd'hui le bâtiment dit *des Loges*.

Il y avait là une chapelle dans laquelle à certaine époque de l'année, toute la province, à vingt lieues à la ronde, venait faire ses dévotions.

Telle fut l'origine de la fameuse « fête des Loges » qui, bien fort dégénérée, subsiste encore aujourd'hui.

La fête des Loges était, au XVII° siècle, l'heureuse rivale de celle du Landit à Saint-Denis.

Il est certain qu'elle attirait presque autant de monde que la célèbre foire de Beaucaire.

Six semaines à l'avance, les marchands, les taverniers, les bateleurs, les industriels de toutes les provenances, de toutes les espèces, et de toutes les catégories y installaient leurs boutiques, y dressaient leurs tentes, y échafaudaient leurs baraques, y plantaient leurs tréteaux ou y déroulaient leurs tapis.

Car on y venait de toutes les villes, de tous les villages, de tous les hameaux du voisinage :

Les uns à cheval, les autres à mulet; ceux-ci à âne, ceux-là en charrette, en carrosse, en coche...

Les coches avaient été inventés quelques années auparavant.

Trente mille curieux, au bas mot, auxquels se joignait une véritable armée de bohêmes, de filous et de filles équivoques.

Quelque chose comme une des grandes migrations du quatrième

siècle, — avec cette différence que ces dames ou ces demoiselles, au lieu d'être des barbares ou des sauvages, n'étaient que trop civilisées.

Arrivé en vue de la chapelle, chacun faisait halte, descendait de son cheval, de sa mule, de son baudet ou de sa voiture, secouait simplement la poussière de ses bottes, de ses chausses, de ses houseaux, de ses souliers ou de ses pieds nus, et après ses dévotions, s'en allait où la fantaisie le conduisait : devant les étalages des marchands, sous les auvents des taverniers, dans les loges des diseurs de bonne aventure, des débitants de vulnéraire, des montreurs d'animaux féroces, ou autour des tapis des râcleurs de violon, des joueurs de gobelets, des acrobates et des chanteurs en plein vent.

C'était un mouvement continuel et un bruit sans fin :

Charivaris d'instruments, lambeaux de refrains, discours de charlatans, auxquels venaient, par intervalles, se mêler les clameurs des badauds dépouillés par les passe-volants.

Puis, un fourmillement de personnages divers :

Bourgeois, paysans, dames élégantes avec des robes à queue portée par des laquais, gentilhommes à plumet et à chamarres, soldats armés de pertuisanes et de mousquets, moines mendiants, courtisanes, acheteurs, vendeurs, banquistes, vieillards, commères, enfants, ivrognes !

Sans compter les chevaux débridés, les mules au piquet, les ânes en liberté, les voitures dételées et les chiens qui se battaient !...

Dans cette cohue enfiévrée, vous auriez sûrement remarqué deux personnages dont la mine formait un contraste avec la figure joyeuse des gens qui grouillaient autour d'eux.

Ces deux promeneurs, qui marchaient au bras l'un de l'autre, paraissaient ne s'être appairés que pour donner un démenti en chair et en os au proverbe connu : *Qui se ressemble s'assemble.*

L'un était grand.

L'autre était petit.

Celui-ci était gras.

Celui-là était maigre.

Le premier avait une apparence formidable.

Il mesurait six pieds de haut et accusait la cinquantaine.

Ses sourcils, larges comme deux doigts et noirs comme s'ils eussent été peau de taupe, se rejoignaient à la racine d'un nez énorme dont le bout se rabattait sur une maîtresse bouche à humilier un four.

Cette moustache, d'une longueur démesurée, remontait en arc de cercle et poignardait le ciel de ses crocs raidis par le cosmétique.

Son cou de taureau s'enfonçait dans des épaules carrées robustes, et dans une vaste poitrine parfaitement en harmonie avec sa taille herculéenne.

Deux nouveaux personnages (page 160).

Epaules et poitrine se dessinaient sous un pourpoint, d'une couleur et d'une étoffe indescriptibles, qui paraissait de meilleure humeur que son propriétaire, car il riait par toutes les coutures.

Ses chausses étaient au diapason d'hilarité de son pourpoint : elles crevaient de gaieté — et aussi de vieillesse.

Et ses bottes évasées racornissaient leur cuir espagnol, criblé de trous sur des lambeaux de toile bise au travers desquels on apercevait le dessin puissant de son mollet.

Tout cela, drapé dans une cape de bourracan que le temps avait déchiquetée en barbe d'écrevisse et surmonté d'un feutre informe, roussi par le soleil et lavé par la pluie, sur lequel se dressait une méchante plume ébarbée.

Une forte épée allemande, dont la poignée, fenestrée à jour, pesait au moins cinquante livres, et de vieux gants de buffle, qui, couvrant presque entièrement ses bras musculeux, lui montaient approchant le coude, complétaient l'équipement de ce truculent personnage aux airs de croquemitaine, de tranche-montagne, de coupe-jarrets et de pourfendeurs de naseaux.

Sous ces airs-là, pourtant, un observateur attentif n'eût rien démêlé de foncièrement pendable.

L'œil était doux ;

Le sourire débonnaire ;

Une certaine timidité, mélangée d'une légère tristesse, perçait même à travers ces signes extérieurs de férocité.

Le compagnon de ce capitan était mièvre, sec et laid.

Il avait la tête pointue, la figure aiguisée en navette, le regard niais, la bouche prétentieuse, une chevelure longue, jaune et plate, et au-dessus de la lèvre supérieure comme à la pointe du menton, deux bouquets d'un poil déteint et follet.

Il y avait, en outre, un habillement complet de serge brune usée et un rabat de toile empesée qui fleuraient, comme paperasses, leur rat de chicane d'une lieue ; des bas de soie, couturés de reprises, qui se plissaient en spirales sur ses mollets étiques ; des souliers découverts, dont l'un manquait d'un nœud et dont l'autre manquait d'une boucle, et deux pennes de coq qui bifurquaient sur un de ces chapeaux en pain de sucre comme les médecins de notre Molière devaient en porter plus tard.

Ce grotesque ne se rapprochait du capitain, son compagnon, que par la rapière invraisemblable qui se vissait, comme une queue, à son échine de lévrier.

Et puis aussi par l'air de désolation répandu sur toute sa personne.

Car il n'y avait pas à le nier : ces deux amis étaient lugubres.

Ils allaient et venaient, au hasard, dans la foule, jetant çà et là des regards affamés de marchands qui attendent la pratique pour manger.

Chaque fois qu'ils passaient devant un cabaret ; chaque fois qu'une odeur de cuisine chatouillait ses narines en quête, chaque fois qu'un bruit de verres choqués sonnait à ses oreilles tendues, le grand avançait d'un cran l'ardillon de son ceinturon, en étouffant une kyrielle de jurons...

Et, chaque fois qu'une femme l'effleurait de ses jupes, le petit poussait des soupirs à faire tourner les ailes d'un moulin à vent.

— Ventre d'hippopotame ! cornes de rhinocéros ! écailles de crocodile ! gronda le grand sous sa moustache, m'est avis que nous souperons, ce soir, comme nous avons dîné hier et déjeuné ce matin.

Il fit jouer de rechef la sangle qui avait été son déjeuner et son dîner.

— Du diable si je ne me sens pas maigrir de minute en minute !

Le petit eut une pantomime non moins navrée.

— Distinguons, confrère, distinguons, gémit-il : que serait-ce, si, comme chez moi, le mal d'amour se joignait à l'inanition ?

Il ajouta avec un nouveau soupir à décorner un bison d'Amérique :

— Quand on pense que, depuis deux jours, je m'étiole loin de ma Francisquine, faute de pouvoir lui apporter le bijou qu'elle me demandait !

— Par les tripes du grand-duc, qui sont moins vides que les miennes, déclara le premier des deux compagnons, j'étranglerais un lion pour avoir sa pâtée !

— Et moi, ajouta le second, pour un ducat j'embrasserais une duègne nonagénaire !

Puis, tous les deux, à l'unisson :

— Quel métier de chien !
— Quel chien de métier !

XXVII

AU SINGE DE QUALITÉ

En se lamentant de la sorte, nos deux promeneurs étaient arrivés devant une grande baraque ouverte à tous les vents, qui formait à la fois cuisine, cabaret et restaurant.

Un vieil homme et une jeune fille s'y agitaient au milieu de consommateurs attablés.

L'établissement avait pour enseigne un singe attifé en cavalier et déployant une banderole sur le fond rouge de laquelle l'indication suivante se détachait en lettres d'or :

AU SINGE DE QUALITÉ.

Le vieil homme était le maestro Tartaglia, propriétaire de cette officine culinaire.

La jeune fille était la signorina Francisquine, sa nièce.

Des Italiens : le nom l'indique.

Tous deux originaires de Florence.

Tous deux ayant passé les monts à la suite de Concini.

Tous deux enfin sortis des cuisines de ce dernier.

Après la chute du maréchal, le signor Tartaglia avait fondé un macaroni tellement raffiné qu'on en venait quérir ou manger de toutes les rues du quartier.

La reine Marie de Médicis en avait envoyé chercher une fois.

Et, Italienne et Florentine, elle l'avait trouvé si bon qu'elle n'avait plus voulu en goûter d'autre.

La vogue était donc venue à l'oncle de la belle Francisquine.

Et, avec la vogue, la fortune.

Aussi, lorsque la Cour avait quitté Paris pour Saint-Germain, notre Italien et sa nièce n'avaient-ils pas hésité un instant à suivre leur noble clientèle en achetant au Pecq une hôtellerie à l'enseigne de l'*Orme de Sully*.

Ce qui ne les empêchait point de « faire la fête des Loges ».

C'est-à-dire, pendant la durée de celle-ci, d'installer et de tenir au cœur de la forêt, un établissement destiné à réconforter et à abreuver les promeneurs.

C'est dans cet établissement que nous allons les présenter à nos lecteurs.

Maître Tartaglia avait la serviette sous le bras, l'œil effaré, l'air important.

La signorina Francisquine était brune, grande et hardiment charpentée.

Elle regardait les gens en face avec un sourire un peu trop naïf.

Parmi les clients de maître Tartaglia, certains disaient qu'elle était sotte un tantinet.

D'autres prétendaient qu'elle avait plus de vice qu'une couleuvre.

Devant le cabaret, devant le vieil homme et devant la jeune fille, nos deux promeneurs s'étaient arrêtés brusquement.

On aurait dit qu'une force irrésistible les empêchait d'aller plus loin.

Immobiles, ils considéraient avec une égale avidité — celui-ci, le cabaretier, qui allait de table en table, posant les plats fumants et les brocs remplis jusqu'aux bords — celui-là, la jeune fille qui papillonnait de groupe en groupe, distribuant à tout le monde les œillades et les sourires.

La fumée des plats aux effluves engageantes titillait le nez du premier.

Et les prunelles fulgurantes, les lèvres rouges, le corsage bombé de la fillette révolutionnaient le cœur du second.

Bientôt, ces parfums et cette vue ne se contentèrent plus de méduser les deux compagnons et de les clouer sur la place :

Ils les fascinèrent, ils les attirèrent, ils les entraînèrent en avant...

Non seulement il devint impossible aux pauvres diables de passer outre...

Mais encore, nouveaux Tantales, ils grillèrent de se rapprocher des objets de leurs convoitises.

Après quelques minutes d'hésitation, le capitan parut prendre un parti héroïque :

Il enfonça du poing son feutre sur sa tête, retroussa sa moustache d'une façon belliqueuse, posa la main sur le pommeau de sa rapière et hasarda un pas à l'intérieur de l'établissement...

Son *socius* imita le geste et le mouvement...

Après ce pas en vint un autre...

Puis, un autre...

Puis, plusieurs autres...

Si bien qu'en se retournant, maître Tartaglia et la signora Francisquine se trouvèrent, à l'improviste, nez à nez, le premier avec le plus grand, et la seconde avec le plus petit de nos deux confrères en pénurie, en débraillé et en appétit.

Cette rencontre ne parut, du reste, causer qu'un médiocre plaisir au cabaretier et à sa nièce.

En effet, le colosse ayant fait mine d'embrasser le premier, en s'écriant :

— Eh! bonsoir donc, notre cher hôte! Comment gouvernez-vous cette précieuse et inestimable santé?

Et son compagnon s'étant incliné jusqu'à terre devant la seconde, en prononçant :

— Salut à la plus belle des plus belles! A la rose de la Toscane! A la perle, au joyau, à l'étoile de l'Italie!

— Merci, messer Francatrippa, répartit le vieil homme brusquement. Je me porte comme je l'entends. La chose ne regarde personne...

Mais faites-moi place, s'il vous plaît...

Des pratiques sérieuses m'attendent...

De son côté, toisant le complimenteur :

— Ah ! répondit la signorine, c'est vous seigneur Fritellino ? Eh bien, m'apportez-vous enfin — en fait de joyau et de perle — la bague dont vous m'avez parlé ?

La froideur de l'accueil ne désarçonna point les deux arrivants.

— Qu'est-ce à dire ? reprit le premier en continuant à retenir le cabaretier : je crois, ou la peste m'étouffe, que vous m'avez appelé *messer*...

Or, ne vous ai-je point répété — non pas une fois, mais dix, mais vingt, mais cent, mais mille — que je souhaitais vivre avec vous, ô mon inappréciable ami, sur le pied de la plus tendre familiarité, et que vous me désobligeriez d'une façon mortelle si vous m'appeliez autrement que Francatrippa tout court ?

— Ouais ! répliqua Tartaglia, tout court ! C'est là ce que vous désirez ?

— De toute mon âme.

— Et si, en le faisant, je vous tutoyais ?

— Vous combleriez mes vœux les plus chers.

— En vérité !

— Il me semblerait, mon digne hôte, qu'entre nous tout serait commun, et le ciel si j'ambitionne une pareille communauté !

— Eh bien *carissimo*, je vais vous satisfaire :

Francatrippa, mon garçon, tu me gênes !

Francatrippa, mon garçon, tourne-moi les talons !

Francatrippa, mon garçon, en échange de cette amitié, de ce tutoiement que je t'octroie sur ta demande, accorde-moi cette faveur : de ne jamais te revoir dans mon établissement.

— Distinguons, distinguons, mignonne, mignonne, ergotait, à quelques pas plus loin, le seigneur Fritellino : je crois que c'est d'un bracelet ou d'un collier dont il était question...

D'un bracelet ou d'un collier, je ne me rappelle plus au juste...

Encore, bague, bracelet, collier, tout cela est-il assez indigne de vos appas...

C'est une mine de diamants — oui, une mine tout entière — qu'il faudrait pour les encadrer convenablement...

— Et vous l'avez ?

— Quoi ?

— Cette mine.

— Si je l'ai ?

— Oui.

— Certainement : elle est ici ; puis là encore.

Et le galant frappa sur sa tête et sur son cœur.

— Sous votre chapeau ! Dans votre pourpoint ?...
Montrez !...
Montrez donc !...
Montrez vite !

— Un instant !... Un baiser d'abord !... Un petit baiser, ma charmante !

— Plus tard. Quand je tiendrai l'objet. Donnant, donnant !

Cependant le capitan avait fait volte-face. Mais ce n'était pas pour sortir du cabaret.

Il s'en était allé tout bonnement se placer à une table, sur laquelle il frappait du pommeau de son épée :

— Holà ! Quelqu'un !... Çà, qu'on me serve !

Tartaglia se retourna :

— Comment vous êtes encore céans ?...
Après ce que je vous ai signifié ?...
Après l'affront...

— Cet affront est la seule chose que j'aie dévoré depuis deux jours : c'est pourquoi je demande à l'arroser pour qu'il passe...

— Avez-vous de l'argent ?

— Cette question !...
Vous êtes d'une indiscrétion !...
Si j'ai de l'argent ?...
Pourquoi faire ?

— Pour payer l'écot donc !
Autrement, serviteur !
Pas de monnaie, pas de liquide.

— Vous me refuseriez crédit ?...
A moi !
Un ancien *cap* d'escade (chef d'escouade des bombardiers de la République de Venise) !...
Et pour quelle raison ?

— Pour trente-trois.

— Je vous défie et vous somme de me les énumérer.

— Vous me devez trente-trois pistoles...
Voilà mes trente-trois raisons...
Une par pistole.

— Peuh !... N'est-ce que cela !... Une misère !

— Il me semble que c'est bien assez : partant, je ne veux pas augmenter le chiffre de cette misère — et à moins que vous ne m'allongiez un a-compte...

— Allons donc !...

Un homme tel que moi dédaigne les a-comptes...
Vous serez remboursé intégralement...
— Quand cela ?
— Quand une bonne affaire me sera tombée des nues : quelque mari qui me chargera de le débarrasser de l'amant de sa femme ; quelque femme qui me priera de la délivrer d'un mari cornard : ou bien encore quelque fillette à enlever pour un Léandre ou un Cassandre...
Mais nous sommes dans la morte-maison...
L'assassinat ne donne pas, le rapt chôme et l'adultère est dans le marasme...
— O Francisquine disait Fritellino avec emphase, cette mine de diamants, ce sont les quatorze vers de la pièce qu'en ma qualité de poëte d'épée je vous ai dédiée dans mes *sonnets belliqueux*...
La signorine haussa les épaules :
— Seigneur, je n'ai que faire de cette rimaillerie !...
L'autre se cabra :
— Rimaillerie !... Des alexandrins grâce auxquels vous êtes sûre de passer à la postérité, comme la *Laure* de Pétrarque, comme la *Leonore* de Torquato Tasso, comme...
— Avant de me faire passer à la postérité vous auriez dû songer vous-même à passer chez le bijoutier.
— Moi qui enfourcherais l'hippogriffe, comme Astolphe, pour aller vous chercher la lune, s'il vous convenait d'en suspendre, ainsi que d'un sequin coupé par le milieu, une moitié à chacune de vos oreilles !
— Bon ! il ne s'agit pas de monter si haut : contentez-vous de descendre au fond de votre poche.
— Je comprends : vous êtes de celles qui ne cèdent que la bague au doigt.
— Précisément : bague promise, bague due.
— Eh bien, mais je l'avais achetée, cette bague...
— Vraiment ?
— Mais j'ignore comment cela s'est fait...
— Après ?
— Je l'ai serrée avec tant de soin que je ne sais où la retrouver...
— Est-il possible !...
— Je l'aurai oubliée sur le marbre de ma toilette, avec ma bourse et mes gants... Ou je l'aurai perdue en route...
En tirant mes tablettes, ma montre ou mon mouchoir...
Francisquine éclata de rire :
— Pourquoi ne dites-vous pas qu'on vous l'a dérobée ?
— Dame, ce ne serait pas invraisemblable... il y a tant de voleurs dans cette foule.

Eh! bonsoir donc, notre cher hôte (page 165).

— Voyons, reprenait Francatrippa en s'adressant au cabaretier, donnez-moi à boire aujourd'hui, et, foi d'honnête bandit, je vous payerai demain.

— Payez-moi aujourd'hui, ripostait le bonhomme, et foi de notable commerçant, je vous donnerai à boire demain.

— Francisquine, laissez-moi cueillir un coquelicot sur votre joue !

— Seigneur Fritellino, prenez garde ! C'est moi qui vais en déposer une de fleur sur votre vilain masque. Seulement ce ne sera pas un coquelicot : ce sera bel et bien une giroflée à cinq feuilles.

L'ex-*cap d'escade* des bombardiers de la République de Venise s'était levé et s'était drapé de sa cape :

— Ah ! c'est ainsi, déclara-t-il. Eh bien, je ne m'abaisserai pas à solliciter plus longtemps. Je quitterai sans regret des lieux où sont méconnues les saintes lois de la confiance, du crédit et de l'amitié. Adieu, Tartaglia. Je secoue la poussière de mes sandales sur ton seuil inhospitalier.

Le poète d'épée n'avait pas de cape.

Aussi se vit-il obligé de s'envelopper dans sa dignité pour préparer sa sortie.

— Hélas ! gémit-il, puisqu'à l'offre d'un cœur pur de tout alliage vous ne rougissez pas, Signora, de préférer l'éclat d'un morceau de vil métal façonné en bijou, il ne me reste plus qu'à aller placer aux pieds d'une créature plus capable de les apprécier, des hommages et des sentiments cent fois, mille fois plus précieux que tout le clinquant et la quincaillerie des orfèvres de la péninsule.

— C'est cela, répartit le cabaretier, montrez-les-moi, et pour toujours les semelles de vos sandales, messer Francatrippa ; je prierai Dieu de préserver mes confrères de votre pratique.

Et la jeune fille ajouta :

— Bon voyage et bon vent, seigneur de la Rafale. Portez ailleurs vos ladreries et vos guimbardes. Pour moi, je ne veux pas pour galant d'un marmiteux ou d'un pince-maille.

Puis, comme, malgré ce congé non déguisé, nos deux éconduits n'avaient garde de bouger :

— Comment ! reprirent l'oncle et la nièce, vous n'êtes pas encore partis ?

— Ces gentilshommes ne partiront pas, dit une voix.

XXVIII

L'INTERVENTION INATTENDUE

Les quatre acteurs de cette scène se retournèrent vivement vers le personnage qui intervenait de cette façon aussi bizarre qu'inattendue.

Celui-ci n'était autre que le baron de Fenestrange.

Maître Tartaglia ôta avec respect sa toque de toile blanche.

— Quoi ! fit-il. Votre Seigneurie a entendu ?...

— Tout ce qui s'est dit, depuis un instant, entre vous, mademoiselle et ces deux *galantuomi* — et je dis, à mon tour à ces derniers : *Restez!*

Puis, tirant de ses chausses une bourse bien garnie :

— D'abord, poursuivit le nouveau venu, voici, maître, les trente pistoles que ce brave officier vous doit. Ensuite, vous allez lui servir tout ce qu'il vous demandera. C'est moi qui règlerai la note sur la somme dont je suis moi-même son débiteur.

L'ancien *cap d'escade* faillit tomber de son haut :

— Vous êtes mon débiteur, vous ! s'exclama-t-il avec surprise.

— Je le suis ou je le deviendrai. Peu importe. Allez-vous prétendre que non ?

Le capitan se campa en une attitude noble :

— Pour qui me prenez-vous ? Je n'ai jamais renié une dette. Surtout quand je suis le créancier.

Le baron avait ôté de l'un de ses doigts une bague enrichie de brillants d'un certain prix et, s'adressant à Francisquine :

— Veuillez, mon enfant, accepter ce témoignage de mon estime, pour remplacer le joyau que monsieur (il désignait Fritellino) aura sans doute laissé en son logis, à moins qu'il ne l'ait égaré ou qu'on ne lui ait soustrait dans cette cohue de populaire.

La fillette bondit comme une sauvage à qui l'on montre de la verroterie :

— A moi, un tel cadeau, Excellence !...

— Vous le méritez à tous égards...

Et ce n'est que le prélude de ce que je compte vous offrir...

Car je vous demanderai plus tard un léger service en échange...

— Tout ce que Monseigneur voudra, répondit la signorine avec un regard et un sourire qui prouvaient surabondamment qu'elle n'aurait rien à refuser à un mortel aussi opulent et aussi libéral.

— Oh! ce n'est pas ce que vous croyez ! repartit le baron froidement.

Ensuite, se tournant vers le poète d'épée :

— Cher Monsieur, ne prenez ombrage ni du langage, ni du présent. A Dieu ne plaise que j'aie l'intention de me lancer sur vos brisées. Je sais trop que j'y perdrais et mon temps et ma peine.

L'auteur des *Sonnets* belliqueux mit sa main sur son cœur :

— Ma lame et ma lyre, prononça-t-il d'un ton pénétré, sont au service d'un gentilhomme de tant de courtoisie et de magnificence. Distinguons, pourtant, distinguons : dirai-je *Monsieur le duc, Monsieur le comte* ou *Monsieur le marquis ?*

— Dites : *baron* tout simplement. Le baron Christian de Fenestrange qui vous est tout acquis. Hobereau du pays de Lorraine, attaché à la personne de S. A. le duc d'Anjou.

Cependant, le cabaretier avait couvert une table de tous les mets de sa cuisine et de tous les flacons de son cellier.

— Asseyons-nous, reprit le baron.

Nous ferons, le verre en main, plus ample connaissance. Pendant que vous serez en train de vous refaire, je vous entretiendrai de ce que j'attends de vous.

De cette façon, il n'y aura pas une minute perdue.

On prit place.

Est-il besoin de constater avec quel égal empressement les convives de M. de Fenestrange attaquèrent, en même temps, les plats et les bouteilles ?

Tandis qu'ils vidaient celles-ci jusqu'à la dernière larme et qu'ils nettoyaient ceux-là jusqu'à l'étain ou la faïence, leur amphitryon les examinait alternativement en dessous :

— Voilà, se disait-il, une paire de brigands aménagés à souhait pour ce que j'en veux faire...

Des loups affamés, sur ma foi...

Ils ne feront qu'une bouchée de mon homme...

En ce moment, une agitation assez vive se manifestait au dehors.

Cette agitation eut bientôt gagné l'intérieur de la taverne.

Au dehors on courait, on criait...

Au dedans, on grimpait sur les tables et l'on se juchait sur les bancs.

C'était le carrosse de la Reine qui passait à travers la foule.

Dans la lourde et massive machine — telle qu'on en fabriquait alors sur un modèle venu d'Italie — Anne d'Autriche occupait naturellement la place d'honneur : celle du fond à droite.

Elle avait auprès d'elle la duchesse de Chevreuse et, en face, la pupille de M. de Fenestrange ainsi que Mademoiselle de Lannoy.

D'Artagnan chevauchait à la portière de droite.

Les autres dames venaient à la suite, dans d'autres voitures « moins décorées ».

Les mousquetaires galopaient sur les ailes.

Les cris de : *Vive la Reine !* s'élevaient de toutes parts.

Et les curieux, massés sur le passage du cortège, ne savaient qui ils devaient admirer davantage des charmes de la Souveraine, de la magnificence des véhicules, de la beauté des dames de la suite, du prestige des cavaliers de l'escorte et de la haute mine de l'officier qui les commandait.

M. de Fenestrange désigna ce dernier aux deux convives :

— Vous avez remarqué ce lieutenant ? demanda-t-il.

Francatrippa, qui avait la bouche pleine, ne put répondre que par un signe affirmatif.

Le gentilhomme continua :

— C'est à son endroit que j'ai besoin de vos services.

Les deux autres interrogèrent entre deux bouchées :

— Ah ! c'est au sujet de ce jeune coq qui cheminait à la portière du carrosse...

— Et qui dressait si fièrement la crête sous la casaque et le plumet...

— Est-ce donc lui qu'il s'agit de...

— Serait-ce de lui que nous devons...

Et chacun des deux interlocuteurs du baron compléta sa question par un geste suffisamment expressif.

Vous auriez juré pourtant qu'il y avait une certaine inquiétude dans la manière dont cette question était posée.

Le gentilhomme ne s'y trompa point.

Il interrogea :

— Auriez-vous peur ?

L'ancien bombardier tressauta sur son siège :

— Peur !... Moi !... Ventre d'hippopotame ! cornes de rhinocéros ! écailles de crocodile !

Son compagnon protestait en même temps :

— Distinguons, Monsieur, distinguons : s'informer n'est pas reculer.

Particularité bizarre : vous auriez vaguement soupçonné que l'ex-*cap d'escade* ne lâchait cette véhémente bordée de jurons que pour mieux se rassurer lui-même.

Et, dans la façon dont il jurait en italien, vous auriez reconnu quelque chose de cet accent à l'ail et à l'huile qui sévit sur la Canebière marseillaise et qui n'a pas son pareil au monde.

Quant à l'auteur des *Sonnets belliqueux*, l'inévitable : Distinguons, monsieur, distinguons, qui revenait dans ses discours toutes les fois qu'il se sentait embarrassé, était plutôt d'un procureur bas-normand, en train de chicaner l'adversaire et d'embrouiller la discussion, que de l'un de ces rimeurs-spadassins, toujours non moins prêts à fournir un coup d'estoc qu'un coup de plume.

Le premier reprit en s'essuyant la moustache :

— Excellence, dans aucun combat, l'ennemi n'a vu la figure de mes épaules...

— C'est comme moi, appuya le second : je suis inconnu de dos, et je pourrais, incognito, bossu à l'instar d'Esope...

— Il est vrai, déclara le baron que c'est un mousquetaire ; mais il sera seul et vous serez deux.

Francatrippa eut un sourire :

— Ecailles de crocodile ! on le plumera, comme un oison, votre jeune coq, et on vous le servira au choix : en fricassée ou à la broche.

Et Fritellino ajouta :

— Nous plumerions de même l'aigle de Jupiter et nous le mettrions au pot, comme la poule du feu roi Henri, s'il nous convenait de goûter un jour, du bouillon de ce porte-foudre.

M. de Fenestrange s'accouda sur la table :

— Ecoutez-moi alors, mes maîtres, reprit-il en baissant le ton, et songez que votre fortune est dans le fourreau de votre épée.

XXIX

SOUS LE COUVERT

Le soir tombait.

D'Artagnan avait quitté le château, où son service venait de finir, et s'était engagé dans la partie de la forêt opposée à celle où la fête populaire battait son plein.

Il avait besoin de solitude, si peu élégiaque qu'il fût.

Ne fût-ce que pour s'entretenir avec lui-même de toute l'étendue de son bonheur.

Notre héros était, en effet, dans toute la joie de son âme.

Pendant tout le temps qu'avait duré la promenade royale, la nouvelle dame d'honneur d'Anne d'Autriche n'avait cessé de le regarder et de lui sourire.

Et il était comme enivré des capiteuses promesses de ce regard et de ce sourire.

Cette griserie d'amour ne lui avait point fait oublier son rendez-vous avec M. de Chalais.

Il s'y acheminait en ce moment, le pied léger et la tête libre.

Les résultats possibles de cette rencontre ne l'avaient point inquiété une seule minute.

Son adversaire, pourtant, — il le savait du reste, — n'en était plus à faire ses preuves...

Il passait généralement pour n'avoir pas moins de succès sur le pré que dans les ruelles...

Mais le mousquetaire se disait qu'un homme en vaut un autre.

Il se savait brave, lui aussi.

Il avait eu de nombreuses affaires dont il s'était tiré sans une égratignure.

L'épée semblait n'avoir plus de secrets pour son bras.

Et puis, il avait été si heureux dans la journée, que ce serait bien l'aventure s'il ne l'était pas autant le soir.

Il se dirigeait donc vers le rond-point du rendez-vous de chasse sans l'ombre d'une appréhension.

Toutes ses idées étaient gaies.

Tous les taillis de la forêt revêtaient à ses yeux une forme engageante.

Il faisait cependant sombre de ce côté.

Les illuminations et le vacarme des Loges venait expirer dans la zone ténébreuse et silencieuse de ces longues allées qui côtoyaient la Seine.

Au détour d'une de ces allées, le Gascon s'en vint donner dans une paire d'individus qui se promenaient bras dessus, bras dessous.

Aussitôt, un triple juron lancé par un organe tonitruant avait ébranlé le ciel et la terre :

— Ventre d'hippopotame !... Cornes de rhinocéros !... Ecailles de crocodile !

En même temps, un instrument beaucoup moins nourri modulait sur un mode plaintif :

— Distinguons, cher Monsieur, que diable, distinguons !

D'Artagnan marchait vite.

Le choc avait été rude.

Le mousquetaire crut de son devoir de s'excuser :

— Pardonnez-moi, fit-il avec sa civilité ordinaire, mais il n'est pas déjà si facile de distinguer... Et puis, je suis un peu pressé...

La grosse voix s'enfla davantage :

— Pressé ? oui-dà ! vous êtes pressé ?...

Et vous vous figurez qu'il ne s'agit que de le dire avec ce petit ton dégagé ? Mais savez-vous qu'en vous pressant vous m'avez heurté, moi : le cavalier Francatrippa, ex-*cap d'escade* de bombardiers au service de la sérénissime République.

Et la voix en flûte ajouta :

— Et moi pareillement, le chevalier Fritellino, poète d'épée et l'Oreste de ce Pylade, le Damon de ce Pythias, le Patrocle de cet Achille de l'artillerie vénitienne !

— Ma foi, répliqua le Gascon, croyez que je ne l'ai pas fait exprès, et recevez à nouveau mes excuses...

Or, voici la deuxième fois que je vous les présente...

Ne trouvez-vous pas que c'est là tout ce qu'on est en droit d'exiger d'un garçon paisible et poli — surtout quand ce garçon a besoin quelque part ?

Et il tenta de passer outre.

Mais le *cap d'escade* se planta devant lui :

— Et si cela ne me suffisait pas, mon jeune cadet ?

— Oui, appuya le poète d'épée, si cela ne nous suffisait pas à mon noble ami et à moi ?

Le mousquetaire ne tenait plus en place :

— Messieurs, reprit-il, remarquez que je n'ai pas le temps de me fâcher... Je vous répète que j'ai affaire... On m'attend...

Francatrippa haussa les épaules :

— Prétexte ! Stratagème ! Mensonge !...

Vous vous moquez, mon bel oiseau !...

Mais il vous en cuira de chercher à nous faire voir des étoiles en plein midi !...

— Hé ! Monsieur, répartit notre héros impatienté, il n'est point question d'étoiles...

D'abord nous sommes plus près de minuit que de midi...

Ensuite, le temps me semble horriblement couvert...

— Distinguons, Monsieur, distinguons, intervint Fritellino : mon ami se sert d'une figure.

— Eh bien ! c'est une mauvaise figure.

— Une mauvaise figure rugit le *cap d'escade*. Il ose dire que j'ai une mauvaise figure ! Ventre d'hippopotame ! Je crois qu'il va crever une averse de coups de rapière !

— En cas d'une averse de ce genre, c'est vous qui serez le premier mouillé, riposta tranquillement le Gascon ; car vous avez cinq ou six pouces de plus que moi.

Auriez-vous peur ? (page 173).

— C'est-à-dire que je suis un géant ridicule alors ?
— Je ne prétends point cela, Messire.
— Un phénomène ? Un monstre ? Un animal énorme, difforme, informe ?
— Ce serait une injure gratuite : J'ai vu des éléphants moins minces et des ours moins gracieux que vous.
— Cornes de rhinocéros ! une telle insolence ! Allons, la lame au clair, veillaque ! Que je m'assure si la tienne est aussi longue et aussi pointue que ta langue !

Et le spadassin dégaîna.

D'Artagnan se tenait à quatre pour ne pas l'imiter.

Mais il se disait que c'était à M. de Chalais qu'il avait à faire avant tout.

Aussi se tournant vers Fritellino :

— Voyons, camarade, reprit-il, remontrez donc à votre Pylade, à votre Pythias, à votre Achille, que la colère ne lui vaut rien...

Ce digne bombardier me paraît, en effet, d'un tempérament sanguin...

Or, rien ne me semble plus sujet que ces natures impressionnables aux congestions, apoplexies, étouffements et autres maladies foudroyantes engendrées par l'accumulation subite des humeurs sur un même point.

— Distinguons, monsieur, distinguons, répondit gravement le poète d'épée : si mon illustre compagnon s'emportait pour son propre compte, l'accident se pourrait redouter ; mais tel n'est pas ici le cas...

— Comment ?

— C'est en qualité de mandataire qu'il vient de vous chercher querelle...

— Bah !...

— C'est chargé de procuration qu'il va s'escrimer avec vous...

— Vraiment !...

— Enfin s'il vous tue tout à l'heure, c'est parce qu'il est payé pour cela.

D'Artagnan tombait des nues :

— Payé ?... Pour me tuer ?... Et par qui donc ?

— Par quelque galant homme sans doute, que vous aurez offensé — inconsciemment ou non.

— Moi ?

— Cherchez bien... Quelque cavalier susceptible qui aura eu des motifs puissants pour nous confier le soin de venger son honneur... Un jaloux, un rival, peut-être...

— Un jaloux?... Un rival?...

Le mousquetaire demeura quasi abasourdi.

Fritellino continua :

— Car il y doit y avoir là-dessous quelque historiette amoureuse...

Puis, se penchant vers le Gascon :

— Dans tous les cas, ajouta-t-il, je crois qu'on peut arranger l'affaire.

XXX

FRANCATRIPPA ET FRITELLINO

Notre héros considérait ses deux interlocuteurs avec une surprise croissante.

— Qu'est-ce que tout cela signifie? se demandait-il en se martelant le cerveau pour en faire jaillir la lumière. Ces hommes sont fous, en vérité. Ou bien me prennent-ils pour un autre.

Cependant Francatrippa était tombé en garde.

Son torse à soulever un monde était si carrément assis sur ses reins larges et cambrés; il semblait si inébranlable, si solidement étayé sur ses jambes d'Hercule, qu'on eût dit une tour sur l'arche d'un pont.

Aussi notre mousquetaire ne put-il s'empêcher d'admirer cette mâle et puissante attitude qui eût fait l'envie ou la terreur du spadassin le plus raffiné.

Son compagnon s'était placé devant le Gascon, comme pour épargner à celui-ci les formidables estocades qui allaient le pulvériser.

Et, interpellant le cap d'escade :

— Avant d'aller plus loin, mon éminent ami, me sera-t-il permis d'adresser à cet infortuné quelques paroles de bon conseil?

— Adressez, Chevalier, adressez, répondit l'autre en exécutant un ou deux *pliés* pour s'assouplir les jarrets; mais, par le diable! adressez vite, car ma main me démange et ma hauteclaire a soif.

Le chevalier se tourna vers d'Artagnan.

— Monsieur, reprit-il, voilà le célébrissime Francatrippa, lequel passe, à juste raison, pour le premier tueur du monde...

Moi-même, ceux qui m'ont vu à l'œuvre, savent que les besognes trop faciles me répugnent...

C'est pourquoi je vous tiens le langage suivant :

Vous êtes jeune : j'adore la jeunesse — étant comme vous en la fleur de mon printemps, ainsi que vous pouvez en juger et que les dames se plaisent à me le répéter...

Vous êtes amoureux...

Vous devez l'être...

Je le suis pareillement, comme il sied à des cavaliers aussi galamment tournés que nous le sommes...

A ces titres vous m'intéressez...

Votre situation me touche...

Elle m'inspire une magnanime pitié...

C'est entendu ! nous vous épargnons...

N'est-ce pas, mon vaillant *socius* ?...

Qu'est-ce qu'un exploit de plus ou de moins ajouterait à la liste déjà si fournie de nos prouesses ?

— Ecailles de crocodiles ! interrompit le spadassin, d'une voix qui éclata ainsi qu'un coup de bombarde, distinguons, *mio caro*, distinguons, comme vous dites !...

Ce que vous me proposez là ne serait rien moins qu'une indélicatesse...

Songez que nous avons reçu commande d'exterminer ce godelureau et que nous avons palpé des arrhes...

— Eh bien ?

— Eh bien, qu'est-ce que pensera le client ?...

Et la probité industrielle ?...

Et les avances qu'il faudra rendre ?

— Le client pensera ce qu'il voudra, repartit gaillardement l'auteur des *Sonnets belliqueux* : nous sommes au-dessus de ses appréciations...

Quant aux avances, on les gardera : comme aussi on encaissera le reste de la somme promise...

Ce qui nous empêchera d'entrer dans des explications...

Et puis, voici Monsieur qui ne voudra certes pas que nous ayons commis pour rien un tel abus de confiance...

Monsieur doit avoir de l'argent...

Monsieur allait, je le parie, à quelque rendez-vous d'amour : son impatience de tout à l'heure m'en est une preuve certaine...

Or, à moins de se conduire comme le dernier des pingres, des cuistres et des rufians, on ne va pas à un rendez-vous sans posséder en poche de quoi faire fête, régal et cadeau à la dame de ses pensées...

Nous lui accordons la vie ; il nous octroie sa bourse ; donnant donnant : n'est-il point vrai, mon gentilhomme ?

. . . .

De tout ceci notre héros n'avait, de prime abord, compris qu'une seule chose : c'est qu'on en voulait à son escarcelle.

Or, entre toutes les qualités dont la Providence s'est complu à doter les bonnes gens de Gascogne, il faut placer au premier rang celle de tenir à ce qu'ils ont.

D'Artagnan n'avait point songé, pour ainsi dire, à défendre son existence menacée par ce guet-apens.

Il n'hésita pas un instant à prendre l'offensive pour protéger sa bourse contre les attaques dont elle était l'objet.

Et puis, ce mot de *rendez-vous*, prononcé par Fritellino, venait de lui rappeler brusquement ce qu'il avait oublié un moment dans cette rencontre pleine d'étonnements :

C'est que M. de Chalais l'attendait.

Il fallait le rejoindre au plus tôt — dût-il, pour cela passer sur le ventre des deux coupe-jarrets qui tendaient à l'en empêcher.

Le résultat de ces réflexions se manifesta aussi rapidement qu'elles s'étaient succédé dans l'esprit du mousquetaire.

Son épée jaillit du fourreau, et il se ramassa sur lui-même pour foncer.

Au double éclair qui se dégagea de la lame et des yeux du Gascon, l'auteur des *Sonnets belliqueux* bondit de quatre pas en arrière :

— Que faites-vous donc ? s'écria-t-il...

— Vous le voyez, répondit d'Artagnan d'un ton décidé : je me prépare à vous charger.

— Nous charger !... C'est une plaisanterie !...

— C'est une trahison, ventre d'hippopotame !

Ces paroles du Gascon avaient opéré une sorte de coup de théâtre.

Le tranche-montagne Francatrippa essayait en vain de conserver sa garde martiale.

Sa lourde rapière vascillait au bout de son bras tremblant.

Son grand et gros corps flottait comme un paquet de chiffons agité par le vent.

Ses jambes musculeuses se heurtaient ainsi que les colonnes d'un temple qu'un cataclysme déracine et entrechoque.

Sa figure, si terrible, était devenue grotesque.

C'était celle du Fracasse de la comédie dont le masque matamoresque tombe devant la menace du bâton.

On entendait ses dents claquer et l'on voyait ses nerfs se tendre, sa moustache s'abaisser et ses yeux s'arrondir sous l'empire d'une stupeur, d'une frayeur sans bornes.

Son compagnon n'était ni moins flageolant, ni moins effaré, ni moins éperdu :

— Distinguons, Monsieur, distinguons, bégayait-il d'une voix étranglée : il y a erreur dans la personne — *error in personna*, comme dit la loi romaine !...

— Oui, balbutiait le *cap d'escade*, il y a évidemment tromperie sur la marchandise...

— On vous avait donné à nous comme un particulier sans caractère...

— Inoffensif au premier chef...

— Plus facile à intimider qu'un lapereau ou un agneau...

— Ne connaissant l'épée que de réputation...

— Et nous tombons sur un maître en fait d'armes !...

— Sur un matador !...

— Sur un gladiateur !...

— Sur un héros !...

D'Artagnan demeurait tout pantois de ce changement de physionomies et de cette avalanche d'exclamations alternées :

— Ah çà ! demanda-t-il, vous n'êtes donc pas des *bravi* appostés pour m'assassiner ?

— Distinguons, Monsieur, distinguons, répartit le poète des *Sonnets belliqueux* qui continuait à virer ainsi qu'une feuille sous la bise.

— Il est constant que nous avions charge de vous mettre à la raison...

Mais si *bravi* signifie *braves*, comme on l'entend en Italie, nous ne sommes pas des *bravi*...

Ah ! mais non !

— Nous ne sommes même pas Italiens, corrobora son camarade qui allait s'affaissant comme un linge mouillé...

Nous sommes Français, tout ce qu'il y a de plus Français...

— Je ne m'appelle pas Francatrippa...

— Je ne m'appelle pas Fritellino...

— Je me nomme Trophime Mirasson...

— Je me nomme Ange-Bénigne Caudebec...

— Né natif de Marseille en Provence...

— Originaire de Falaise en Normandie...

— Je n'ai jamais cultivé l'art de l'artillerie...

— Pas plus que moi celui de l'escrime et de la poésie guerrière...

— J'étais clerc chez un...

— Et moi chez un apothicaire...

— Nous avons quelquefois effrayé des poltrons...

— Mais nous n'avons tué personne...

— Et l'on nous a battus souvent...

— Sans que cela nous rapporte un sol parisis...

— Alors, questionna le Gascon, pourquoi cette mascarade ! Pourquoi cette comédie ?

— Hélas, soupira le pseudo Francatrippa, la passion des aventures...

Le goût immodéré de la bonne chère...

L'amour des boissons dispendieuses...

— C'est comme moi, gémit le prétendu Fritellino : la manie des voyages...

Les prodigalités... les libéralités...

Le commerce des belles sinon celui des muses...

— Et puis un de nos anciens compagnons de misère nous avait, en mourant, légué la garde-robe avec laquelle il jouait les rodomonts, dans la troupe du fameux histrion Scaramouche...

— Enfin, il fallait bien faire un métier pour vivre...

— Si encore, nous avions vécu de celui-là...

— Mais nous en mourions, voilà tout !

Notre héros ne pouvait s'empêcher de rire :

Ensuite redevenant sérieux :

— Mais ce gentilhomme qui vous a donné commission de me dépêcher, est-ce un leurre comme vos prouesses, une chimère comme votre bravoure, une illusion comme votre épée ?

— Oh ! pour celui-là, Excellence, il existe en chair et en os...

— Et sans lui, aujourd'hui, nous n'aurions mangé que par le nerf olfactif et visuel...

— Mais la discrétion professionnelle...

— Jointe à la reconnaissance de l'estomac...

Le lieutenant fouetta l'air de sa lame qui siffla :

— Quel est-il ? Je veux le savoir. Il faut que je connaisse cet ennemi mystérieux...

— Eh bien, Seigneur, c'est un baron...

— Un baron ?...

Et notre héros se mit à réfléchir...

Puis, brusquement, se frappant le front :

— Eh ! j'y suis !... C'est ce Fenestrange !... Le cavalier d'Anduze !... Le prétendu tuteur de celle qu'on appelle Géralde présentement !...

Il continua à se creuser la cervelle :

— Oui, mais pourquoi cet intrigant désire-t-il ma mort et pourquoi a-t-il voulu me faire tuer par ces deux ânes affublés d'une peau de lion ?...

Et, après un instant :

— Mordioux ! la chose est simple !... Parce que sa pupille m'aime... Et que cet amour doit déranger ses projets...

Et puis ne fait-il pas partie de ces gens dont j'ai pénétré les mystérieuses intrigues ?...

C'est cela : on se débarrassait d'un obstacle gênant en même temps que d'un témoin dangereux...

— Mon gentilhomme...

— Mon officier...

C'était l'ex-Fritellino et l'ex-Francatrippa qui intervenaient en roulant des yeux effarés.

— Qu'est-ce, drôles ? questionna le Gascon.

— Voici la nuit qui vient...

L'endroit n'est pas sûr...

Le mousquetaire éclata de rire :

— Vous allez voir qu'ils vont me demander de les accompagner afin de les protéger contre les malvoulants !

Ensuite, regardant autour de lui :

— C'est vrai... Il se fait tard... Le jour baisse... Et moi qui oubliais mon rendez-vous...

Une cloche tinta au lointain...

D'Artagnan fit un soubresaut :

— L'Angelus du soir !...

Puis, jetant un écu aux deux faux spadassins :

— Tenez, veillaques ! voilà de quoi boire à ma santé. Mais mordioux ! si M. de Chalais m'a attendu par votre faute, je reviens vous couper les oreilles et j'en confectionne des boulettes pour empoisonner les chiens errants.

Ayant dit, il prit sa course dans la direction du rond-point du Rendez-vous de chasse.

Restés seuls, les deux pseudo-bravi se considérèrent d'un air piteux.

— Une fâcheuse affaire pour notre gloire ! soupira Trophime Mirasson.

— Et pour notre profit mêmement, appuya Ange-Bénigne Caudebec.

— Le seigneur baron ne sera pas content.

— Il aura le droit de ne pas l'être.

— Nos reins sentent le bâton, compère.

— J'en ai des bleus au bas du dos rien que d'y penser, camarade.

— Si nous ne reparaissions plus devant lui ? insinua le Provençal.

— C'est assez mon avis, acquiesça le Normand.

Il y eut un silence éloquent.

Notre héros considérait ses deux adversaires (page 179).

Les deux interlocuteurs demeuraient à se regarder à l'instar de deux chiens de faïence.

L'un se grattait le nez. L'autre se frottait l'oreille. D'un même mouvement: à tour de bras.

Puis, Ange-Bénigne Caudebec, ancien Fritellino, opina d'un ton convaincu :

— Décidément, nous n'avons pas les qualités nécessaires pour faire le métier que nous faisons.

— J'y pensais, déclara Trophime Mirasson, ex-Francatrippa. C'est pourquoi il faut en changer. Si nous nous faisions espions ? C'est une profession libérale, honorable et lucrative.

— Ou rufians, proposa l'autre : on gagne toujours quelque chose dans le commerce du beau sexe.

Le Provençal était indécis :

— Je sais, je sais... L'intimité du jupon est agréable et avantageuse en tous points... Mais la politique, pour sa part, a bien ses aubaines et ses charmes... On mange tous les jours dans la politique : vois plutôt M. de Richelieu.

Ensuite, après une pause :

— Du reste, j'ai trouvé un moyen... Laissons le sort décider pour nous... Rapportons-nous-en au hasard...

— Comment ?...

Voici l'écu que nous tenons de la générosité de notre dernier client. Je vais le jeter en l'air. S'il tombe *pile*, nous serons espions; s'il tombe *face*, nous serons rufians...

Il lança la pièce...

Tous deux se penchèrent...

— Pile ! s'écria le digne Trophime, cornes de crocodile ! J'en suis enchanté. Il y avait longtemps que j'avais envie d'entrer dans la diplomatie...

Son compagnon rectifia :

— Fais donc attention. Tu te trompes. Les crocodiles n'ont pas de cornes...

— Il y en a de mariés, pourtant, répliqua l'honnête Mirasson.

Ange-Bénigne interrogea :

— Et au service de qui allons-nous exercer les talents qu'exige notre nouvelle profession ?

— Au profit du grand Cardinal, parbleu ! Ce puissant homme d'État a de nombreux mérites, partant : il doit avoir quantité d'ennemis... Et, naturellement, il doit tenir à être renseigné, édifié sur ce que ceux-ci trament dans l'ombre contre ses desseins, sa personne...

Et l'ex-Francatrippa ajouta non sans importance :

— D'ailleurs, j'ai des relations avec Son Eminence...
— Toi ?
— C'est-à-dire que je suis connu du sieur Bournais, son valet de chambre...
— En vérité ?...

L'ancien *cap d'escade* apocryphe des bombardiers de la république de Venise se redressa avec orgueil :

— Oui, j'ai eu l'honneur d'être rossé par lui, un soir que je lui avais demandé la bourse ou la vie.

— Alors notre fortune est faite, conclut le faux poète d'épée.

Néanmoins cet auteur prétendu des *Sonnets belliqueux* susurra d'un ton chagrin :

— Distinguons pourtant, distinguons... J'aurais aimé être rufian... Parce que, dans cet état, on est considéré — considéré aux frais des dames.

XXXI

AU ROND-POINT DU RENDEZ-VOUS DE CHASSE

Ce même jour, à la brune, Roger de Grammont, comte de Louvigny, était venu trouver Chalais.

— Est-il vrai, avait-il demandé à celui-ci, que vous deviez tirer l'épée avec le chevalier d'Artagnan ?

— Qui vous a dit ?...

— Je tiens la chose de Monsieur qui va la colportant à toutes les aires du vent...

Chalais avait pincé les lèvres :

— Monsieur est un bavard, dit-il ; mais puisqu'il a parlé je n'ai plus qu'à me taire : oui, le fait est exact, et je me bats ce soir avec le chevalier...

— Alors, prenez-moi pour second.

Remarquez — en passant — que Louvigny ne s'informait pas pourquoi l'on se battait.

C'était, en effet, la mode de se couper la gorge pour le plus futile des motifs, et, parfois, pour le plaisir, pour rien, « comme le fait dire Victor Hugo à l'un des personnages de *Marion Delorme*, et, d'après le calcul de M. de Loménie, cette manie des combats singuliers » ne coûtait pas à la France moins de deux cent vingt gentilshommes par an.

A la proposition de Louvigny, le grand-maître de la garde-robe avait pris son air le plus hautain :

— Oh! oh! s'était-il exclamé en se cabrant, vous ne l'espérez pas, mon cher !

Louvigny était frère de père et de mère du maréchal de Grammont.

En sa qualité de cadet de famille, il n'avait pas le sou et se faisait, d'apparence du moins, plus pauvre encore qu'il n'était.

C'était la gueuserie personnifiée, et, généralement, l'on disait qu'il eût mieux fait d'aller sans chausses que de montrer celles qu'il portait.

Il n'avait qu'une chemise et une fraise. Tous les matins, on les lui blanchissait et repassait. Une fois, Monsieur l'envoya quérir. Monsieur était fort pressé.

— Ma foi, répondit Louvigny, Monseigneur attendra : ma chemise et ma fraise ne sont pas encore blanchies.

Une autre fois, comme il marchait en pleine boue sans faire aucunement attention à l'endroit où il posait le pied :

— Prenez garde, Comte, lui cria-t-on ; vous gâtez vos bas.

— Laissez, répliqua-t-il, ils ne sont pas à moi.

Mais ce n'était point pour cela que Chalais le recevait de cette façon.

Louvigny avait commis une lâcheté épouvantable.

Se battant avec Hocquincourt, qui fut depuis maréchal de France, et vivement pressé par lui :

— Mes éperons me gênent, dit-il à son adversaire, ôtez les vôtres, et laissez-moi ôter les miens.

Hocquincourt s'arrêta, prit son épée entre ses dents et se baissa pour déboucler la courroie...

Alors, traîtreusement et par derrière, l'autre lui passa sa lame au travers du corps.

Hocquincourt avait failli en crever et était resté six mois au lit.

Au moment où il était au plus mal, son confesseur le supplia de pardonner à son meurtrier ; mais le blessé en voulant trop à ce dernier pour ne pas prendre ses précautions :

— Si je meurs, oui, dit-il, je lui pardonne ; mais si j'en reviens, non.

On comprendra donc que Chalais ait accueilli la proposition de Louvigny avec cette dédaigneuse hauteur.

Le « méchant garçon » n'insista pas. Il se retira « piqué au vif », écrit Bassompierre dans ses *Mémoires*. Chalais venait de s'en faire un ennemi mortel, et ce fut par ses « mauvais offices » que la tête du jeune gentilhomme roula plus tard sur l'échafaud.

. . . .

Le dernier coup de l'angelus vibrait encore dans l'air et le silence du soir, lorsque notre héros déboucha, en courant, sur le rond-point du rendez-vous de chasse.

Son adversaire, enveloppé dans son manteau, s'adossait à l'un des arbres qui entouraient la clairière.

A l'aspect de d'Artagnan, il s'en détacha et fit quelques pas au-devant de lui.

Essoufflé, haletant, le Gascon mit le chapeau à la main :

— Monsieur le Comte, dit-il, je suis vraiment confus de vous avoir ainsi fait attendre ; mais une rencontre aussi imprévue que burlesque...

— Vous êtes tout excusé, chevalier, répartit l'autre poliment : j'arrive moi-même à l'instant...

Ensuite, remarquant la sueur qui trempait le front du mousquetaire :

— Point n'était besoin de vous hâter... J'étais bien certain, sur ma foi, que vous ne me fausseriez pas compagnie... Prenez votre temps, reposez-vous...

Il ajouta avec douceur :

— Et si par un heureux hasard, vous aviez changé d'avis depuis notre conversation d'hier...

Pour toute réponse, d'Artagnan tira son épée.

Le comte l'imita.

Tous deux tombèrent en garde.

— Attention ! dit le comte, j'attaque !

Et, liant le fer, il tira un coup droit avec la rapidité et la perfection d'un prévôt d'académie.

— Et moi, je me dérobe, répliqua le Gascon avec une retraite de corps d'une agilité merveilleuse.

— Hé ! mais c'est très adroit cela !... Attention !... J'attaque de nouveau...

— Et moi, je pare, Monsieur le Comte !...

— Tudieu ! vous avez le poignet aussi raide que la détente d'un cranequin !... Mais pourquoi n'avoir pas riposté ?... Je m'étais si sottement découvert que j'aurais dû en tenir, en bonne et sainte logique...

— Monsieur le Comte, je ne tiens pas à vous tuer...

Et dessinant un coup de seconde :

— Tenez, ajouta le mousquetaire, si je m'étais fendu à fond...

La colère monta au front de Chalais.

En effet il avait senti sur son flanc la pointe de la lame du Gascon, mais si légèrement posée qu'il eût pu la prendre pour le bouton d'un fleuret.

Il essaya deux ou trois feintes qui furent aussitôt déjouées.

— Sur mon âme, s'exclama-t-il avec dépit, celui qui vous a enseigné l'ardue et noble science des armes ne vous a pas volé votre argent...

Comment nommez-vous ce professeur ?...

Est-ce un Français, un Italien ou un Allemand ?...

— C'est M. d'Artagnan, mon cher et vénéré père : c'est pourquoi je n'ai pas eu de leçons à payer.

— Est-ce donc lui qui vous a appris à éviter cette botte secrète que je tiens de M. de Bassompierre et qui, jusqu'à présent, avait toujours couché son homme ?

— Non : c'est mon ami Athos.

— Et celle-ci ?

— C'est mon ami Porthos.

— Et celle-là ?

— C'est mon ami Aramis.

Toute cette conversation était entremêlée de froissements de fer, de tierces, de quartes, de demi-cercles, de coupés et de demi-cercles qui se succédaient avec rage.

Toutefois, il était évident que Chalais se fatiguait en même temps qu'il s'irritait davantage.

Il avait déjà rompu de plusieurs semelles.

Ses muscles s'alourdissaient, se raidissaient.

Son sang-froid l'abandonnait.

Son jeu devenait nerveux, fébrile et incertain.

D'Artagnan, impassible dans sa garde irréprochable, semblait l'irriter à plaisir.

Le jeune gentilhomme comprenait l'intention du mousquetaire, qui était de le réduire par la lassitude.

Il prévoyait l'issue du combat.

Il se disait que, dans quelques moments, échauffé, surmené, harassé par la furie de ses attaques, il allait devenir impuissant contre ce bras qui ne mollissait pas, contre ce fer toujours à son poste et contre cet adversaire de granit contre lequel venaient s'émousser le redoublement de ses coups, les ressources de son habileté et les efforts de son exaspération.

Alors, superbe d'orgueil blessé, les dents et la gorge serrées :

— Monsieur, gronda-t-il, je vous défends de me désarmer... Toute pitié serait une insulte... Tuez-moi !

— Désolé, Monsieur le Comte, de ne pouvoir accéder à ce désir.

Puis, sur une menace de quarte basse, que l'autre para par le cercle, notre héros lia l'épée du gentilhomme, et d'un violent coup de fouet, l'envoya sauter à dix pas.

— Tuez-moi ! mais tuez-moi donc ! répéta Chalais avec rage.

D'Artagnan remit paisiblement sa rapière au fourreau :

— A Dieu ne plaise, déclara-t-il avec gravité, que je prive la noblesse de France de l'un de ses plus illustres représentants !

Il s'en fut ramasser l'arme de son adversaire et la lui rendit en le saluant :

— Reprenez votre épée et recevez ma parole que le nom d'aucun de ceux que j'ai entrevus au *Tourne-Bride* ne sortira jamais de ma bouche, même quand, pour l'en tirer, on me donnerait à choisir entre une fortune royale et la hache du bourreau.

Chalais demeura un instant immobile.

Puis, allant à notre héros et lui jetant avec effusion les bras autour du cou :

— Ah ! Chevalier, s'écria-t-il, vous êtes un cœur d'or et c'est désormais entre nous à la vie à la mort !

XXXII

A RUEIL

Quelques jours après que tout ce qui précède avait eu lieu à Saint-Germain, voici ce qui se passait à Rueil, dans une maison de modeste apparence et dans un vaste cabinet sis au rez-de-chaussée de cette maison.

Dans ce cabinet clos et étouffé, aux murailles tapissées de bibliothèques et de cartons et aux fenêtres drapées de grands rideaux de damas vert qui ne laissaient pénétrer qu'une lumière douce et discrète, un homme travaillait, dont nous possédons deux portraits d'une touche également fidèle et magistrale :

Le premier est dû au pinceau de Philippe de Champagne.

On l'admire au musée du Louvre.

Le second est le fait d'Alexandre Dumas.

On le trouve dans la première partie de l'immortelle trilogie de *Mousquetaires*.

Ne pouvant mettre l'œuvre du peintre sous les yeux de nos lecteurs, donnons-leur un *fac-simile* de celle de l'illustre écrivain.

Cet homme était de taille moyenne.

Il avait la mine haute et fière, le regard perçant, le front large, la bouche pincée, la figure pâle et effilée — et, quoiqu'il eût à peine trente-six ou trente-sept ans, ses cheveux, sa moustache et sa *royale* s'en allaient déjà grisonnants.

Il était coiffé d'une petite calotte de drap écarlate qui faisait encore ressortir cette calvitie précoce, et enveloppé d'une ample robe de chambre de velours violet, sous les plis de laquelle on apercevait ses bas de soie pourprée.

Quatre petits chats blancs ronronnaient dans une corbeille auprès de lui.

Cet homme était Armand-Jean Duplessis, cardinal de Richelieu.

Non point tel qu'on nous le représente, au déclin de sa carrière, cassé comme un vieillard, souffrant comme un martyr, le corps brisé, la voix éteinte, enterré dans un grand fauteuil comme dans une tombe anticipée, ne vivant plus que par la force de son génie, et ne soutenant plus la guerre avec l'Europe que par l'éternelle application de sa pensée...

Mais tel qu'il était réellement à cette époque, c'est-à-dire remuant, actif, faible de santé déjà, mais soutenu par cette puissance morale qui a fait de lui l'un des hommes les plus extraordinaires qui aient existé ; se préparant enfin, après avoir soutenu le duc de Nevers dans son duché de Mantoue, après avoir pris Nimes, Castres et Uzès, après avoir chassé les Anglais de l'île de Ré et fait le siège de la Rochelle, se préparant, disons-nous, à tenter le sort des armes en Franche-Comté et en Piémont.

Une carte immense de ces deux provinces couvrait une table carrée qui occupait le milieu de la pièce.

Toutefois, le cardinal n'étudiait plus cette carte depuis quelques instants.

Il avait pris, parmi les livres et les papiers qui encombraient cette table, un exemplaire du *Réveil-Matin*, de Théophraste Renaudot, lequel contenait une satire dirigée contre sa personne.

Et il en lisait cette strophe à haute voix :

> Richelieu, lorsque le trépas
> Tranchera le cours de tes pas
> Tout chacun blâmera ta vie...
> Déplorant ce lugubre sort,
> Pour moi je dirai sans envie
> Que c'est assez que tu sois mort.

Ensuite, froissant cette gazette :

— Voilà des vers, murmura-t-il, qui ne sortent pas de la moyenne, Bois-Robert ferait mieux certainement. Et aussi ce petit Corneille, à qui M. de Montauron, le trésorier général de l'épargne, me sollicite d'accorder une modique pension...

Une fâcheuse affaire pour notre gloire (page 184).

Il se mit à se promener delong en large dans le cabinet :

— Corneille aura cinq cents écus sur ma cassette... Il faut qu'il soit reconnu que je protège les lettres... Quant à ce Théophraste...

Il réfléchit un instant :

— Eh bien, j'achèterai sa plume... En attendant que le Parlement m'ait fabriqué une bonne loi qui me permette de faire brûler en place de Grève, les écrits où l'on m'attaquera, comme injurieux pour le Roi dans la personne de son ministre... Et cela, avec un seul regret : celui de ne pouvoir appliquer aux pamphlétaires la même peine qu'aux pamphlets.

Sa promenade l'avait amené devant sa panerée de chats.

Il s'arrêta, considéra ceux-ci avec tendresse et se baissa pour les caresser.

Puis, se ravisant et se redressant :

— Mais non, ceux-là sont mes amis, mes enfants, mes mignons chéris... Mes adversaires et mes ennemis doivent avoir le pas sur eux... Occupons-nous de ces derniers.

Il frappa sur un timbre.

Un grand garçon parut — à la figure chafouine — dont les allures et l'habit tenaient le milieu entre le secrétaire et le valet.

— Chéret, lui demanda Son Éminence, qui avons-nous dans la galerie ?

— Monseigneur, il y a M. La Follone, M. Bois-Robert, M. l'abbé Mulot et M. le docteur Citois.

Richelieu hocha les épaules :

— Mon bouffon, mon *favori de campagne* (il appelait ainsi Bois-Robert), mon aumônier et mon médecin...

Une piètre cour, en vérité...

Mais patience !....

Un jour viendra — et avant peu — où j'aurai dans mes antichambres des gardes, des grands seigneurs, des ambassadeurs étrangers, des princes et des princesses du sang.

— Monseigneur, il y a encore M. le chevalier Mirasson et M. le chevalier de Caudebec.

— Deux de mes espions ordinaires... Introduisez, Chéret, introduisez... Ils m'apportent sans doute des nouvelles de conséquence...

Et le cardinal était revenu s'asseoir devant sa table de travail.

Quelques minutes plus tard, nos deux anciennes connaissances du cabaret et de l'aventure de la forêt de Saint-Germain courbaient l'échine devant lui.

Mais l'ex-Francatrippa et l'ex-Fritellino restaurés, remplumés, requinqués — adonisés — presque corrects :

Le premier splendidement vêtu de neuf, depuis son feutre empanaché à l'instar d'un dais de procession, jusqu'à ses bas de soie vert-pomme qui pouvaient à peine contenir ses énormes mollets, et à son justaucorps de taffetas zinzolin qui, bien qu'aux trois quarts déboutonné, crevait sous la puissante rotondité de son abdomen...

Et sa longue moustache se tire-bouchonnant au-dessus de trois ou quatre mentons vermeils, lisses et replets...

L'autre, toujours aussi maigre et aussi laid — mais paré d'un habit de satin colombin, passementé *en œil*-de-perdrix, du plus *voyant* et du plus *tirant* effet...

Tous deux, enfin, pleins d'assurance, de sérénité, et de dignité, ainsi qu'il convient à des gens qui exercent une profession délicate, lucrative et enviée.

— Eh bien, mes maîtres, interrogea Son Eminence, que se passe-t-il à Saint-Germain ?

Je vous avais chargé de surveiller étroitement M. le duc d'Anjou, S. M. Anne d'Autriche et la duchesse de Chevreuse, l'âme damnée de celle-ci.

Occupons-nous du duc, d'abord.

A quoi emploie-t-il ses journées ?

Ce fut Ange-Bénigne Caudebec qui répondit :

— Monseigneur, Son Altesse Royale reçoit dans ses appartements ses compagnons du *Comité de Vauriennerie*...

— Ah ! oui : ce cénacle de jeunes fous qui se réunit pour traiter des questions de toilette, de femmes et d'autres futilités...

— Ensuite, elle chasse avec son frère...

— Après ?

— Et puis, elle rend de fréquentes visites à son auguste belle-sœur...

Richelieu fronça le sourcil :

— De fréquentes visites... à la Reine... sans doute pour conspirer contre l'honneur du Roi et la tranquillité de l'Etat...

— Voilà pour la journée. Le soir, ah ! par exemple, c'est une autre paire de manches. Le soir, Monsieur est amoureux.

— Amoureux ?

— Dame ! que Votre Grandeur en juge : depuis quelques jours, le prince sort seul, à cheval, à la nuit close, enveloppé d'un manteau d'aventure...

— Seul ?... La nuit ?... Voilà qui est singulier...

Il faut, en effet, quelque motif bien puissant pour qu'avec un caractère si prompt à s'effrayer de tout, il ose braver les dangers de l'ombre et de la solitude...

— Il remonte les bords de la Seine jusqu'en face de l'île de la Loge ;

Là il met pied à terre, attache sa monture à un arbre et siffle d'une façon particulière :

Aussitôt, un bateau se détache de l'île, le vient prendre sur la rive et va le déposer au pied de l'escalier qui conduit de la rivière à la porte de l'ancienne maison de Marie Touchet...

— Ah !...

— Le duc grimpe l'escalier et entre dans la maison. Il y reste des heures entières. Après quoi, on le ramène de la même façon.

La physionomie du cardinal se rembrunissait de plus en plus.

— Une amourette, oh ! que non pas ! maugréa-t-il : il doit y avoir là une intrigue ourdie contre ma personne, un complot destiné à préparer ma perte...

— Distinguons, Monseigneur, distinguons : il y a une belle fille.

— Une belle fille ?

L'ancien Fritellino appuya :

— Une très belle fille, foi de Normand.

Cette parole donnée ne persuada qu'à demi Son Éminence, qui interrogea avec doute :

— Vous en êtes sûr, Monsieur le drôle ?

— En rôdant sur la berge, je l'ai aperçue qui se promenait dans le jardin de la propriété ou qui rêvait à une fenêtre...

Une créature adorable...

Elle m'a rappelé Francisquine...

— Francisquine !

— Oh ! que Votre Grandeur ne fasse pas attention...

Une noble dame d'Italie avec laquelle j'ai entretenu des relations basées sur ma munificence.

Il y eut un silence.

Le ministre songeait.

Et sa figure s'éclaircissait peu à peu.

— Après tout, pensait-il, pourquoi ce fils de France n'aurait-il pas quelque passion hors de la cour ?...

N'est-il point du sang de Henri IV, qui en amour se montra toujours plus gourmand que gourmet ?...

La chose ne saurait d'ailleurs m'être désagréable : absorbé par un cotillon, Gaston cesserait, pour un moment, de s'occuper de politique.

Il ajouta avec un sourire :

— Sans compter qu'on le pourrait tenir par cette femme...

Puis, inscrivant une note sur un carnet :

— Dans tous les cas, il faudra s'informer...

S'assurer qui habite l'ancien retrait de la maîtresse de Charles IX.

Savoir enfin à quelle nouvelle Marie Touchet Son Altesse Royale a affaire...

Puis encore, interpellant Trophine Mirasson :

— A vous, maintenant !... Que m'apprendrez-vous sur la Reine ?... Sur cette peste de duchesse qui est cent fois plus aventurière dans le bout de son petit doigt que tous les aventuriers de la terre — vous deux compris, maîtres maroufles ?

Le Provençal se posa en mestre-de-camp qui va faire son rapport :

— Monseigneur, commença-t-il, comme je m'étais embusqué, il y a de cela deux ou trois nuits, aux environs de cette partie du château où se trouvent les appartements de notre illustre souveraine, je vis sortir, par une petite porte qui donne accès aux écuries, deux dames costumées en amazones et masquées...

— Anne et sa confidente, sans doute...

— Incontinent, je me précipitais sur leurs traces...

— Très bien !

— Oui, mais au bruit de mes pas, l'une d'elles se retourna...

Elle avait une cravache à la main...

— Une cravache qu'elle me montra avec un air terrible...

— Alors ?

— Alors, je compris que ces dames ne désiraient pas être accompagnées dans leur expédition nocturne...

— Et en cette occurrence !...

— En cette occurrence, Monseigneur, j'agis comme eût fait à ma place tout cavalier frotté de belle galanterie : je tirai poliment mon chapeau, je tournai prestement les talons et je m'en fus me coucher tranquillement dans mon lit, où je m'endormis avec la satisfaction d'un gentilhomme qui vient de se conformer aux lois de la discrétion et de la courtoisie...

Le cardinal frappa sur la table avec colère :

— Monsieur Mirasson, vous êtes un imbécile !...

L'ancien Francatrippa se cabra :

— Un imbécile !...

Ventre d'hippopotame ! cornes de rhinocéros ! écailles de crocodile !...

Si quelque autre que Votre Eminence me tenait un pareil langage...

— Eh bien, que feriez-vous, maraud ?...

— Je ne le croirais pas, Monseigneur...

Mais du moment que c'est Votre Grandeur qui l'affirme...

Je n'aurai pas l'irrévérence de lui donner un démenti...

— Il fallait pousser l'aventure jusqu'au bout... Suivre ces femmes... Être en demeure de m'apporter des renseignements sur le but de leur mystérieuse escapade...

— Pourtant, Monseigneur, le respect...

— Oui, j'entends: le respect de la cravache, pardieu !... Car vous ne vous contentez pas d'être un maladroit, vous êtes encore un poltron...

— Monseigneur me calomnie..

Or, la calomnie est unpêché morte...

Votre Eminence va être forcée de se faire absoudre de celui-là...

— Prenez-y garde, chevalier...

A la première maladresse, à la première couardise, je vous casse aux gages sans pitié...

Et tout espion qui cesse d'être utile devient par cela même dangereux...

— Monseigneur...

— Taisez-vous...

Vous êtes impardonnable...

Pourquoi ne m'avez-vous pas averti de l'incident de ces deux femmes dès le lendemain du jour où il s'était produit ?

— Hé ! Monseigneur, ce lendemain-là, je me suis présenté ici, et il m'a été répondu que Votre Eminence était en train de convertir Marion Delorme...

J'y suis revenu, avant-hier, et il m'a été répondu que Votre Eminence recevait madame de Chaulnes.

J'y suis retourné hier, et il m'a été répondu que Votre Eminence donnait audience à madame de Boutillier.

Le ministre se mordit les lèvres :

— C'est bien. Assez! Que dit-on du chef de l'Etat à Paris ?

Les deux compagnons entonnèrent :

— On dit qu'il est grand...

— Qu'il est noble...

— Qu'il est magnifique...

— Que les qualités manifestes de son esprit et de son cœur...

Richelieu interrompit brusquement :

— Que signifie ?... Êtes-vous fous ?... Ou bien vous raillez-vous, coquins !

Ange-Bénigne Caudebec s'inclina avec humilité :

— Ce n'est, pourtant pas notre faute, fit-il, si l'opinion universelle, et si l'éclatante vérité offense la modestie de Votre Eminence.

Celle-ci ne put s'empêcher de sourire :

— Il ne s'agit pas de moi, reprit-elle ; il s'agit de notre prince à tous ; de celui que je représente, de celui que je sers...

— Oh ! pour celui-là, Monseigneur, c'est différent ; tout le monde s'accorde à constater qu'il est faible, sombre, désolé, malingre...

— Qu'il est sans mérite, sans caractère, sans énergie...

— Qu'il n'existe que par vos talents.

— Et que s'il a jamais un héritier de sa couronne...

Le prélat se leva avec un visage sévère :

— Messieurs, vous manquez de respect au souverain.

Trophime Mirasson salua à son tour :

— Nous n'avançons, cependant, rien qui puisse ternir la gloire de Votre Grandeur.

Le ministre sourit de rechef :

— Pendards ! dit-il, on ne peut donc pas avoir le dernier avec vous ?...

Tenez, prenez, partagez-vous ces trente pistoles...

Et tâchez à l'avenir de mieux gagner... mon argent.

Il leur jeta une bourse que le Provençal attrapa à la volée.

Puis, les deux compagnons se confondant en révérences :

— Ventre d'hippopotame ! cornes de rhinocéros ! écailles de crocodile ! nous allons boire à la santé du Roi.

— Seulement, distinguons, Monseigneur, distinguons : à celle du vrai, du seul, de celui dont la France acclame et dont l'Europe entière reconnaît le génie.

— C'est-à-dire l'éminentissime Cardinal, notre maître — maître sur maître — maître sur tous.

Enveloppant ainsi chacun de leurs pas d'une flatterie et d'une courbette, ils marchaient à reculons vers la porte.

En ce moment, quelqu'un gratta à celle-ci :

— Entrez, prononça le Ministre.

C'était Bournais, son valet de chambre.

— Eh bien, lui demanda Richelieu, avez-vous remis à mademoiselle Delorme les cent pistoles que je vous ai chargé de lui verser ?

— Monseigneur, elle a refusé de les accepter.

— Hein ?

— Et elle me les a lancées cavalièrement par la figure en criant que vous n'étiez qu'un pingre.

— Ah ! fit le Cardinal froidement, on voit bien que ces créatures n'ont pas la même peine que nous à gagner l'argent dont elles vivent. Vous garderez cette somme, Bournais. Ce sera votre cadeau d'étrennes de l'an prochain.

Puis, avisant Chéret qui montrait sur le seuil sa figure de renard :

— Qu'est-ce encore ? s'informa-t-il.

Le jeune homme s'en vint lui murmurer quelques mots à l'oreille :

— Certainement ! A l'instant ! Qu'il vienne ! répondit le prélat avec vivacité.

Ensuite s'adressant aux deux ex-*bravi* qui se préparaient à sortir :
— Vous, ne vous éloignez pas encore...
Allez attendre dans la galerie...
Il se peut que j'aie besoin de vous tout à l'heure.

XXXIII

LA LETTRE, LE MASQUE ET LE NŒUD DE RUBAN

Le personnage qui se tenait debout maintenant, devant Richelieu, confinait à la cinquantaine.

Tous ceux qui se sont régalés des *Mousquetaires* — c'est-à-dire tout ce qu'il y a de lecteurs dans notre planète sublunaire — le reconnaitront facilement à son teint brun, à ses yeux vifs, à son nez fortement accentué et à sa moustache noire et parfaitement taillée, ainsi qu'à son vêtement violet, aux aiguillettes de même couleur, sans autres ornements que les crevés habituels par lesquels passait la chemise.

C'était ce comte de Rochefort, que Dumas a emprunté aux *Mémoires secrets* de l'époque pour le transporter dans son œuvre, où il lui fait jouer, du reste, un rôle conforme à ce que les contemporains nous ont appris de son caractère, de ses aventures et des « missions délicates » que le Cardinal lui confia.

— Ainsi, demandait le gentilhomme en pointant le doigt vers la carte étalée sur la table, ainsi Votre Éminence s'occupe toujours de la Franche-Comté et du Piémont ?

— Pourquoi ne m'en occuperais-je point ? questionna le Ministre à son tour.

— Hé ! mon Dieu, Monseigneur, parce qu'il n'est pas prudent, pour un général d'armée, de s'aventurer en avant sans avoir, au préalable, assuré ses derrières...

C'est l'avis de tous les tacticiens...

C'est le mien, — et Votre Grandeur s'est livrée, en ces derniers temps, à une étude trop sérieuse des procédés de la guerre pour n'être pas, comme tout le monde, pénétrée de cette vérité.

Richelieu regarda fixement son interlocuteur :
— Rochefort, expliquez-vous sans paraboles, dit-il. Il y a du nouveau. Vous savez quelque chose.

Monsieur le Comte, je ne tiens pas à vous tuer...

— Je sais, Monseigneur, qu'avant d'aller donner des étrivières à vos ennemis du sud-est, vous avez ici d'autres chats et d'autres chattes à fouetter, et que, si j'étais vous, je ne m'éloignerais pas avant d'avoir rogné les griffes à toute cette portée de tigres domestiques.

La physionomie du prélat revêtit une bonhomie railleuse :

— Oui, oui, reprit-il, je sais aussi... Et tenez, les voici, ceux que vous me recommandez... Les voici, ces mauvais sujets, ces larrons, ces bandits incorrigibles...

Il tira à lui la corbeille où reposait la couvée de chatons :

— Voulez-vous que je vous les nomme ?

Il en prit un dans le tas :

— Voilà, d'abord, messer Gaston... Le plus rusé, le plus sournois, le plus perfide de la famille... Il a toujours l'air de dormir, et c'est lui qui pousse les autres aux fredaines, au vol, à la révolte...

Il interpella l'animal :

— Ça, pourquoi faites-vous le gros dos ?...

Est-ce que je ne suis pas un bon maître ?...

Est-ce que je vous empêche, par exemple, de courir le guilledou, le soir, et d'aller miauler d'amour avec la chatte de vos pensées sur les bords de l'île de la Loge ?...

— Comment, s'exclama Rochefort, Votre Éminence sait que le prince...

— Au demeurant, interrompit le Cardinal en s'adressant toujours à la bestiole qu'il caressait, ceci vaut encore mieux que d'oser lever les yeux sur la femme de votre frère, — sur cette femme qu'un instant j'ai aimée, moi, Richelieu, et dont, si elle l'eût voulu, j'aurais fait la plus fortunée, la plus puissante, la plus radieuse des souveraines...

Il agaça le chat du bout du doigt :

— Oui, je n'ignore point que votre ambition rêve la couronne de France avec la mort du roi...

Mais avant que le pauvre Louis ait dit un éternel adieu à cette vallée d'ennuis, nous vous donnerons une compagne à notre choix, afin que vous ayez une double dispense à demander à Sa Sainteté, au cas où il vous prendrait fantaisie d'épouser votre belle-sœur en secondes noces...

Allons, mon petit Gaston, amusez-vous, menez la vie de garçon, jouissez de votre reste...

Mais, vive Dieu ! ne songez pas à mordre !...

Car, tout chat du sang que vous êtes, je me verrais forcé de vous mettre à la raison...

— Du moment, commença Rochefort, que vous connaissez les visites de Monsieur au baron de Fenestrange...

— Ah! c'est le baron de Fenestrange qui est le nouveau châtelain du domaine de Marie Touchet?...

Nous reparlerons de lui tout à l'heure...

Chaque chose en son temps, compère.

Et, replaçant « Gaston » dans la corbeille, le Ministre happa par la peau du cou un second chaton, qu'il éleva à la hauteur de son visage...

— Eh! bonjour, mon gentil Chalais!...

Le plus élégant, le plus gai, le plus étourdi des félins de la cour!...

Continuez, mon bel ami, à vous lécher le poil, à vous lisser le museau et à vous caresser la moustache...

Autrement il vous en cuirait...

Vous avez la tête faible; tâchez de ne pas la perdre ailleurs que sur l'oreiller de la Chevreuse.

Le second animal alla rejoindre le premier.

Richelieu jouait maintenant avec deux chattes câlines;

— Quant à vous, Anne, ma minette, achevez de vous compromettre par vos équipées de nuit, avec cet autre démon femelle, la duchesse, votre inséparable...

Soyez imprudente à foison...

Soyez même coupable, si le cœur vous en dit...

Mais faites patte de velours toutes les deux...

Cachez vos dents...

Rentrez vos ongles...

Car, sans égard pour votre sexe, je trouverais de quoi vous couper ceux-ci et vous arracher celles-là...

Demeurez coites, je vous le conseille...

— Ainsi, s'informa Rochefort, Votre Grandeur est avisée des sorties nocturnes de la Reine et de Madame de Chevreuse?

Le Cardinal laissa retomber les deux chattes dans la corbeille...

— Allez, fit-il, mes bestiolettes, et soyez sages...

Je vous aime beaucoup, beaucoup...

Ce qui implique, avec le proverbe, que je n'hésiterais pas, au besoin, à vous châtier de telle façon que vous n'auriez plus envie de fauter.

Ensuite, se tournant vers son interlocuteur :

— Eh bien, comte, que dites-vous de ma ménagerie intime?

— Je dis, Monseigneur, qu'il y manque deux matous.

— Deux matous?

— Votre Éminence m'a bien montré, en effet, les principaux chefs de la réunion qui a eu lieu, il y a trois jours, au *Tourne-Bride* : la Reine, le duc d'Anjou, M. de Chalais, la Duchesse...

Richelieu fit un brusque haut-le-corps :

— Au *Tourne-Bride ?*...

— Une auberge de Chatou, tenue par un sieur Bonnebault, entre la forêt et le bac...

— Il y a eu une réunion dans cette auberge ?...

— Une réunion d'autant plus importante, qu'elle a été plus entourée de précautions et de mystère...

— Et vous prétendez que Sa Majesté s'y est rencontrée avec Monsieur ?

— Ainsi qu'avec Chalais, Bassompierre et vingt autres, — tous de vos ennemis, — de vos ennemis mortels.

Le ministre plissa son front parcheminé :

— Alors, questionna-t-il, ce n'était pas pour courir la prétentaine qu'Anne d'Autriche et Marie de Rohan s'étaient esquivées nuitamment du château ?

— C'était pour présider une sorte de conseil auquel avaient été convoqués tous les mécontents de la cour.

— Et quel en était le but ?... Qu'y a-t-on discuté ?... Qu'y a-t-on décidé ?

— Ma foi, Monseigneur, je l'ignore...

Prévenu en temps opportun, je me serais arrangé pour y avoir quelqu'un...

Mais ce n'est que le lendemain que j'ai été averti de la chose...

Et le gentilhomme ajouta :

— J'imagine, toutefois, qu'il a dû y être question de Votre Éminence à peu près dans les mêmes termes qu'il fut question de Concini entre le Roi et Luynes, dans un coin du jardin du Louvre le 22 avril 1617...

Le Cardinal se redressa :

— Oh ! oh ! fit-il, je ne suis pas le maréchal d'Ancre...

Mon règne commence, et il n'est pas près de finir...

On ne tue pas comme cela les gens qui ont une mission à remplir...

Puis, secouant la tête :

— Allez, allez, comte, si je n'ai que mes chats ordinaires à redouter je puis dormir sur mes deux oreilles... Riens vivants qui se croient quelque chose !... Pauvres bêtes que je broierai d'un coup de talon !

Puis encore, après une minute de réflexion :

— Mais vous avez parlé de matous...

— J'ai parlé du Grand-Prieur de France et du Duc de Vendôme, Monseigneur.

Richelieu sursauta de nouveau :

— Le duc César et le grand-prieur sont du complot !

— Et l'Espagne aussi, Monseigneur.

— Oh !

— Sans compter la Lorraine, dont il paraît que le duc d'Anjou va épouser une princesse.

Cette fois le Ministre bondit de son fauteuil :

— Épouser une princesse de Lorraine ! Lui, Gaston !... sans l'assentiment du roi... sans le mien...

Mais non... C'est impossible... Il n'oserait !...

Ensuite, s'arrêtant devant son interlocuteur :

— Quelle princesse, d'abord ?... Il n'y en a pas à marier... Je ne vois que la princesse Marguerite, la sœur cadette de Charles IV... Et elle doit encore jouer à la poupée !...

Il haussa les épaules avec un mouvement fébrile :

— En vérité, Rochefort, j'ai peine à comprendre comment vous, d'ordinaire si sérieux, si positif, si incrédule, vous avez pu ajouter foi à de semblables billevesées, et je me demande de quel cerveau, — malade, obtus, fêlé; — celles-ci ont pris leur essor.

Le gentilhomme sortit un pli de la poche de son pourpoint :

— Éminence, répondit-il, elles sont sorties de cette lettre.

— Et qu'est-ce que c'est que cette lettre ?

— J'avais appris que Bassompierre avait chargé un de ses pages de porter en toute diligence un message au duc César à Nantes...

La chose me parut mériter examen...

J'apostai donc sur le chemin du jouvenceau...

— Une demi-douzaine d'hommes en armes ?..

— Point : une belle fille d'Italie, la signora Francisquine...

— Francisquine, répéta Richelieu ; où donc ai-je entendu ce nom ?

— Des yeux noirs qui n'en finissent pas !... Et une coquinerie comme les yeux !... Bref, voici le message du maréchal au Gouverneur de Bretagne... J'estime qu'il contient des détails qui intéresseront Votre Grandeur.

Le Ministre ouvrit le pli et lut :

« Monseigneur,

» J'ai eu hâte de communiquer à Madame la comtesse de Madrid... »

Il s'arrêta pour demander :

— Madame la comtesse de Madrid ?...

— C'est, dit Rochefort, le titre sous lequel Sa Majesté se cache pour assister aux conciliabules du *Tourne-Bride*.

— Très bien, murmura le prélat : on verra, à l'occasion, à renvoyer Madame la comtesse dans le domaine dont elle a pris le nom.

Ensuite, reprenant sa lecture :

« J'ai eu hâte de communiquer à Madame la comtesse de Madrid l'offre obligeante que vous nous faites, — de même que Monsieur votre frère le grand-prieur, — de votre précieux concours dans la guerre qui éclatera sous peu de jours.

» Car c'est bien véritablement une guerre qui se prépare — et non point une conjuration — pour le renversement de notre ennemi commun.

» L'Espagnol est avec nous.

» Aussi le Lorrain.

» L'alliance prochaine et certaine du prince avec une personne qui a des droits incontestables à la cour de Nancy nous garantit de la façon la plus formelle l'appui du duc régnant. »

— Votre Éminence entend, interrompit Rochefort : *l'alliance prochaine et certaine... les droits incontestables... la cour de Nancy...*

— Oui, répliqua Richelieu, j'entends... Mais de qui s'agit-il?... C'est ce dont il faudra nous assurer à tout prix.

Il poursuivit :

« Une guerre ouverte.

» La Rochelle et la Navarre sont prêtes à marcher.

» L'armée de Sa Majesté Catholique entrera d'un côté.

» Celle du duc Charles, de l'autre.

» Tâchez d'arriver en même temps de votre gouvernement de Bretagne.

» L'homme sera entouré, vaincu, écrasé... »

Rochefort appuya :

— *L'homme !...*

— En effet, dit le Cardinal, c'est bien de moi qu'il est question. *Ecce homo !* Voilà l'homme !...

Puis, continuant :

« Les parlements nous sont acquis.

» Ils apporteront au Roi leur supplique, aussi forte que notre épée ; et, après la victoire, nous nous jetterons aux pieds de Louis, notre maître pour qu'il nous fasse grâce et nous pardonne de l'avoir délivré d'un ambitieux sanguinaire et d'avoir avancé sa résolution. »

— Eh bien, interrogea Rochefort, que pensez-vous de ce passage, Monseigneur ?

— Je pense, repartit le Ministre avec un calme plein de malice, je pense qu'en dépit de sa moustache grise, ce pauvre maréchal est bien jeune pour son âge...

Comment n'a-t-il pas réfléchi que la Bastille est un séjour malsain pour les vieillards !...

Et, comment tous ces gens ne se sont-ils pas dit que les taches de sang ne se voient pas sur la robe de l'Éminence rouge ?

Il acheva lentement sa lecture :

« Dans un dernier conseil qui sera tenu dans huit jours, l'instant de l'entrée en campagne sera définitivement fixé.

» Ce conseil aura lieu à minuit, dans l'île de la Loge, près Saint-Germain, et dans le logis du sieur baron de Fenestrange, l'un de nos adhérents.

» Vous voudrez bien y envoyer une personne de confiance, avec commission de vous représenter, comme de recueillir et de vous transmettre les dispositions décisives qui y auront été adoptées.

» Cette personne y sera reçue sur l'échange du mot : *Paris-Nancy*.

» Elle devra en outre se couvrir le visage du masque de velours noir à liseré de satin blanc, et porter sur l'épaule le nœud de ruban écarlate qui vous seront remis par le présent messager.

» Ce masque sera gardé, pendant toute la séance, par chacun des membres présents.

» On ne saurait, en effet, prendre trop de précautions avec un adversaire tel que le nôtre, et, si quelqu'un de ses affidés réussissait, le diable aidant, à se glisser au milieu de nous, il ne faudrait point qu'il parvînt à lire sur une figure à découvert un nom que son maître n'hésiterait pas à écrire sur un arrêt de mort.

» Sur quoi, je finis, Monseigneur, en me proclamant le plus sincère et le plus dévoué des serviteurs du digne rejeton du grand Henri.

» Et en poussant ce cri qui, après avoir été celui de notre ralliement, deviendra, il faut l'espérer, l'expression de notre triomphe :

» *Vive le roi ! Vive l'Union ! La Nouvelle Union ! La seconde Ligue !...* »

. . . .
. . . .

Richelieu serra le papier dans un vaste portefeuille qui paraissait déjà gonflé de documents de toute espèce.

— Voilà, fit-il, qui sera mis en temps et lieu sous les yeux du Roi et des juges.

Ensuite, revenant à son interlocuteur :

— Vous avez le masque et le nœud de ruban ?

— Les voici.

Richelieu examina avec attention les deux objets que le gentilhomme venait de déposer sur la table.

— Tout cela, murmura-t-il, servira à son heure.

Puis, après une légère pause :

— Comte, il est urgent de s'occuper des hôtes de l'île de la Loge.

— Je m'en suis occupé, Monseigneur.

— Bien. Vous êtes un serviteur précieux, Rochefort.

Le maître du logis, d'abord.

Qu'est-ce que c'est que ce Fenestrange ?

— Hé ! mais quelque hobereau du pays de Lorraine...

— Oui, le fief dont il porte le nom doit se rencontrer quelque part, là-bas, aux environs de Metz...

— Il a passé, sans laisser de trace, à la cour du duc Henri II...

— D'autant plus dangereux qu'il est plus obscur, alors...

— En tout cas, à l'entière dévotion de la Chevreuse...

— Ah !...

— C'est des beaux deniers de celle-ci qu'il a soldé l'acquisition de l'ancien nid de la Touchet...

Il y a vécu jusqu'à présent d'une façon fort retirée, en compagnie de sa pupille et d'une sorte de majordome, aussi noir de mine que de peau, qui a plutôt l'air d'un coupe-jarret que d'un intendant de bonne maison...

Tous les domestiques du baron ont, du reste, un aspect bizarre, exotique et farouche...

Tous muets, cadenassés, impénétrables...

Tous, cuits et confits par le soleil, comme des gens qui ont vécu dans l'intimité du grand air...

— La jeune fille, mon cher Rochefort, parlez-moi de la jeune fille...

— On prétend que c'est une personne accomplie.

Elle ne sort que très rarement d'ailleurs.

Et toujours talonnée par ce grand diable de majordome ou par quelqu'un de ces serviteurs qui me rappellent les Italiens de Concini...

— D'une beauté réelle ?

— Il paraît qu'elle a eu beaucoup de succès à Saint-Germain.

— A Saint-Germain ?

— Votre Éminence ignore donc que mademoiselle de Fenestrange a été présentée il y a quelques jours ?

— Présentée ?... Au Roi ?... Cette intrigante ?...

— C'est Sa Majesté la Reine qui a daigné se charger de ce soin.

— Impossible !

Et le ministre appela avec violence :

— Chéret !

Celui-ci se hâta d'accourir.

Richelieu lui demanda vivement :

— A-t-on reçu le rapport de madame de Lannoy sur les événements de la semaine ?

— Il vient d'arriver. Le voici. Je l'apportais à Votre Grandeur.

— Donnez, donnez vite !

Monseigneur, comme je m'étais embusqué...

Le Cardinal parcourut rapidement le papier qui lui était remis :
— En effet, vous avez raison...

Cette fille a été présentée par la main même de la Reine, qui l'a admise, en outre, au nombre de ses dames.

Et le baron a eu l'honneur de s'entretenir avec le Roi, sur la présentation de Monsieur qui, désormais, l'a attaché à sa maison.

Ensuite, descendant la spirale de ses pensées :

— Les visites secrètes du prince chez ces deux étrangers expliqueraient peut-être jusqu'à un certain point les faveurs dont ils sont l'objet...

Il y a des tuteurs complaisants...

Mais, alors, Anne d'Autriche favoriserait les amours cachées de son beau-frère ?...

Ou bien serait-elle inconsciente du rôle qu'elle joue dans cet imbroglio ?...

Et puis, il y a ce mariage projeté, annoncé avec une princesse de Lorraine...

La liaison de Gaston avec la nouvelle dame d'honneur ne serait-elle qu'un moyen de dissimuler ces projets de mariage ?...

Oui, ce doit être ainsi...

Et pourtant, le mystère dont le duc s'enveloppe...

— Votre Éminence, interrogea Rochefort, veut-elle me permettre de lui exprimer humblement mon avis sur ce qui semble lui causer de si sérieuses préoccupations ?

— Oui, certes...

Parlez, Comte...

Vous êtes de bon conseil, et ce n'est sûrement point votre faute si nous n'avons point réussi dans l'affaire des ferrets donnés à Buckingham.

— Oh ! Monseigneur, je serai bref : je prétends que la réunion, dont il est question dans la lettre du Maréchal au duc César, pourra seule nous livrer le mot de l'énigme que nous cherchons à deviner.

— Eh ! pardieu ! je n'en doute pas plus que vous : aussi est-il de toute nécessité que nous ayons là un homme — sûr, adroit et prudent — pour remplir le personnage de l'envoyé de M. de Vendôme...

Rien ne lui manquera du reste pour se faire accepter comme tel.

Nous avons le mot de passe adopté par nos conspirateurs...

Nous avons le masque de velours...

Nous avons le nœud de ruban...

Et, tenez, j'avais un instant songé à vous confier...

— Grand merci, Monseigneur, interrompit Rochefort ; mais il est une réflexion, qui, dans ses habitudes de sage prévoyance, a dû certainement venir à Votre Éminence...

— Et laquelle, mon cher collaborateur, laquelle ?...

— C'est que j'ai approché de trop près et trop souvent les personnes qui composeront cette réunion, pour qu'elles ne me reconnaissent pas en dépit de toutes les précautions, de tous les déguisements et de tous les masques...

— C'est juste.

— Vous admettrez pareillement qu'une fois reconnu, du diable si je sortirais vivant de ce repaire !...

Or, à moins que mon ombre ne se relève de la tombe pour renseigner Votre Grandeur...

Et puis je ne suis pas disposé de sitôt à la priver de mes services...

— Il est constant, repartit le Cardinal avec flegme, que je tiens beaucoup à vous, Comte...

— Oh ! pas plus que moi, Monseigneur !...

— Hein ?...

— Je dis que je tiens beaucoup à moi-même : ma peau, c'est ma pourpre, — et croyez que je n'y suis pas moins attaché qu'à une robe de prélat ou à une simarre de ministre.

Tous deux eurent un rire fugitif et silencieux.

Ensuite le Cardinal reprit :

— Il me faudrait un homme absolument étranger à la cour...

— Et pas assez indispensable pour qu'il ne fût point impossible de le sacrifier au besoin...

Richelieu avait appuyé son coude sur la table et son menton dans la paume de sa main.

Il demeura ainsi quelques instants rêveur.

Puis il héla de nouveau Chéret.

Celui-ci s'informa, empressé et obséquieux :

— Que souhaite Votre Eminence ?

— Allez me quérir dans la galerie les deux chevaliers d'aventure qui étaient ici tout à l'heure et ramenez-les moi sur-le-champ.

XXXIV

LE RETRAIT DE MARIE TOUCHET

C'était une chambre, qui, dans son luxe ancien et bien conservé, conviait à toutes les nonchalances du bien-être.

Un vaste lit l'occupait en partie, dont les rideaux en damas des Indes, d'un rouge vif, retombaient moelleusement autour de la couchette.

Dans la ruelle, un prie-Dieu d'ébène faisait miroiter le crucifix d'argent qui le surmontait.

En face de ce lit se dressait une toilette de bois noir, plaquée d'écaille, de nacre et de cuivre incrustés, et formant une infinité de dessins d'assez mauvais goûts, mais qui donnaient à tous les meubles de cette époque le « cachet » que l'on y prise encore.

Le plafond, arrondi en dôme, s'animait d'une volétée d'Amours qui déployaient une banderolle sur laquelle se lisait ces trois mots :

Je charme tout, anagramme du nom de *Marie Touchet*, qui avait abrité un instant ses amours avec Charles IX dans ce domaine de l'île de la Loge, au sud du bois du Vésinet, au milieu d'une jolie plaine « verdoyante et bien cultivée ».

Cet anagramme, — trouvé, dit-on, par son royal amant, se reproduisait sur les tapisseries d'Aubusson fabriquées par l'ordre de ce dernier, pour récréer les yeux et célébrer les grâces modestes de la maîtresse auprès de laquelle il trouvait momentanément l'oubli des terribles nécessités qui avaient ensanglanté son règne, de l'aversion sourde de ses frères, de la politique florentine de sa mère, et des menaçantes prédictions qui lui montraient à l'horizon l'astre des Bourbons grandissant pour remplacer celui des Valois à son déclin.

Des *cabinets*, des crédences, des dressoirs merveilleusement travaillés ; des sièges cloutés, frangés et lampassés ; une profusion de colifichets entassés çà et là — verroteries, flacons, flambeaux, lustres, vases, sans compter les coupes d'or et d'argent, d'ambre ou d'agate — prouvaient combien le fils de Catherine de Médicis s'était ingénié à faire, sous Saint-Germain, à la mie de son cœur un *buen-retiro* non moins doux, non moins gai, non moins magnifique que celui de la rue de l'Autruche, au coin de la rue Saint-Honoré, où il allait rimer, à ses genoux, des vers qui, pour œuvre de roi, ne sont cependant pas tout à fait détestables.

Mais Charles IX était mort ; Marie Touchet était morte, — et le réduit de l'ancienne bourgeoise d'Orléans était resté clos, vide et morne pendant des années...

Puis une autre femme était venue le faire revivre...

Car c'est une femme que nous allons y rencontrer à l'heure nocturne où nous invitons le lecteur à y pénétrer avec nous.

Nous écrivons : à *l'heure nocturne*...

En effet, au fond de cette chambre, par une fenêtre entr'ouverte, on voyait les étoiles brocher de leurs scintillations d'argent le manteau de velours, d'un bleu sombre, du ciel.

Par cette fenêtre, pareillement, l'on sentait entrer la fraîcheur humide de l'eau profonde et l'on entendait le murmure du fleuve contre la berge toute proche.

La maison étant située à la pointe extrême de l'île, la Seine, ridée par le vent de la nuit, venait pour ainsi dire clapoter contre ses murailles.

La femme dont il s'agit était à demi couchée sur une pile de carreaux.

Elle s'enveloppait d'une robe d'étoffe turque, ramagée de larges fleurs bizarres, qui n'était point ajustée, mais dont le poids dessinait la perfection de ses formes.

Sa pose abandonnée avait de gracieuses paresses.

L'agrafe de sa robe, détachée, découvrait ses épaules admirables que drapait, comme une toison d'or, le trésor de sa chevelure blonde.

Son coude s'appuyait sur des coussins et l'une de ses mains disparaissait sous les masses ondées de cette chevelure.

La lumière d'une lampe suspendue au plafond tombait d'aplomb sur elle et faisait rayonner son sourire.

Un sourire dont nous avons vu autrefois les roses palpiter et les perles étinceler sur les lèvres de Diamante, la Reine des Grands-Scorpions.

C'était à d'Artagnan que Géralde de Fenestrange souriait : c'était lui qu'elle invoquait ; c'était à lui qu'elle parlait :

Maintenant, murmurait-elle que je vous ai retrouvé, je me sens confiante et rassurée comme au jour où pour la première fois me furent révélées la vaillance et la force de votre bras...

N'est-ce pas que vous m'aimez ?

N'est-ce pas que vous m'aimerez toujours ?...

Quand on n'aime plus, peut-on avoir de ces regards qui descendent jusqu'au fond de l'âme pour y remuer le passé ?...

Des regards éloquents comme le trouble qui l'a saisi quand il m'a vue !...

Comme celui que j'ai éprouvé à son aspect !...

Ces regards m'ont dit aussi haut que mon émotion a dû le lui crier, à lui, qu'il ne m'a pas plus oublié que je n'ai perdu son souvenir, et que Dieu ne nous a pas encore enlevé, à tous deux, toutes nos chances de bonheur...

. . . .

— Maîtresse...

A ce mot prononcé par une voix discrète, la jeune fille se retourna.

Une femme s'était glissée sans bruit dans la chambre.

Ce n'était point une cameriste ordinaire.

Vous auriez trouvé en elle la physionomie et le costume de ces Tziganes rouges de Moravie que nous avons mis en scène au début de ce récit.

Elle en avait le teint de bistre, les sourcils de jais, les yeux de feu.

Elle en avait pareillement la jupe de laine aux larges raies disparates, la chemise de toile bise, bouffante aux hanches, et, autour de celles-ci, la ceinture aux franges de diverses couleurs.

Sur sa tête, une écharpe de nuance éclatante serrait ses tempes et laissait échapper la profusion de ses cheveux noirs nattés, rejetant par derrière des bouts énormes qui descendaient jusqu'à ses talons.

Elle avait aux oreilles deux anneaux de métal, grêles et ronds, soutenus en dedans par des S, et sur sa poitrine reluisait une sorte de hausse-col formé de pièces de monnaie d'or et d'argent soudées.

C'était cette Djabel — compagne du bohémien Gorbas — dont jadis, dans une nuit mémorable, nous avons vu le *bambino* rouler jusqu'à mi-fond de cette crevasse du *Lac Noir* où notre héros était allé le rechercher...

— Qu'est-ce ? questionna-t-elle avec impatience.

— Maîtresse, c'est un cavalier...

— Un cavalier ?

— Qui demande à vous entretenir.

— M'entretenir !... Moi ?.. A cette heure ?

Depuis quelques jours le duc d'Anjou venait, chaque soir, à l'île de la Loge.

Chaque soir, il y avait avec M. de Fenestrange de mystérieuses entrevues, à l'issue desquelles il venait faire une sorte de cour à la jeune fille.

Celle-ci crut qu'il s'agissait de lui.

Elle eut un geste de fatigue :

— Conduisez ce gentilhomme chez M. le Baron... Je me sens souffrante... Qu'il m'excuse, si je ne puis le recevoir...

Mais Djabel, secouant la tête :

— Maîtresse, ce n'est pas le visiteur d'hier ni des jours précédents...

— Ah !...

— C'est une personne que mon fils Snaïm est allé quérir à la ville...

— A la ville ?... Une personne ?... Mon tuteur a envoyé chercher quelqu'un à Saint-Germain ?...

La bohémienne eut un nouveau hochement de tête négatif :

— Non point lui, maîtresse, dit-elle.

— Qui donc alors ?

— Moi.

— Vous ?

Djebel se mit à genoux sur un coussin aux pieds de la jeune fille.

— Écoutez-moi, maîtresse, reprit-elle gravement : tout le temps que vous avez été notre reine et que vous vous êtes appelée Diamante, alors que les Grands Scorpions allaient, unis et libres, d'une contrée dans une autre, vous vous êtes montrée bonne pour moi, pour mon enfant — et je n'oublierai jamais l'angoisse qui se lisait sur vos traits, la nuit où la pauvre petite créature faillit périr dans ce gouffre de la montagne.

Géralde mit sa main sur son cœur :

— Ni moi non plus, murmura-t-elle, je n'oublierai jamais cette nuit.

La mère de Snaïm poursuivit :

— Plus tard, quand cette maison s'est ouverte pour nous, vous n'avez pas cessé de traiter comme des frères vos anciens sujets devenus vos serviteurs...

Et quand parfois, souvent, je vous ai vue pleurer, j'aurais voulu racheter chacune de vos larmes au prix d'une goutte de mon sang.

Car j'avais deviné le secret de votre souffrance.

Aujourd'hui, vous ne souffrez plus, vous êtes forte, vous espérez...

Vous avez retrouvé l'absent...

— Quoi vous savez...

— Je sais que le destin vous a remise en présence de celui qui fut un moment notre compagnon autrefois.

Celui qui a arraché mon enfant à l'abîme ! qui l'a sauvé de la mort horrible ! qui l'a rendu à mes caresses !

Celui à qui j'ai voué une reconnaissance éternelle !

Je sais que vous brûlez de le revoir, de lui parler, de lui demander le conseil de son honnêteté avec l'appui de son courage...

Mais je sais aussi que depuis le jour de cette rencontre, l'homme qui est votre maître — et le nôtre — vous a retenue ici, afin de vous empêcher de vous retrouver avec le beau soldat du Roi...

Je sais qu'il a fait de cette demeure une prison, dont le fleuve forme les murailles, et de tous ceux qui vous entourent vos espions et vos geôliers...

Eh bien, j'ai décidé, moi, de vous réunir à celui que vous aimez...

— Vous ! Vous avez songé... Djabel, ma chère et brave Djabel !...

La jeune fille s'était levée dans un élan impétueux.

Elle avait saisi les mains brunes de la gitane.

Elle les serrait dans une étreinte de gratitude passionnée.

Ses yeux humides disaient éloquemment ses remerciements et sa joie.

L'autre la regardait, non sans inquiétude et sans embarras.

— Alors, maîtresse, voici ce que j'ai fait, reprit-elle : j'ai profité de l'absence de M. le Baron qui est allé passer la nuit dehors — à ce que j'ai appris par Gorbas — pour dépêcher Snaïm à la ville... Snaïm a découvert celui que vous aimez... Il lui a parlé...

Géralde était debout.

Son beau visage rayonnait de tendresse exaltée.

Les larmes se séchaient sous sa paupière qui brûlait :

— Ainsi, s'écria-t-elle, il viendra !...

— Il est venu, répondit la zingare.

Elle montrait d'Artagnan sur le seuil de la porte qui venait de s'ouvrir sans bruit.

XXXV

LA SURPRISE

Notre héros et Géralde étaient seuls :

Les années de séparation avaient encore avivé les ardeurs de leur jeune tendresse.

Ils étaient assis l'un près de l'autre — si près que leurs cheveux se mêlaient.

Ils avaient la main dans la main.

Combien de paroles pendaient à leurs lèvres !

C'était elle qui avait commencé :

— Depuis que nous nous sommes quittés, disait-elle, il y a eu dans mon existence deux choses — rien que deux — qui ont occupé uniquement ma pensée...

Allons, mon petit Gaston, amusez-vous.

Vous revoir et retrouver ma mère...

Et je ne sais pas en vérité laquelle tient en moi la plus grande place...

Et si je me suis soumise à tout ce qu'a exigé de moi celui qui m'a enlevée à ma vie de bohème...

Si j'ai consenti à le suivre...

Si je suis devenue l'esclave de ses mystérieuses volontés, c'est qu'il m'a engagé sa foi de gentilhomme qu'il est le dépositaire et le représentant de ma mère...

Mais quelle confiance puis-je avoir désormais en sa parole ?

Des jours ont passé — et je suis encore orpheline !...

Je ne crois plus en ses mensonges...

Je ne le crois plus, je ne le comprends pas, — et j'ai peur...

J'ai peur de n'être entre ses mains que l'instrument de quelque intrigue criminelle...

Cette cour où il vient de me conduire; ces personnes royales dont il m'a fait approcher; l'accueil souriant de cette belle reine; le poste que je vais occuper au milieu des plus nobles dames, moi, l'ancienne gitane des chemins poudreux, des nuits sans gîte, du carrefour et du tréteau...

Tout cela me paraît un rêve...

Tout cela m'épouvante.

Tout cela me donne le vertige...

Mais vous m'êtes rendu, mon ami, et la confiance, le courage, l'espoir me reviennent avec vous...

Vous êtes honnête, vous êtes vaillant, et vous m'aimez...

— De toute mon âme ! de toute ma vie ! protesta le Gascon, dont l'accent vibrait de franchise et de sincérité.

Il se laissa tomber à deux genoux.

Les deux bras de la jeune fille se nouèrent autour de son cou.

— Eh bien, murmura-t-elle, réveille-moi, sauve-moi, emmène-moi !

Il répéta :

— T'emmener !

Elle le regarda avec étonnement :

— Hésiterais-tu à rompre le lien qui m'enchaîne à cet homme ?

Tout le temps qu'elle avait parlé, il l'avait considérée avec ravissement.

Jamais il ne l'avait adorée ainsi.

Il le sentait à ce symptôme que toute impression s'évanouissait devant la ferveur de cette adoration.

Puis, soudain, une douleur l'avait mordu au cœur.

Il s'était rappelé ce qu'il avait entendu au *Tourne-Bride*.

Son front se creusa, et un frisson le secoua par tout le corps, tandis qu'il questionnait avec effort :

— Et si cet homme ne vous avait pas trompée ?...

— Comment ?...

— Si vous étiez de haute race ?...

Si ce rang, que vous allez occuper à la cour de France, vous appartenait de plein droit par la naissance et par le rang ?...

Si cette naissance, si ce rang vous réservaient encore de plus illustres, de plus brillantes destinées ?

Elle lui mit la main sur la bouche :

— Tais-toi !

Puis, secouant la tête :

— C'est étrange... Je ne sais ce qui se passe en moi...

Mais, maintenant je ne veux plus rien savoir.

Elle ajouta avec résolution :

— Le souvenir de ma mère est ma religion, c'est vrai ; mais y aurait-il une religion contre mon amour ?... Mon amour est d'accord avec mon devoir... Nous chercherons ma mère ensemble...

Puis, avec une sorte d'emportement :

— Veux-tu fuir tous les deux ? Au bout du monde ? Je suis prête à te suivre.

La reine de Bohême se révélait en elle avec ses décisions promptes et ses instincts d'indépendance illimitée.

Elle appuya sa tête charmante sur l'épaule de notre héros :

— Ces gens qui m'entraînent dans le tourbillon de leurs projets m'inspirent une terreur plus profonde que jadis les sujets de Mani et les compagnons de Pharam...

Sans compter que Yanos est ici et que, pour être devenue silencieuse et humble, la passion dont il me poursuit n'en demeure pas moins capable de toutes les violences et de tous les crimes...

Le danger rôde autour de moi...

Je le sens ; je le devine ; il me semble que je n'ai qu'à étendre la main pour le toucher...

Prends-moi dans tes bras ! Emporte-moi ! Partons !...

Le rang, la naissance, la fortune, que m'importe !...

Ah ! la misère aventureuse des temps passés, pourvu que je la partage avec toi !...

Géralde a cessé d'exister : c'est Diamante qui t'implore !...

— Diamante ! ma Diamante chérie !...

La raison du Gascon fléchissait sous le poids de ces premiers aveux, de ces premières caresses...

La jeune fille s'était serrée contre lui...

Il l'enleva dans ses bras, tremblante, mais heureuse, et, pendant qu'elle balbutiait des actions de grâces :

— Je t'aime ! oh ! je t'aime !...

Penses-tu que j'ai été un jour, une heure, sans porter ta pensée vivace en moi-même ?...

Tiens, quand cet enfant m'a rencontré, qui m'a conduit auprès de toi, j'étais là, sur le bord de la Seine, errant, épiant, t'appelant, cherchant à t'entrevoir...

Tu es à moi, tu l'as dit, c'est tout...

Le reste ne m'est rien...

Vienne le danger que tu redoutes : je saurai défendre mon bonheur...

Ton sort est désormais le mien...

Tout ce que l'avenir nous réserve nous sera commun à tous deux : gloire ou détresse, défaite ou triomphe !...

Nous ne nous séparerons plus jamais, jamais, jamais !

— D'Artagnan, mon bien-aimé d'Artagnan !...

Les lèvres de Diamante touchèrent les siennes.

Ils restèrent enlacés dans une muette étreinte.

Soudain, au milieu du silence qui les entourait, une voix railleuse sonna :

— Bonsoir, cher monsieur d'Artagnan, salua-t-elle.

Dans la baie sombre de la porte, la silhouette de M. de Fenestrange se dessinait en clair sur le fond noir du corridor.

Le baron s'avança dans la chambre.

Il souriait.

Un sourire plus aigu que toutes les ironies et plus tragique que toutes les menaces.

Quatre hommes armés entrèrent derrière lui et se rangèrent contre la muraille.

— Ah ! cette fois, poursuivit-il d'un ton mordant, vous ne vous envolerez pas par la fenêtre, comme l'autre nuit, à l'auberge du *Tourne-Bride.*

— Monsieur, demanda le Gascon, est-ce que je serais, par hasard dans la peau d'un homme qu'on va assassiner ?

XXXVI

LE BARON CHRISTIAN

Abandonnons — pour un instant — notre héros dans cette position critique.

Il convient que nous donnions à nos lecteurs quelques explications indispensables.

Le baron Christian de Sierk avait son nom inscrit à l'armorial de Lorraine.

D'une famille assez peu aisée de gentillâtres du pays messin, il était entré, en qualité de page, dans la maison du comte François de Vandémont, frère du duc régnant Henri II.

Vous avez vu quelle part il avait prise à l'enlèvement par le bohémien Pharam, de la petite Géralde, fille aînée du prince lorrain.

Vous vous rappelez pareillement comment, au lieu de le remettre entre les mains du jeune homme, l'époux de Mani s'était approprié l'enfant soustrait, au château de Jarville, pendant le sommeil de sa mère.

Furieux de voir lui échapper l'héritière qu'il comptait confisquer au profit de son fils Charles, le comte François avait congédié son page.

Celui-ci avait alors quitté Nancy et s'en était allé chercher fortune à travers le monde.

C'était un esprit délié, ambitieux, à qui rien n'eût coûté pour atteindre son but, ni la violence, ni la ruse, ni le malheur et la vie des autres.

On l'avait rencontré successivement à la cour de Frédéric II, empereur d'Allemagne, de Cosme II, grand-duc de Florence, et de Philippe III, roi d'Espagne.

Mais, malgré ses talents et son peu de scrupules, il n'avait réussi, ni là, ni ailleurs, à se créer une position conforme à ses appétits de richesse et de puissance.

Les années s'étaient écoulées.

L'âge était venu.

L'occasion seule de conquérir l'objet de ses désirs ne s'était point présentée.

Il la cherchait encore dans le midi de la France, lorsque le hasard, l'avait mis en présence du Pharaon et de Diamante.

L'ancien page de M. de Vandémont n'avait pas eu de peine à reconnaître le bohémien.

Son œil subtil avait pareillement deviné en la gitane l'enfant au rapt duquel il avait contribué quelque vingt ans auparavant.

Et, de suite, un projet ingénieux et hardi avait germé dans sa cervelle : Arracher la jeune fille du milieu infime dans lequel elle vivait...

L'épouser en justes noces...

Et la reconduire ensuite à la Cour de Lorraine où il ferait reconnaître sa naissance et ses droits.

Ce mariage, fût-il rompu, ne pouvait manquer d'être pour lui une source d'honneurs et de fortune.

Le duc Henri comblerait sûrement des effets de sa reconnaissance celui qui lui ramènerait une fille qu'il croyait à jamais perdue.

Et l'époux, même divorcé, de l'héritière de la couronne, occuperait la première place auprès du trône de celle-ci.

Vous n'avez pas oublié comment ce beau projet était venu se heurter — dans l'œuf — aux résistances de Pharam qui ne voulait à aucun prix faire de la reine des Grands-Scorpions l'instrument et le marchepied des ambitions du gentilhomme.

Ce dernier ne s'était point découragé.

Il avait suivi la tribu à la piste, en attendant, épiant le moment favorable pour s'emparer de la jeune fille.

Pour cela, il lui fallait tout d'abord trouver des alliés dans le camp bohémien.

Le premier de ceux-ci fut le ventripotent Gargajal.

La bande était arrivée à Toulouse.

Christian de Sierk y débarqua deux heures à peine après elle.

Il se promenait, le même soir, sur la place du Capitole, quand il sentit une main s'introduire dans sa poche.

Le Lorrain se retourna brusquement et saisit le voleur à la gorge.

Celui-ci supplia d'une voix lamentable :

— Grâce, mon doux seigneur !... C'est le malheur des temps qui m'a conduit à ce métier indélicat... Je suis un ancien banquier ruiné pour avoir eu confiance en la parole d'une douzaine de potentats...

L'autre le dévisagea sans le lâcher.

— Ah çà ! questionna-t-il, n'appartiendrais-tu pas à la tribu des Grands-Scorpions ?

— Hélas ! Oui !... Mais, au nom du ciel, ne me livrez pas aux archers !... Étranglez-moi plutôt sur place !... On ne boit que de l'eau en prison !

Le baron le poussa dans une petite rue.

— Allons, entre là-dedans, dit-il, en le poussant dans un cabaret.

Le Silène obéit de l'air d'un chien que vient de corriger son maître.

Deux heures plus tard, il en sortait gris comme une grive en vendange, et des écus sonnaient dans les poches de ses grègues.

Il s'était entendu avec le gentilhomme.

Celui-ci lui avait ordonné d'aller chercher Yanoz.

Gargajal avait dit, en effet :

— Nous ne pouvons rien sans lui... Il ne quitte pas la reine d'une semelle...

— Il l'aime donc ?

— A en perdre le boire et le manger !... Et ce qu'il est jaloux de ce soldat de France !...

— Quel soldat ?

Le zingare fit le récit de la visite de d'Artagnan au campement près d'Anduze et des péripéties qui en étaient résulté.

Christian réfléchit un instant.

Puis, il commanda :

— Va me quérir ce jeune bandit et amène-le-moi sur-le-champ.

Gargajal avait rencontré Yanoz rôdant autour d'une église dans laquelle Diamante était allée prier.

— Où vas-tu donc, fils de Pharam, avait demandé le gros homme.

Yanoz ne répondit point et le repoussa d'une bourrade.

L'autre qui était ivre aux trois quarts, insista :

— Au cabaret ou à la rivière ?... Si c'est au cabaret, bravo ! Je ne te suis pas, je te précède... Si c'est à la rivière, bonsoir !... Je ne nage qu'entre deux vins !

Le fils de Pharam le repoussa de nouveau :

— Au diable, baril à deux pieds, outre dégonflée, vieille éponge ! Je n'ai que faire de ta compagnie. Encore moins de ton verbiage !

Mais le volumineux bohémien, se cramponnant à lui avec ténacité et discourant avec le décousu de l'ivrogne :

— Jeune homme, j'ai l'âge de votre père... Je vous défends de m'insulter... Or, c'est m'insulter gravement que de me traiter de vieille éponge : une éponge ne boit que de l'eau.

Il frappa sur sa bedaine :

— Ensuite, on est en train de se regonfler... Grâce aux pistoles de mon généreux ami... Un ami qui sera le tien quand tu voudras...

Puis, changeant de thème et riant d'un rire pâteux :

— Mais, sais-tu, mon pauvre garçon, que tu m'as joliment la mine d'un galant penaud et déconfit ?

— Moi !

— C'est-à-dire que si elle n'était pas ta sœur, je croirais que tu es jaloux de la Diamante.

Yanoz tressaillit.

Il regarda vivement son interlocuteur pour s'assurer si le coup était prémédité...

Mais il ne lut rien que l'ivresse sur cette trogne enluminée...

Gargajal poursuivit en chancelant :

— Jaloux de ce galant gendarme qu'elle a tiré de la pendaison et qui traîne dans ses souvenirs...

— Oh ! celui-là, grinça le gitano entre ses dents serrées, je le hais, oui, je le hais, de toute mon âme !...

— Eh bien, veux-tu te venger de la préférence qu'elle lui accorde ?

— Me venger de qui ?

— De la Reine... De cette sucrée, de cette mijaurée, de cette pimbêche de Reine ?... Veux-tu lui jouer un bon tour ?

— A Diamante ?

— Oui, à Diamante... Si ça te va, j'ai ton affaire... J'ai mon ami — mon généreux ami...

— Quel ami ?

— Un gentilhomme étranger, qui a noué avec moi des relations basées sur une estime réciproque, et qui me paye au poids de l'or les charmes de ma conversation...

— Mais quel tour ?

— Motus !... J'ai promis d'être discret... Et puis, je l'ignore hermétiquement... Mon ami ne m'en a pas soufflé un traître mot...

Yanoz lui saisit le poignet :

— Voyons, est-ce le vin qui divague par ta bouche, ou bien te reste-t-il quelque ombre de raison ?...

Qu'est-ce que ce gentilhomme, cet étranger, cet inconnu ?

Quelles sont ses intentions ?

Où est-il ?

— Ce qu'il est ?... C'est ce visiteur qui est venu s'entretenir mystérieusement avec ton père, dans la montagne — tu dois te le rappeler — la nuit où nous avons manqué de pendre celui qui est devenu le favori de ta sœur... Ce qu'il veut ?... Tu l'apprendras de lui-même, puisque c'est lui qui m'a dépêché à ta recherche...

Où il est ?... Eh ! par ma panse ! dans cette taverne, où nous avons trinqué de pair à compagnon...

En discourant de la sorte, nos deux bohémiens étaient arrivés devant le cabaret où attendait M. de Sierk.

Gargajal passa son bras sous celui du fils de Pharam :

Elle était à demi couchée.

— Entrons... On nous attend... Je vais te présenter.

Il ajouta en trébuchant :

— Seulement, mon fils, marche droit et fais honneur à la boisson.

Ils entrèrent.

— Mon gentilhomme, annonça Gargajal en désignant Yanoz, voici le cavalier que Votre Seigneurie m'a donné mission de lui amener.

Le baron fit signe au fils de Pharam de prendre place en face de lui.

Ensuite il se mit à lui parler à voix basse.

Le zingaro l'écouta silencieusement, immobile, le front dans ses mains.

Après avoir vidé ce qui restait au fond des bouteilles qui chargeaient la table, Gargajal s'était endormi sur un coin de celle-ci.

Le gentilhomme parla longuement.

Quand il eut terminé, Yanoz leva vers lui un visage décomposé par un étonnement et une douleur farouches.

— Mais je l'aime, moi, Messire ! s'écria-t-il : je l'aime !...

— Soit, repartit M. de Sierk ; mais réfléchissez qu'elle ne vous aime pas...

— Oh !...

— Réfléchissez encore que rien ne la retient parmi vous...

— Oh !

— S'il lui plaît d'aller vivre ici ou là avec celui-ci ou celui-là, comment ferez-vous pour la retenir ?

— Oh !...

— Elle n'aurait qu'à l'invoquer, la justice de ce pays serait avec eux et contre vous...

Toutes ces paroles tombaient comme des gouttes de plomb fondu sur le cœur du bohémien, et les monosyllabes qu'elles lui arrachaient étaient comme les gémissements d'un malheureux appliqué à la torture.

— Mais, dit-il, je ne la perds pas moins si vous devenez son mari !

Le baron haussa les épaules :

— Que vous importe, puisque je lui suis indifférent ?...

Puisque, moi-même, je ne veux être son mari que de nom ?

Puisque j'entends ne l'épouser que devant l'église et devant la loi ?

Puisque, de toute sa personne, je ne réclame que sa main ?

L'autre le regarda avec des yeux stupides :

— Ah çà ! vous ne l'aimez donc pas ? demanda-t-il.

— Monsieur Yanoz, répliqua Christian froidement, j'aime la fortune, j'aime les titres, j'aime les honneurs...

Voilà pourquoi j'ai décidé que cette Diamante serait ma femme...

En la ramenant aux parents auxquels votre père l'a enlevée, j'aurai tout cela — et le reste...

Vous voyez qu'avec vous, je joue cartes sur table...

Qu'elle soit jeune et séduisante, c'est le cadet de mes soucis : je m'accommoderais d'une sorcière, perdue de rides, si celle-ci devait m'emporter sur son manche à balai vers les sphères auxquelles j'aspire...

Les gens de ma trempe sont inaccessibles aux faiblesses...

Or, aimer est plus qu'une faiblesse : une faute ; plus qu'une faute : un crime ; plus qu'un crime : une sottise...

L'homme qui possède finit par être la propriété, par devenir l'esclave de celle dont il se croit le maître...

Voilà une déclaration qui doit vous rassurer pleinement à l'endroit de ce dont votre jalousie s'effarouche...

— Oh ! murmura Yanoz, si j'en étais certain, si vous consentiez à me jurer...

— Je ne jure rien, je ne promets rien, interrompit le cavalier. Remarquez que je puis me passer de vous en tout ceci. Un mot à l'oreille du capitoul, et c'est lui qui se chargera de rendre cette jeune fille à sa famille...

Le fils de Pharam crispa ses doigts dans ses cheveux :

— Malédiction !... Ne plus la voir !... C'est impossible !...

— Alors, mon cher, acceptez le marché que je vous propose, puisque c'est le seul moyen de ne pas la quitter, puisque je vous emmène avec nous, puisque je fais de vous mon homme de confiance et le premier écuyer de la future baronne.

— Et je serai près d'elle chaque jour, à toute heure ?

— Pardieu ! c'est mon intérêt : où trouverai-je un plus vigilant gardien de mon honneur à placer devant une porte à laquelle vous êtes assuré que je ne viendrai jamais frapper ?

Yanoz laissa tomber sa tête sur ses deux poignets qu'il avait croisés sur la table.

Un violent combat semblait se livrer en lui.

Aux mouvements de ses épaules, on devinait combien sa respiration était courte, pénible, hoquetante.

A la fin, se redressant à demi :

— Soit, dit-il : je suis votre homme.

XXXVII

SUCCÈS ET MÉCOMPTES

Le lendemain, enlevée — au sortir de l'église, où elle venait s'agenouiller tous les soirs — par Yanoz, qui s'était adjoint, dans cette opération, le concours de ses camarades Polgar et Giseph — et, enfermée malgré sa résistance et ses cris, dans une litière où elle s'était évanouie, la Reine des Grands-Scorpions avait été conduite à M. de Sierk.

— Mon enfant, lui avait demandé celui-ci avec douceur, vous ne voulez donc pas revoir votre mère ?

— Ma mère !

— Elle vous pleure depuis des années... Elle vous désire, elle vous réclame, elle vous attend... C'est moi qu'elle a chargé de vous conduire dans ses bras.

Diamante avait répété :

— Ma mère !

Puis, portant ses deux mains à sa poitrine comme si elle avait peur que la joie l'étouffât.

— Oh ! comme mon cœur bat !... S'il se pouvait que ma mère me fût rendue !... Si Dieu voulait...

Le baron avait insisté :

— C'est pour vous un devoir sacré que répondre à son appel... Comme c'est pour moi une tâche pieuse que vous restituer à ses caresses, à ses baisers... Pardonnez-moi ; mais il fallait vous arracher, par tous moyens, à ceux qui vous avaient enlevée au berceau...

Supposez le cœur le mieux doué, vous y trouverez un battement qui domine.

Chaque femme surtout a une corde qui vibre passionnément, un attrait, un élan supérieur à tous autres : la vocation dans la passion.

Diamante aimait jusqu'au culte, jusqu'au délire, cette mère qu'elle ne connaissait.

Depuis que Mani lui avait avoué, au lit de mort, qu'elle n'était pas de sang bohême, une unique pensée la hantait :

Retrouver sa mère !

— Monsieur, répondit-elle à l'adroit gentilhomme, que je puisse embrasser celle qui vous envoie, et nous serons deux à vous bénir.

En ce moment, tout s'effaçait devant ses yeux : la tendresse de Pharam et le souvenir de d'Artagnan.

Christian avait réussi.

On partit pour Nancy.

Yanoz, Polgar et Giseph étaient du voyage.

Par malheur, le triomphe du baron ne fut pas de longue durée.

En route, on apprit des nouvelles qui renversaient son château de cartes :

Le duc Henri II était mort.

Son neveu, Charles, fils du comte François de Vaudémont, ayant épousé la princesse Nicole, sœur cadette de Géralde, avait été envoyé en possession de la succession de son oncle et beau-père.

Or, il n'était point présumable que ce duc régnant accueillerait bénévolement les revendications de sa belle-sœur et qu'il s'empresserait de descendre du trône pour l'y faire monter à sa place.

Déçu dans ses espérances, M. de Sierk n'avait rien trouvé de mieux que de se séparer de ses compagnons de route.

Il avait donc quitté nos trois bohémiens — sans les prévenir, bien entendu — et, à tout hasard, il avait emmené Diamante avec lui.

La partie n'était pas irrémédiablement perdue.

Qui sait si, avec des protecteurs puissants, on ne parviendrait pas à la gagner ?

Sous ce rapport, notre gentilhomme ne pouvait s'adresser mieux qu'à Marie de Rohan.

Celle-ci n'avait pas seulement pour vocation de donner des amants à la Reine.

Intriguer, cabaler, conspirer était son divertissement, sa passion, sa vie tout entière.

Ecoutons les *Mémoires de La Rochefoucauld* :

« Elle y mettait non moins d'ardeur qu'à aimer ; elle prenait autant de plaisir qu'à être aimée. »

« Son occupation était de s'approprier les secrets de l'État. »

« Elle en connut ainsi quelques-uns dont elle tenta de se servir pour faire réussir ses desseins. »

Or, n'était-ce point un véritable secret d'Etat que celui de l'existence d'une sœur aînée de la princesse Nicole, et d'une héritière légitime de la couronne que la fille cadette du duc Henri avait illégalement transmise au prince de Vaudémont ?

En le recueillant de la bouche de M. de Sierk, l'entreprenante duchesse avait songé incontinent à le conserver par devers elle, afin de « s'en servir plus tard pour faire réussir ses desseins ».

Et vous avez pu voir précédemment quel parti elle comptait en tirer pour faire pièce à ce Richelieu, qu'elle poursuivait de toute sa haine, parce que, après l'avoir courtisée peu ou prou, il s'en était allé — sans succès cependant — offrir ses hommages à la Reine.

Elle avait donc déclaré au baron qu'elle se chargeait de son avenir et de celui de « son intéressante pupille ».

Car Christian, qui ne songeait plus maintenant à épouser Diamante, avait le titre de son tuteur.

La duchesse lui avait en outre conseillé, à tout hasard, de changer de nom, afin de laisser ceux qui le connaissaient en Lorraine, dans l'ignorance de sa présence à la cour de Saint-Germain.

Enfin, elle l'avait installé dans le domaine de l'île de la Loge, en lui constituant un train de maison modeste, mais suffisant pour « attendre les événements ».

Christian y attendait les événements, quand, un jour au détour d'une allée du bois du Vésinet, où il se distrayait à chasser le lapin, il avait vu se dresser devant lui les trois figures cuivrées et trois échines maigres, avec des yeux d'oiseaux de proie et des allures de loup à jeûn...

Celles de Yanoz, de Polgar et de Giseph !...

Le bon seigneur espérait bien être à jamais débarrassé des trois bohémiens.

Aussi ne perdrons-nous pas un temps précieux à vous dépeindre sa surprise.

On s'était expliqué brièvement.

Après la disparition de Diamante des luttes sanglantes s'étaient produites au sein de la descendance de Ptolaüm et d'Egyptus.

Chacun y briguait la succession de la jeune fille.

Chacun y voulait régner en chef et sans partage.

Chacun y disputait le pouvoir à son voisin.

On s'y était entretué — par la force ou la ruse — pour la possession du fouet au manche d'ébène et du sifflet d'argent.

Pharam avait usé ses dernières forces au milieu de ces compétitions et de ces querelles.

Un matin on l'avait trouvé froid et raidi dans son manteau.

Le Pharaon s'était endormi, sans secousses, du sommeil de l'éternité, en plein air libre — dans la nuit vaste, sous les étoiles perdues dans l'immensité du ciel — comme il convient à un représentant de cette race vagabonde qui dédaigne l'abri d'un toit, et vit et meure sur les grands chemins.

On l'avait enterré dans une plaine sablonneuse qui regardait l'Afrique, berceau de sa famille.

Une mince couche de poussière, que devait balayer le premier souffle du vent lui servait de bière et de linceul.

En guise de croix, on avait planté près de lui son bâton de commandement, tordu et recourbé par le haut comme l'était le *pedum* antique.

Car, aux yeux des gitanos, un linceul et une bière sont encore un logis — c'est-à-dire une prison...

Et ces êtres bizarres, épris de coudées franches, préfèrent de beaucoup au calme du tombeau le plus magnifique la sépulture sommaire de blanchir, dans le cadre sans bord de l'espace, sous l'action du soleil, de la pluie et du vent.

Alors, chacun tirant de son côté, la tribu des Grands-Scorpions, comme l'empire de César et celui d'Alexandre, s'était éparpillée par pièces et par morceaux.

Yanoz, Polgar et Giseph, après bien des journées de route et de détresse, étaient parvenus à rejoindre une de ces fractions de la famille composée de Gorbas, de Djabel, de leur fils Snaïni et de ce muid à deux pieds qui avait nom Gargajal.

On avait fait misère commune.

Le fils de Pharam avait pris la direction du groupe.

Le gitano n'avait qu'une idée :

Retrouver la fille adoptive de Mani !

Comment réussit-il à relever les passées de M. de Sierk et à suivre jusqu'au gîte la piste de celui-ci ?

Affaire de nez, de jarret et de temps.

Les *Rômes* ont le flair du limier et la patience du sauvage.

Maintenant le jeune homme réclamait l'exécution des promesses qui lui avaient été faites.

Il voulait vivre auprès de Diamante.

Autrement, c'est à son poignard qu'il en appellerait de la trahison du baron.

Et comme ce dernier lui faisait observer que l'emploi d'un tel procédé le conduirait infailliblement à la potence.

— *Basta !* avait riposté le bohémien avec une philosophie farouche, on ne pend les gens qu'une fois...

Et puis, le cordon de chanvre est celui que nous trouvons dans notre berceau, nous autres dauphins du Mal et fils de la Rapine...

D'ailleurs, quand ce cordon me serrerait la gorge, en quoi digéreriez-vous mieux les cinq ou six pouces de lame que j'aurais plantée dans la vôtre ?

Monsieur de Sierk avait essayé de sourire...

Mais il grimaçait en dessous...

Et de cette grimace et de ce sourire était né un accommodement, à la suite duquel toute cette pincée de vagabonds était entrée au service du nouveau châtelain de l'île de la Loge :

Yanoz avait endossé le pourpoint du majordom : Giseph et Gorbas la livrée du piqueur ; Gargajal, la souquenille du sommelier.

Le petit Snaïm avait été promu à la dignité de porte-queue de Mademoiselle de Fenestrange.

Enfin, Djabel était devenue la servante de celle-ci.

. . . .

Revenons maintenant à d'Artagnan, que nous avons laissé en face du baron de Fenestrange et de ses quatre spadassins.

— Allez, mes braves, commanda le Lorrain.

Les quatre hommes dégaînèrent.

Diamante poussa un cri.

Sans se départir de son calme, le mousquetaire l'écarta de la main gauche.

Puis, de la droite, il se mit en devoir de tirer son épée.

Mais, comme ses doigts en atteignaient la garde, la fenêtre qui était ouverte derrière lui, livra passage à un nouveau personnage qu'il ne pouvait apercevoir.

Ce personnage était Yanoz, qui avait conservé sous le pourpoint de velours noir et sous la chaîne d'or du majordome sa mine et ses allures de malandrin.

Le gitano bondit sur son ancien ennemi comme l'araignée sur la mouche.

Ses longs bras nerveux se nouèrent autour de ceux de notre héros, qu'il *ceintura* pour emprunter un de ses termes à l'argot des lutteurs modernes.

En même temps, il criait à Giseph et à Gorbas qui venaient de s'introduire par le même chemin :

— Aux jambes, vous autres... Aux jambes !...

Les deux zingari s'élancèrent.

Il y eut un pêle-mêle d'un moment !

Attaque à outrance !

Résistance désespérée !

Bruit de coups, imprécations étouffées, gémissements de femme !

Puis assaillants et assailli roulèrent en groupe sur le parquet.

Puis encore les trois bohémiens se relevèrent.

Quand au Gascon, il demeura inerte — étendu sur le tapis — les mains et les pieds liés, un solide bâillon sur la bouche...

— Vive Dieu ! s'exclama M. de Sierk, la bête était dangereuse, oui, vraiment...

Mais elle ne fera plus de mal à personne, grâce à ma belle pupille qui nous a servi d'appât à mettre devant le piège...

Les deux bras de la jeune fille se nouèrent autour de son cou.

Maintenant, nous pouvons sonner *la mort* aussi haut que les piqueurs du Roi en la forêt de Saint-Germain.

Ensuite, s'adressant aux bohémiens :

— Çà, qu'on me serre ce drôle en lieu sûr...

Puis, encore, à lui-même en regardant Diamante :

— Celle-ci, murmura-t-il, en passera désormais par tout ce que nous exigerons d'elle pour racheter la vie de son amant.

XXXVIII

GORBAS SE SOUVIENT

Etait-ce un cachot ? Etait-ce une cellule ? Pourquoi y aurait-il eu celui-ci ou celle-là dans ce logis de Marie Touchet, qui n'était ni bastille, ni couvent, mais bien lieu de passe-temps amoureux et de *bel esbat* royal.

Nous pensons — tout bonnement — que c'était un cellier : *sine Baccho, friget Venus*.

Et ce qui nous induirait à le croire, c'est que l'on voyait s'arrondir dans un coin un énorme foudre, haut comme deux hommes aboutés, cerclé de fer comme une bombarde, et petit-cousin — très petit cousin, par exemple — du fameux tonneau de Heidelberg, le plus considérable de tous les récipients connus.

Dans tous les cas, un cellier dont les quatre murailles, en carré long, étaient faites de pierres de taille épaisses et dures à défier le pic, et dont la porte de chêne était garnie, en dehors, de tout un attirail de serrures compliquées et de verrous rébarbatifs.

En somme, une véritable prison.

Mieux qu'une prison : une tombe.

Le battant de la porte se referma avec bruit ; de grosses clefs grincèrent dans les serrures ; les verrous jouèrent dans leur gaîne...

Notre héros entendit s'éloigner les pas des gens qui l'avaient apporté là...

Il demeura seul, comme un paquet sur les dalles.

La vérité nous oblige à déclarer qu'il ne valait guère plus qu'un homme assommé d'un coup de massue.

Un abattement mortel s'était emparé de lui.

Il n'essayait point de s'expliquer comment il était tombé dans le piège.

Il ne se demandait pas si cette Djabel et ce Snaïm, qui l'avaient conduit près de Diamante, avaient été les complices ou les dupes du Baron.

Sa pensée tournait dans un cercle étroit comme ce caveau dont l'air épais étouffait déjà sa respiration.

Il songeait à lui-même un peu et beaucoup à celle qu'il n'avait plus le pouvoir de protéger.

A mesure que le temps passait, cependant, le pauvre garçon éprouvait plus de difficulté à respirer.

C'était un poids de plomb qu'il avait sur la poitrine.

Ses liens entraient dans sa chair, qui allait se tuméfiant.

Les ténèbres qui l'enveloppaient s'éclairaient par moments de faisceaux d'étincelles qui jouaient, tourbillonnaient, se mêlaient autour de ses yeux éblouis.

C'était la fièvre, qui chauffait son crâne endolori, tout en faisant grelotter son corps meurtri par la lutte.

Des heures s'écoulèrent.

Sa fièvre augmenta jusqu'à rendre sa torture intolérable.

Le transport lui montait par moments au cerveau.

Il croyait voir et il croyait entendre.

Il croyait voir Diamante se débattre entre les bras du duc d'Anjou ou de M. de Fenestrange...

Il croyait l'entendre appeler à l'aide avec des sanglots et des cris déchirants...

Puis, la torpeur le prit.

Ses paupières se fermèrent.

Il céda au sommeil et à l'affaissement.

Puis encore, après un certain temps, une douleur plus aiguë que toutes celles qu'il avait éprouvées jusqu'alors, le réveilla brusquement.

Il avait soif.

Il avait faim.

Sa gorge desséchée, brûlait.

Sa poitrine, vide, râlait.

Ses entrailles se tordaient, tenaillées...

Il se demanda s'il ne vaudrait pas mieux en finir tout de suite...

Et il essaya de se mouvoir pour se briser la tête contre le granit des dalles...

Mais il était solidement lié, et l'effort qu'il tenta demeura impuissant...

La conviction de cette impuissance lui arracha un long gémissement.

Ce gémissement eut un écho :

La porte du caveau geignit en tournant sur ses gonds, et un homme entra, tenant une lanterne sourde à la main, et portant un sac de toile sous son bras.

Cet homme était le bohémien Gorbas.

Il referma la porte derrière lui et s'avança avec précaution.

Puis, arrivé auprès du prisonnier, il déposa sa lanterne sur le sol, s'agenouilla doucement et tira un long couteau de sa ceinture...

— Il va me poignarder, pensa tout haut le Gascon. A la bonne heure, mon agonie sera moins lente et moins cruelle.

Le gitano se pencha sur lui :

— Ne parlez pas ! lui intima-t-il à voix basse. Et, surtout, ne bougez pas ! Il faut que je commence par couper les cordes qui vous emmaillottent.

Quelques minutes plus tard, en effet, le mousquetaire, à sa grande surprise, se voyait libre de toute entrave.

Gorbas demanda :

— Êtes-vous capable de vous tenir debout ?

D'Artagnan se mit sur ses pieds non sans peine.

Les murailles du cellier dansaient autour de lui.

Des bruissements bizarres emplissaient ses oreilles...

Pour ne pas tomber, il se retint à l'épaule du zingaro.

Celui-ci lui tendit un flacon :

— Buvez, reprit-il. C'est du vin d'Espagne. Je l'ai volé à l'office pour vous.

Notre héros saisit avidement le flacon et le vida d'un trait.

L'effet de ce tonique, ainsi absorbé à haute dose, fut immédiat et prodigieux.

Les forces du mousquetaire lui revinrent tout d'un coup.

Ses jambes se raffermirent.

Il voulut parler...

Mais l'autre avec un grand geste impératif et effrayé :

— Taisez-vous !

Puis après un moment :

— Répondez par signes !

Il dirigea la lumière de sa lanterne vers la futaille monumentale qui se dressait dans un angle :

— Voyez-vous cette barrique ?

— Oui, fit d'Artagnan de la tête.

— Elle est vide.

— Bon !

— Eh bien ! pouvez-vous, en grimpant sur mes épaules, vous hisser jusqu'à son orifice et vous laisser glisser ensuite à l'intérieur ?

— Parbleu ! dit le Gascon de la même façon.

Le vin d'Espagne avait mis à la place de sa défaillance absolue une incompréhensible énergie.

Il se sentait galvanisé et capable de toutes les prouesses.

Gorbas continua :

— Faisons vite alors et sans bruit...

Et une fois là-dedans, demeurez immobile, retenez votre souffle, et, quoi que vous entendiez, quoi qui se passe ici, pas un mot, pas un mouvement !...

Votre salut est à ce prix !

. . . .

D'Artagnan était tapi au fond du tonneau monstre.

Le trou qui avait été la bonde de celui-ci, se trouvant juste à hauteur d'homme, notre héros y colla son œil, afin de se rendre compte de ce qui allait avoir lieu de l'autre côté des douves épaisses.

Mais le bohémien avait tourné l'âme de sa lanterne vers la porte du cellier.

Si bien, que la partie de ce dernier qui confinait à la cachette du Gascon restait plongée dans une profonde obscurité.

Au bout de quelque temps, un pas se fit entendre. Un pas léger et circonspect. Puis une voix de femme demanda :

— Pourquoi m'as-tu fait descendre ici ?

Il n'y eut aucune réponse à cette question...

Mais celle-ci fut suivie immédiatement par un cri — un cri unique — un cri d'agonie...

D'Artagnan sentit ses cheveux se dresser sur son front..

Car il n'y avait pas à douter : on égorgeait quelqu'un près de lui...

Ses deux poings heurtèrent, comme pour l'enfoncer, la muraille de bois qui le séparait du meurtre.

Et le brave garçon eût voulu voler au secours de la victime...

Mais le cri s'était éteint aussitôt que jeté...

Tout était maintenant silence dans le caveau...

Le Gascon essuya la sueur glacée qui lui coulait des tempes...

Dix minutes environ s'écoulèrent...

Puis de nouveaux pas s'approchèrent...

Le cellier s'emplit de lumière...

D'Artagnan regarda avidement...

Il y avait là trois hommes debout devant Gorbas : Giseph, qui portait une torche ; le ventripotent Gargajal, qui soufflait comme une baleine, et le fils de Pharam, dont une joie sinistre éclairait le masque d'un bronze rougeâtre.

Ce dernier questionna :

— Où est-il ?
— Ici, répondit le père de Snaïm.

Il montrait du doigt sur les dalles, le sac qu'il avait apporté, — le sac dûment ficelé, — sous la toile duquel se dessinaient les lignes rigides et anguleuses d'un cadavre.

La voix de Yanoz siffla, furieuse :
— *Demonio !* pourquoi ne m'as-tu pas attendu, *canaglia ?*
Pourquoi n'as-tu pas attendu les autres ?

Gorbas repartit tranquillement :
— Pourquoi t'aurais-je attendu ? Le maître m'a ordonné de frapper. Il ne m'a pas ordonné de t'attendre.

Il ajouta en haussant les épaules :
— D'ailleurs, pourquoi aurais-je partagé la récompense, avec les autres, puisque j'étais capable de faire la besogne tout seul.

Le fils de Pharam mesura le sac de l'œil :
— Qu'il est petit ! murmura-t-il.
— Oui, répliqua Gorbas, tu le trouves petit parce que tu n'en as plus peur ; tu le trouvais plus grand quand tu tremblais devant lui.

Yanoz poussa le sac du pied.
Ensuite, s'adressant à l'époux de Djabel :
— Ouvre cette enveloppe, bon Gorbas... Que je contemple encore une fois les traits de ce doux ami de mon cœur... *Carajo !* je veux voir sa dernière grimace.

En ce moment, la voix d'un domestique tomba du haut de l'escalier :
— On attend à l'instant M. le Majordome.

Le fils de Pharam se toucha le front :
— Ah ! Oui... M. le Majordome, c'est moi... Ne suis-je pas toujours tenté de l'oublier ?

Puis, frappant le sol du talon :
— Au diable !... La peste étouffe ces chrétiens !... Pas moyen de manger sa vengeance tranquille.

Il ajouta entre ses dents :
— Heureusement, Diamante me reste !

Il gagna la porte lentement, — à reculons, — avec regret...
Et, du seuil, avant de remonter :
— Vous autres, vous savez ce qui vous reste à faire... Une pierre pour alourdir le sac... Et à l'eau comme un chien crevé !...

Il disparut dans l'escalier.
Giseph passa la torche à Gargajal :
— Respectable cruche, charge-toi d'éclairer la cérémonie... Moi, je me dispense de la corvée... N'en ayant pas eu le bénéfice, il est juste que je n'en aie pas la peine.

Il suivit le fils de Pharam.

Gorbas enleva le sac et le plaça sur son épaule :

— Allons, camarade, fit-il.

Ensuite, haussant le ton à l'intention de d'Artagnan :

— Je reviendrai tout à l'heure nettoyer et fermer cette cave.

Moins de cinq minutes plus tard, en effet, il grattait aux parois du foudre :

— Messire, il faut sortir.

Le Gascon ne se le fit pas répéter.

— Venez, reprit le bohémien.

Ils gravirent l'escalier à la suite l'un de l'autre.

Au bout de cet escalier, il y avait une fenêtre au bas de laquelle grondait la Seine.

Gorbas s'informa :

— Savez-vous nager ?

— Comme un poisson.

— Eh bien, ne perdez pas un moment. Fuyez par eau... Le jour va poindre.

Le mousquetaire enjamba l'appui de la fenêtre.

Puis, sur le point de s'élancer dans le fleuve :

— Une seule question ? dit-il.

— Faites.

Notre héros n'osa point interroger :

— Qui avez-vous tué à ma place ?

Il demanda :

— Qui était tout à l'heure dans le sac ?

L'autre répondit :

— Ma femme.

D'Artagnan étouffa un cri.

— Votre femme ?

Le gitano repartit gravement :

— Egyptus et Ptolaüm, nos pères, nous ont fait une loi de la reconnaissance.

Vous avez sauvé mon fils Snaïm, et ma femme Djabel vous avait vendu...

Je vous sauve, et j'ai puni ma femme...

Je vous le répète, c'est la loi.

XXXIX

L'AUBERGE DE L'ORME DE SULLY

Notre héros était aussi bon nageur qu'excellent cavalier et escrimeur habile.

En sortant de la Seine, ruisselant comme un triton, il avait pris terre — non loin de l'endroit où se trouve aujourd'hui le pont du Pecq en face de l'auberge de l'*Orme de Sully*.

Celle-ci tirait ce nom du gros arbre qui s'élevait à distance — il existe encore à présent — et à l'ombre duquel le célèbre ministre de Henri IV aimait à venir se reposer pendant le séjour de la cour du château neuf de Saint-Germain.

C'était — nous l'avons dit ailleurs — une grande maison qui s'appuyait sur de larges piliers, comme on en rencontrait à Paris, il n'y a pas si longtemps, dans une certaine partie du quartier des Halles.

Son toit débordait assez pour mettre à couvert une galerie extérieure à balustres, qui, comme dans les châlets suisses, circulait autour de l'étage supérieur.

A l'intérieur, au fond de la salle commune, s'ouvrait une cheminée immense, dont le manteau eût pu abriter une demi-douzaine de clients et sur les murs de cette salle — aux tables et aux chaises de chêne luisant neuf — s'alignait une batterie de cuisine du plus appétissant aspect.

Le Gascon éprouva l'impérieux besoin de se restaurer et de se sécher.

Partant, il s'empressa d'entrer dans ce logis hospitalier.

Comme il en franchissait le seuil, une voix de femme le salua de ces phrases hachées par la surprise :

— Ah! *santissima madonna!*... C'est le beau lieutenant des mousquetaires!

Celle qui l'interpellait ainsi, avec un accent italien prononcé, était une commère, jeune et brune, douée d'un respectable embonpoint et parée trois fois plus qu'une châsse.

Elle reprit en le dévisageant :

— Savez-vous que vous êtes joli homme, encore que vous soyez trempé comme un canard?

Grâce, mon doux Seigneur!...

— Madame, interrompit notre héros résolument, je suis transi et je meurs de faim...

Elle joignit les mains avec commisération :

— C'est juste... je n'avais pas remarqué... Mais d'où sortez-vous, *povero* ?

— Je sors de la rivière, mordioux !

— De la rivière ?

Elle se frappa le front :

— J'y suis... Je devine !... Une aventure d'amour... Un rendez-vous dans une maison riveraine... Le mari qui survient... Fuite et plongeon par la fenêtre...

— De grâce, insista le Gascon, faites-moi allumer du feu et servir quelque chose à boire et à manger.

— Tout de suite, messire, tout de suite !... Holà ! Tartaglia !... Mon oncle !

L'hôte se hâta d'accourir.

La signora commanda :

— Un fagot dans l'âtre ! Un couvert près du feu ! Le meilleur vin de la cave !

Quelques minutes plus tard, un vrai bûcher de bois sec pétillait dans la cheminée, et sous le manteau de celle-ci, notre mousquetaire était assis devant une petite table chargée de victuailles et de flacons.

En le servant avec une prévenante dévotion, Francisquine allait répétant :

— Je ne suis pas mariée... Se sacrifier à un seul homme me paraît le comble de l'égoïsme... Cependant si je trouvais un parti convenable...

Ensuite se rengorgeant :

— On gagne de l'or en barre dans cet établissement... Sans compter d'autres bénéfices... Je travaille dans la politique avec M. de Rochefort...

Le Gascon ne l'écoutait pas.

Dans le bien-être de la chaleur, des vins généreux et de l'appétit satisfait, il s'était peu à peu assoupi, en se demandant de quelle façon il arriverait à tirer Géralde-Diamante des griffes du baron de Fenestrange.

Le bruit d'une violente altercation le réveilla au bout de deux heures.

Deux consommateurs, qui s'étaient installés dans la salle pendant son sommeil, venaient d'achever une partie de cartes.

L'un jurait d'une voix à faire trembler les vitres :

— Ventre d'hippopotame ! cornes de rhinocéros ! écailles de crocodile !...

L'autre ergotait sur le mode glapissant :

— Distinguons, confrère, distinguons...

— Ouais! se dit d'Artagnan, voilà des façons de parler qui ne me sont pas étrangères...

L'organe en fausset reprenait :

— Prends... Tu as gagné... C'est ton droit...

Le timbre en bourdon ripostait :

— Prendre?... Ah! mais non!... Je m'y refuse!...

— Comment, est-ce que, dans toutes les parties, ce n'est pas celui qui gagne qui ramasse l'enjeu?...

— Dans toutes les parties ordinaires c'est possible... Mais dans celle-ci... Une partie extraordinaire...

— Décidément, murmura notre héros, ce sont mes deux gaillards... Les deux braves garçons que ce damné baron avait soudoyés pour m'assassiner... Car je ne doute plus maintenant...

La querelle continuait :

— Tu as triché!...

— Et toi aussi!...

— Je t'ai vu écarter des atouts pour perdre...

— Et toi, tu as commis exprès faute sur faute pour me faire gagner...

D'Artagnan les examinait de sa place :

— Voilà une singulière dispute... Cet assaut de délicatesse... Quel peut bien être cet enjeu qu'ils prétendent ainsi se repasser l'un à l'autre?

Il allongea le cou hors du manteau de la cheminée.

Sur la table, entre les deux joueurs, il y avait un masque de velours et un nœud de rubans.

Ces deux objets paraissaient être la cause du différend, lequel, du reste, allait s'enflant dans d'homériques proportions :

— Distinguons! distinguons! Voulez-vous que je vous dise? Eh bien, vous n'êtes qu'un poltron!...

— Et vous, vous n'êtes qu'un Normand.

— Monsieur Ange-Bénigne Caudebec!...

— Monsieur Trophime Mirasson!...

— Un pareil outrage!

— Une semblable injure!...

Tous deux firent mine de mettre flamberge au vent :

— Je ne sais ce qui me retient....

— J'ignore ce qui m'empêche...

— Si je n'écoutais que ma colère...

— Si je n'écoutais la raison...

— Mais je méprise votre opinion...

— Et moi, je dédaigne vos mépris...

Le mousquetaire jugea à propos d'intervenir :

— La paix, au nom du ciel, mes maîtres !... Allez-vous donc vous égorger ?... Deux camarades, deux amis, deux frères !

Les deux adversaires le regardèrent.

Ensuite, un double cri partit :

— Messire d'Artagnan !

— Monsieur le chevalier !

Et ce furent des effusions d'allégresse et de cordialité ! Des poignées de mains ! Des accolades ! On se félicita réciproquement de se retrouver de cette façon inattendue. On entreprit de se raconter ce que l'on était devenu pendant les années de séparation :

— Ah ça ! demanda notre héros, comme vous voilà proprets, et bien nippés... Mordioux ! vous avez fait fortune...

— Humph ! pas précisément, repartit Mirasson ; mais il est des métiers lucratifs... Nous sommes... nous sommes...

Il s'arrêta embarrassé et chagrina sa moustache.

Son compagnon lui vint en aide.

— Nous sommes dans la diplomatie...

— En vérité, mes compliments... Dans la diplomatie active ?...

— Dans la diplomatie... d'observation : nous éclairons Son Eminence le cardinal de Richelieu... Et c'est ce qui fait le sujet de notre controverse... Tenez, jugez-en, Messire d'Artagnan...

Et le Normand se mit à raconter comment Richelieu avait chargé l'un d'eux de jouer le rôle d'un envoyé de M. de Vendôme dans une réunion de conspirateurs qui devait avoir lieu dans l'île de la Loge.

A ceci, d'Artagnan eut un ressaut.

L'autre donna tous les détails : le message intercepté par Rochefort, le mot de passe, les signes de reconnaissance et de ralliement.

Quand il eut terminé :

— C'est fort bien, s'informa le Gascon, on a chargé l'un de vous ; mais lequel ?

— C'est ce que nous avons eu l'honneur de demander à Son Eminence...

Et voici ce qu'elle nous a fait l'honneur de nous répondre :

« — Arrangez la chose entre vous. Mais si vous ne me fournissez pas un rapport précis et complet sur tout ce qui se décidera dans ce conciliabule, vous recevrez les étrivières tous les deux : histoire que l'un ne soit pas jaloux de l'autre. »

— Et, comme si l'on est reconnu pour appartenir au duc rouge par quelqu'un de ces enragés du parti de l'*Aversion*, on court risque de passer un fort mauvais quart d'heure...

— Je comprends : vous jouiez à qui, nouveau Curtius, se dévouerait pour épargner à son ami ce quart d'heure désagréable...

— Distinguons, Monsieur, distinguons : nous jouions à qui n'irait pas se jeter dans la gueule du loup...

— On tient au fils de son père, écailles d'hippopotame, ventre de rhinocéros, cornes de crocodile !

— Mon pauvre Mirasson, déclara d'Artagnan, avec compassion, le trouble que détermine chez vous la perspective de cette visite à l'île de la Loge vous fait brouiller toutes les lois de la nature et attribuer à de certains animaux des qualités physiques dont ils se montrent totalement dépourvus...

Vous vous exposez à des réclamations...

Mais allons au plus pressé...

Je connais un moyen de vous mettre d'accord et de vous tirer d'embarras...

— Lequel ?

— Dites, oh ! dites vite !

— Remettez-moi ce masque et ce nœud de ruban : j'irai là-bas à votre place.

. . . .
. . . .

XL

L'ENVOYÉ DE M. DE VENDOME

Cependant la réunion, annoncée par Bassompierre, dans sa lettre à M. de Vendôme, avait eu lieu à l'époque et au lieu indiqués.

Anne d'Autriche n'y assistait point.

En revanche, M. de Chevreuse avait — non sans combat — obtenu de Monsieur qu'il la présiderait en personne.

Vous auriez retrouvé là tous nos gentilshommes du rez-de-chaussée du *Tourne-Bride* et nombre de ceux que nous avons coudoyés dans les jardins du Château-Neuf à Saint-Germain.

Tous avaient sur le visage le masque de velours noir à liséré de satin blanc et sur l'épaule le nœud de ruban écarlate.

Tous, avant de monter dans la barque qui les avait transportés à l'île de la Loge, avaient échangé avec Yanez, sentinelle vigilante postée par le Baron, le mot de passe : *Paris-Nancy.*

L'envoyé du duc César avait pris place au milieu d'eux.

Comme les autres, il était masqué.

Comme les autres, il portait le nœud d'épaule, signe de reconnaissance des conjurés.

En outre, pour mieux affirmer l'authenticité de sa mission, il avait exhibé au duc d'Anjou, à la duchesse et au maréchal, le message adressé par ce dernier au fils naturel du Béarnais.

Une demi-heure avant l'ouverture de la séance, le baron de Fenestrange était entré chez sa pupille.

Celle-ci était aux mains de deux filles de chambre qui achevaient de l'habiller.

L'éclat de la parure de rubis, qui étoilait ses cheveux et son corsage, accentuait encore la pâleur de ses traits.

Ceux-ci, qui conservaient la trace d'une violente lutte morale, semblaient reculer les bornes de la beauté humaine.

Vous eussiez dit le chef-d'œuvre de quelque Praxitèle ou de quelque Phidias ayant sculpté une statue de la Douleur.

— Eh bien, ma chère enfant, lui demanda le gentilhomme, êtes-vous prête à m'accompagner ?

La jeune fille leva au ciel ses yeux autour desquels les larmes avaient creusé une sorte de cercle d'argent bruni.

— Monsieur, prononça-t-elle d'une voix sourde et brisée, vous savez à quelle condition.

— Je le sais, reprit le Lorrain, et je vous répète encore une fois que celui que vous aimez n'a plus aucun danger à courir.

L'ancienne gitane étendit le bras vers le crucifix qui surmontait son prie-Dieu.

— Vous le jurez sur la sainte image du Sauveur ?

— Sur mon salut, je vous le jure.

Et, de fait, d'Artagnan *n'avait plus aucun danger à courir* au fond de la Seine où le baron le croyait enseveli — ficelé dans son sac et lesté par sa pierre.

Diamante se dressa.

Ses cheveux blonds ruisselaient autour de sa joue exangue.

Autour de sa lèvre, il y avait un amer sourire qui répondait au feu sombre de son regard.

— C'est bien, dit-elle : faites de moi ce que vous voudrez.

Quelques secondes plus tard, un page ouvrant à deux battants la porte de la salle où se tenait « le Conseil », annonçait d'une voix sonore :

— Son Altesse la princesse Géralde de Lorraine!

Monsieur alla au devant d'elle, le chapeau à la main, et lui présenta le poing pour la conduire à un grand fauteuil, élevé de deux marches et protégé par un dais, sur le velours duquel elle se laissa tomber, tandis que toute l'assistance découverte s'inclinait respectueusement devant elle.

Gaston s'assit à ses côtés.

Les accordailles de l'héritière du duc Henri II et du frère de Louis XIII furent alors solennellement célébrées.

Pendant cette cérémonie, comme pendant tout ce qui suivit, la jeune fille demeura immobile.

Elle avait le calme de la fatigue.

Ses paupières se refermaient à demi, comme si elles eussent supporté un lourd poids de sommeil.

Les belles lignes de son visage se reposaient et paraissaient tranchées dans le marbre.

Si elle souffrait, c'était au plus profond du cœur.

L'assemblée, cependant, débattait une question capable de causer chez une femme une certaine émotion.

Il s'agissait de la mort d'un homme.

Nos conjurés ne parlaient rien moins que de se débarrasser de Richelieu.

Celui-ci, on le sait, s'était confiné à Rueil.

Le duc d'Anjou et ses amis, prétextant une partie de chasse, dirigeraient leurs pas de ce côté; ils arriveraient chez le Cardinal, et, comme s'ils étaient fatigués, ils lui demanderaient l'hospitalité: enfin, cette hospitalité accordée, ils saisiraient le premier moment favorable pour envelopper Son Éminence et lui couper la gorge.

Si ces complots paraissent plus qu'étranges aujourd'hui, nous constaterons qu'à cette époque ils avaient des antécédents:

C'est ainsi que Visconti avait été assassiné dans la cathédrale de Milan; Julien de Médicis dans le chœur de Sainte-Marie-des-Fleurs, à Florence; Henri de Guise, à Blois; Henri III, à Saint-Cloud; Henri IV, rue de la Ferronnerie, et le maréchal d'Ancre sur le pont du Louvre.

Or, l'*aversion* inspirée par le *duc rouge* à cette jeunesse étourdie qui entourait la Reine et Monsieur, cette aversion, répétons-nous, était si vive et si « inconsidérée » à la fois que ce projet de meurtre avait été adopté pour ainsi dire sans débat et que Madame de Chevreuse ayant insisté pour qu'on fixât le jour de son exécution, il n'y avait eu qu'une voix pour répondre:

— Le plus tôt qu'il sera possible.

— Pourquoi pas demain, alors ?
— Demain, soit.
— Dans la matinée ?
— Dans la matinée.

Il est vrai que Louis XIII n'avait pas mis plus de façon pour arrêter avec de Luynes le programme de l'assassinat de Concini, assis tous les deux côte à côte sur un banc du jardin du Louvre, tandis qu'à trois pas d'eux, une pie-grièche des *oiseaux du Roi* rongeait la cervelle d'un moineau qu'elle venait de prendre.

Sur quoi, l'on s'était séparé, en se donnant rendez-vous, à la première heure, chez le duc d'Anjou, d'où partirait la sanglante expédition.

Et chacun, tirant de son côté, avait regagné la ville par une voie différente, afin de ne pas éveiller l'attention des espions que le cardinal ne cessait d'attacher aux pas des principales créatures d'Anne d'Autriche et de Gaston.

Quant à l'envoyé de M. de Vendôme, M. de Fenestrange s'était chargé de le conduire à travers la forêt jusqu'à la route de Rambouillet, d'où il gagnerait celle de Bretagne, par Chartres, le Mans et Angers.

De cette façon, il éviterait de traverser Saint-Germain, où son passage pourrait être remarqué.

Les deux gentilshommes étaient donc montés à cheval, en quittant la barque qui les avait ramenés de l'île sur le continent.

Ils avaient descendu la Seine jusqu'au point où s'élève aujourd'hui le village de Carrières-sous-Bois.

Puis, ils avaient tourné à gauche pour s'engager dans la forêt.

La nuit était belle et calme ; seulement l'épaisseur des voûtes de feuillage sous lesquelles ils cheminaient botte à botte dans les avenues dont les arbres joignaient leurs cimes au-dessus de leurs têtes, interceptaient la majeure partie des lueurs qui tombaient du firmament en l'absence de la lune.

Cette obscurité empêchait nos cavaliers de causer.

Ils avaient bien assez de guider leurs montures.

La forêt, en effet, n'était pas, à cette époque, unie comme elle l'est aujourd'hui :

Les pousses, jeunes et riches de sève, des cépées jaillissaient en gerbes de la souche commune, empiétaient sur les allées et croisaient leurs branches en tous sens.

A chaque pas, on était arrêté par quelque bloc de roches ou quelque fondrière.

La route tournait autour des souches, évitait les rocs et dévalait dans les trous.

On arriva ainsi à une sorte de clairière où les ténèbres étaient

Assaillants et assaillis roulèrent sur le parquet.

moins noires et le sol moins accidenté que dans le chemin parcouru précédemment.

Nous venons de dire que ce trajet avait été silencieux.

Ce silence pesait à M. de Fenestrange.

Il le rompit en demandant :

— Çà, à présent que nous n'avons plus de mauvaises rencontres à redouter, si nous nous débarrassions de ce morceau de velours et de carton qui nous échauffe le visage ?

— Ma foi, j'allais vous le proposer, répondit l'autre courtoisement.

Le baron enleva son masque.

Son compagnon l'imita.

En ce moment, la lune se démasquait, elle aussi, de derrière un gros nuage couleur d'encre.

Christian s'était penché pour regarder.

Il se redressa soudain en poussant un grand cri :

— M. le chevalier d'Artagnan !

Celui-ci salua en souriant :

— Lui-même, Monsieur le Baron : Votre serviteur indigne !

Le gentilhomme était devenu livide.

Persée lui eût porté au visage la tête de Méduse avec ses yeux fascinateurs et sa grimace d'agonie qu'il n'eût pas éprouvé une stupeur pareille.

Il demeurait en selle, glacé, pétrifié, les prunelles dilatées de terreur, la bouche entr'ouverte et le gosier aride.

Il ne pouvait faire un mouvement.

Il n'eût pu jeter un second cri.

— Rassurez-vous, que diable ! poursuivit le Gascon avec une bonhomie railleuse ; quoique tué par vous pour la deuxième fois, je ne m'en porte pas plus mal...

Non, vrai, je ne suis pas un spectre, et je vais vous le prouver tout à l'heure...

C'est en vain que vous chercheriez dans ma poitrine la gaîne — béante et saignante — du poignard de votre estafier, et à mes pieds la pierre qui devait m'entraîner dans les profondeurs de la Seine...

Puis, changeant de ton et tirant un pistolet de ses fontes :

— Maintenant, veuillez mettre pied à terre et attacher votre monture à l'un de ces arbres...

La vue de l'arme, sur l'acier de laquelle venaient mourir les clartés indécises de la nuit, rendit la parole au baron...

— Allez-vous donc m'assassiner ? balbutia-t-il.

— Monsieur, répliqua notre héros, ce sont des procédés sommaires que je laisse à Votre Seigneurie.

Il ajouta, en braquant le canon du pistolet à la hauteur du front de Christian :

— Cet argument *ad hominem* n'est là que pour vous brûler la cervelle au cas où vous auriez l'intention de me brûler la politesse.

Ensuite, avec impatience :

— Allons, voyons, décidez-vous... Je suis nerveux comme pas un... Et mon doigt n'aurait, par mégarde, qu'à appuyer sur la détente...

M. de Sierk se hâta d'obéir.

Il vida les arçons. D'Artagnan en fit autant.

Puis, avec le même flegme :

— Bon ! à présent, causons comme une paire d'ennemis...

Seulement, causons vite...

Je suis un peu pressé...

A deux reprises, vous avez tenté de m'envoyer rejoindre mes ancêtres — et, dame ! ce n'est pas votre faute si je me suis montré réfractaire à ce voyage aux sombres bords :

Une première fois en soudoyant deux coupe-jarrets, le soir de mon duel avec M. de Chalais...

La seconde fois, il y a quelques jours, chez vous, dans une cave et par le ministère de votre laquais Gorbas : un brave coquin qui m'a prouvé qu'un bienfait n'est jamais perdu...

En outre, vous m'avez enlevé la femme qui était toute ma vie...

Et pour la jeter en pâture à vos exécrables intérêts de courtisan tantalisé par la soif de l'or et des titres, ainsi qu'aux coupables projets d'une poignée d'ambitieux sans cervelle...

Vous voyez bien, Baron, qu'il faut que je vous tue !...

— Me tuer !...

— Oh ! mais comme je sais tuer, moi : loyalement, fer contre fer, jouant ma vie pour prendre la vôtre... Comme si j'avais affaire à un vrai gentilhomme !...

Le mousquetaire se tenait debout devant son adversaire, qu'il écrasait de son calme méprisant — le frappant de chaque mot à la joue, comme il l'eût souffleté de son gant.

L'autre essaya de surmonter son trouble :

— Ainsi, questionna-t-il, si je vous comprends bien, c'est un duel à outrance que vous me proposez ?

— Je vous fais cet honneur, Monsieur, répondit d'Artagnan gravement.

Christian se rassurait peu à peu ; l'honnêteté de son adversaire lui garantissait que ce dernier ne se résoudrait pas à le charger s'il refusait de se défendre.

— Et si je déclinais cet honneur ! répliqua-t-il en cherchant à gagner du temps.

— Hein ?...

— Oui, si je trouvais l'heure et l'endroit inopportuns pour cette rencontre...

— Vous ne le pouvez pas, repartit le Gascon.

— Je ne le puis pas ?

— Eh ! non ! continua notre héros avec la même tranquillité, et c'est ce que je vais vous démontrer...

Oh ! en quatre mots, par exemple...

C'est simple comme le *Pater noster*...

Tenez, supposons un moment que vous soyez encore plus couard que coquin et que vous persistiez dans ce refus...

Savez-vous ce que je fais, moi ?

Je vous conduis à Saint-Germain au bout de ce pistolet avec lequel je vous casse la tête comme à un chien, si vous hésitez à marcher...

Au besoin, je vous y traîne par le collet, je vous y transfère à bras tendu, je vous y emporte avec mes dents !...

Ne m'en défiez pas !...

Mordioux ! je puiserais dans ma colère la force que Samson avait dans ses cheveux !

Maintenant, une fois à Saint-Germain, je vous confie aux soins de mon capitaine M. de Tréville...

Encore un Gascon, celui-là !...

Et qui ne vous lâchera pas, compère !...

Non, pardieu ! qui ne vous lâchera pas avant que je sois revenu de chez le Cardinal...

— Vous iriez chez le Cardinal ! s'exclama M. de Sierk en frémissant.

D'Artagnan appuya :

— J'irai *quand même*...

Oui, à moins que je ne reste cloué sur ce terrain...

J'irai, lorsque j'aurai terminé avec vous !...

Car, vivant, je ne laisserai jamais égorger un chrétien comme un mouton...

J'avertirai donc Richelieu de ce qui se trame contre lui...

Après, il fera ce qu'il voudra...

C'est son affaire...

Peu m'importe !

Quant à vous ce que je vous offre est votre seule chance de salut...

Acceptez donc... !

Acceptez, vous dis-je !...

Si je succombe dans ce combat, c'est le succès de vos complots...
Poitrine traversée, bouche close...
Si j'en sors vainqueur, au contraire, vous y gagnerez encore ceci que l'épée d'un gentilhomme vous aura épargné la honte de finir par la hache du bourreau.

. . . .

Le mousquetaire était devenu farouche.
Son geste était sec, sa voix nette et brève.
Le geste et la voix d'un juge condamnant un coupable.
L'autre l'avait écouté en mordillant la moustache rousse qui tranchait étrangement sur le fond blafard de son visage.
Il comprenait qu'il se trouvait non pas en face d'un adversaire ordinaire, mais devant la personnification de la volonté.
Ce que notre héros parlait de faire, il le ferait assurément...
Aucune puissance humaine ne l'en détournerait...
Richelieu, prévenu, se montrerait terrible...
Peut-être n'oserait-il pas toucher aux instigateurs du complot : à la femme et au frère du Roi...
Mais comme sa vengeance se rabattrait sur les instruments subalternes !...
Le baron se voyait perdu — perdu sans ressources — perdu au moment même où il allait atteindre à la réalisation de ses rêves !...
Il suffoquait...
Son cœur était pris comme dans un étau...
La terreur et la rage l'étouffaient...
Il fit un mouvement pour déboutonner son pourpoint...
Puis, soudain, quand sa main effleura sa poitrine, quelque chose comme une espérance sembla poindre dans son œil hagard et effaré...
D'Artagnan n'aperçut point cette lueur, qui couvait plutôt qu'elle ne brillait dans la prunelle atone de Christian...
Il enfonça son honnête regard dans le regard faux et fuyant de ce dernier :
— Avez-vous choisi ? reprit-il. Il faut me tuer ou mourir
M. de Sierk tira son épée.
En le voyant mettre flamberge au vent, notre héros jeta son pistolet.
— Puis, il dégaina à son tour.
Alors, une chose singulière se produisit :
M. de Sierk, qui, tout à l'heure, semblait si peu pressé de se battre, n'attendit pas pour engager le combat que son adversaire fût en garde...
Il bondit en avant, avec un cri sauvage, et se fendit sur un coup droit...

Mais une épée, dans certaines mains, est comme un être vivant qui a l'instinct de défense.

Celle de d'Artagnan para et flambloya, décrivant ce cercle rapide que donne la riposte de *prime*.

La poitrine de Christian rendit un son métallique.

C'était un homme de précaution.

Il portait une cote de mailles sous son pourpoint.

La rapière du Gascon se brisa comme verre contre ce plastron d'acier.

Christian eut un rire convulsif.

Il se rua, comme une bête fauve, sur son adversaire désarmé.

Celui-ci fit un saut en arrière.

Oui, mais son pied glissa sur une touffe d'herbe.

Il tomba....

Cette chute lui évita le choc déloyal du baron, qui passa outre dans son élan.

En même temps, sa main droite, qu'il appuya sur le sol pour essayer de se relever, rencontra là — gisant tout armé — le pistolet dont il s'était débarrassé un instant auparavant...

Christian, effrayant de joie féroce, revenait sur lui pour le traverser d'un coup de pointe...

D'Artagnan leva machinalement le bras et fit feu sans viser...

Il y eut un éclair et une détonation....

Le baron tournoya sur lui-même et s'abattit comme une masse...

La balle lui était entrée sous le menton et en était sortie par le crâne.

XLI

CARDINAL ET MOUSQUETAIRE

Richelieu avait l'habitude de se lever à l'aube crevant.

Mais l'on se fût trompé étrangement si l'on eût cru que c'était pour s'occuper plus tôt des affaires du royaume.

— A quoi pensez-vous que je prenne le plus de plaisir? demanda-t-il brusquement un jour à son confident Desmarets.

— Selon toute probabilité, répondit celui-ci, c'est à faire le bonheur de la France.

— Vous vous trompez, répliqua le ministre, c'est à faire des vers.

Donc ce matin-là, à Rueil, le Cardinal travaillait à sa tragédie de *Mirame*.

Et, satisfait de son œuvre, il allait et venait dans le cabinet où nous l'avons présenté, tenant à la main son manuscrit dont il récitait à lui-même des passages qu'il assaisonnait entre temps de compliments à sa propre adresse :

— Oui, l'entendait-on murmurer, quand cette pièce sera représentée, j'obtiendrai un double triomphe... Triomphe de poésie et triomphe de vengeance...

Car comment ne pas reconnaître Anne d'Autriche, ses menées, ses amours coupables, lorsqu'un de mes personnages s'écriera, par exemple :

> Celle qui vous paraît un céleste flambeau,
> Est un flambeau funeste à toute ma famille,
> Et peut-être à l'État.....

Et plus tard, quand le Roi dira en dévoilant ses peines secrètes :

> Acaste, il est trop vrai, par différents efforts,
> On sape mon pouvoir et dedans et dehors.
> On corromp mes sujets, on conspire ma perte,
> Tantôt couvertement, tantôt à force ouverte.

Ces vers ne retracent-ils pas ce qui se passe en ce moment.

Cette réunion d'hier à l'île de la Loge, dont j'aurai sans nul doute des nouvelles ce matin.

Ces machinations de Monsieur, de la Chevreuse et des Vendôme....

Et cet aveu de mon héroïne, dans un moment d'abandon, n'est-ce pas la Reine confessant ses relations avec Buckingham :

> Je me sens criminelle, aimant un étranger,
> Qui met, par mon amour, ma patrie en danger.

Ces allusions seront couvertes de bravos...

Oui, l'on applaudira.

Je veux qu'on applaudisse.

Au besoin, je saurai, pour ce faire, ressusciter ces mercenaires de l'enthousiasme que Néron inventa pour acclamer ses œuvres...

Et ce pédagogue de l'Etoile qui a eu hier l'impertinence de m'objecter que, parmi les vers dont je lui ai donné lecture, il en avait remarqué un qui se trouvait avoir un pied de trop.

Par la morbleu ! il me plait ainsi, à moi, et je le ferai bien passer, ce vers défectueux, qu'il ait un pied de trop ou un pied de moins (1).

. . . .

En ce moment, on gratta à la porte.

Le Cardinal s'en fut ouvrir avec impatience :

— Qu'y a-t-il, Chéret ?... Que réclame-t-on ?... On ne peut donc pas être une minute en repos ?...

— Monseigneur, c'est un mousquetaire...

Richelieu eut un mouvement de surprise :

— Quel mousquetaire...

— Il désire, dit-il, entretenir Votre Éminence d'affaires qui ne souffrent aucun retard.

Le ministre haussa les épaules :

— Bon ! la belle malice ! Quelque requête à me présenter ! Plus tard, Chéret, plus tard !

— Votre Grandeur entend donc que je le congédie ?

— Oui, qu'il sollicite une audience... Qu'il expose le but de sa visite... Alors je verrai, j'aviserai...

Puis, d'un ton et avec un geste qui ne souffraient aucune réplique :

— Ce matin, je n'y suis que pour le chevalier de Caudebec et pour le chevalier Mirasson.

— Bien, Monseigneur.

Le secrétaire salua et sortit.

Le Cardinal reprit en consultant un papier :

— Voyons, maintenant, le devis de ma future salle de spectacle... Trois cent mille écus... Peste ! c'est un joli denier !... A ce prix là, c'est bien le moins que j'aie le droit d'y faire jouer mes pièces !

Puis, se retournant avec colère vers Chéret qui revenait :

— Hein ?... Quoi ? Encore un importun ?

— Monseigneur, c'est toujours le même...

— Ce mousquetaire ?

— Il refuse de s'en aller...

— Oh !...

— Il affirme avoir à communiquer à Votre Eminence des choses qui intéressent la sûreté de l'État...

— Stratagème !... Prétexte ! Mensonge !... Qu'on le jette dehors s'il insiste davantage !...

---

(1) Rigoureusement historique. Toutefois, malgré la prédiction du grand ministre, comme il n'en est pas des vers ainsi que des lois, le vers ne passa point.

Il va me poignarder, pensa le Gascon.

— A l'instant, Monseigneur.

Le secrétaire fit quelques pas pour se retirer.

Ensuite, du seuil de la porte :

— Pardon, reprit-il, c'est que ce visiteur ajoute que ce qu'il a à vous apprendre concerne en même temps la vie de Votre Éminence.

Celle-ci fit un soubresaut :

— Ma vie à moi ? Ah ! diable ! Voilà qui change la thèse... Attendez, Chéret, attendez ! Ceci mérite réflexion.

Puis, mettant sa tête dans ses mains :

— Si cet homme disait vrai, pourtant ?... Il y a autour de moi tant de pièges invisibles... Il y a tant de gens qui ont juré ma perte...

Puis encore, après un silence :

— Je consens à le recevoir... Vous allez l'introduire, Chéret... Après quoi vous vous tiendrez dans l'antichambre avec Bournais et les laquais.

D'Artagnan entra :

Richelieu était assis devant sa grande table de travail.

Il leva la tête à l'entrée du mousquetaire.

Puis, reconnaissant son ancien ennemi :

— M. d'Artagnan ! s'écria-t-il.

— Moi-même, répondit le Gascon.

— Vous avez à me parler ?

— Oui, Monseigneur.

— De choses d'importance ?

— Jugez-en : je viens tout simplement sauver Votre Éminence.

Richelieu se leva à demi :

— Me sauver ?... Vous dites que vous venez me sauver !... Quelle est cette plaisanterie ?

— Monseigneur, je suis très sérieux... Le ciel me garde de plaisanter sur des sujets de cette importance... Non plus qu'avec un homme d'État de votre mérite...

Mérite parut faible au prélat.

Génie lui eût mieux convenu.

— Soit, reprit-il ironiquement. Vous venez me sauver. De qui ?

— D'une bande de malheureux, qui, dans cette matinée, envahira votre logis pour vous saigner comme un poulet.

Le ministre appuya ses deux mains sur les deux bras de son fauteuil et se pencha en avant pour mieux étudier les traits de celui qui lui tenait ce langage.

Notre héros sourit :

— Oh ! répliqua-t-il, ce sont ceux qu'il a la volonté de perdre que le Seigneur frappe de démence... Moi, j'ai toute ma raison... Oui, toute : aussi vrai que je viens de tuer un homme...

Cette fois, Richelieu se leva tout à fait.

— Vous venez de tuer un homme ?...

— Le moins digne de pitié de vos futurs assassins : un certain baron de Fenestrange...

— Celui chez qui s'est tenue, cette nuit, la réunion....

— Dans laquelle vous avez été condamné, oui, Monseigneur : j'étais au nombre de ceux qui ont voté votre mort.

— Vous !...

— Dame ! puisque j'étais censé y représenter M. de Vendôme, lequel n'est guère de vos cousins, je suppose...

— Est-il possible !...

— Tenez, voici le masque de velours à liseré blanc que j'avais sur le visage !...

Voici le nœud de ruban écarlate que je portais sur l'épaule...

Voici le mot de passe : *Paris-Nancy* qui m'a ouvert les portes de cet antre de conspirateurs...

Voici le message de Bassompierre au duc César qui m'a accrédité près d'eux...

Le cardinal saisit le poignet du Gascon comme s'il avait peur que celui-ci ne se dérobât aux éclaircissements qu'exigeait impérieusement un tel langage...

— Monsieur, vous allez vous expliquer, n'est-ce pas ?

D'Artagnan ne parut intimidé ni du regard, ni du geste qui soulignaient cet ordre donné d'une voix sourde et irritée :

— Hé ! Votre Grandeur, répliqua-t-il, je ne suis ici que pour cela... Mais un moment encore de grâce !...

Veuillez, auparavant, appeler votre valet de chambre.

— Mon valet de chambre ?...

— Tout de suite... Je vous en prie... C'est urgent...

Richelieu frappa deux coups sur un timbre.

Nous savons que Bournais n'était pas loin.

Quand il se présenta :

— Mon ami, lui dit le mousquetaire, votre mousquetaire doit s'habiller en cavalier à l'occasion...

Apportez-lui donc sur-le-champ un habit de cheval complet — avec le manteau et l'épée — et aidez-le à s'en revêtir...

En même temps, vous avertirez aux écuries que l'on nous tienne prêts les deux meilleurs coureurs...

Il poussa dehors le domestique ahuri :

— Allez !... Allez vite !... Ça chauffe !...

Ensuite, se retournant vers le ministre :

— A présent, Monseigneur, me voilà à vos ordres...

Et il déroula rapidement devant son auditeur attentif les différentes scènes qui ont passé déjà sous les yeux de nos lecteurs :

Son aventure et ce qu'il avait entendu à l'auberge du *Tourne-Bride*;

Le guet-apens dont il avait failli être victime dans le domaine de l'île de la Loge;

Comment il était retourné chez M. de Fenestrange en se substituant à Ange-Bénigne Caudebec et à Trophime Mirasson dans la mission dont ceux-ci étaient chargés;

Les résolutions extrêmes qui avaient été adoptées par les conjurés réunis;

Enfin, l'espèce de jugement de Dieu dans lequel M. de Sierk avait trouvé la mort...

Richelieu l'écouta sans qu'aucun muscle tressaillît sur sa face, dont les lignes semblaient figées dans une impassibilité hautaine, et sans qu'il apparût aucun des sentiments que devaient éveiller en lui ces menaçantes révélations.

Puis, quand, en manière de conclusion, le narrateur eut prononcé ces mots :

— Bref, Monseigneur, ils vont venir.

— Eh bien, qu'ils viennent, répondit-il froidement.

Et il s'en fut, avec une majesté tranquille, reprendre place dans son fauteuil.

— Que faites-vous? s'exclama notre héros.

— Vous le voyez : j'attends mes assassins.

— Oh!

— Qu'ils viennent! poursuivit le prélat : nous verrons s'ils osent frapper un prince de l'Eglise, le représentant de Dieu et du Roi sur cette terre, le gardien de l'honneur national et le dépositaire des destinées de la France...

Qu'ils viennent!...

Nous verrons encore qui d'eux ou de moi tremblera davantage, au moment de porter ou de recevoir leurs coups...

Qu'ils viennent! Qu'ils viennent! Contre leurs poignards je ne me cuirasserai que de mon mépris de la mort, et je n'opposerai à leurs armes que le calme de ma conscience, la grandeur de mon but, l'éloquence de mon silence, et les foudres de mon regard...

Oh! moyens de défenses illusoires, je le sais, contre le déchaînement des passions mesquines, contre la révolte de l'incapacité et de l'orgueil, contre la coalition des intérêts et des rancunes...

Ces gens seront sans pitié comme ils sont sans scrupules...

Ils me tueront?

C'est une besogne qu'ils m'épargneront à moi-même...

Je gagnerai le repos à leur crime...

Ce repos auquel j'aspire depuis que je pousse d'ahan à la roue de ce char de l'État qui écrase parfois, en reculant, ceux qui s'épuisent à le faire sortir de l'ornière...

Si vous saviez comme je suis las de ce labeur formidable qui ne fait que commencer : l'abaissement de la maison d'Autriche rêvé par le grand Henri et le nivellement des têtes seigneuriales entrepris par Louis XI !...

Si vous saviez que de fois j'ai souhaité la disgrâce comme une faveur du ciel !...

Que de fois j'ai ambitionné la tombe comme le seul lit où je puisse dormir tout mon soûl !...

Ah ! le proverbe arabe : *Mieux vaut être assis que debout, couché qu'assis, mort que couché !*

Regardez-moi, chevalier ;

Regardez ma taille qui se courbe, mes cheveux blanchis par la fièvre du travail, mes yeux creux, mon front raviné de rides...

Je n'ai pas encore quarante ans et j'ai l'apparence d'un vieillard...

L'ardeur de mon métier me ronge et m'exténue...

Je n'aurais pas rendu mon poste...

On me l'arrache avec la vie...

Merci à mes libérateurs...

Encore une fois, qu'ils viennent...

Je ne ferai pas un pas pour leur échapper, et non seulement je les attends, mais encore je les désire, je les appelle et je les bénis...

Je n'étais qu'un homme : ils vont faire de moi un martyr.

. . . .

Cette lassitude, cette résignation, cette faiblesse et ce détachement étaient-ils bien réels ?

Il est permis d'en douter, si l'on songe que le pape Paul V, fort renommé pour sa pénétration, avait dit en 1607, à l'ambassadeur de France Malaincourt, en lui montrant le jeune Armand Duplessis, qui était venu se faire sacrer évêque à Rome :

— Voilà un adolescent qui sera un grand fourbe ! (*questo giovine sara un gran furbo !*)

Toujours est-il qu'en parlant de la sorte le Cardinal affectait, s'il ne ressentait effectivement, une sérénité souveraine, et qu'une âme inaccessible à la peur apparaissait sur son visage superbement mélancolique.

D'Artagnan s'inclina devant lui :

— Monseigneur, dit-il, je vous admire.

Puis, avec sa rondeur habituelle :

— Je vous admire — mais je ne vous approuve pas...
— Hein ?...
— Oui, ce que vous voulez faire est sublime — et stupide...
— Monsieur !...
— Oh ! stupide, je ne m'en dédis pas...
Je ne suis pas un courtisan, moi...
Ma sincérité est l'excuse et la sauvegarde de ma hardiesse...
Je vous ai laissé tout à l'heure défiler votre chapelet...
A mon tour d'égrener le mien...
Vous n'avez pas le droit d'agir comme vous en avez l'intention...
Vos jours ne vous appartiennent pas...
Ils appartiennent à ce monarque dont votre bras puissant soutient la démarche incertaine...
Ils appartiennent à ce pays qui attend de votre politique sa prospérité et sa gloire...
Il n'y a qu'un mauvais ouvrier pour se reposer avant que sa tâche soit entièrement terminée. Achevez la vôtre. Mourir, parfois, c'est déserter...
Et c'est au nom de ce monarque, c'est au nom de ce pays...
C'est au nom de ce but, invoqué par vous comme une règle de conduite, que je vous défends d'aventurer à la merci d'une poignée de fous, un sang si précieux pour la France...
D'ailleurs, je ne le permettrai pas...
— Comment ?
— Je suis venu pour vous sauver — et je vous sauverai de par tous les diables !...
— Malgré moi !...
Le Gascon appuya :
— *Malgré vous...*
Oh ! vous ne me connaissez pas !...
Je suis un gars de poil joyeux, mais quand j'ai une idée chevillée entre les deux sourcils...
Tenez, je déclarais cette nuit à ce chenapan de baron que, s'il se rebellait contre ma volonté, j'allais le happer avec les cinq doigts que voici et le traîner devant ses juges...
Que Votre Eminence y prenne garde, si elle refuse de me suivre...
— Eh bien ?...
— Eh bien, je l'enlève : Voilà !
— De force ?...
— Avec cela que ce sera bien difficile de vous planter sur un bon cheval et de vous y maintenir jusqu'à Saint-Germain !...
Tâtez-moi donc ces muscles-là !...

Quand vous, vous n'avez que le souffle...

A ce que vous prétendez du moins, du moins...

Vous crierez bien un peu: tant pis!... L'histoire m'absoudra de cette violence.

Puis, regardant son interlocuteur entre les deux yeux.

— Je suis certain, du reste, ajouta notre héros, que vous m'en remercierez plus tard.

La flèche qui jaillit de la prunelle du Cardinal sembla vouloir pénétrer jusqu'au cœur de la pensée du brave garçon.

Celui-ci, sous cette inquisition muette, conserva son air à la fois *bon enfant* et fin.

En ce moment le valet de chambre rentra, apportant ce qui lui avait été demandé.

— Bournais, fit le Gascon, habillez votre maître. A son corps défendant, s'il le faut. Au besoin, je vous prêterais main-forte.

Le serviteur, tout indécis et tout pantois, interrogea Richelieu de l'œil.

Le Ministre eut un gros soupir et un grand geste de soumission affectée.

— Obéissez, Bournais, dit-il. Aussi bien, il paraît que je ne suis plus rien ici. C'est M. d'Artagnan qui commande.

XLII

FIN D'UNE PREMIÈRE CONSPIRATION

Pour gagner Saint-Germain sans mauvaise rencontre, les deux cavaliers avaient pris par Louveciennes, Marly, Mareil et Fourqueux.

Ce détour leur permettait d'éviter le duc d'Anjou et ses compagnons au cas où ceux-ci se seraient dirigés sur Rueil par la route ordinaire.

En remontant la côte de Marly, et, pendant que les chevaux soufflaient :

— Monsieur d'Artagnan, questionna le Cardinal, de quelle façon m'est-il permis de m'acquitter envers vous ?

Le mousquetaire hésita un moment.

Puis se décidant :

— Si Votre Eminence a daigné me prêter quelque attention, elle sait qu'il est une personne que j'aime plus que tout au monde...

— Oh! oui: cette bohémienne... La pupille de ce Fenestrange... L'épouse destinée à Monsieur... La prétendue Géralde de Lorraine...

— La fille aînée du feu duc Henri II, Monseigneur, affirma d'Artagnan fermement.

— Vous le pensez?

— J'en suis certain.

— Alors, reprit Richelieu avec une sorte de compassion, j'en suis fâché, et je vous plains, mon cher sauveur; car il va falloir renoncer à l'espoir d'en faire jamais votre femme...

— Comment?...

— Je crois que vous êtes un brave soldat; je crois que vous êtes bon gentilhomme; je suis garant, l'ayant éprouvé, que vous possédez le cœur le plus vaillant qui soit...

Mais croyez-vous, à votre tour, que tout cela soit suffisant pour épouser l'héritière du trône sur lequel le prince Charles de Vaudémont est assis à l'heure présente?...

Croyez-vous qu'un pareil mariage puisse s'accomplir sans le consentement des familles régnantes auxquelles la princesse est alliée et sans l'intervention de la raison d'État?

— Mon Dieu!...

Le Gascon avait baissé la tête en poussant ce gémissement.

Le Ministre poursuivit en pesant sur les mots:

— Si, au contraire, elle vous aime assez pour vous sacrifier son nom, son rang, ses espérances de fortune...

Si elle abdique des droits que jusqu'à plus ample informé, je persiste à regarder comme fort éventuels...

Des droits qu'elle ne fera point reconnaître sans de formidables difficultés, sans l'appui intéressé de quelque puissance européenne, sans une guerre sanglante peut-être...

Si, dis-je, elle se résout à prendre cette sage détermination, personne n'a plus rien à voir dans sa conduite...

Et vous allez vivre dans le silence de l'amour partagé et dans l'obscurité du bonheur commun...

— Monseigneur, repartit notre héros non sans tristesse, c'est à elle qu'il appartient de décider...

— Eh bien, consultez-la sans retard...

Consultez-la aujourd'hui même...

Le plus tôt sera le meilleur...

Cette prétendante sera entre mes mains une arme terrible contre le duc Charles IV...

Avant de monter dans la barque.

Je vous abandonne cette arme...
Ne me laissez pas le temps de réfléchir qu'en agissant ainsi je fais du sentiment — et non de la bonne politique.

. . . .

On gravissait les rampes de Saint-Germain.
Les chevaux avaient pris le pas. Richelieu songeait.
Il y avait de l'ombre sur ses traits...
A un moment, levant la tête :
— Vous avez oublié une chose, reprit-il.
— Laquelle ?
— De me donner les noms...
— Quels noms ?
— Les noms de ceux qui ont assisté à cette réunion de l'île de la Loge, de ceux qui vont venir tout à l'heure à Rueil.
— Pourquoi faire ?
— Pour vous croire d'abord.
D'Artagnan arrêta sa monture en répétant :
— Me croire ?
— Qui me prouve, continua le Ministre soupçonneux, que c'est bien ma mort qu'on a tramé là-bas, dans ce conciliabule et que vous n'avez pas exagéré les résolutions qui y ont été prises, afin de vous créer plus de titres à mes faveurs, en m'avertissant d'un péril imaginaire ?
Le Gascon l'interrompit brusquement :
— Assez, Monseigneur. Plus un mot. Retournons à Rueil.
— A Rueil ?
— Et faites-moi donner une épée. La mienne s'est brisée cette nuit. Que je me fasse tuer en vous couvrant de mon corps.
Le Cardinal poussa son cheval dans la direction de Saint-Germain :
— C'est bien, chevalier, suivez-moi...
J'ai eu tort de douter de votre bonne foi...
Mais vous devez comprendre que j'ai besoin de ces noms...
— Et Votre Eminence doit comprendre pareillement que je persiste à les lui refuser.
Oh ! qu'elle n'insiste pas ! On ne tirera rien de moi. Ma résolution s'est changée en statue...
Quoi ! vous me reconnaissez quelque fierté dans l'âme et vous me demandez des têtes pour l'échafaud !
Voilà une étrange façon de me payer d'un service rendu !
Mordioux ! si vous n'étiez pas le ministre de Dieu, en même temps celui du Roi, je vous sommerais de me faire raison d'un tel affront...
— Là ! là ! tout beau, vaillant champion ! repartit le prélat en le menaçant du doigt affectueusement. Eteignez cette vive flamme...

Je n'entends exiger de vous aucune complaisance honteuse...

Gardez ces noms, si bon vous semble : aussi bien, j'en connais plus de la moitié — et quand j'aurais tous les coupables sous la main...

— C'est ce jour là, répliqua le mousquetaire, que je viendrai vous demander mon salaire : leur grâce...

— Monsieur, riposta sèchement le cardinal, le droit de grâce n'appartient qu'à Sa Majesté, et ce n'est certes pas quand le salut de l'Etat réclame toutes les énergies, que j'irai conseiller la faiblesse...

Le Gascon hocha le front :

— Ma foi, déclara-t-il, le génie que Votre Éminence tient du ciel est bien grand...

Bien grande aussi est son œuvre...

Mais à celle-ci comme à celui-là il manque une vertu suprême...

— Et laquelle, Monsieur ?

— La clémence.

. . . .

A Saint-Germain, dans une des cours du Château-Neuf, sous les fenêtres du corps de logis occupé par Monsieur, une trentaine de gentilshommes, bottés et éperonnés, se tenaient debout auprès de leurs chevaux tout sellés.

Ils étaient en tenue d'expédition cynégétique ; le fouet au poing, le couteau de chasse au flanc, la trompe en sautoir : mais tous, affirment les *Mémoires de Richelieu*, avaient des pistolets dans leurs fontes et des poignards dans leurs poches.

On attendait le duc d'Anjou.

Or, celui-ci ne venait point.

Il était encore couché, disait-on, et ne se pressait pas de se lever.

On s'impatientait de son absence.

On commençait à s'inquiéter.

On échangeait des mots et des regards anxieux.

D'aucuns parlaient de quitter la place.

D'autres — c'est toujours le Cardinal qui le prétend — ne demandaient *qu'à aller de l'avant*.

Dans l'aile des bâtiments qui faisait face à celle où se trouvaient les « quartiers » de Gaston, il y avait un escalier de service qui conduisait aux appartements du Roi.

Nos chasseurs, qui regardaient les fenêtres de Monsieur, tournaient le dos à ce perron.

Soudain une voix tomba du haut de celui-ci :

— Dieu vous garde, Messieurs !

Tout le monde se retourna — et il y eut une grande rumeur...

Et cet homme, c'était le duc rouge !...

Tous les visages pâlirent.

Tous les yeux s'allumèrent...

Il y eut des mains... qui allèrent chercher les armes cachées sous les vêtements...

Oui, mais la figure mâle et résolue de d'Artagnan venait d'apparaître derrière celle du Cardinal...

Le lieutenant, en tenue de campagne, avait la main sur le pommeau de son épée...

Et, derrière lui, dans la pénombre de l'escalier reluisaient les mousquets, les morions et les cuirasses des gardes.

En même temps, par les baies des arcades, qui ouvraient sur les jardins, on voyait les Suisses relever dans tous les postes les mousquetaires, les chevau-légers et les gendarmes, parmi lesquels il était permis de supposer que les conjurés comptaient des complices, des alliés ou des amis...

Ces impassibles soldats — nous parlons des Suisses — reconnaissables à leur singulier uniforme mi-partie bleu, blanc et rouge — étaient la troupe habituelle des exécutions sommaires.

Aussi Chalais murmura-t-il à l'oreille de Bassompierre :

— Nous sommes perdus, Maréchal.

— Harnibleu! repartit celui-ci, je crois que vous avez raison, Comte, et que nous sommes dans la souricière.

— Alors, reprit l'autre, il n'y a plus qu'à nous laisser croquer sans faire la grimace, puisque les vieux rats comme vous avouent leur impuissance à nous tirer de la peine.

Cependant Richelieu avait descendu les degrés du perron.

Il se dirigeait vers les appartements de Monsieur en distribuant à droite et à gauche, du bout des doigts et du bout des lèvres, de légers saluts protecteurs :

— Bonjour, Messieurs, bonjour!... Bonjour, Monsieur de Marcillac! Bonjour, Monsieur de Chaudebonne! Bonjour, Monsieur de Gondi!... Toujours mauvaise tête et bretteur!

Il ajouta d'un ton sévère :

— Prenez-y garde, Messieurs les raffinés d'honneur, il nous répugne de voir le meilleur sang de la France couler sur le pavé de la place Royale pour de futiles et sottes querelles — et le jour est proche où nous obtiendrons de Sa Majesté des édits qui appliqueront aux duellistes les mêmes peines qu'aux meurtriers...

— Eh! Monseigneur, répliqua fièrement le petit abbé, nous autres gentilshommes, nous ne nous regarderons jamais comme déshonorés de finir en grève pour avoir tiré l'épée : ce qui déshonore, c'est d'éviter son ennemi, et non de rencontrer le bourreau.

Le Ministre n'eut pas l'air d'entendre cette verte riposte, et, avisant M. de Chalais :

— Comte, je suis votre serviteur. Comment va notre belle duchesse ?

— Madame de Chevreuse ? Votre Eminence la comble... J'aime à penser qu'elle est en excellente santé.

Richelieu hocha le front :

— Vous vous trompez, Monsieur...

— Comment ?

— Cette pauvre duchesse est plus malade qu'elle ne paraît. Vous qui êtes de ses amis, donnez-lui le conseil d'aller se retremper quelque part en province. L'air de Saint-Germain ne lui vaut rien en ce moment...

Ensuite, s'adressant à Bassompierre :

— Maréchal, vous rajeunissez... Vous avez une mine superbe... A propos, quand vous écrirez à M. de Vendôme, assurez-le que je lui suis tout acquis.

Il pivota sur les talons tandis que le vieux seigneur sacrait intérieurement tous les jurons de Crillon et du Béarnais.

— Ah ! tous mes compliments, Monsieur de Beaufort...

Cet habit couleur de musc est du dernier galant... Mais préparez vos équipages de campagne : nous partons dans trois jours pour Blois ; nous nous rendons de là à Nantes...

— Votre Éminence a donc quitté Rueil ? questionna le duc hardiment.

— Oui, Sa Majesté m'a mandé, ce matin, pour m'informer qu'elle m'accordait — sans que je la lui aie demandée — une garde de deux cents arquebusiers chargés de préserver ma personne contre les dangers que celle-ci pourrait courir.

Le ministre ajouta en haussant les épaules :

— Comme si j'avais besoin de cette véritable armée pour défendre ma vie au milieu de cette chevaleresque noblesse de France, dans les rangs de laquelle je puis compter des ennemis, mais où je défie qu'on rencontre un assassin !

Il regardait les gentilshommes en face.

Quelques-uns rougirent.

D'autres baissèrent la tête.

Aucun n'osa affronter l'ironie sanglante de ses yeux.

Le Cardinal continua :

— Je vais de ce pas chez Son Altesse... Oui : une mauvaise nouvelle à lui annoncer... Le baron de Fenestrange, récemment attaché à sa maison, *a dû* être trouvé mort dans une clairière de la forêt...

La phrase était non moins étrange que la nouvelle.

Il y eut un frémissement parmi les auditeurs.

Richelieu ne sembla pas le remarquer.

Mais, paraissant s'apercevoir que ceux à qui il s'adressait étaient en costume de chasse :

— Mais, vous vous disposiez, je crois, à forcer quelque gros gibier... Allez, Messieurs, allez : que je ne vous retienne pas... Bonne réussite et bon plaisir.

Il entra chez Monsieur.

L'histoire nous apprend par le menu ce qui se passa entre eux.

Gaston venait de donner l'ordre qu'on l'habillât.

Tout à coup, la porte de sa chambre à coucher s'ouvrit et un page annonça :

— Son Éminence.

— Avant que le valet de chambre de service eût eu le temps de répondre que son maître n'était pas visible, le ministre était déjà devant le lit du prince.

Le trouble avec lequel celui-ci reçut l'illustre visiteur prouva à ce dernier que d'Artagnan ne l'avait pas trompé.

Richelieu ne lui laissa pas le loisir de se reconnaître :

— En vérité, Monseigneur, lui dit-il, j'ai quelque raison d'être fâché contre vous.

— Contre moi ! fâché ! vous ! s'exclama Gaston tout démonté ; et pourquoi cela, Monsieur le Duc ?

— Parce que vous ne m'avez pas prévenu de la visite que vous aviez l'intention de me faire ce matin, vous et vos amis...

Averti, je serais demeuré à Rueil, afin d'avoir l'honneur de vous y recevoir...

Au reste, en l'absence du maître, la maison et les serviteurs sont à Votre Altesse Royale, elle est libre d'en user selon ses désirs.

« Sur quoi, ajoutent les récits du temps, le Cardinal tenant à prouver au duc d'Anjou qu'il était son très humble serviteur, prit la chemise des mains du valet de chambre et, presque de force, la passa au p ce : ensuite, il se retira en lui souhaitant toute sorte de chances et de prospérités.

» Gaston comprit que le complot était éventé : il se plaignit d'une indisposition subite et se remit au lit incontinent.

» Il va sans dire que la partie de chasse fut renvoyée à un autre jour. »

XLIII

LE NARCOTIQUE

A l'issue de ses fiançailles avec M. le duc d'Anjou, la princesse Géralde de Lorraine avait été reconduite dans son appartement.

De tout ce qui s'était agité autour d'elle, la pauvre fille n'avait compris qu'une seule chose : c'est qu'elle venait d'aliéner sa vie pour sauver celle de l'élu de son cœur.

Cette pensée donnait à sa beauté un caractère tragique.

Elle était sortie de l'assemblée des *Aversionnaires* l'œil fixe et les sourcils contractés.

Mais le désespoir l'accablait d'un poids trop lourd.

Une fois seule sa force fléchit : elle se jeta sur ses coussins et se roula en étouffant ses gémissements.

Des coussins, elle glissa sur le carreau.

Des convulsions la secouèrent.

Elle se tordait, et son corps charmant bondissait sous l'effort d'une angoisse sans nom.

Puis, tout d'un coup, sa tête se renversa, perdue dans les masses de ses cheveux.

Elle ne bougea plus.

Elle était comme morte.

Les heures de la nuit s'écoulèrent — le matin vint — la journée s'avança...

Elle demeurait toujours immobile.

Ses traits gardaient les traces de son martyre.

Figurez-vous le chef-d'œuvre d'un pinceau sublime qui aurait jeté sur la toile la Vierge transpercée par les glaives des sept douleurs.

. . . .

Vers le soir, un jeune cavalier se présenta au logis de Marie Touchet.

Ce survenant n'était autre que la Duchesse de Chevreuse sous un déguisement masculin.

Cet habit lui allait si bien que l'on avait fait sur sa façon de le porter, le couplet suivant qui se chantait sur l'air de *La Belle Piémontaise*.

La Boissière, dis-moi :
Suis-je pas bien en homme ?
— Vous chevauchez, ma foi !
Mieux que tant que nous sommes.
Parmi les hallebardes,
    Elle est,
Au régiment des gardes
Comme un Cadet.

Marie de Rohan eut avec le majordome Yanoz une longue conversation à la suite de laquelle ils se séparèrent tous les deux.

— Hâtez-vous ! recommanda la duchesse en quittant le bohémien.

— Je ne vous demande qu'une heure, répondit celui-ci.

— C'est bien : dans une heure je vous attendrai sur la rive avec des chevaux.

— Et dans une heure, Madame, nous vous aurons rejointe.

Quelques minutes plus tard, Yanoz entrait dans la chambre de Diamante.

Il avait à la main un plateau sur lequel se trouvaient un verre et un flacon de Malvoisie.

Il s'approcha de la jeune fille.

— Ne voulez-vous pas prendre des forces ? insinua-t-il doucereusement.

Diamante leva la tête et fit un signe de refus.

Le bohémien insista :

— Il faut pourtant que vous puissiez marcher pour abandonner cette maison...

— Abandonner cette maison ?...

— Oui : il paraît que M. le Baron est mort...

— Mort ?...

— Et l'on va venir nous arrêter...

La jeune fille eut un geste d'insouciance :

— J'ai charge de vous conduire à Saint-Germain et de vous mettre sous la protection de la Reine...

A Saint-Germain !...

C'est là qu'était d'Artagnan !...

Elle pourrait le revoir !...

La mort de Christian de Sierk, la menace d'une arrestation, les circonstances qui avaient pu amener ces événements, tout cela glissait sur elle sans l'entamer...

Mais elle allait respirer le même air que son amant...

Cette idée, cet espoir la firent se redresser...

Seulement, elle se sentait encore si faible qu'il lui sembla qu'elle ne pourrait faire un pas.

Il ajouta en braquant le canon de son pistolet.

— Buvez quelques gouttes de ce vin, dit Yanoz.

Et il lui présenta le verre dans lequel il venait de verser un doigt de Malvoisie.

La jeune fille trempa ses lèvres dans la généreuse liqueur.

Aussitôt on l'entendit pousser un faible cri.

Sa main se porta successivement à sa tête et à son cœur.

Elle étouffait.

Tout tournait autour d'elle.

Ses oreilles bourdonnaient.

Ses jambes fléchissaient.

Elle essaya de se raidir contre cette défaillance subite...

Ce fut en vain : ses bras battirent dans le vide...

Elle chancela...

Et elle tomba à la renverse dans les bras de Yanoz, qui guettait cette chute.

Le bohémien emporta la jeune fille.

Il sortit de la maison.

Giseph et Polgar l'attendaient dans une barque.

Il prit place à leurs côtés toujours chargé de son fardeau.

On démarra.

Sur la rive opposée, quatre chevaux étaient attachés aux premiers arbres de la forêt.

Madame de Chevreuse, bottée et éperonnée, battait la semelle tout auprès.

Sur un ordre qu'elle donna à voix basse, Diamante fut assise sur l'arçon d'une selle recouvert d'un manteau plié en plusieurs doubles, de façon à former une espèce de coussin.

Yanoz enfourcha le cheval qui l'emportait et entoura la taille de la pauvrette d'une courroie de cuir assez lâche pour le ceindre à la hauteur des reins.

Ils se trouvaient ainsi comme liés l'un à l'autre.

Polgar et Giseph avaient mis pareillement le pied à l'étrier.

La duchesse faisait déjà sentir l'éperon à sa monture.

— En route ! commanda-t-elle en partant au galop.

La jeune fille entendit ce mot comme dans un rêve.

Au moment où les quatre chevaux prenaient leur élan, elle acheva de perdre connaissance.

. . . .
. . . .

Le soir de ce même jour, d'Artagnan ceignit son épée, prit son chapeau et s'enveloppa de son manteau pour retourner à l'île de la Loge.

Le mousquetaire n'avait qu'une idée : revoir l'ex-reine des Grands-Scorpions, être rassuré sur son sort et apprendre de sa bouche, si elle persistait dans les résolutions qu'elle lui avait si nettement déclarées lors de leur entretien dans le retrait de Marie Touchet.

Comme il se préparait à sortir, un coup fut frappé à la porte de sa chambre.

— Entrez, fit notre héros tout ennuyé d'être retardé par une visite.

Ange-Bénigne Caudebec et Trophime Mirasson se présentèrent gravement.

— Hé ! c'est vous, mes braves, s'exclama le Gascon. Mordioux ! quel bon vent vous amène ? Seulement dépêchez-vous de parler. Je suis pressé.

L'ancien Francatrippa tira de son pourpoint un pli scellé d'un large cachet de cire rouge.

— Pour Monsieur le chevalier, prononça-t-il avec importance.

Et l'ex-Fritellino ajouta avec non moins de solennité :

— De la part de notre auguste maître.

— De votre maître ?

— Oui, messire : de l'illustrissime homme d'Etat...

— De l'éminentissime prélat...

— De l'incomparable cardinal...

— Et du ministre sans pareil...

Puis, tous les deux à l'unisson :

— ... à la maison duquel nous avons l'honneur d'être attachés désormais.

— Son Eminence m'écrit ? s'écria d'Artagnan.

— En toutes lettres.

— Et de sa propre main.

— Mordioux ! reprit le mousquetaire, m'enverrait-elle ma commission de mousquetaire ou une cédule de cinq cents pistoles sur sa caisse ?

Il fit sauter le cachet du pli.

Ce dernier contenait les lignes suivantes :

« Chevalier,

» J'apprends à l'instant que la personne à laquelle vous vous intéressez si vivement, — et qui habite l'île de la Loge, — a été enlevée tout à l'heure.

» J'ai lieu de supposer que ses ravisseurs se sont dirigés sur Orléans par Versailles, Montlhéry et Etampes.

» La présente vous donne commission de leur courir sus au nom du roi, de les appréhender au corps et de ramener à Saint-Germain, où elle sera remise entre vos mains, la jeune femme dont ils ne se sont emparés que pour la faire servir à de méchants desseins.

» A cet effet, les meilleurs chevaux des écuries de Sa Majesté vous seront délivrés sur vos réquisitions.

» En outre, les deux hommes de notre police qui vous porteront ce message ont reçu l'ordre de vous accompagner pour vous faire prêter main-forte partout où besoin sera.

» Ils sont chargés de vous fournir l'argent qui vous sera nécessaire.

» Je mande à M. de Tréville que vous vous absentez pour le service du Roi.

» Un dernier mot qui est à la fois un souhait et un commandement :

» *Réussissez !*

» RICHELIEU. »

D'Artagnan resta un instant abasourdi :

— Enlevée !... Diamante !... Et par qui ?...

Il se mit la tête entre les poings :

— Oh ! il y a encore de la politique là-dessous... Et de ce damné duc d'Anjou... Et de cette intrigante Chevreuse...

Puis, après une minute :

— Mais voyons, il ne s'agit pas de chercher... Il s'agit de partir au plus vite... Le cardinal m'a ordonné de réussir... Mordioux ! il faut que je réussisse.

Puis, se tournant vers Mirasson et vers Caudebec :

— Vous savez que vous devez m'accompagner ?

— Oui, monsieur le chevalier.

— Alors suivez-moi.

Il descendit aux écuries.

Les deux *ex-bravi* lui emboîtèrent le pas.

Aux écuries, le mousquetaire choisit trois bêtes superbes, à la croupe ronde, à la queue maigre et tendue, aux jambes sèches comme des fils de fer, aux sabots plus durs que du marbre.

Ange-Bénigne et Trophime le considéraient avec surprise.

Le Gascon leur désigna les nobles animaux :

— Saurez-vous vous tenir là-dessus ? questionna-t-il.

— Distinguons, distinguons, répondit le Normand : je suis allé à âne à la foire à Gournay, — et si, comme je crois, c'est à peu près la même chose...

Et le Marseillais ajouta :

— Oh ! l'équitation, ça me connaît !...

J'ai eu un grand-oncle qui servait dans les gendarmes de M. d'Epernon et qui passait pour un véritable centaure...

Par malheur, il n'a pu me léguer ses principes, étant mort, à ce qu'on m'a dit, vingt-cinq ans avant ma naissance.

— Seulement où allons-nous ? demanda le premier.

— Oui, où allons-nous ? appuya le second.

D'Artagnan était déjà en selle :

— Dans le pays de l'inconnu, de la fatigue et du danger.

L'ancien Francatrippa fourragea son épaisse moustache.

L'ancien Fritellino tortilla le bouquet de poils de son menton.

Une façon à eux de faire leurs réflexions.

— Ordre du Roi, dit d'Artagnan.

Les deux hommes se regardèrent.

— Ordre du Cardinal, accentua le mousquetaire.

Aussitôt chacun d'eux se jucha — à grand'peine — sur son cheval.

Notre héros reprit en souriant :

— Puisque vous refusez de vous séparer de moi, je n'ai plus, mes pauvres garçons, qu'une recommandation à vous faire...

Laissez-vous conduire par vos chevaux : un bon cheval est toujours plus intelligent qu'un mauvais cavalier.

Seulement, je vous avertis que je vais mener un train d'enfer

Arrangez-vous donc pour ne pas tomber, car je n'aurais pas, malgré que j'en veuille, le loisir de vous ramasser.

C'est compris.

En avant alors !

Et priez le Dieu de clémence que la selle n'endommage pas trop le satin naturel qui double la doublure de votre haut-de-chausses.

XLIV

LE POURCHAS

La dose du narcotique versé par le fils de Pharam dans les quelques gouttes de vin qu'avait avalées Diamante avait été calculée de façon à déterminer un sommeil de douze heures.

Il n'en fallait pas plus à la petite troupe pour gagner Orléans, où la duchesse avait dessein de s'embarquer sur un de ces chalands qui descendent la Loire, afin de se réfugier à Nantes, dans ce gouvernement de Bretagne, dont était titulaire le duc de Vendôme, ennemi juré de Richelieu.

Madame de Chevreuse n'avait pas renoncé, en effet, à faire célébrer le mariage de Géralde de Lorraine avec le duc d'Anjou.

C'était la revanche qu'elle comptait prendre sur le *duc rouge*.

Et c'était pour soustraire Diamante à ce dernier qu'elle l'emportait avec elle.

Dans cette fuite, il s'agissait surtout d'éviter les villes; car en les traversant, on pouvait craindre que l'étrangeté de la chevauchée d'un gentilhomme et de ses trois compagnons, dont l'un maintenait devant lui une jeune fille endormie, n'excitât la curiosité du populaire et n'éveillât l'attention de l'autorité.

On avait donc tourné Saint-Germain et Versailles.

On galopait depuis huit heures ne s'arrêtant que pour relayer aux maisons de poste et donner la provende aux chevaux, ainsi que pour se réconforter d'une bouchée et d'une verrée pendant que les bêtes buvaient et mangeaient.

Rien n'avait entravé le rapide voyage.

On approchait d'Etampes, dont on découvrait au lointain les toits rouges surmontés par la flèche de l'église.

Etampes était la dernière ville à esquiver avant d'entrer à Orléans, que l'on traverserait de nuit.

Nulle apparence, du reste, que l'on fût poursuivi.

Toutes ces considérations décidèrent la duchesse à faire halte dans une auberge perchée au sommet d'une côte.

On y souperait copieusement, afin de prendre des forces pour enlever haut la main, la dernière partie de la route.

Mais l'on y souperait sur une terrasse qui précédait le corps de logis, et où — l'œil dominant les campagnes environnantes — les convives n'avaient à craindre aucune surprise.

On avait donc déposé sur l'un des bancs de cette terrasse Diamante, toujours plongée dans un anéantissement semblable à la mort.

Et, pendant que les valets d'écurie s'occupaient des chevaux, les quatre cavaliers s'étaient attablés auprès d'elle.

A parler franc, la vue de cette belle jeune fille, plus blanche, plus immobile et plus froide qu'un cadavre, emportée dans une course à fond de train par ces hommes qui ressemblaient bien plutôt à des larrons en fuite qu'à d'honnêtes voyageurs; à parler franc, cette vue, disons-nous, n'avait pas été sans causer un certain émoi au personnel de l'hôtellerie.

Il en avait été à peu près de même dans tous les villages que la petite troupe avait traversés et où elle avait fait escale.

Mais il s'agissait sans doute d'une amoureuse aventure.

Et, à cette époque composée d'un amalgame de traditions à la fois galantes et barbares, on avait, pour aimer, des formes dont l'énergie n'effarouchait personne, mais qui seraient sûrement, de nos jours, justiciables de la cour d'assises.

Enfin, toutes les questions et tous les étonnements s'arrêtaient devant les façons de Madame de Chevreuse, qui avait toujours la main à la poche, et devant la figure de ses trois compagnons, qui ne présageait précisément rien de rassurant ni de sympathique.

. . . .

Le soir tombait.

Le soleil, en déclinant à l'horizon, couvrait de teintes d'incendie les champs et les bois qui formaient le fond du paysage.

La route passait au bas de la terrasse.

Elle s'allongeait d'un côté vers Montlhéry — c'était la partie parcourue par nos voyageurs — où elle se perdait dans la brume laiteuse du crépuscule, et de l'autre vers Etampes, où elle se noyait dans les feux du couchant.

Quelques troupeaux y cheminaient lentement, rappelés vers l'étable par l'Angelus lointain.

Quelques chariots pareillement, traînés par des bœufs et dont l'essieu criait dans la poussière crayeuse.

Marie de Rohan était assise au milieu de ses compagnons.

C'était une de ces femmes qui ne dédaignent point de frayer avec leurs instruments, — si infimes que soient ceux-ci — quitte à les briser plus tard.

Soudain, Yanoz, qui allait boire, s'interrompit dans ce mouvement.

— Qu'est-ce ? demanda la duchesse.

Le fils de Pharam ne répondit point.

Il reposa sur la table le verre qu'il portait à ses lèvres...

Puis il se leva...

Puis encore, il mit devant ses yeux sa main, en guise d'abat-jour, pour mieux concentrer la puissance de son regard.

— Qu'y a-t-il ? répéta l'amie de la Reine.

Il y a que voici venir à nous des cavaliers...

Où cela ?

— Là-bas.

La jeune femme se leva à son tour et regarda dans la direction indiquée :

— Je ne vois rien, reprit-elle au bout d'un instant.

— Moi, je vois, insista le gitano.

— Et moi aussi, fit Giseph qui avait imité Yanoz.

— Et moi aussi, fit Polgar, qui avait imité Giseph.

Et, comme la duchesse les considérait avec une sorte d'étonnement :

— Madame, répliquèrent-ils tous deux à cette interrogation muette, vos yeux sont ceux des gens des villes ; mais les nôtres ont l'habitude de la distance et de l'espace.

Quelques minutes s'écoulèrent.

— Il est vrai, dit la duchesse, que j'aperçois se mouvant sur le chemin que nous avons suivi, trois petits nuages de poussière...

— Ces nuages sont des hommes, repartit le bohémien.

S'adressant ensuite à l'aubergiste qui desservait la table :

— Et nos chevaux, demanda-t-il.

— Ils ont pris leur repas comme vous, Excellence, et l'on est en train de leur faire leur toilette.

Le fils de Pharam interpella ses deux compagnons :

— Allez veiller à ce qu'on se hâte.

Polgar et Giseph obéirent.

Madame de Chevreuse regardait toujours :

— Ah ! fit-elle, vous aviez raison, mes maîtres... Maintenant je distingue trois cavaliers...

Elle ajouta après une pause :

— Des paysans qui se dépêchent d'arriver au repas du soir... Ou bien encore des voyageurs qui font la même route que nous.

Yanoz secoua la tête :

— Des paysans ne sont pas montés de cette façon... Et des voyageurs ne brûlent pas ainsi le terrain... Ces cavaliers m'inquiètent...

— Payez et partons, Excellence.

Les trois nuages de poussière avaient disparu derrière un petit bois que contournait la route.

Quand ils reparurent de l'autre côté — hors de la brume — en pleine lumière — le gitano et la jeune femme poussèrent un cri en même temps :

— Le chevalier d'Artagnan !

C'était lui, en effet, courbé sur le cou de sa monture qu'il excitait de la voix et du talon.

Trophime Mirasson et Ange-Bénigne Caudebec le suivaient, cramponnés avec l'énergie du désespoir à la crinière de leurs coursiers, et dansant sur leur selle avec une véhémence déplorable pour la chute de leurs reins.

— A cheval ! commanda la duchesse.

Yanoz avait ressaisi Diamante, inanimée toujours, et toujours inconsciente de ce qui se passait autour d'elle.

En un instant chacun eut le pied à l'étrier.

Je ne suis pas un courtisan, moi!

La petite troupe partit ventre à terre.

En ce moment d'Artagnan arrivait au bas du mamelon que couronnait l'auberge.

A la crête de celui-ci, il vit se dessiner en noir, sur la nappe enflammée du ciel, la silhouette des ravisseurs de la jeune fille.

Tout son sang lui monta au visage, et son cœur battit violemment :

— Les voilà ! s'exclama-t-il. Nous les tenons. Hardi !...

Ceci s'adressait bien plutôt à sa monture qu'à ses deux acolytes.

Il sembla que le noble animal le comprit :

Il hennit avec une vigueur qui mit l'espoir dans l'âme de son cavalier.

Il y avait dans l'assemblage de ses muscles de merveilleuses et inépuisables ressources.

Il allongea l'acier flexible de ses jarrets et partit — le ventre fumant au ras du sable.

Les deux autres étaient de la même race.

Ils le suivirent avec la même ardeur.

Plaignons le signor Francatrippa, né Mirasson, et le signor Fritellino, né Caudebec, tous deux déjà si cruellement éprouvés dans leurs œuvres basses !

XLV

LE PUM ET LA NAVAJA

Les fuyards, de leur côté, descendaient comme un ouragan la rampe opposée du mamelon.

Au bas de celui-ci, c'était une plaine, au milieu de laquelle la petite ville d'Etampes surgissait ainsi qu'une île dans un lac.

Les chevaux avaient beau jeu sur cette surface unie.

Ils dévoraient littéralement l'espace.

Leurs pieds soulevaient des tourbillons de poussière et faisaient jaillir des aigrettes d'étincelles des cailloux que leurs fers heurtaient.

Les poursuivants dévalèrent la rampe à leur tour.

A leur tour, ils s'engagèrent dans la plaine.

La double course parcourut ainsi quelques milles.

Ses deux échos se confondaient.

Ils roulaient comme un même tonnerre.

A un moment, Yanoz se retourna sur sa selle.

— Eh bien ? dit Madame de Chevreuse.

— Ils gagnent, répondit le bohémien.

La jeune femme eut un sourire d'incrédulité :

— Impossible !... Nos montures se sont reposées tout à l'heure... Et les leurs n'ont pas dû souffler au moins depuis le dernier relais.

La course continua quelque temps.

Le fils de Pharam se retourna de nouveau.

— Ils gagnent encore, déclara-t-il.

Le sourire de la duchesse avait quelque chose de contraint et de crispé.

— Par le Christ ! murmura-t-elle, à moins que leurs chevaux aient des ailes...

Elle donna de l'éperon.

Yanoz était sombre ; Polgar et Giseph anxieux ; la duchesse ne souriait plus.

L'horizon se rembrunissait peu à peu.

En effet, on allait atteindre Etampes.

Or, il ne fallait point songer à traverser la ville avec ces allures éperdues...

On a toujours envie d'arrêter ceux qui ont l'air de se sauver...

Et puis, il y avait Diamante...

Diamante, pâle et inerte comme une morte...

Diamante et les trois bohémiens : engeance louche et détestée...

Emotion certaine des habitants...

Emeute probable sur le passage des fuyards.

Ceux-ci retardés, empêchés peut-être. Intervention possible de la police locale, qui s'occuperait de savoir qui ils étaient, où ils allaient, d'où ils venaient et quel était ce prétendu cadavre que l'un d'eux maintenait devant lui...

Non : il valait mieux laisser la ville sur le côté, la côtoyer à l'extérieur et aller rejoindre la route d'Orléans au point où celle-ci s'élançait de la porte opposée...

Seulement, il était évident que l'on perdrait un temps précieux à décrire ce demi-cercle...

D'Artagnan et ses compagnons ne s'amuseraient pas, eux à un pareil détour...

Ils couperaient hardiment à travers Etampes...

Partant, ils gagneraient tout le temps perdu par ceux qu'ils poursuivaient et tout le terrain qui résulte de la ligne droite...

Aussi Marie de Rohan songeait-elle à se risquer quand même par la ville...

Mais tel n'était pas l'avis du fils de Pharam :

Toutes ces réflexions, Yanoz les avait faites, lui aussi...

Et, se sentant fort de l'aide de ses deux camarades, il aimait encore mieux avoir affaire au mousquetaire si redoutable qu'il lui parût, qu'à toute une population dont il n'ignorait point les dispositions malveillantes à l'endroit de ceux de sa race...

En arrivant devant la ville, il tira donc brusquement sur la gauche, sans attendre les ordres de la duchesse.

Cette dernière et les autres furent obligés de le suivre...

Tous quatre contournèrent Etampes aussi rapidement que possible...

Mais alors il advint ce qu'on avait prévu :

D'Artagnan et les siens se jetèrent dans la ville, où rien ne vint leur faire obstacle...

Et, quand ils en sortirent par une porte — après y être rentrés par l'autre — la distance entre les deux groupes équestres du gibier et des chasseurs était considérablement diminuée...

Le premier s'en aperçut avec terreur...

Et la duchesse fouilla de ses éperons la peau sanglante de son coursier, tandis que chacun des gitanos piquait la croupe du sien avec la pointe de son couteau...

Les pauvres bêtes étaient fatiguées de leur trajet dans les terres cultivées qui entouraient Etampes...

Elles n'en prirent pas moins une furieuse vitesse...

Et la chasse recommença avec la même rage sur le sol dur et plein de la route droite comme une règle...

La nuit était venue ; mais la lune voguait dans le bleu immense du ciel, où les étoiles semblaient lui faire un cortège d'honneur...

La plaine apparaissait comme une tache de neige...

Les deux petites troupes couraient sans trêve...

Seulement, celle des poursuivants avait un avantage de plus en plus marqué :

Ses chevaux volaient — un vol magique qui fendait l'air comme un rayon perce les ténèbres...

Il commençait à n'en être plus ainsi de ceux des fuyards :

Leurs flancs battaient.

Leurs naseaux rendaient à la fraîcheur nocturne de larges cônes de fumée.

Leur souffle s'embarrassait dans leur poitrail.

Les éperons de Marie de Rohan étaient rouges...

Rouge aussi et saignante, la croupe des montures des trois bohémiens...

Celles-ci raidissaient leurs tendons.

Leurs bronches endolories brûlaient.

La sueur bouillante de leurs côtes formait un nuage qui marchait avec elles, enveloppant leurs cavaliers...

Les autres allaient, sans lassitude visible, sans effort apparent, comme l'ombre des nuées que les vents turbulents d'avril font passer sur le soleil et qui courent par la campagne, plus véloces que le rêve...

Madame de Chevreuse les entendait se rapprocher...

Yanoz lui dit :

— Madame, nos bêtes n'en ont plus pour vingt minutes...

Et Polgar :

— La mienne bronche déjà.

— La mienne, ajouta Giseph, ne sent plus l'aiguillon du couteau...

La jeune femme sciait la bouche écumante de la sienne.

— Oh ! grinça-t-elle, qui me délivrera de cette meute ?

— S'il n'y avait que le Gascon, fit Polgar, on pourrait essayer.

Et Giseph secouant la tête :

— Oui, mais il y a les deux autres.

Vous comprenez : si l'on eût été trois contre un, on se fût peut-être hasardé...

Mais combattre trois contre trois — homme pour homme — ce n'est pas le propre de la race bohème.

Car il ne faut point oublier que la duchesse et ses acolytes, n'étant pas dans le secret de la poltronnerie des compagnons de d'Artagnan, voyaient en ces derniers de sérieux adversaires.

Ah ! s'ils avaient pu soupçonner le lièvre dans la peau du lion, le doux Ange-Bénigne Caudebec dans le fourreau du poète d'épée Fritellino et le pacifique Trophime Mirasson sous la moustache matamoresque du capitan Francatrippa !

S'ils avaient pu voir ces deux infortunés, que l'instinct seul de la conservation retenait accrochés au cou de leurs coursiers, et que ce pourchas à outrance emportait, dépourvus de force, de volonté, de sentiment, comme ces noyés que le flot roule, attachés à une épave !

— Attendez, fit Madame de Chevreuse, je vais vous débarrasser des deux autres.

Elle avait des pistolets dans ses fontes.

Elle en prit un, se retourna en se haussant sur les étriers et visa derrière elle, autant que le permettait le galop insensé de son cheval.

Le décli du rouet joua avec un bruit sec.

Une détonation retentit, puis un cri.

Ange-Bénigne Fritellino roula sur la route...

L'amie de la Reine saisit son second pistolet...

Il y eut une nouvelle explosion et un nouveau cri...

Cette fois, c'était Trophime Francatrippa qui venait de dégringoler dans la poussière...

— Ah ! forban, clama le Gascon, tu vas payer pour tous les deux !

— Cent pistoles pour chacun de vous, dit la duchesse, si vous abattez cet enragé !

Elle s'adressait à Polgar et à Giseph.

Yanoz, en effet, ne s'occupait que de Diamante ; il la serrait contre sa poitrine en poussant, par un dernier effort, sa monture qui frémissait du garrot à la croupe et qui secouait sa crinière hérissée sur son cou.

Giseph et Polgar échangèrent un rapide regard

Puis ils s'arrêtèrent brusquement, firent volter leurs chevaux sur place et demeurèrent immobiles au milieu de la route ainsi que deux statues équestres.

Le premier jouait avec un couteau catalan pareil à celui du fils de Pharam.

Le second avait en main l'arme égyptienne, le *pûm* qui est une grosse balle de plomb au bout d'une lanière de cuir.

D'Artagnan pensa :

— Si ce sont ces deux-là qui comptent m'empêcher de passer !

Il arrivait comme une avalanche, ivre de bataille, les cheveux au vent, l'épée au poing.

Vous auriez dit l'ange exterminateur.

Polgar leva le bras.

La lanière tournoya autour de sa tête.

Puis, la balle de plomb partit en sifflant...

Par un mouvement machinal, le mousquetaire se courba sur le cou de sa monture...

Ce faisant, sans savoir, il tira sur la bride...

L'animal se cabra violemment...

Et le projectile, qui, sans cela, eût frappé son cavalier en pleine figure — avec l'effet d'un boulet de canon — l'atteignit au milieu du front...

Le bohémien poussa un cri de joie sauvage...

L'homme et la bête se confondaient, dans la même chute, sur le sol — et, en se renversant en arrière, assommée, celle-ci devait avoir écrasé celui-là...

Il n'en était rien, cependant :

A l'instant où le cheval s'enlevait des deux pieds du devant, notre héros avait — d'instinct — quitté les étriers et s'était jeté de côté...

Il ne demeura guère étourdi qu'une minute...
Un énergique effort le remit sur ses jambes...
Sa tête avait heurté une pierre...
Son front, déchiré, saignait...
Le vertige lui montait aux tempes... La terre semblait onduler sous lui...

Il n'en prit pas moins son élan — un élan surhumain, qui, par un prodige incomparable de volonté, le porta en trois bonds sur Polgar...

Son bras et sa rapière s'allongèrent...

Un juron s'étouffa dans la gorge du bohémien, qui vida les arçons — la poitrine traversée...

D'Artagnan se lança alors à la poursuite des autres...

Il serrait dans sa main la poignée de son épée...

Il chancelait, mais il allait, criant d'une voix qui lui semblait n'être pas à lui :

— Attendez-moi, lâches ! Atten...

Il n'acheva point :

Dans cette course folle, où, piéton, il s'illusionnait de l'espoir d'atteindre chevaux et cavaliers, il avait, sans le voir, dépassé Giseph...

Giseph, qui balançait le long couteau dont le manche s'appuyait sur son avant-bras...

Un éclair brilla...

L'arme passa, déchirant l'air d'un son aigu...

Et le cri de menace et de défi s'éteignit dans une exclamation de douleur...

Le Gascon était tombé sur un genou...

Il essaya de se relever : Il ne put.

Ses forces l'abandonnaient.

Ses membres avaient froid.

Des bourdonnements confus s'enflaient autour de ses oreilles...

Il vacilla, lâcha son épée, étendit les bras et finit par se coucher de son long dans la poussière...

La *navaja* valencienne du gitano s'était plantée jusqu'au manche entre ses deux épaules.

XLVI

UN PEU D'HISTOIRE

Trois semaines s'étaient écoulées depuis l'avortement du complot dit : *de Rueil*.

La cour avait repris son train de vie habituel :

Le Roi continuait à s'ennuyer chaque jour davantage — encore qu'il chassât à outrance et qu'il s'essayât, pour se distraire, aux métiers les plus divers et les plus bizarres.

La Reine boudait.

Elle ne pouvait se consoler de l'absence de Madame de Chevreuse.

Celle-ci avait quitté Saint-Germain de par la volonté toute puissante du Cardinal.

Où était-elle ?

Les uns disaient à Blois, auprès du grand-prieur de France; les autres disaient à Nantes auprès du duc de Vendôme. On se rappelle que ces deux frères naturels de Louis XIII et de Monsieur s'étaient jetés, corps et âme, dans le parti de l'*Aversion*. Il était donc tout naturel que l'amie d'Anne d'Autriche se fût retirée auprès de celui-ci ou de celui-là.

Le duc d'Anjou, Chalais et les jeunes seigneurs de leur bord avaient recommencé à intriguer.

Ne s'imaginaient-ils pas, en effet, que Richelieu leur avait pardonné le coup manqué par eux à Rueil ?

Il est vrai que le Cardinal n'était pas encore de force à faire tomber des têtes aussi illustres et qu'il savait que, quand on touche à des têtes de cette nature, il faut qu'elles tombent.

Aussi, lorsqu'ayant informé le Roi de ce qui se passait, celui-ci lui avait demandé ce qu'il comptait faire en cette circonstance :

— Sire, avait répondu le bon apôtre, permettez-moi de réserver toute ma sévérité pour les factieux qui menaceraient les jours de Votre Majesté.

Il posait sur cette feinte magnanimité la première planche de ses échafauds à venir.

Au reste, le duc d'Anjou et ses partisans semblaient bien avoir pris à tâche de faire ce qu'il fallait pour se compromettre aux yeux du monarque et de son ministre.

Derrière lui reluisaient les mousquets...

C'est ainsi que Gaston continuait à « opposer des difficultés » à son mariage — décidé par Son Eminence — avec Mademoiselle de Montpensier.

Or, il résistait, non point que la future ne fût pas jeune, ne fût pas riche, ne fût pas jolie, — elle était tout cela, — mais parce qu'elle ne lui apportait aucune assistance pour le succès de ses projets ambitieux.

Que fallait-il à un prince qui, toutes les nuits, essayait la couronne en rêve ?

L'appui d'une province étrangère dans laquelle il pût se réfugier si l'un de ses complots échouait.

Cette province, la Lorraine, la princesse Géralde — ou Diamante — la lui apportait en dot.

Il n'avait donc pas renoncé à faire sa femme de l'ex-reine des Grands-Scorpions.

Celle-ci avait accompagné la duchesse de Chevreuse.

Toutes deux étaient — à Blois ou à Nantes — à l'abri d'un coup de griffe du *duc rouge*.

Elles en reviendraient quand il en serait temps.

En attendant, il temporisait, il ergotait, *il finassait*.

Le Cardinal avait dirigé l'attention du roi sur cette manœuvre de son frère.

Il lui avait fait comprendre le motif réel de cette répulsion contre son mariage avec Mademoiselle de Montpensier.

Il lui avait montré Géralde de Lorraine ayant trouvé refuge et protection auprès des deux bâtards du Béarnais.

Sur quoi, Louis avait fini par convenir que ce serait chose bien heureuse si l'on pouvait à la fois mettre la main sur ces derniers.

C'était déjà quelque chose que d'avoir amené le monarque à cet aveu.

Mais ce n'était pas tout :

Après avoir reconnu que ce serait bon de les arrêter, il fallait arriver à les arrêter.

Là était la difficulté.

Comment aller les chercher, l'un à Blois, et l'autre à Nantes ?

A Blois, le grand-prieur était bien à portée.

Par malheur, il n'en était pas ainsi du duc dans son gouvernement de Bretagne.

Sur ces entrefaites, le grand-prieur eut la malencontreuse idée de reparaître à la cour.

Le duc César, lui, resta prudemment dans sa province.

Son Eminence reçut le visiteur à bras ouverts.

L'accueil paraissait si franc et si sincère, que le bâtard royal se hasarda d'exprimer un désir qui, depuis longtemps, était l'objet de son ambition : c'était qu'on lui confiât la charge de grand-amiral.

— Si la chose ne dépendait que de moi, dit Richelieu, vous savez, Monseigneur, qu'elle serait déjà faite.

Le grand-prieur s'inclina tout joyeux.

— Mais, demanda-t-il, si l'obstacle ne vient point de Votre Éminence, de qui viendra-t-il ?

— Du Roi, répondit le Cardinal.

— Du Roi ! reprit le grand-prieur étonné. Et quel grief le Roi a-t-il donc contre moi ?

— Aucun.

— Eh bien, mais alors ?

— Laissez-moi vous dire la vérité, Monseigneur.

— Dites, dites.

— C'est votre frère qui vous fait du tort.

— Mon frère César ?

— Oui, le Roi se défie de lui.

— A quel propos ?

— Le Roi pense à tort, je n'en doute pas, mais il pense ainsi — le Roi pense qu'il écoute des gens mal intentionnés.

— Que faire alors ?

— Effacer les mauvaises impressions que le Roi a reçues contre votre frère, puis ensuite revenir à vous...

— Votre Éminence veut-elle que j'aille quérir mon frère dans son gouvernement, et que je l'amène au Roi pour le justifier ?

— Ecoutez, les choses s'arrangent à merveille pour que l'on ne puisse croire à quelque chose de préparé entre nous : d'ici à quelques jours, le Roi compte aller se divertir à Blois. Partez pour la Bretagne, amenez à Blois M. de Vendôme ; nous lui aurons épargné la moitié du chemin et la visite paraîtra toute naturelle.

— Mais, dit le grand-prieur, Votre Éminence comprend qu'il me faudrait une assurance qu'il n'arrivera rien de fâcheux à mon frère.

— Quant à cette assurance, Monseigneur, répondit humblement le premier ministre, c'est au Roi à vous l'offrir, et je suis certain qu'il ne vous la refusera pas.

— Eh bien, immédiatement après avoir vu le Roi, je pars.

— Allez attendre chez vous l'ordre d'audience, Monseigneur ; je vous promets que vous ne l'attendrez pas longtemps.

En effet, dès le lendemain, le grand-prieur était reçu par le Roi. Louis XIII ne lui donna pas la peine de chercher une entrée en matière : le premier, il entama la question du voyage de Blois, invitant aux chasses magnifiques qui allaient avoir lieu le grand-prieur et son frère.

— Mais, hasarda le grand-prieur, mon frère sait que le Roi croit avoir des griefs contre lui ; peut-être aurai-je quelque peine à lui faire quitter son gouvernement.

— Allons donc! dit Louis XIII, qu'il vienne en toute assurance, et je vous engage ma parole royale qu'*il ne lui sera point fait plus de mal qu'à vous.*

Le roi pouvait s'engager à cela : il comptait les faire arrêter tous les deux.

Seulement il fallait découvrir un auxiliaire assez hardi pour se charger de cette besogne.

C'est ce à quoi réfléchissait Son Éminence — dans son cabinet à Rueil — lorsque Chéret lui annonça la visite de Rochefort.

Celui-ci se présenta tout guilleret et tout riant.

Il avait un papier à la main.

— Ça, comte, lui demanda Richelieu, qui vous rend de si joyeuse humeur?

— Une bagatelle, Monseigneur !... Moins que rien !... Une épigramme !

— Une épigramme?

— D'un vert !... D'un salé !... Voire d'une insolence !

— Dirigée contre moi, je gage?

Rochefort prit une mine de circonstance pour protester :

— Oh! Monseigneur, on n'oserait !

— Contre quelqu'un de mes amis alors?... De mes partisans?... De ma famille?

— Votre Éminence a deviné : on ne saurait rien lui cacher... Ces plaisants de cour ne respectent ni les privilèges du sexe, ni les liens de la parenté... Car je ne vous dissimulerai point que c'est d'une dame qu'il s'agit...

— De ma nièce, je parie? fit le ministre vivement.

Le gentilhomme se tut en vertu du proverbe : *Qui ne dit rien consent.*

Le cardinal reprit avec impétuosité :

— Et que peut-on reprocher à une femme si pure, qu'un poète — — qui a fait l'anagramme de son nom, a, dans *Marie de Vignerot*, trouvé : *Vierge de ton mari?*

Ajoutons — ce que Richelieu omettait de dire — que ce mari, Antoine du Roux de Combalet, était fort laid, fort mal bâti, tout couperosé, et n'avait pas un sou vaillant : aussi sa femme l'avait-elle pris en une telle aversion que, lorsqu'il avait été tué en guerroyant contre les Huguenots, elle avait juré ses grands dieux de ne point se remarier et d'entrer aux Carmélites.

Dès lors, — sans cependant couper un seul de ses cheveux qu'elle avait fort beaux — elle s'était habillée aussi modestement qu'une dévote de cinquante ans, portant une robe d'étamine, ne levant jamais les yeux, et dame d'atours de la reine-mère, ne bougeant point de la cour avec ce costume-là.

Puis, comme elle semblait devenir plus piquante à mesure que son oncle devenait plus puissant, elle avait modifié peu à peu la nuance de son vêtement, arborant un nœud de ruban par ici, un flot de dentelles par là, une boucle ou un ferret par ailleurs, de telle façon qu'elle « avait établi cette coutume qu'en France les veuves portent toute sorte de couleurs, excepté le vert ».

Richelieu aimait fort les femmes et craignait le scandale : la parenté justifiait les visites fréquentes. Il adorait les fleurs, et Madame de Combalet avait, une fois sa robe de carmélite ouverte, les plus beaux bouquets du monde sur sa gorge découverte. Aussi, avec une irritation qu'il ne se gênait point de montrer :

— Voyons, Rochefort, questionna le prélat, que colporte-t-on sur ma nièce ? Parlez. C'est moi qui vous l'ordonne.

— Monseigneur, c'est un mot de la reine...

Le cardinal fronça le sourcil :

— Ah ! la reine se met à faire des mots sur Madame de Combalet... Pardieu ! voilà qui n'est guère prudent de sa part !... Comme si je n'avais pas assez de griefs contre elle !

Puis, brusquement :

— Ce mot, comte, ce mot...

— C'est que je ne sais si je dois...

Richelieu haussa les épaules :

— Vous en mourez d'envie !... Car vous n'aimez pas Anne d'Autriche... Vous ne l'aimez pas plus que moi... Et, du moment que l'une de ses paroles peut augmenter la somme de ces ressentiments...

Le gentilhomme parut se décider :

— Eh bien, narra-t-il, hier, au jeu de Sa Majesté, M. de Brézé prétendait que Madame de Combalet...

— Après ?...

— Que Madame de Combalet avait eu...

Le rusé compère s'arrêta de nouveau.

Le Ministre frappa du pied avec impatience :

— Achevez !...

— Ah ! ma foi, non, fit le courtisan : J'aime mieux donner ceci à Votre Eminence.

Et il tendit à cette dernière le papier qu'il avait à la main.

Richelieu s'en saisit et lut :

> Philis, pour soulager sa peine,
> Hier, se plaignait à la Reine
> Que Brézé disait hautement
> Qu'elle avait quatre fils d'Armand.
> Mais la Reine, d'un air fort doux,
> Lui dit : « Philis, consolez-vous !
> Chacun sait que Brézé ne se plaît qu'à médire ;
> Ceux qui pour vous ont le moins d'amitié
> Lui feront trop d'honneur, sur tout ce qu'il peut dire,
> De ne croire que la moitié. »

— L'impertinente ! murmura le Cardinal en froissant le papier.

Ensuite, jetant un regard sévère à celui que l'on appelait son bras droit et son âme damnée :

— J'imagine, Monsieur de Rochefort, qu'en m'apprenant le nouveau titre que l'amie de la Chevreuse vient d'acquérir à ma reconnaissance, vous m'apportez le moyen de m'acquitter envers elle.

XLVII

UN PEU DE POLITIQUE

— En effet, répondit Rochefort, j'apporte à Votre Eminence des nouvelles que je crois de nature à la satisfaire en tous points : il s'agit de M. de Chalais et, par ricochet, de MM. le duc d'Anjou et de la sœur de Philippe IV...

— De la Reine ?...

— Ne vous avais-je point informé, il y a déjà quelque temps, que le premier avait écrit au marquis de Lavalette, à Metz, au comte de Soissons, à Paris, et au marquis de Laisque à Bruxelles...

— Oui, pour se ménager une retraite auprès de l'un des trois au cas où je le ferais poursuivre, lui et ses partisans, si, par aventure, échouait le complot tramé contre ma vie...

Eh bien, je n'ai fait poursuivre personne...

J'ai enveloppé dans la même indulgence tous ceux qui avaient projeté de me mettre à terre et en terre...

Mais vive Dieu ! qu'ils ne recommencent pas le même jeu : l'oubli des injures est peut-être une vertu chrétienne, ce n'est point une qualité humaine, et j'ai toujours eu pour principe qu'il faut se hâter de faire aux autres ce que vous ne voulez pas qu'ils vous fassent...

Ils ont recommencé, cependant, Monseigneur...

— En vérité...

Puis, entre cuir et chair :

— J'y avais bien compté, murmura le Ministre.

Puis, haut et avec une apparente compassion :

— Les pauvres fous!... Incorrigibles!... Toujours cette enfantine manie *d'intrigailler!*

— Cette fois, ils *n'intrigaillent* plus : ils conspirent bel et bien ; et avec l'aide de l'étranger, encore !

Richelieu s'agita sur son siège :

— *Boue Deus!* mon cher, que m'apprenez-vous là ?

— J'apprends à Votre Éminence, puisqu'elle semble l'ignorer, que M. de Chalais s'est abouché ces derniers jours, avec l'Espagne...

— Avec Philippe IV ?

— Par le canal de M. de Laisque, gouverneur des Pays-Bas...

— Et que lui demanda-t-il cet étourneau à Sa Majesté catholique ?

— Il lui demande tout simplement de l'aider à renverser du pouvoir certain ministre dont je n'ai pas besoin de prononcer le nom.

Le Cardinal se frotta les mains.

Une conspiration contre l'étranger, peste ! C'était ce qu'il cherchait depuis longtemps. On la lui apportait, elle était la bienvenue. Toutefois ayant l'air de douter :

— Mais, questionna-t-il, êtes-vous sûr de ce que vous me contez là ?

— Parfaitement sûr : je tiens la chose de Louvigny...

— Louvigny?... Un des meilleurs amis de M. de Chalais, ce me semble...

— Monseigneur sait qu'on n'est jamais trahi que par les siens... Et puis, cet étourneau, comme vous l'avez appelé à juste titre — n'a-t-il pas gravement offensé cet ami en refusant de l'accepter pour second dans une récente affaire... Bref, si vous désirez entendre notre homme...

— Il est ici?...

— Je l'ai amené avec moi et il attend dans l'antichambre le bon plaisir de Votre Éminence...

— Allez me le chercher, comte : je ne serais pas fâché de recevoir de sa bouche la confirmation de ce que vous m'annoncez.

Louvigny fut introduit.

« Ce méchant garçon, dit Bassompierre, était si piqué contre

Chalais qu'il révéla au Cardinal non seulement tout ce qu'il savait, mais encore tout ce qu'il ne savait pas. »

Quand il eut achevé son récit :

— Louis XIII détrôné, s'informa Richelieu, par qui les conjurés ont-ils dessein de le remplacer à la tête du gouvernement ?

— Par Monseigneur le duc d'Anjou, lequel épouserait la Reine.

— Mais la Reine n'est pas veuve, Monsieur !

— *Elle le deviendrait*, Monseigneur.

Le Ministre n'essaya point de dissimuler sa joie.

Cette fois Anne d'Autriche était entrée dans un complot contre la vie de son mari !

— A défaut de ce mariage, reprit le délateur, Monsieur en contracterait un avec une jeune femme qu'on prétend être la légitime héritière du duché de Lorraine...

— J'entends : avec cette ancienne gitane que Madame de Chevreuse a enlevée l'autre jour, pour la soustraire à mes projets et la conserver pour les siens.

Ensuite s'adressant à Rochefort :

— Comte, poursuivit le prélat, avez-vous quelque idée de l'endroit où s'est retirée la duchesse en compagnie de cette princesse supposée !

— Ma foi, non, Monseigneur : M. d'Artagnan seul pourrait vous renseigner à cet égard, puisque c'est lui que vous avez dépêché à la poursuite des fuyards.

— Oui, mais M. d'Artagnan n'a pas reparu depuis ce moment... Non plus que les deux estafiers que je lui avais adjoints pour lui prêter main-forte... Aussi suis-je inquiet — très inquiet, de ce qui peut leur être arrivé...

— Que Votre Eminence se rassure, M. d'Artagnan reviendra. Elle l'a vu à l'œuvre comme moi. C'est un de ces hommes qui traversent le feu et l'eau.

Louvigny intervint :

— M'est-il permis de fournir quelques indications ?

— Fournissez, Monsieur, fournissez : Son Éminence vous y autorise.

Et Rochefort ajouta à ce sourire ironique qui ne le quittait jamais, même quand il parlait de sa propre personne :

— Vous n'êtes ici que pour cela.

— Eh bien, continua Louvigny, il est constant qu'après avoir croisé le fer pour un motif que j'ignore, mon ex-ami et le chevalier se sont quittés en excellents termes : il n'y aurait donc rien d'étonnant à ce que votre Gascon fût passé du côté de Madame de Chevreuse, avec laquelle M. de Chalais proclame à tous les vents qu'il vient de renouer par correspondance.

Puisque vous refusez de vous séparer de moi.....

— Un instant ! protesta vivement Rochefort ; M. d'Artagnan est un ennemi redoutable — j'en sais quelque chose, moi dont il a transformé la peau en écumoire, à force de la trouer à coups de flamberge, — mais c'est un allié incapable de trahir...

Qu'il accepte de servir une cause, et tout l'or du trésor royal, toutes les faveurs d'un monarque ou d'une femme, toute une tempête de dangers prête à crever sur sa tête ne l'empêcheraient pas d'accomplir la tâche dont il serait chargé...

Je me porte donc garant que, dans cette circonstance, M. le Cardinal n'aurait pas su trouver un bras non seulement plus robuste, mais encore plus loyal et plus dévoué.

— Merci, comte, prononça une voix.

La portière, qui fermait le cabinet, venait de se soulever, et d'Artagnan était apparu sur le seuil.

Le mousquetaire était affreusement pâle et s'appuyait à droite, sur l'épaule d'Ange-Bénigne Caudebec, et, à gauche, sur celle de Trophime Mirasson.

Sans prêter aucune attention à Louvigny, dont le visage avait verdi à sa vue, il s'inclina respectueusement devant Richelieu :

— Monseigneur, dit-il, je suis prêt à rendre compte à Votre Eminence du résultat de la mission dont elle a bien voulu me charger.

— Chevalier, répondit le Ministre, je suis à vous dans un instant.

Ensuite, se levant et faisant signe à Rochefort :

— Venez, comte, que je vous donne vos instructions.

Et il emmena le gentilhomme dans l'embrasure d'une fenêtre.

Pendant qu'ils s'entretenaient à voix basse.

— Ah ! ça ? demanda le mousquetaire à ses deux compagnons, comment se fait-il que je vous aie retrouvés tout à l'heure à la porte de cette maison ?...

Les pistolets de Madame de Chevreuse vous avaient donc manqués ?...

Pourtant, je vous ai vus tomber, — et vous ne vous êtes pas relevés...

— Ah ! voilà : c'est l'explosion...

— C'est le sifflement de la balle...

— Qui m'a fait mordre la poussière...

— Qui m'a jeté sur le carreau...

— Je me croyais blessé...

— Je me croyais mort...

— Quand je revins à moi, je m'aperçus que je n'avais pas été touché...

— Et moi que j'étais sain et sauf...

— Sur quoi, nous nous retirâmes au village d'Angerville...

— Où nous restâmes à nous remettre de nos alarmes tant que nous eûmes de l'argent...

— Tiens ! fit d'Artagnan, moi j'étais à Cercottes, où m'avaient transporté des paysans qui m'avaient ramassé sur la route... Nous étions voisins sans le savoir... Car Cercottes n'est guère qu'à quelques lieues d'Angerville...

En ce moment, le Cardinal et Rochefort achevaient leur conversation...

— Vous m'avez bien compris ? demandait Richelieu.

— Parfaitement, Monseigneur, et je partirai demain.

— Quant au moyen d'arriver jusqu'au marquis de Laisque et de vous insinuer dans la confiance de ce Brabançon...

— Que Votre Éminence s'en rapporte à moi sur ce point... Merci Dieu ! on a plus d'un bon tour dans son sac, et je suis en train, d'ores et déjà, d'en ruminer un auquel je défie bien nos gens de ne pas se laisser prendre... Seulement...

— Seulement ?...

— Comment Votre Éminence s'arrangera-t-elle pour retenir M. de Chalais à la cour jusqu'à ce que j'en sois arrivé à mes fins...

Car s'il lui poussait fantaisie de venir à Bruxelles, se jeter à travers mes toiles d'araignée...

S'il avait vent de quelque chose et s'il me tombait sur le dos...

— A votre tour, soyez tranquille : je soufflerai l'idée au roi d'aller en voyage quelque part. En Bretagne probablement. La cour suivra le roi. Chalais suivra la cour. Ses fonctions de maître de la garde-robe l'y obligent. De cette façon, nous serons sûrs de l'avoir sous la main quand il nous plaira d'étendre la main sur lui.

— A merveille !

Et Rochefort ajouta :

— Il ne me reste plus qu'à prendre congé de Votre Éminence...

— Allez, et n'oubliez pas de me tenir au courant de vos opérations.

Puis, se retournant vers Louvigny :

— Accompagnez le comte, intima le ministre ; il vous communiquera mes ordres.

Puis encore à l'ex-Francatrippa et à l'ancien Fritellino :

— Qu'on me laisse avec le chevalier d'Artagnan.

Les deux estafiers sortirent.

Le cardinal reprit sa place dans son fauteuil, et, invitant du geste notre héros à s'approcher :

— Enfin, commença-t-il, vous voilà de retour... Je suis grandement aise, lieutenant... Mais, soit dit sans reproche, vous avez bien tardé !

Ensuite, considérant des pieds à la tête le mousquetaire, qui se redressait après s'être incliné :

— Hé ! d'où vous vient cet air piteux ?... Que vous est-il donc advenu ?... Un contre-temps, un accident, un malheur ?

— Un très grand malheur, en effet, Monseigneur, répondit le Gascon sur le mode mineur, qui est comme chacun sait celui de tristesse. Le plus grand même de ceux qui peuvent affliger un soldat. Celui de revenir vaincu...

Le ministre plissa le front :

— Vous ne me ramenez pas la duchesse ?

— Hélas ! non : je n'ai pu l'atteindre.

— Et cette personne, cette ancienne fille de bohême, cette prétendue princesse Géralde qui semblait vous tenir tant à cœur ?

— Elle m'a échappé pareillement, Monseigneur.

Richelieu se défiait volontiers de tout le monde.

Les insinuations de Louvigny lui revinrent à l'esprit.

Le mousquetaire ne s'était-il pas laissé gagner par les séductions de Madame de Chevreuse ou par celles de la femme qu'il aimait ?

Il jeta au Gascon un regard soupçonneux :

— Parbleu ! maugréa-t-il, voici qui est singulier ! Un cavalier comme vous, un centaure, à ce qu'on affirme — monté sur les meilleurs chevaux de Sa Majesté et qui ne parvient pas à rattraper deux fugitives juchées sur des bidets de poste ! Un champion de votre taille qui est allé d'une seule traite en Angleterre, la bride aux dents, l'épée au poing, à travers coups, vents et marées, chercher, pour me faire pièce, les ferrets de la reine, et qui quand il s'agit de travailler pour moi se laisse distancer, berner ou captiver par une paire de jupons !

D'Artagnan supporta cette bourrasque sans souffler mot.

Il rongeait son frein et tourmentait sa moustache.

Le Cardinal s'était levé.

Il se promenait d'un pas saccadé par la chambre.

— Chevalier, reprit-il sévèrement, vous avez démérité de ma confiance... Vous avez perdu en même temps une magnifique occasion de conquérir votre brevet de capitaine... Car ce brevet était au bout du succès de la mission que je vous avais appelé à remplir.

Le Gascon se mordit les lèvres jusqu'au sang et continua à se taire.

— Enfin, Monsieur, poursuivit-il, ouvrez la bouche !... Parlez !... Expliquez-vous, défendez-vous, justifiez-vous !

D'Artagnan secoua la tête :

— A quoi bon ? répliqua-t-il avec calme : je dois être coupable à vos yeux, puisque je n'ai pas réussi.

Il y eut un silence assez long.

Ensuite Richelieu interrogea :

— Vous vous êtes mis cependant à la poursuite de la duchesse et de ses acolytes ?

— Oui, Monseigneur, et j'allais certainement les atteindre lorsque par malheur j'ai choppé...

— Une chute, dites-vous ?... Où cela ?

— Entre Étampes et Orléans.

— Vraiment, vous me la baillez belle !... Sur une route unie comme la surface de cette table ! Sans une côte, sans un mamelon, sans un caillou.

— Aussi n'est-ce pas contre un caillou que j'ai buté.

— Et contre quoi ?

— Contre une *navaja*.

— Une *navaja* ?

— Votre Éminence ne sait pas ce que c'est qu'une *navaja* ? Je l'en félicite, mordioux !...

Moi je l'ai appris — à mes dépens...

Figurez-vous un grand diable de couteau espagnol, dont la lame plus longue qu'une dague, vous entre chez les gens sans seulement s'informer s'il leur plaît de la recevoir.

— Vous avez reçu un coup de couteau ? questionna le Cardinal d'un ton un peu radouci.

— Entre les deux épaules, Monseigneur : sans cela, veuillez tenir pour certain que je ne me serais pas représenté devant vous sans avoir arraché ma chère Diamante aux sacripants qui l'emportaient.

Et notre héros fit passer rapidement devant son interlocuteur étonné les dramatiques incidents de la chasse à outrance qu'il avait donnée à Mme de Chevreuse et aux trois bohémiens.

Des braves gens du bourg de Cercottes, dit-il pour terminer, me trouvèrent en train de rendre l'âme sur la poussière du chemin, et me transportèrent chez eux, où, grâce à leurs bons soins, je parvins à reprendre quelque peu du poil de la bête...

Par bonheur, je possède la recette d'un baume miraculeux pour boucher les accrocs à la peau — un baume qui me vient de ma mère, et dont j'ai fait souvent l'épreuve...

Ce baume me guérit une nouvelle fois, et me revoilà sur pied et tout prêt à aller — comme autrefois Orphée, ce râcleur de violon — chercher mon Eurydice jusqu'au fond des enfers...

Malheureusement le service du Roi m'a repris. Il va me clouer à Saint-Germain. Et, pendant que j'y resterai, Dieu sait ce que cette brouillonne de duchesse et sa coterie de politiques feront de ma pauvre belle amie !

— Vous doutez-vous du lieu où on l'a emmenée ? demanda Richelieu dont le courroux paraissait tout à fait tombé.

— Avant de revenir à Paris, je me suis rendu à Orléans, où j'ai pris mes informations :

Mme de Chevreuse et sa compagne forcée ont descendu la Loire sur un petit bâtiment que leur a envoyé Mgr Antoine de Bourbon, grand-prieur de France...

Elles doivent être à cette heure à Blois, auprès de ce dernier, à moins qu'elles n'aient poussé jusqu'à Nantes, auprès du duc César, son frère...

— Le duc César... Le grand-prieur... Nantes .. Blois... répéta le Cardinal qui réfléchissait.

Puis, glissant un coup d'œil vers le mousquetaire :

— Eh ! oui, murmura-t-il, voilà l'homme qu'il me faut.

Puis encore, de ce ton paternel qu'il savait prendre quelquefois, mais qui ne trompait que les gens qui ne le connaissaient pas :

— Mon cher chevalier, acceptez mes excuses... Je vous ai soupçonné à tort... Est-il nécessaire d'ajouter que toute ma bienveillance vous est restituée et que je vous supplie d'oublier ma précédente mauvaise humeur ?

D'Artagnan connaissait son homme.

— Le chat-tigre fait patte de velours, se dit-il. Allons, mordioux ! rien n'est perdu. Il a toujours besoin de moi.

Son Eminence continua :

— Rentrez chez vous, couchez-vous, soignez-vous et achevez de vous rétablir...

Sa Majesté partira prochainement pour visiter ses fidèles provinces de l'Ouest....

Sa première étape sera Blois...

— Blois ! s'exclama notre héros.

Comme d'habitude les mousquetaires accompagneront le souverain — sous le commandement de leur lieutenant...

Oui, ce bon M. de Tréville souffre de la goutte présentement et doit s'abstenir de monter à cheval de par l'arrêt de la Faculté..

Nous irons sans doute jusqu'à Nantes !

— Nantes ! redit le Gascon dont la joie égalait l'étonnement.

Le ministre lui frappa familièrement sur l'épaule :

— Et je vous promets, mon camarade, de vous faire retrouver au cours de ce voyage l'occasion de prendre une éclatante revanche de votre déconvenue de ces derniers jours.

XLVIII

DÉPART POUR BLOIS

Quelques jours s'écoulèrent pendant lesquels il ne fut pas plus question à la Cour du voyage de Blois et de Nantes que si celui-ci n'avait jamais existé dans l'esprit du Roi et du Cardinal.

D'Artagnan en était venu à se demander si ce dernier lui avait bien réellement parlé du départ de Louis — et de sa maison — pour la première, assurément, et, éventuellement, pour la seconde de ces deux villes...

Et il commençait à désespérer d'y aller retrouver Diamante ou y apprendre de ses nouvelles, quand, un matin, Sa Majesté l'avait appelé dans son cabinet.

M. de Chalais, pareillement mandé, y entrait dans le même moment.

Richelieu était présent.

Monsieur également.

Depuis près d'une semaine, le prélat n'avait plus soufflé mot à celui-ci de son mariage avec Mlle de Montpensier.

Ce silence inquiétait le prince.

Ce dernier, de son côté, n'avait pas ouvert la bouche au sujet de Mme de Chevreuse.

Ce mutisme intriguait Richelieu.

Il est constant que quelque chose se tramait chez l'un comme chez l'autre — dirigé par le premier contre le second et par le second contre le premier.

La Reine était évidemment dans le jeu de Gaston...

Et le Roi était certainement dans le secret de Richelieu.

En attendant qu'ils démasquassent leurs batteries, les deux adversaires se faisaient la meilleure mine du monde.

Tout en s'observant, en s'étudiant, en se tâtant avec une soupçonneuse prudence et une impénétrable dissimulation, il n'y avait pas de compliments, de mamours et d'embrassades dont ils ne s'accablassent réciproquement.

A l'entrée de d'Artagnan et de Chalais :

— Messieurs, leur dit Louis XIII, nous partons après-demain pour Blois.

— Pour Blois ! s'écria le duc d'Anjou avec un soubresaut d'étonnement.

— Après-demain ? répéta Chalais avec une surprise égale.

Ensuite, Gaston reprit d'une voix légèrement altérée :

— Vous ne nous aviez pas prévenus de ce voyage...

Le Cardinal intervint :

— C'est moi, fit-il, qui ai décidé Sa Majesté à l'entreprendre sur les pressantes instances de Messire Antoine de Bourbon...

— Oui, ajouta Louis, M. le Grand-Prieur nous a convié à courir le cerf sur son domaine du Blaisois en compagnie du duc César...

— Le duc quitterait son gouvernement de Bretagne ? demanda Gaston vivement.

— Pour saluer le Roi, son suzerain par le rang et par la naissance, oui, Monseigneur, dit Richelieu.

Monsieur et Chalais échangèrent un regard d'inquiétude.

Ensuite, le second interpella le Roi avec cette liberté que Louis tolérait en apparence, mais dont — dans son for intérieur — il se sentait profondément blessé :

— Votre Majesté a donc envoyé un sauf-conduit à M. de Vendôme ?

— A quoi bon ? repartit le monarque ; en sortant de Nantes, M. le Duc ne met pas, que je sache, le pied en pays étranger, et je ne crois point qu'il ait plus de raisons de se défier de nous que nous n'en avons de nous défier de lui.

Le ton de cette réponse était si naturel que Gaston et Chalais furent presque rassurés.

Le souverain continua :

— Vous nous accompagnerez, mon frère, ainsi que la Reine, du reste... vous aussi, Monsieur le Grand-Maître de la garde-robe... vos fonctions vous le prescrivent...

— Et je n'aurai garde, Sire, répliqua le jeune homme, de laisser à un autre l'honneur de les exercer auprès de Votre Majesté...

D'Artagnan attendait.

Louis XIII se tourna vers lui :

— Monsieur, reprit-il, notre vieil ami Tréville se trouvant empêché par la maladie de monter à cheval de quelque temps, c'est vous qui prendrez le commandement des mousquetaires de l'escorte.

Cet accès de goutte du capitaine servait merveilleusement les projets du monarque et de son ministre.

M. de Tréville était le compatriote, il avait été le compagnon d'armes du Béarnais.

Il est donc peu probable qu'il se fût prêté de bonne grâce à

Les deux petites troupes couraient sans trêve...

l'exécution des mesures qui allaient être prises contre les deux fils naturels de ce prince.

Le cœur de notre héros bondissait de joie sous sa casaque.

Cependant, il crut devoir aventurer une observation dans l'intérêt de la hiérarchie :

— Sire, oserai-je faire remarquer respectueusement à Votre Majesté qu'en l'absence du capitaine, c'est à l'officier le plus ancien qu'appartient le commandement de la compagnie ? Or, j'en suis le plus nouveau lieutenant...

— Monsieur, déclara Louis, cette modestie vous honore ; mais j'entends qu'il en soit fait ainsi que j'en ai décidé.

Richelieu regardait notre héros d'un air qui signifiait :

— Eh bien, que vous avais-je dit ?

Le Gascon s'inclina.

— Cela étant, Sire, s'informa-t-il, combien emmènerai-je de cavaliers ?

— Oh ! une brigade seulement.

— Une brigade ! s'exclama Chalais.

— Quatre-vingt-seize hommes ! fit Monsieur.

— Cela suffira, dit le Roi, avec autant de Suisses... et les gardes de M. de Mercœur...

— Des Suisses, des mousquetaires, des gardes ! s'écria le duc d'Anjou. Toute une armée, alors ! Peste ! mon frère, on va prétendre que nous entrons en campagne !

— Et que nous allons combattre un ennemi, appuya Chalais.

Monsieur renchérit :

— Ou conquérir une province !

— Le Blaisois est pourtant tranquille, reprit le maître de la garde-robe.

— Et ses habitants sont de fidèles sujets du Roi, affirma Gaston, qui avait pâli.

— Il ne s'agit ni de conquête, ni de combat, riposta Louis froidement, et si j'emmène tout ce monde, c'est pour mieux faire honneur à mes hôtes — à mes frères, le grand-prieur et le duc César.

Puis, s'adressant à d'Artagnan :

— Dès que ce dernier sera arrivé à Blois, vous vous substituerez pour lui servir d'escorte, aux gentilshommes qui l'auront accompagné.

— Bien, Sire.

— Vous aurez soin, en outre, de placer une garde à la porte du logis qu'il occupera.

— J'y veillerai, Sire.

— Enfin il y a, à une lieue de la ville, une petite maison appelée Beauregard. M. le Cardinal désire s'y installer pour éviter le bruit et le mouvement de la Cour. Vous tiendrez la main à ce qu'elle soit prête à le recevoir.

— Cela sera fait, Sire.

— Vous pouvez vous retirer... Vous aussi, Monsieur de Chalais... Je ne vous retiens pas non plus, mon frère — ayant encore beaucoup à travailler avec Son Éminence... Allez, Messieurs, et que Dieu vous garde !

Les trois hommes sortirent.

Quand ils furent dans la galerie qui précédait le cabinet royal :

— Eh bien, chevalier, demanda Chalais à d'Artagnan, que vous semble de ce voyage ?

Le duc d'Anjou écoutait.

— Hum ! pensa le Gaston, cette figure sournoise... Ces oreilles tendues... Tâchons de ne rien dire qui puisse me compromettre.

Puis, d'un ton dégagé :

— Ma foi, Monsieur le Comte, je ne suis pas, pour ma part, fâché de changer d'air... J'ai horreur de rester en place... Et comme la Touraine et les rives de la Loire sont, à ce qu'on assure, un ravissant pays...

Gaston prit la parole :

— Que m'a-t-on conté, lieutenant ?... Que vous aviez été fort souffrant en ces derniers temps ?... D'une chute ou d'une blessure, je crois ?

— Toi, se dit notre héros, tu n'es pas sans connaître l'histoire de mon coup de couteau... Tu ne dois pas ignorer non plus l'endroit où l'on retient Diamante... Mordioux !... Si je pouvais savoir...

Ensuite, avec aplomb :

— En effet, Monseigneur, j'ai fait une chute de cheval qui m'a forcé de prendre le lit durant quelques jours...

Chalais revenait à la charge :

— Votre avis sur la façon dont Sa Majesté entend que MM. de Vendôme et de Bourbon soient traités à Blois ?

— Oui, souligna Monsieur, ce déploiement de forces... Cette escorte... Cette garde à leur porte...

— Honneurs rendus par le fils du grand Henri à deux princes qui ont dans les veines le sang de son illustre père !

— Ouais ! fit le maître de la garde-robe, voilà des honneurs qui ressemblent furieusement à des précautions !

Le duc d'Anjou ajouta :

— Et, entourés de tous ces mousquetaires, de tous ces Suisses, de tous ces gardes, MM. de Vendôme et de Bourbon vont singulièrement avoir l'air de prisonniers d'Etat.

Notre Gascon eut un rire trop ingénu pour être véritablement naïf :

— Bon ! répliqua-t-il, où Votre Altesse, où Votre Seigneurie prennent-elles des prisonniers et des précautions ?... Vous avez entendu Sa Majesté tout à l'heure... Du diable si elle m'a ordonné d'arrêter qui ce soit au monde !

Monsieur insista :

— Cependant, si le Roi vous avait donné l'ordre...

— De m'assurer de Monseigneur le Grand-Prieur et de Monseigneur le duc César ?

— Oui : qu'auriez-vous fait ?

— J'aurais obéi, mordioux !

— Sans hésiter ?

— Sans hésiter... Mais avec des égards... Infiniment d'égards !

— Vous auriez mis la main au collet des deux fils de Henri le Grand ?

— En tenant mon chapeau de l'autre main, oui, Monseigneur, comme il convient alors qu'on parle à des gens de cette importance.

Gaston devint rêveur.

— De sorte, reprit-il après un moment, que si mon frère Louis vous commandait d'arrêter quelque personnage plus considérable encore que MM. de Vendôme et de Bourbon...

Le mousquetaire avait toujours sous sa moustache son rire à la fois *bon enfant* et narquois.

— Hé ! fit-il, je ne vois guère au-dessus de ces messieurs que Son Éminence ou Votre Altesse !...

— Eh bien ?...

— Eh bien, supposons un moment — pour faire plaisir à Votre Altesse — que ce soit elle que Sa Majesté m'ait enjoint de conduire à Vincennes ou à la Bastille...

Le duc fit la grimace :

— Soit, dit-il d'une voix mal assurée, supposons que ce soit moi qui...

D'Artagnan poursuivit sans sourciller :

— Oh ! mon Dieu, rien de plus simple...

Je m'approche, la tête découverte — ainsi qu'il sied quand on a quelque communication à faire à une personne de votre rang et de votre sang...

Je commence par saluer respectueusement...

Puis, me redressant et mettant la main à l'épée — selon l'ordonnance — je vous dis de ma voix de cérémonie :

— *Monseigneur, au nom du Roi, je vous arrête.*

Gaston tressaillit malgré lui, tant l'accent du Gascon spirituel avait été naturel et vigoureux.

La supposition, la représentation du fait l'effrayaient presque autant que le fait lui-même.

— Après quoi, c'est une affaire bâclée, conclut gaillardement notre héros. C'est comme si vous étiez déjà à la Bastille ou à Vincennes. Dieu et le diable ne m'empêcheraient pas de vous y conduire.

Sur ces mots et avec une profonde révérence, le lieutenant quitta ses deux interlocuteurs et se rendit à son service en fredonnant une chanson de son pays.

Chalais le regarda s'éloigner en soupirant :

— Quel malheur que cet homme ne soit pas avec nous !

Puis, avec l'insouciance particulière à la jeunesse et à son propre caractère :

— Baste ! on verra à s'en passer !... A s'en passer et à s'en garer... Et il nous reviendra quand nous serons au pinacle.

Puis encore, interpellant le duc d'Anjou :

— En attendant, Votre Altesse n'est-elle pas d'avis d'informer MM. de Vendôme et de Bourbon de ce qui se passe ?

— Oui, certes, fit Gaston vivement. Que le duc César se garde bien de bouger. Qu'il reste dans son gouvernement, à l'abri des murailles de ses forteresses et avec les sérieuses défenses de ses troupes et de ses canons. Le Roi n'ira pas le chercher si loin.

— N'oubliez pas non plus que c'est à Beauregard que Mme de Chevreuse s'est établie avec la princesse Géralde, — à Beauregard où le Cardinal projette de s'installer...

— Prévenez-les d'avoir à en partir sur-le-champ... Qu'elles se réfugient en Bretagne... Et qu'elles s'y cachent dans quelque coin où j'irai les retrouver sous peu pour consommer mon mariage avec l'héritière de Lorraine...

Et le prince ajouta :

— Chargez-vous de libeller ces deux messages, mon cher Chalais, et de les expédier sans retard... que vos courriers fassent diligence... Il faut qu'ils arrivent à Nantes avant que MM. de Vendôme et de Bourbon en soient sortis, ou, tout au moins, qu'ils les rejoignent avant leur arrivée à Blois.

A ce même moment, dans le cabinet de Louis XIII, celui-ci demandait à Richelieu :

— N'appréhendez-vous point, Monsieur le Cardinal, que mon bienaimé frère et M. de Chalais ne dépêchent des messagers au duc César et au Grand-Prieur pour leur faire rebrousser chemin ?

— Sire, j'ai prévu le cas, répondit le ministre. Des hommes à moi tiennent les routes. Il leur est enjoint d'arrêter toutes estafettes au passage et de remettre entre mes mains les différents papiers dont celles-ci seraient porteurs.

XLIX

A BEAUREGARD

Dans cette agréable résidence de Beauregard — qui n'avait point volé son nom — à une lieue de Blois — Diamante était assise dans une salle basse, auprès d'une fenêtre.

Ses yeux ne quittaient point la route poudreuse qui allait s'enfonçant dans la verdure des prés — la route qui se dirigeait vers l'orient — c'est-à-dire celle de Paris et, par conséquent, de Saint-Germain.

A quelques pas de la jeune fille, Yanoz se tenait debout, appuyé contre un meuble auquel l'agitation de son corps communiquait un mouvement saccadé.

L'ancienne reine des Grands-Scorpions ne semblait point s'apercevoir de la présence du fils de Pharam.

Celui-ci paraissait furieux de cette indifférence.

Ses prunelles roulaient et brûlaient dans le bistre de son visage.

A un moment, et, comme une larme perlait aux cils de Diamante :

— Oh ! murmura-t-il, je ne vis plus ! Je suis comme un damné dans un lac de feu !

A cette exclamation, la jeune fille se retourna :

— Qu'est-ce donc ? demanda-t-elle.

Le bohémien marcha vers elle !

— Il faut que je vous parle, dit-il.

— Je vous écoute, répondit-elle.

— Savez-vous que le baron Christian de Sierk est mort !

— On me l'a dit.

— Savez-vous que ce prince, à qui l'on vous a fiancée, ne sera pas de sitôt votre époux... Il ne le sera jamais peut-être, si j'en crois le bavardage des gens... Car l'on prétend que son frère, le roi de France, lui destine une autre femme.

Diamante eut un geste d'indifférence.

— Oui, reprit le jeune homme avec emportement, oui, peu vous importe, en effet... Ce n'est pas le prince que vous aimez... C'est l'autre: le soldat à la casaque rouge !

Puis, crispant ses poings :

— Voilà pourquoi je vous suis odieux !... Pourquoi vous vous jouez de mon bonheur... Pourquoi vous me méprisez, vous me repoussez.

La jeune fille le considéra avec une sorte de compassion :

— Non, vous ne m'êtes pas odieux ; non, je ne vous repousse pas ; non, je ne vous méprise pas...

Car vous êtes l'enfant de celle qui m'a nourrie de son lait et de celui qui m'a élevée avec une tendresse paternelle...

Je vous plains donc et je vous aime...

Je vous aime comme un frère...

Mais n'exigez jamais de moi autre chose que cette amitié fraternelle : c'est tout ce que je puis vous promettre — et je ne promets que ce que je suis sûre de pouvoir donner !

— J'entends... Je n'entends que trop... A moi l'amitié : à ce d'Artagnan, l'amour !

— Oui, je l'aime, et je l'avoue à la face du ciel...

Je l'aime parce qu'il ne ressemble en rien à tous ceux que j'ai coudoyés jusqu'à présent...

Parce qu'il est bon, parce qu'il est brave, parce qu'il est honnête, parce qu'il est juste...

Parce que c'est un homme enfin, et non point une bête sauvage, aux instincts féroces ou un roquet de cour aux allures arrogantes...

— C'est moi la bête sauvage, n'est-ce pas ? Ah ! prenez garde, Diamante !... La bête sauvage a crocs et griffes !

Elle poursuivit avec le même flegme implacable :

— Je lis sur votre front ce qui se passe dessous... Je vois votre main qui cherche une arme à votre ceinture... Une fois déjà vous avez essayé de tuer celui dont nous parlons.

L'honnête Gorbas l'a sauvé...

Aujourd'hui vous songez à le frapper de nouveau.

A quoi cette mauvaise action vous avancera-t-elle ?...

Croyez, c'est un détestable moyen pour conquérir l'affection d'une femme qu'assassiner l'homme qu'elle aime...

Tenez, si j'étais à votre place, j'arracherais ces méchantes idées de mon esprit et cette folle passion de mon cœur...

Je renoncerais à des chimères insensées...

Et je me contenterais d'inspirer les sentiments qu'une sœur peut éprouver pour son frère.

. . . .

Ses traits et sa voix s'étaient adoucis.

Tout en elle suppliait.

Mais le fils de Pharam n'était pas de ceux qui cèdent à la prière.

— Non, gronda-t-il, c'est impossible.

Il allait et venait par la salle — titubant, soufflant, essuyant de sa manche la sueur qui lui baignait le visage.

A la fin, s'arrêtant devant la jeune fille :

— C'est votre dernier mot ? demanda-t-il sourdement.

Elle répliqua sans faiblir :

— J'aime le chevalier d'Artagnan et nul autre que lui n'aura place en mon âme.

— Vous l'aimerez toujours ?

— Toujours.

— Même mariée à un autre ?

— Même mariée.

— Et s'il mourait ?

— Je mourrais.

Yanoz baissa le front comme s'il avait reçu un coup de massue et poussa un soupir qui ressemblait à un râle.

Puis, soudain, se redressant, terrible, les dents serrées, les narines entr'ouvertes, les prunelles sortant de l'orbite :

— Meurs donc, misérable femme, car ton amant n'existe plus !

La jeune fille se leva — l'œil étincelant, la lèvre frémissante :

— Mensonge !...

— Il nous poursuivait, l'autre jour, quand je t'emportais — ensevelie dans le sommeil que je t'avais versé...

Il était près de nous atteindre...

La *navaja* de Giseph l'a couché sur le chemin...

— Mensonge !...

— Son cadavre est là-bas — entre Étampes et Orléans...

— Mensonge !...

— Il faudrait un miracle pour le ressusciter...

Diamante avait tourné la tête vers la fenêtre...

Elle poussa un grand cri :

— Eh bien, le miracle est fait... Regarde !

Yanoz s'élança et jeta les yeux au dehors.

Puis, avec un rugissement :

— Lui !... Mille démons !... Lui vivant !

La Loire coulait à quelque distance de la maison.

Or, sur la route qui descendait de la ville vers le fleuve — et vers un bac qui traversait celui-ci — un détachement de mousquetaires s'avançait en pleine lumière.

La navaja s'était plantée jusqu'au manche.

D'Artagnan marchait en tête — campé en selle ainsi qu'une statue équestre — avec sa mâle prestance et sa mine guerrière sous le harnais et le plumet.

En ce moment, Mme de Chevreuse se précipita dans la chambre.

Polgar, Giseph et plusieurs autres serviteurs la suivaient en grand émoi.

Elle était bottée et éperonnée et achevait de nouer les aiguillettes des chausses et du pourpoint de son costume de cavalier.

— Les gens du Roi ! s'écria-t-elle. Fuyons !

Et à Diamante :

— On selle les chevaux. Venez, ma chère. Venez vite !

Sur la rive opposée du fleuve, les mousquetaires appelaient :

— Holà ! le passeur ! holà !

Celui-ci était un vieillard dont la cabane s'adossait à Beauregard.

Il entendit l'appel des cavaliers et lâcha le filet qu'il était en train de raccommoder :

— On y va, mes gentilshommes, on y va !

Diamante demeurait immobile.

Mme de Chevreuse l'interpella de nouveau :

— Hâtons-nous !... Le Cardinal nous envoie prendre... si nous tardons, nous sommes perdues !

La jeune fille secoua la tête :

— Que lui ai-je fait, au Cardinal ?

La duchesse lui saisit le bras :

— Encore une fois, suivez-moi !... Nous n'avons que quelques minutes... Nos amis viendront nous rejoindre plus tard...

Elle essayait de l'entraîner...

Mais Diamante se dégageant :

— Je n'ai pas d'amis parmi les vôtres... que me font vos intrigues de cour ?... Je refuse de m'y associer plus longtemps...

— Vous refusez de me suivre !...

La jeune fille répondit avec résolution :

— Je ne bougerai pas d'ici.

Puis, un éclair allumant le bleu de sa prunelle :

— Je ne suis pas aujourd'hui sous l'empire d'un narcotique.

Puis encore, étendant le bras :

— Celui qui vient saura me protéger.

Un rugissement sortit de la gorge du bohémien :

— Un mousquet ! grinça-t-il. Qu'on me donne un mousquet !

On lui en mit un dans la main.

Le passeur se dirigeait clopin-clopant vers le bac.

Yanoz épaula l'arme, visa et fit feu.

Le vieillard roula sanglant sur le sol.

— Qu'ils traversent l'eau à présent ! clama le fils de Pharam avec une joie barbare.

En même temps, Marie de Rohan commandait :

— Faites ce que j'ai commandé.

Polgar, Giseph et les autres serviteurs se ruèrent sur la jeune fille.

Celle-ci cria en se débattant :

— A moi, d'Artagnan, à moi !

Ce cri et la détonation du mousquet firent lever la tête au mousquetaire.

Il reconnut — à la fenêtre — Diamante que les valets s'efforçaient d'en arracher.

Stupéfait un instant — il était si loin de s'attendre à retrouver l'ex-bohémienne dans cette maison dont il allait prendre possession pour le Cardinal — puis, se haussant sur les étriers :

— Ah ! bandits, tonna-t-il, j'arrive !

Aussitôt, il rendit la main à son cheval, lui enfonça les éperons dans le ventre, et, l'animal, pressé par la douleur et sentant qu'on lui livrait l'espace, bondit par dessus une espèce de garde-fou qui entourait le débarcadère du bac et tomba dans le fleuve en faisant jaillir des flots d'écume.

Par malheur, notre Gascon avait compté sans la violence du courant.

Celle-ci entraîna monture et cavalier.

En les voyant perdre plante et s'en aller à la dérive, il y eut parmi les mousquetaires une clameur de détresse :

— Le lieutenant va se noyer !

Mais d'Artagnan tenait vigoureusement en bride le cheval qui soufflait et hennissait d'effroi.

Il lui soulevait la tête hors de l'eau, lui caressait l'encolure de la main et l'encourageait en lui parlant comme à un ami :

— Hop, mon camarade !... Hop !... Hop !

La brave bête nageait de toutes ses forces.

Mais il ne lui était pas possible de couper le fil du fleuve en droite ligne : elle descendait le courant, malgré tous ses efforts.

Notre héros se trouvait maintenant à trois cents pas de l'endroit où il s'était mis à l'eau...

Et il se disait avec désespoir, que le temps passait et que la résistance de Diamante ne pouvait pas s'éterniser...

Le cheval nageait toujours...

Mais il se fatiguait : son mouvement n'avait plus l'égalité qui est le salut du nageur...

Ses jambes frappaient l'eau convulsivement...

Ses naseaux touchaient le niveau de la Loire...

Il tendait le cou...

Il se débattait — impuissant désormais, privé de souffle, rendu...

Encore une minute, et il disparaissait !...

D'Artagnan lâcha les étriers et se jeta à la nage — laissant à l'animal, allégé de son poids, le soin de sa propre conservation...

Et, dix minutes plus tard — après des prodiges de vigueur et de courage — il abordait à la rive opposée...

Oui, mais à un quart de lieue environ de Beauregard...

Et, quand, forçant du jarret, haletant, le front non moins trempé de sueur que les habits de l'eau de la Loire, il arriva à la maison à la fenêtre de laquelle il avait aperçu Diamante, les oiseaux s'en étaient envolés...

Les portes de la cage béaient — en grand ouvertes...

Et la cage elle-même était vide.

L.

L'ARRESTATION

La ville de Blois était encore sous Louis XIII ce qu'elle était sous Henri III, à l'époque où celui-ci y tint les Etats qui le virent se défaire du duc de Guise.

Un petit troupeau de maisons s'y groupait sur le penchant de deux collines, dont l'une servait de socle à la cathédrale et l'autre de piédestal au château.

A leur arrivée, le Roi, la Reine et Monsieur furent conduits en grande pompe à ce château, où ils s'installèrent dans les appartements du deuxième étage — ceux-là même qu'avait occupés le dernier des Valois.

Les courtisans les y suivirent.

Chalais était du nombre.

Sous prétexte que sa mauvaise santé l'obligeait à voyager à petites journées, le Cardinal était parti de Saint-Germain vingt-quatre heures après le monarque.

Son premier mot, parvenu à destination, fut d'enjoindre à d'Artagnan d'aller en fourrier préparer ses logis à Beauregard.

Vous avez vu quelle surprise y attendait notre héros.

Deux ou trois jours après l'installation au château, MM. de Vendôme et de Bourbon arrivèrent à leur tour.

Le Grand-Prieur était allé chercher son frère à Nantes.

Le Roi les reçut le même soir et, après force compliments :

— Messieurs, je vous invite à la chasse de demain...

— Sire, répondirent les deux frères à l'unisson, nous remercions respectueusement Votre Majesté de l'honneur qu'elle daigne nous faire par cette gracieuse invitation...

Elle nous pardonnera toutefois de ne pouvoir en profiter...

— Comment ?...

— Pour présenter nos hommages au Roi, nous venons de faire quatre-vingts lieues à franc étrier...

Nous osons donc solliciter de ses bontés la permission de prendre une journée de repos...

— Votre requête est juste, Messieurs, et j'y fais droit. Allez donc vous mettre sous les couvertures, et revenez-moi dispos pour la chasse de demain. Allez : Je vous souhaite une bonne nuit.

Et avant qu'ils prissent congé, Louis les embrassa « avec cordialité ».

Puis, dès qu'ils furent sortis, s'adressant à La Chesnaye, son valet de chambre :

— Qu'on me cherche M. d'Artagnan.

M. d'Artagnan n'était pas loin.

Installé dans un fauteuil dans l'une des pièces qui précédaient le cabinet du Roi, il rêvait — son épée entre les jambes — à ces paroles prononcées par Richelieu quand il avait rendu compte à celui-ci de ce qui s'était passé à Beauregard :

— Soyez tranquille, nous retrouverons cette prétendue héritière de Lorraine — quand, pour cela, nous devrions pousser jusqu'à Nantes...

— Mais, Monseigneur, Nantes est à Son Altesse le duc de Vendôme...

— Quand nous serons à Nantes, lieutenant, Nantes sera au Roi, lequel, du reste, est maître partout comme chez lui.

Deux minutes après l'ordre transmis par La Chesnaye, notre héros entra dans le cabinet de Louis.

Celui-ci était debout auprès d'une fenêtre.

Il regardait s'éloigner le duc et le Grand-Prieur.

Au bruit des bottes du mousquetaire sur le parquet, il se retourna vivement.

— Ah ! c'est vous, monsieur, dit-il.

Puis, brusquement :

— Savez-vous où sont les quartiers de MM. de Vendôme et de Bourbon ?

— Oui, Sire : dans la basse ville, je crois.

— Cette nuit, vous prendrez autant d'hommes qu'il vous en faudra et vous investirez ce logis...

— Bien, Sire.

— Puis, vous arrêterez ces messieurs.

D'Artagnan fit un pas en arrière :

— Arrêter M. le Duc et M. le Grand-Prieur ! s'exclama-t-il avec surprise.

Il avait envie d'ajouter :

— Les fils du grand Henri !... Vos frères naturels... Vos hôtes !

— Telle est ma volonté, prononça le monarque sèchement.

— Elle sera exécutée, Sire, dit le Gascon en s'inclinant.

Louis reprit :

— Cette... opération devra avoir lieu entre trois et quatre heures du matin. Vous veillerez à ce qu'elle produise le moins de bruit possible. Vous conduirez ensuite vos prisonniers à Amboise, où vous les remettrez entre les mains du prévôt qui en répondra sur sa tête.

. . . .

Les choses eurent lieu ainsi que l'avait décidé le Souverain.

MM. de Vendôme et de Bourbon furent arrêtés dans leur lit par notre héros, lequel savait, en touchant l'acier de son épée, prendre au moral le froid de cet acier dans les grandes occasions.

De cette façon, Louis XIII ne manqua point à la promesse qu'il avait faite : *qu'il n'arriverait pas plus de mal au duc César qu'au Grand-Prieur.*

En effet, il les fit acheminer tous deux, étroitement gardés, sur Amboise.

Comme d'Artagnan revenait de les y écrouer, il rencontra M. de Chalais dans la cour du château de Blois.

Le jeune homme ne pouvait cacher sa pâleur et son effarement.

— Ça, la nouvelle est-elle vraie ? demanda-t-il à notre héros.

— Quelle nouvelle ? questionna celui-ci à son tour.

— Celle qui court la ville et le château : que MM. de Vendôme et de Bourbon ont été enlevés, cette nuit ?

— Enlevés, non : arrêtés, oui.

— Vous en êtes sûr ?

— A telle enseigne que c'est moi qui ai été chargé de mener à bien ce que Sa Majesté appelle cette *opération.*

— Vous avez arrêté les princes.

— C'était l'ordre du Roi. J'ai obéi. Un soldat ne connait que sa consigne.

— Oh! s'écria Chalais avec colère, c'est encore ce damné Richelieu qui a soufflé au Roi l'idée de cette détestable trahison!

Ensuite, avec un geste de menace :

— Nous lui revaudrons cela!... avec le reste!... Un jour plus prochain qu'il ne croit.

Le Gascon le considérait avec un intérêt :

— Monsieur le comte, reprit-il, j'ai quelques raisons d'éprouver pour votre personne une vive et réelle affection...

D'abord, vous avez empêché — ceci est de l'histoire ancienne, mais je ne l'ai point oublié — qu'on ne me massacrât un brin, là-bas, dans cette auberge du *Tourne-Bride* à Chatou...

Et puis, vous m'avez fait l'honneur de croiser le fer avec moi...

Enfin, je suis persuadé que vous n'êtes pour rien dans ma dernière mésaventure...

— Quelle mésaventure?

Le mousquetaire appuya en le regardant fixement :

— Cette chute de cheval, dont j'ai failli mourir... sur une route... entre Étampes et Orléans...

— Sur mon âme, protesta Chalais, je vous jure que j'ignorais...

— Je n'en doute pas... c'est comme pour cet enlèvement... L'enlèvement de la femme que j'aime...

— Vous aimez une femme?

— Celle que Mme de Chevreuse m'a volée...

— La princesse Géralde de Lorraine?

— L'ex-reine des Grands-Scorpions.

— Mais ignorez-vous que cette jeune fille est destinée à Monseigneur le duc d'Anjou?

— Je n'ignore rien de ce que j'ai intérêt à savoir... Pour l'instant, ne nous occupons pas de Diamante... On me l'a prise : j'en serai quitte pour la reprendre.

— La reprendre?

— Pardine! croyez-vous que je vais la lui laisser, à votre duc?

— Cependant, la raison d'État...

D'Artagnan interrompit son interlocuteur :

— Ne parlons pas de la raison d'État; c'est un manteau qui recouvre trop de duplicités et trop d'iniquités...

Il ajouta en prenant le bras du gentilhomme :

— Parlons plutôt de ce qui se passe. Je suis inquiet, Monsieur le comte...

— Inquiet, chevalier?... Et pour qui?

— Pour vous.
— Pour moi ?
— Ce qui vient d'arriver aux fils du Béarnais doit vous servir d'enseignement. Voilà le Roi lancé sur la pente des justices sommaires et violentes. Craignez que rien ne puisse l'arrêter. Quand un renard se faufile, la nuit, dans une basse-cour, il n'en sort qu'après avoir étranglé tout ce qui s'est rencontré à portée de sa dent...

Chalais eut un sourire contraint :
— Et pourquoi les justices du Roi m'atteindraient-elles ?... Je ne cabale pas... Ou plutôt je ne cabale plus... Du moins, depuis la ruine de nos dernières espérances...

Puis, regardant à son tour d'Artagnan dans les yeux :
— Et, à ce propos, j'ai toujours pensé, chevalier, que vous n'aviez pas été étranger à cette ruine...
— Vous ne vous êtes pas trompé, répondit le Gascon franchement : c'est moi qui ai tué le baron de Fenestrange...
— Ma foi, tant pis pour lui !... La perte n'est pas grande !... Ce hobereau était un intrigant fieffé !

Le mousquetaire accentua :
— C'est encore moi qui ai révélé au Cardinal le complot tramé contre ses jours...
— Vous ?...
— Oui, mordioux ! et je m'en vante !...
— Quand vous m'aviez promis de garder le silence...
— Sur ce que j'avais surpris à l'auberge de Chatou, oui, certes ; mais non pas sur ce qui devait se décider plus tard à la réunion de l'île de la Loge...
— Vous avez failli perdre la Reine, Monsieur, une partie de la noblesse du royaume...
— Oui, mais j'ai peut-être sauvé la France !

Il y eut un instant de silence.

Ensuite, notre héros poursuivit d'un ton grave :
— Vous avez refusé de vous associer à ceux de vos amis qui parlaient de m'égorger, allez-vous me reprocher de n'avoir pas voulu me faire le complice muet d'un crime ?
— Un crime ?
— Et ne devriez-vous pas me remercier d'avoir épargné à votre conscience d'honnête homme et de gentilhomme le remords et la honte d'avoir versé le sang d'un ennemi qu'il est permis de combattre en face, mais que l'honneur vous défend de frapper par derrière ?

Chalais baissa la tête.
Le lieutenant continua :

Moi, j'étais à Cercottes où m'avait transporté des paysans.

— Mais ce n'est pas de cela qu'il s'agit... que vous conspiriez peu ou prou, c'est le cadet de mes soucis... veillez seulement à ne pas vous y laisser prendre ou arrangez-vous pour réussir...

Il m'est revenu autre chose :

Est-il vrai qu'un jour qu'en votre qualité de maître de la garde-robe, vous passiez la chemise au Roi, vous vous êtes amusé à contrefaire un des tics nerveux de ce dernier ?

— Chevalier, cette question...

— Elle a son importance, mordioux ! Voyons, répondez sans biaiser. Le fait est-il exact ?

— Il l'est.

D'Artagnan fronça le sourcil :

— Diable ! voilà qui est mauvais pour vous !

— Que signifie ?...

— Cela signifie que Louis passait sa chemise devant une glace et qu'il vous a vu dans cette glace en train de vous moquer de lui...

— Eh bien ?...

— Eh bien, Monsieur le Comte, prenez garde à votre tête...

— Oh !...

— Le Roi vous pardonnerait peut-être de supprimer son ministre ; il ne vous pardonnera jamais d'avoir osé rire de son auguste personne...

— On ne m'arrêtera pourtant pas pour un pareil enfantillage...

— On vous arrêtera sous un prétexte quelconque, et l'on vous jugera, l'on vous condamnera, l'on vous exécutera pour le premier grief venu : l'essentiel est que vous soyez arrêté, jugé, condamné — et exécuté...

Chalais eut un tour d'épaules dédaigneux et ses traits revêtirent une suprême insouciance :

— Allons donc ! fit-il, ils *n'oseraient* !

— Qui cela, *ils* ? demanda le Gascon.

— Le Roi et le Cardinal, parbleu !

Les deux causeurs se promenaient dans la cour du château.

D'Artagnan leva le doigt :

— Comte, voyez-vous cette fenêtre ?

— Laquelle ?

— Celle-ci, au premier étage : c'est là que le 22 décembre 1588, le duc Henri de Guise s'asseyait pour souper, quand il trouva sous la serviette un billet qui l'avertissait que le roi Henri III le ferait assassiner le lendemain matin...

Le duc lut le billet et murmura ce que vous venez de dire :

« — On n'oserait ! »

Regardez, maintenant, cette deuxième fenêtre — plus haut, à l'étage supérieur :

C'est celle de la chambre à coucher du Roi où le Balafré fut assassiné, le lendemain, au petit jour, ainsi qu'on l'en avait prévenu...

A bon entendeur, salut !...

Comte, que ces deux fenêtres vous servent de leçon !

LI

A NANTES

Six jours plus tard, la Cour partit pour Nantes.

Louis XIII donna pour prétexte à ce voyage son désir de recueillir « de ses propres oreilles » les doléances de « ces Messieurs » des États.

En réalité, il n'y allait que pour s'assurer la possession de la ville et que pour achever de conquérir par « le prestige de sa puissance » l'esprit de ses habitants.

Richelieu s'y établit au château près de lui.

Or, un matin que le Ministre était en train de travailler avec Charpentier, son premier secrétaire — en qui il avait toute confiance — Chéret lui annonça qu'un moine insistait pour l'entretenir.

— Envoyez-le au père Joseph, dit le Cardinal impatienté de ce dérangement. Que me veut-il, ce frocard ? Qui est-il et d'où vient-il ?

— Il prétend arriver de Bruxelles, Monseigneur.

Son Eminence « dansa » dans son fauteuil :

— De Bruxelles ?... Alors, c'est différent... Introduisez, Chéret, introduisez vite !

Le visiteur entra.

Sa robe brune de capucin était couverte de la poussière d'une longue route.

Ses pieds nus saignaient dans ses sandales.

Il avait la tête humble sous son capuchon et ses mains disparaissaient dans les plis de ses longues manches.

— Vous venez de Bruxelles, mon frère ? interrogea Richelieu avec vivacité.

— Oui, Monseigneur.

— N'y auriez-vous pas, par hasard, rencontré M. de Rochefort ?

Le frocard se redressa.

D'un geste prompt et cavalier, il rejeta son capuchon en arrière.

Et d'une voix mordante et métallique :

— Ah ! par ma foi, s'écria-t-il, il faut que le déguisement soit bon pour avoir pu tromper l'œil exercé de Votre Éminence !

— Rochefort ! s'exclama le ministre.

C'était celui-ci, en effet.

Le rusé compère avait pris l'habit d'un frère mendiant pour se rendre en Brabant.

Muni d'une lettre du père Joseph qui le recommandait aux couvents de Flandre ; voyageant à pied, sans argent ; demandant à la charité publique la nourriture et le gîte, il était arrivé à Bruxelles, où il s'était fait admettre chez les capucins en se soumettant à toute l'austérité de l'Ordre.

Là, il avait suivi de l'œil tous les mouvements du marquis de Laisque.

Celui-ci était un ami du supérieur et un familier du couvent.

Rochefort avait un rôle bien simple à remplir : ennemi du Cardinal, il n'avait qu'à parler comme un écho, qu'à répéter le mal que l'on disait du prélat-ministre.

Il renchérit, inventa, broda ; il arrivait de Paris : on écouta ce qu'il disait.

Rochefort était un homme habile ; il joua son rôle de telle façon que tout le monde s'y laissa prendre, de Laisque tout le premier.

Au bout de quinze jours, de Laisque, parfaitement convaincu, s'ouvrit au faux moine.

Il s'agissait de rentrer en France et de remettre à leur adresse des lettres de la plus haute importance.

Rochefort commença par refuser : l'habit qu'il portait lui interdisait tout contact avec les choses temporelles.

De Laisque insista.

Le faux moine eût bien voulu rendre service à un gentilhomme qui lui donnait tant de marques de bonté ; mais pour rentrer en France, il lui fallait quitter le couvent ; et comment quitter le couvent sans la permission du gardien, souverain chef de la communauté ?

N'était-ce que cela ?

Le marquis de Laisque fit parler au gardien par l'archiduc lui-même :

On comprend qu'une pareille recommandation aplanit toutes les difficultés :

Le faux moine fut autorisé à aller prendre les eaux de Forges, et le marquis de Laisque le chargea, non point de remettre des lettres à Paris, mais d'écrire au destinataire de les venir prendre au rendez-vous qu'il lui donnerait.

— Je partis donc, acheva Rochefort, et, pour ne pas inspirer de soupçons, de la même manière que j'étais venu à Bruxelles...

Seulement, une fois en deçà de la frontière de France, j'ouvris les lettres qui m'avaient été confiées, j'en pris une copie exacte et je les refermai ensuite — sans qu'on pût y découvrir trace de bris de scellés — par un procédé non moins habile que celui qui m'avait servi à les ouvrir...

Puis, j'écrivis, de Forges, au destinataire de venir chercher le paquet à lui adressé...

Notre homme arriva cinq ou six jours après...

C'était un avocat de Paris, nommé Pierre, qui loge rue Perdue, près de la place Maubert...

Je lui remis les originaux...

Mais je conservai les copies...

— Et vous avez celles-ci ? questionna Richelieu.

— Les voici.

Rochefort les déposa sur le bureau du Cardinal.

Ce dernier s'informa :

— Et cet avocat de Paris ?...

Il a quitté Forges en même temps que moi, sans doute pour apporter à M. de Chalais le dépôt dont il s'était chargé.

Le Ministre sonna Chéret :

— Voyez à me trouver M. de Louvigny.

— Mordioux ! prononça un organe gascon, ce ne sera pas difficile : M. de Louvigny attend dans l'antichambre.

— Ah ! c'est vous, monsieur d'Artagnan, dit le prélat : vous venez sans doute me rappeler la promesse que je vous ai faite de vous rendre l'amoureuse qui vous tient tant au cœur...

— En effet, Monseigneur.

— Je vous ai promis, en outre, que jamais cette personne n'épouserait M. le duc d'Anjou... Eh bien, tirez-vous à l'écart et écoutez sans souffler mot... Vous allez voir de quelle façon je travaille pour tenir cette promesse...

Puis gravement :

— J'exige votre parole de gentilhomme que rien de ce que vous entendrez ne sortira de votre bouche.

— Je la donne à Votre Eminence.

Richelieu fit un signe à Chéret :

— Introduisez M. de Louvigny.

Celui-ci se présenta.

Sans lui donner le temps d'achever ses révérences :

— Vous avez des nouvelles ? demanda le prélat.

— Oui, Monseigneur, et des plus importantes : M. de Chalais a reçu, ce matin, la visite d'un certain avocat de Paris...

Le Cardinal échangea un regard avec Rochefort.

Louvigny continua :

— Ce visiteur lui apportait un paquet de lettres...

— Dont nous connaissons le contenu, interrompit le Ministre au grand étonnement du gentilhomme. C'est bien. Passons. M. de Chalais a-t-il répondu à ces lettres ?

— Oui, Monseigneur. Mais ce n'est pas tout. M. de Chalais a encore reçu autre chose...

— Et quoi donc ?

— Un message du Roi d'Espagne.

Cette fois, ce fut au tour du Ministre de bondir de surprise :

— Un message de Philippe IV ?

Louvigny fit un signe affirmatif.

— Eh ! s'écria Son Eminence, il faudrait savoir à tout prix ce que ce message renferme !

— Je le sais, repartit son interlocuteur.

— Comment ?

— Mon excellent ami — et Louvigny appuya sur le mot — était si enchanté de la réception de cet autographe de Sa Majesté Catholique, qu'il me l'a lu d'un bout à l'autre, et qu'il m'a communiqué pareillement la réponse qu'il y a faite.

— Misérable étourneau ! murmura d'Artagnan.

— Et cette réponse ? interrogea le Cardinal.

— Cette réponse a été confiée à un courrier qui doit partir ce soir pour l'Espagne...

Le Ministre se tourna vers Rochefort :

— Vous avez entendu ?... Il nous faut cette pièce... quand on devrait *supprimer* le courrier...

— Inutile, reprit Louvigny : je l'ai acheté...

— Ah !...

— Et voici ce pli, Monseigneur.

Richelieu prit d'une main avide le papier que le gentilhomme lui tendait.

— Monsieur de Louvigny, dit-il, vous êtes un zélé serviteur.

— Et un ennemi terrible, ajouta d'Artagnan en mordant sa moustache.

Louvigny pâlit.

Il regarda le mousquetaire en face.

— Monsieur, prononça-t-il, M. de Chalais m'avait fait une offense mortelle...

— Je le sais : en refusant de vous prendre pour second lorsqu'il s'est battu avec moi...

— Eh bien, je me venge, voilà tout !

— Ouais ! demanda le Gascon, et ne craignez-vous pas que l'on ne dise que vous employez pour vous venger le procédé dont vous vous servez lorsque vous allez sur le pré.

A cette allusion à un duel qui l'avait mis au ban de la noblesse française, l'ancien adversaire de Hocquincourt se sentit rougir jusqu'aux sourcils.

Ses yeux méchants brillèrent d'un feu sombre.

Il fit un pas vers le lieutenant :

— Monsieur, vous m'insultez, dit-il.

Notre héros s'était campé fièrement, la main sur l'épée, la lèvre dédaigneuse :

— Croyez-vous ? interrogea-t-il d'un ton qui indiquait suffisamment l'indignation et le mépris que lui inspirait la conduite du gentilhomme.

Richelieu intervint sévèrement :

— Messieurs, ce n'est point en ma présence que de pareilles explications doivent avoir lieu.

Ensuite, au mousquetaire :

— Monsieur d'Artagnan, allez m'attendre dans le couloir qui précède les appartements de Sa Majesté ; j'aurai des ordres à vous donner.

Notre héros sortit.

— Rochefort, reprit le prélat, allez vous reposer.

Puis, à Louvigny :

— Vous pouvez vous retirer, Monsieur. Il vous sera tenu compte de ce que vous avez fait pour le bien de l'Etat. Du reste, tout n'est pas fini dans cette affaire, et j'aurai encore besoin de vous.

Resté seul avec Charpentier, son secrétaire, le Cardinal parcourut rapidement les papiers qui lui avaient été remis.

Cette lecture parut l'impressionner vivement.

— Faites-moi apporter un bouillon, Charpentier, dit-il : je me sens tout troublé.

Le secrétaire alla recevoir le bouillon à la porte et rentra.

— Fermez la porte, lui commanda Son Eminence.

Charpentier s'empressa de faire ce qu'on lui enjoignait.

Le Ministre insista :

— Au verrou, mon ami, au verrou.

Le secrétaire obéit.

Alors, levant les mains au ciel :

— O mon Dieu, murmura le prélat, il faut que tu aies bien soin de ce royaume et de ma personne.

Puis, passant au secrétaire la réponse de Chalais à la lettre de Philippe IV :

— Tenez, lisez et voyez s'ils ne sont pas tous les trois dans ma main.

Tous les trois, c'étaient Chalais, la Reine et Monsieur.

LII

SUR LA TOUR DE L'EST

Le soir de ce même jour, les échevins de Nantes régalèrent Leurs Majestés d'une fête aux flambeaux sur la Loire.

La Cour y assista du haut de l'une des quatre grosses tours du château, dont trois seulement subsistent encore aujourd'hui.

Sur la plate-forme de celle de l'Est, on avait dressé une tente surmontée du pavillon royal et revêtue au dedans des plus riches étoffes que l'on avait pu trouver dans la ville.

Cette tente était ouverte du côté du quai, de façon que les personnes qui avaient pris place à l'intérieur puissent voir évoluer sur le fleuve les barques chargées de pots à feu, d'oriflammes et de musiciens.

La Reine y était assise sur une sorte de trône qu'entouraient ses dames, ses pages et ses gentilhommes qui reluisaient de soie et de bijoux et bourdonnaient comme des abeilles aux abords d'une ruche.

Louis XIII y était demeuré un instant auprès d'elle.

Puis, il en était sorti afin d'aller bouder en liberté un peu plus loin.

Il nous dira lui-même pourquoi tout à l'heure.

Toute la population de Nantes couvrait les quais, admirant les flammes de mille couleurs qui se reflétaient dans l'eau, applaudissant les orchestres qui glissaient à la surface du fleuve et poussant des cris de joie à chaque fusée qui s'envolait en serpenteau pour retomber en pluie d'étincelles.

Autour de la Reine, on paraissait d'une gaieté folle.

Seule, Anne d'Autriche gardait un pli sur ce front divin qui était l'un des orgueils de sa beauté.

Les deux estafiers sortirent...

Mais Chalais rayonnait...

Et jamais Monsieur ne s'était montré de si plaisante humeur.

Tous deux n'étaient que plumes, brocart, satin broché, toile d'or et toile d'argent.

Comme tous les courtisans, du reste.

On aurait dit que tout ce monde s'était paré pour célébrer une victoire.

— Oui, Messieurs, pérorait Chalais, S. A. R. Monseigneur le duc d'Anjou aura épousé, sous trois jours, la princesse Géralde de Lorraine et sera parti pour Nancy où il revendiquera les droits de son auguste compagne à la succession du feu duc Henri II...

Avant huit jours, pareillement, le marquis de Laisque et ses troupes seront entrés en France par les Ardennes et auront occupé Sedan, Mézières, Reims et Châlons...

En même temps, le roi Philippe IV en personne aura franchi les Pyrénées pour marcher sur Toulouse et Bordeaux...

— Hélas ! soupira Anne d'Autriche.

C'était cette étrangère seule qui se sentait douloureusement émue à l'idée de l'invasion du sol français par l'étranger.

M. de Chalais poursuivit :

— C'est Sa Majesté Catholique qui, par la puissance de ses armes, exigera le renvoi d'un ministre odieux et la restitution du pouvoir entre des mains que le rang et la naissance ont désignées pour l'exercer...

— Mais, s'informa un auditeur, si Louis XIII refusait de se soumettre...

— Il ne lui resterait plus qu'à se démettre...

On le contraindrait à abdiquer...

Et la Reine deviendrait régente du royaume, en attendant que, divorcée, elle pût choisir un autre époux à qui elle apporterait en dot le sceptre, le trône et la couronne..

— Bravo, Comte !... C'est cela !... C'est bien dit !

L'approbation générale s'élevait jusqu'à l'enthousiasme.

Quelques voix crièrent même :

— Vive la Reine régente !

Et d'autres :

— Vive Gaston I*er*, le roi de France !

Monsieur mit un doigt sur sa bouche :

— Chut ! Messieurs, dit-il, *pas encore !*... Mon frère n'est pas si loin... Il pourrait vous entendre.

En ce moment, Chalais aperçut d'Artagnan qui tournait le dos à la fête nautique, — appuyé à l'un des canons qui passaient leur gueule de bronze par les créneaux de la plate-forme.

Il l'invita du geste à approcher.

Le mousquetaire obéit lentement.

Sa figure d'ordinaire si ouverte et si railleuse avait l'air pensif et glacé.

Anne d'Autriche lui tendit la main :

— Venez, Monsieur, fit-elle avec une grâce cordiale. Je suis presque heureuse aujourd'hui, et je voudrais que tous mes amis prissent leur part de mon bonheur.

Notre héros s'inclina profondément et baisa avec un silencieux respect le bout des doigts de la souveraine.

— M. le chevalier d'Artagnan, insinua le duc d'Anjou, estime peut-être que ceux qu'il a si vaillamment servis ne l'ont point récompensé d'une façon conforme à ses mérites...

— Monseigneur, je ne demande rien, repartit le Gascon avec fierté.

— Oh ! reprit la Reine, nous savons que vous n'êtes pas un solliciteur ; mais il est de notre devoir, à nous, de nous souvenir...

— Et il me semble, ajouta Gaston, que la charge de capitaine des mousquetaires...

Le lieutenant regarda le prince avec étonnement :

— Votre Altesse oublie-t-elle que M. de Tréville est titulaire de cette charge et que, pour en congé qu'il soit en ce moment, il n'a point cessé de commander la compagnie ?

— Monsieur, déclara Anne d'Autriche, tenez pour certain que nous ferons au mieux des intérêts d'un serviteur tel que vous...

— Madame, répliqua le Gascon, je ne réclame aucune faveur ; mais s'il m'était permis de souhaiter quelque chose, ce serait d'obtenir une *restitution*...

Il appuya sur le mot.

La Reine comprit qu'il s'agissait de Diamante.

Elle était au courant des amours de la jeune fille et du mousquetaire.

— Hélas ! chevalier, répondit-elle, il n'est pas en mon pouvoir d'opérer celle que vous semblez désirer si vivement.

D'Artagnan salua jusqu'à terre :

— Alors, je supplierai Votre Majesté de m'autoriser à retourner prendre mon service auprès du Roi.

Anne acquiesça d'un mouvement.

Notre héros sortit de la tente.

M. de Chalais le suivit, et, lui prenant le bras :

— Eh bien, lieutenant, lui demanda-t-il, que pensez-vous de ce qui se passe ?

— De cette fête ? fit le mousquetaire : hé ! Monsieur le Comte, je pense qu'elle est superbe en tous points et digne à la fois de la grande cité qui l'offre et des grands personnages à qui elle est offerte.

— Bon! fit l'autre, il n'est pas question de cette fête...

Le Gascon lui coupa la parole :

— Je la trouve même si merveilleuse qu'à votre place j'irais l'admirer de plus près...

— Comment ?...

— Oui, je sortirais de ce château, je prendrais une barque, et je me lancerais sur la Loire au milieu de tous ces bateaux d'illuminations et de tous ces feux d'artifices...

Sur la Loire que je descendrais — à force de rames — jusqu'à Paimbœuf ou Saint-Nazaire...

De là, un bâtiment — que je fréterais au besoin — me transporterait incontinent en Espagne ou en Angleterre...

— Ah ça! s'exclama Chalais qui était devenu pourpre, allez-vous donc encore me conseiller de fuir ?...

— Je vous conseille de battre en retraite, voilà tout : une retraite prudente, honorable...

— Mordieu! ce serait de la couardise!...

— Ce n'est pas de la couardise, répliqua le mousquetaire, de se mettre à l'abri de l'orage, de l'orage que l'on entend gronder au-dessus de sa tête, et qui va vous foudroyer sûrement...

Le gentilhomme frappa du pied :

— Non, non, non, je ne me sauverai pas!

Puis, haussant les épaules :

— Vous perdez l'esprit, chevalier!... Jamais nous n'avons été si près du triomphe!... Jamais nous n'avons été si près de la ruine de nos ennemis!...

Le Gascon poussa un soupir et regarda autour de lui avec l'impatience d'un homme qui voudrait briser quelque chose.

Ensuite, rageusement, entre ses dents et en se fourrageant la moustache :

— Ma foi, si vous faites le plongeon, ce ne sera certes pas faute qu'on vous ait crié casse-cou.

En ce moment, un mouvement se fit sur la plate-forme.

C'était Richelieu qui arrivait.

Cinquante arquebusiers le suivaient, sur les deux cents que Louis XIII lui avait accordés « pour sa sûreté personnelle »;

On lit, en effet, dans le *Manuscrit de Pontis* :

« Quand le Roi allait voir le Cardinal, les gardes de celui-ci ne quittaient pas les armes; et quand le Cardinal allait voir le Roi, ses gardes partageaient les postes avec ceux de Sa Majesté. »

Le ministre avait son visage des *jours d'affaires*.

Rochefort et ses gentilshommes marchaient derrière lui.

Chalais frappa amicalement sur l'épaule de d'Artagnan :

— Voici le *duc rouge* qui vous appelle d'un signe... Allez vite, mon cher chevalier... Allez dans le camp ennemi... Et rappelez-vous que vous serez toujours le bien revenu dans le nôtre.

Et, pivotant sur les talons, il s'en retourna vers la Reine.

D'Artagnan eut un geste de compassion :

— Pauvre jeune fou ! murmura-t-il.

Puis il rejoignit le Cardinal.

— Lieutenant, ordonna celui-ci, vous allez faire monter trente de vos hommes à cheval...

— Oui, Monseigneur.

— Ils escorteront le carrosse...

Et comme l'expression du visage de notre héros lui adressait cette question muette :

— *Quel carrosse ?*

— Le carrosse, continua-t-il, qui transportera le prisonnier au château du Bouffay ; vous reviendrez ensuite prendre mes ordres.

— Bien, Monseigneur.

Le mousquetaire quitta la plate-forme.

Il n'avait pas demandé le nom du prisonnier.

Ce nom, il le connaissait d'avance.

LIII

COUP DE TONNERRE DANS UN CIEL SEREIN

Le Cardinal s'avança vers Louis XIII.

Il trouva celui-ci en train de regarder les pétards, les lampions et les bateaux, en compagnie de Sauveterre, son valet de chambre *de campagne*, de Tronson, son secrétaire, et de Barradas, son nouveau favori.

Nous disons qu'il était en train de regarder.

Mais nous ne disons pas qu'il fût à même de voir.

En effet, il semblait en proie à une violente agitation.

— Venez, Monsieur, venez : vous avez bien tardé vraiment !...

— Sire, s'excusa le ministre, un travail pressant... Des dépêches importantes reçues... Le soin des affaires de l'État...

Le Roi l'interrompit avec colère :

— Hé ! votre premier soin doit être de faire respecter votre maître !... De le défendre contre l'outrage !... De le venger des avanies dont on l'abreuve !

Le prélat prit un air de sollicitude alarmée :

— On aurait osé ?... Est-il possible ?... Et qui donc ?

Louis étendit la main dans la direction de la tente :

— Ceux qui sont là, parbleu !... La Reine, mon frère, Chalais !... Oui, ce Chalais que j'ai comblé de toutes les faveurs, et qui ne cesse de me bafouer, de m'insulter !...

Puis, avec une incroyable expression de haine :

— Il y a six mois que je *vomis* cet homme !

Nous demandons pardon à nos lecteurs de nous servir de ce terme royal.

Richelieu composa son visage :

— Ce qui m'afflige outre mesure, dans ce que m'apprend le Roi, c'est que je vais être obligé d'augmenter le trouble où je le vois...

— Que signifie ?...

— Votre Majesté devine-t-elle qui je viens de rencontrer ?

— Non, et ne me faites pas languir...

— Madame de Chevreuse en personne...

— La duchesse ?

— Oui : elle descendait de son carrosse à la porte du château.

— Sur mon âme, vous vous êtes trompé !... La reine a dû l'informer que je lui interdisais de reparaître à la cour... Et elle n'eût pas eu l'insolence...

— Sire, je lui ai parlé...

— Oh !...

— Je n'ignorais point du reste, qu'après avoir quitté les environs de Blois, elle était venue se cacher dans la banlieue de Nantes avec cette aventurière qu'elle se flatte de donner pour femme à votre frère...

— Et vous ne les avez pas fait arrêter toutes les deux ?

— Sous quel prétexte, Sire ?... Votre Majesté remarquera que je ne dis pas : *Pour quel motif ?...* Je dis : *Sous quel prétexte ?*

— On cherche !... on trouve !... on invente !...

Nous avons déjà constaté en quelle exécration l'époux d'Anne d'Autriche avait Marie de Rohan.

— Et sûrement, poursuivit-il, avec frénésie, sûrement vont recommencer les complots contre mon honneur...

Cette Chevreuse va de nouveau souffler à la Reine l'oubli de ses devoirs...

Après Buckingham, un autre : Chalais, mon frère peut-être !...

Et l'on m'accablera de brocarts !...

On raillera la froideur de mon tempérament, ma faiblesse physique, l'austérité de mes mœurs !...

Mort de ma vie, je ne trouverai donc pas un tribunal pour me débarrasser de ces misérables !...

— Sire, objecta le Cardinal, quelque réels et quelque sanglants que soient les griefs dont se plaint Votre Majesté, il est difficile que des juges...

— Hé ! Monsieur, ne m'aviez-vous pas dit que vous étiez sur la piste d'un complot dans lequel avait trempé tout ce monde ?...

— En effet, et ce complot existe...

Louis frappa à coups redoublés de sa canne sur un canon :

— Parlez !... Mais parlez donc !... J'écoute...

Richelieu appuya :

— Une vaste machination contre la sûreté de l'Etat...

Il ajouta après une pause habilement calculée :

— Et contre la vie du monarque.

Le fils du Béarnais eut un frémissement :

— Contre ma vie ?

Le prélat fit un signe affirmatif.

Louis questionna d'une voix altérée :

— La preuve, Monsieur, la preuve ?

Le Cardinal se tourna vers Barradas, vers Sauveterre et vers Tronson, qui s'étaient déjà écartés par discrétion :

— Messieurs, laissez-moi seul avec le Roi, fit-il.

Les trois courtisans s'éloignèrent.

Richelieu tira alors un papier de sa poche.

— Lisez, Sire, dit-il à Louis.

Celui-ci prit le papier.

On tirait sur la Loire le bouquet du feu d'artifice.

Ce fut aux lueurs de ces pyrotechnies qui faisaient pousser des cris d'admiration au populaire de Nantes que le souverain prit connaissance de la réponse de Chalais à la lettre de Philippe IV.

Quelle était la teneur de cette réponse ?

Nul n'en sut jamais rien.

Toujours est-il qu'à mesure qu'il la parcourait, la pâleur montait au visage du Roi...

Et cette sourde colère, illuminée par ces flammes de mille couleurs, constituait un spectacle dont chacun des intéressés eût frémi s'il lui eût été donné de lire dans cet esprit et dans ce cœur en alarme :

— L'Espagnol en France!... Mes jours menacés!... Oh! mais j'ai fait tuer Concini pour moins que cela!

A cette explosion de son maître :

— Que le Roi se rassure. Je veille, repartit Richelieu d'un ton résolu. Tous les coupables seront punis. Ceux, du moins, que Votre Majesté me permettra d'atteindre...

— Chargez-vous de Chalais, déclara le monarque : moi, je me charge des autres.

. . . .
. . . .

Les dernières fusées brûlées, on était redescendu dans les appartements.

Le Roi était rentré chez lui.

Le Cardinal pareillement.

La Reine tenait cercle chez elle.

Elle était assise au centre du salon, devant la cheminée encombrée de fleurs, avec ses demoiselles d'honneur formées en deux ailes sur les lignes desquelles voltigeaient les papillons de cour.

D'autres groupes occupaient les embrasures des fenêtres, comme font dans leurs tours réciproques les postes d'une même garnison, et de leurs places respectives percevaient les mots partis du groupe principal.

Ce groupe principal se composait de Madame de Chevreuse, de Monsieur, de Chalais et des têtes de colonne de l'armée de l'*Aversion*.

Bassompierre seul y manquait.

Il avait payé pour les autres après le complot de l'île de la Loge.

Richelieu l'avait envoyé à la Bastille.

Le maréchal n'en devait sortir qu'à la mort de Son Éminence.

Anne d'Autriche s'était montrée parfaitement ravie de retrouver sa meilleure amie.

Aussi toute la réunion avait-elle bruyamment fait fête à la duchesse.

— Et notre belle héritière de Lorraine ? lui avait demandé Gaston.

— Prince, toujours aussi farouche...

Puis, comme le duc fronçait le sourcil :

— Oh! mais ne craignez rien!... Elle s'humanisera... Quelle femme ne sent se fondre la glace de son cœur aux rayons dorés d'une couronne ?

Monsieur insista :

— Ainsi, elle pense toujours à ce cadet de Gascogne ?

— Dame! dans la retraite où je la tiens en charte privée, elle n'a

Aussitôt il rendit la main à son cheval.

guère que cela à faire pour le moment... Mais quand elle aura à recevoir, à briller, à régner... Elle n'aura seulement pas le temps de se rappeler qu'elle a aimé..

— Et le mariage de Son Altesse et de cette charmante inhumaine ? interrogèrent quelques voix.

— Il aura lieu, après-demain, dans l'église de Brezé — un bourg sur la rive gauche de la Loire, où nous sommes installées après notre fuite précipitée et accidentée de Beauregard.

Toutes mes mesures sont prises.

Monseigneur n'aura qu'à prendre le prétexte d'un pèlerinage à l'ermitage de Sainte-Anne.

Une barque l'attendra à Chantenay pour lui faire traverser le fleuve...

— Mais, s'informa Chalais, la princesse Géralde consentira-t-elle...

Madame de Chevreuse eut un sourire machiavélique :

— Il y a, déclara-t-elle, un moyen infaillible d'obtenir tout ce que l'on voudra d'une femme qui a la sottise d'aimer réellement...

C'est de la menacer dans son amant...

Que l'on persuade, à cette Diamante — à cette Géralde, si vous voulez — que le chevalier d'Artagnan s'est compromis dans je ne sais quelle conspiration, et qu'elle seule peut le sauver en acceptant la main du prince...

Elle n'hésitera pas une minute...

Le moyen m'a déjà réussi une première fois avec elle...

Il réussira de nouveau : ce que femme veut, Dieu le veut.. quelquefois — et le diable toujours...

— Messieurs, déclara Gaston, dans trois jours je serai sur la route de Nancy, d'où j'entends bien ne revenir que duc de Lorraine...

— Et peut-être roi de France, fit Marie de Rohan.

On eut dit que ces mots : *Roi de France* avait éveillé un écho.

Des pas nombreux retentirent dans l'antichambre.

On entendit des bruits d'armes au dehors.

Les gardes frappaient à trois reprises — comme pour faire honneur à une personne souveraine — leurs hallebardes sur le parquet.

Tout le monde dressa l'oreille.

Tout le monde tourna les yeux vers la porte.

Celle-ci s'ouvrit à deux battants.

Un page annonça :

— Le Roi.

Il y eut un grand frémissement.

L'assemblée entière se leva.

La surprise et l'effroi se peignirent sur tous les visages.

On croyait le monarque endormi depuis longtemps.

Que venait-il faire si tard chez la Reine, lui qui visitait celle-ci si rarement ?

Louis XIII parut.

Il marchait appuyé, d'un côté, sur une canne de jonc et, de l'autre, sur le bras de Fabert, qu'il abandonna en entrant.

Ses lèvres se pinçaient.

Il y avait sur sa physionomie quelque chose comme un nuage blanc.

On devinait la foudre derrière ce nuage.

M. de Mercœur, capitaine des gardes-françaises, venait ensuite.

Puis d'Artagnan.

Puis Rochefort.

Ce dernier était là pour rendre compte au Cardinal de ce qui allait se passer.

Cependant Anne d'Autriche, en proie à une émotion qu'elle s'efforçait en vain de dissimuler, avait fait quelques pas au devant du sombre visiteur.

Mais celui-ci, l'arrêtant du geste :

— Trêve de compliments et de révérences, Madame. Ma justice n'en a que faire. Et toutes les belles paroles, toutes les protestations, toutes les marques mensongères d'affection et de respect seraient impuissantes à la désarmer.

Il se tourna vers notre héros :

— Monsieur d'Artagnan, exécutez mes ordres.

Le lieutenant traversa le salon, alla droit à Chalais et lui appuya la main sur l'épaule :

— Monsieur, prononça-t-il, vous êtes mon prisonnier.

Un frisson et un murmure coururent tout autour du salon.

Anne d'Autriche faillit s'évanouir.

Gaston, plus mort que vif, se retint au dossier d'un siège pour ne pas tomber.

Le Monarque éleva la voix :

— Monsieur de Mercœur, je vous confie la garde de la Reine. Vous prendrez soin qu'elle ne communique avec personne. Vous veillerez pareillement à ce que tout ce qu'elle écrira soit remis au secrétaire de mon cabinet.

Ensuite, s'adressant à Fabert :

— Reconduisez mon frère à ses appartements. Je lui ferai savoir plus tard ma volonté.

Enfin, interpellant Marie de Rohan :

— Pour ce qui est de vous, Madame, vous quitterez Nantes sur l'heure... Monsieur de Rochefort vous accompagnera jusqu'à l'endroit où il vous plaira de vous retirer... Et craignez de revenir jamais à la Cour sans ma permission !

Il sortit en faisant un signe à d'Artagnan.

— Monsieur le comte, veuillez me suivre, dit le mousquetaire à Chalais.

Celui-ci avait gardé sa mine souriante et insouciante.

— Où me conduit-on ? demanda-t-il.

— A la prison du Bouffay.

Un nuage passa sur le front du jeune gentilhomme :

— Ma foi, chevalier, reprit-il, je crois que j'aurais mieux fait d'écouter vos conseils.

Ensuite, avec un geste délibéré :

— Bah ! c'est la destinée !... Allons !

LIV

LE PROCÈS

Dès le lendemain de cette arrestation, on apprit que, contrairement aux anciennes lois du Royaume, le Roi avait nommé des commissaires choisis dans le parlement de Bretagne pour travailler au procès du prisonnier.

Ce tribunal devait être présidé par Marillac.

On espéra un instant que le garde des sceaux déclinerait l'indigne honneur qu'on lui faisait de le mettre ainsi à la tête d'une commission exceptionnelle.

Mais Marillac s'était donné corps et âme au Cardinal.

Il ignorait que, six ans plus tard, son frère serait jugé à son tour par un tribunal pareil à celui qu'il présidait.

Chalais était accusé d'avoir, de connivence avec la Reine et le duc d'Anjou, voulu assassiner le roi.

C'était, disent les uns, avec une chemise empoisonnée ; c'était, disent les autres, en le frappant d'un coup de poignard.

Les auteurs de cette dernière version allèrent même plus loin.

Ils racontèrent qu'un jour Chalais avait tiré le rideau du lit du Roi pour accomplir cet assassinat ; mais que, reculant devant la majesté royale, toute tempérée qu'elle était par le sommeil, le couteau lui était tombé des mains.

Une seule observation de Laporte, qui se trouve en harmonie avec le livre du Cérémonial de France, détruit toute possibilité que cette histoire soit vraie :

« Le maître de la garde-robe ne demeure pas dans la chambre du Roi quand le Roi dort, et le valet de chambre ne quitte jamais cette chambre quand le Roi est au lit. »

Il eût donc fallu que le valet de chambre fût le complice de Chalais, ou que Chalais fût entré chez le Roi pendant le sommeil du valet de chambre.

Cependant, le procès s'entama avec cette activité et ce silence que le ministre savait mettre à ces sortes d'affaires.

La Cour, qui était venue à Nantes pour s'amuser, était tombée dans une tristesse morne et profonde.

Il planait sur la ville quelque chose de pareil à cette torpeur qui engourdit la terre quand le ciel l'écrase de tout le poids d'un orage d'été.

La Reine, atterrée, sentait instinctivement que, cette fois, elle était bien véritablement aux mains de ses ennemis.

Gaston cherchait à fuir ; mais, se voyant trahi par ses plus proches, il n'osait se confier à personne et s'abandonnait à des colères inutiles et à des blasphèmes sans résultat.

Mme de Chevreuse seule — qui était revenue à Nantes, malgré la défense du Roi — conservait son audace et son activité, sollicitant tout le monde en faveur du prisonnier, mais ne trouvant aucun homme qui voulût faire cause commune avec elle pour le pauvre Chalais.

Richelieu commençait à se révéler à l'orient de cette sanglante mission qu'il semblait avoir reçue des mains de Louis XI : l'arrestation de M. de Vendôme et du Grand-Prieur avait terrassé les plus fiers courages.

La duchesse comprit qu'il n'y avait rien à espérer ni de la Reine, ni de Monsieur, effrayés pour eux-mêmes.

Elle écrivit à Mme de Chalais d'accourir à Nantes, sûre au moins de trouver dans le cœur d'une mère ce dévouement et cet héroïsme qu'elle cherchait vainement dans le cœur de ses amis.

En attendant, le procès se poursuivait ; mais l'accusé, tout en reconnaissant la lettre du roi d'Espagne comme vraie, niait la sienne comme altérée.

Selon lui, ses dépêches au marquis de Laisques n'avaient jamais contenu cet odieux complot d'un assassinat contre le Roi, ni ce projet insensé de marier la Reine avec M. le duc d'Anjou, qui avait huit ans de moins qu'elle.

Il ajoutait que cette lettre, produite par le Cardinal, était restée près de six semaines entre ses mains, puisque M. de Laisques ne l'avait jamais reçue, et il disait qu'il n'en fallait pas tant à un homme qui avait de si habiles secrétaires pour rendre mortelle l'épître la plus innocente.

Cette puissante dénégation embarrassait assez Richelieu.

S'il ne se fût agi que de faire condamner Chalais, Son Éminence savait le tribunal qu'elle avait créé assez à sa dévotion pour passer outre...

Mais il s'agissait de compromettre à tout jamais, aux yeux du Roi, la Reine et le duc d'Anjou.

Or, si crédule que fût Louis XIII, il fallait cependant des preuves pour asseoir solidement à ses yeux une pareille accusation.

En effet, le Roi commençait à douter.

Et puis, trois personnes, soit qu'elles fussent gagnées par la Reine, par Monsieur ou par Mme de Chevreuse, continuaient de se prononcer contre le mariage de Gaston avec Mademoiselle de Montpensier.

Ces trois personnes étaient Barradas, favori du Roi, d'autant plus influent qu'il succédait dans la faveur de Louis XIII à Chalais, et que sur tous les autres points, il se prononçait contre son prédécesseur ; Tronson, secrétaire du cabinet, et Sauveterre, premier valet de chambre de Sa Majesté.

Ils faisaient observer à celle-ci que c'était une mauvaise politique que d'allier un frère déjà presque rebelle à cette rebelle famille des Guise, qui, sans cesse, avait couvé des yeux le trône de France ; que Gaston, en réunissant à son apanage les biens immenses de Mlle de Montpensier, se trouverait plus riche, et, partant, peut-être plus puissant que le Roi.

Ces remontrances inquiétaient Louis d'une étrange manière.

Ses nuits solitaires et troublées réagissaient contre ses jours.

Tant que le Cardinal était là, les victorieux arguments de sa puissante politique battaient en brèche toute espèce de raisonnement...

Mais derrière le Cardinal entraient Barradas le favori, Tronson le secrétaire, Sauveterre le valet de chambre, et, lorsque ces trois hommes abandonnaient le Roi à leur tour, ils le laissaient en proie à la haine qu'il portait instinctivement à Richelieu, à toutes les suggestions de la solitude, à toutes les apparitions de l'obscurité.

Un matin, le jésuite Suffren, confesseur de Marie de Médicis, entra sans être annoncé, suivant un des privilèges de sa charge dans le cabinet du monarque.

Louis XIII crut que c'était un de ses familiers et ne releva point la tête.

Il avait la tête appuyée entre ses deux mains et pleurait.

Le jésuite comprit que le moment était mal choisi et voulut se retirer sans bruit, afin d'éviter une explication.

Mais, au moment où il ouvrait la porte pour sortir, le Roi releva le front et le vit.

Le confesseur n'en fit pas moins un mouvement pour se retirer ; Louis XIII l'arrêta d'un geste, et, se levant :

— Ah ! mon père, mon père ! s'écria-t-il en se jetant tout en larmes dans les bras du jésuite, je suis bien malheureux !

La Reine, ma mère, n'a point oublié l'affaire du Maréchal d'Ancre et de sa favorite Galigaï.

Elle a toujours aimé et elle aime mon frère plus que moi.

De là vient ce grand empressement de le marier à ma cousine de Montpensier.

— Sire, répondit le jésuite, je puis affirmer à Votre Majesté qu'elle est dans l'erreur à l'égard de son auguste mère. Vous êtes le premier né de son cœur, comme le premier né de ses entrailles.

Ce n'était point une réponse semblable que cherchait Louis XIII...

Il retomba donc sur son fauteuil en murmurant :

— Je suis bien malheureux !

Le jésuite sortit et courut du même pas chez la Reine-mère et chez le Cardinal, auxquels il raconta l'étrange scène qui venait de se passer.

Richelieu comprit aussitôt qu'il fallait frapper un grand coup pour reconquérir cet esprit vacillant, toujours prêt à lui échapper par l'excès de sa faiblesse même.

— Bournais, dit-il à son valet de chambre, préparez-moi pour ce soir à onze heures un habit complet de cavalier et prévenez deux de mes gardes qu'ils auront à m'accompagner.

. . . .

Ce soir-là, entre onze heures et minuit, un quidam, vêtu d'un costume de bourgeois boutonné comme un pourpoint de militaire, coiffé d'un tout petit chapeau et portant au côté une longue épée garnie de chagrin, descendait les quais de la Loire dans la direction du Bouffay.

Ce quidam n'était autre que le lieutenant d'Artagnan.

Au Bouffay, on n'avait pas osé jeter dans un cachot l'ancien grand-maître de la garde-robe.

On s'était contenté de l'enfermer dans une chambre — au premier étage — qui dépendait du logement du gouverneur.

Cette chambre avait vue sur la place par une fenêtre à balcon.

Il n'y avait pas de barreaux à cette fenêtre.

Oui, mais une sentinelle veillait jour et nuit sous le balcon.

D'un cri elle pouvait appeler à la rescousse toute une compagnie postée dans un corps-de-garde, sous la voûte, par où l'on pénétrait dans l'intérieur du château.

En outre, deux exempts occupaient la petite pièce — ou palier — qui précédait la chambre du prisonnier.

D'Artagnan connaissait toutes ces dispositions.

Ce n'était sûrement pas pour se promener, la nuit, à travers les rues de Nantes, qu'il avait dépouillé l'uniforme et qu'il se dirigeait vers le Bouffay en rasant les murs des maisons.

Comme il approchait de la prison, il vit venir à lui deux ombres.

Son premier mouvement fut de se mettre en défense.

Mais les deux survenants s'étant avancés de quelques pas, il reconnut Ange-Bénigne Caudebec et Trophime Mirasson.

— Çà, leur demanda-t-il, mes maîtres, que faites-vous dehors à cette heure, et comment n'êtes-vous pas à vous dorlotter entre les draps et à ronfler sur l'oreiller ?

— Eheu ! gémit le Normand.

— Hélas ! beugla le Marseillais.

Le Gascon remarqua alors la mine allongée des deux compagnons :

— Ce désappointement... Cette tristesse... Mordioux ! que vous arrive-t-il ?

— Monsieur le chevalier, répondit le pseudo-Fritellino, nous cherchons un endroit propice pour nous jeter à la rivière.

— Et moi, ajouta son acolyte, je suis en quête d'une pierre assez grosse pour m'entraîner au fond de l'eau.

— *Bone Deus !* pourquoi ces idées de noyade ?

Ange-Bénigne prit un accent sombre.

Trophime eut un geste énergique.

Ensuite, tous deux à l'unisson :

— Parce que nous n'avons plus de quoi vivre !

— Comment ?

— Nous ne faisons plus partie de la maison de l'illustrissime Cardinal.

— Bah !

— Son Éminence nous a cassé aux gages.

— En vérité !

Les deux compagnons étouffèrent une lamentation.

Puis, racontant leur aventure — selon leur habitude — en phrases alternées comme les modulations de flûtes antiques :

— M. le comte de Rochefort nous avait chargés de conduire Mme la duchesse de Chevreuse au château de Segré, qu'elle déclarait avoir choisi pour résidence...

Voyageant à pied, sans argent.

— Il nous avait recommandé de ne pas la perdre de vue...

— Oui, mais voilà qu'en arrivant à Candé, cette dame nous invite à souper avec elle dans la meilleure hôtellerie de l'endroit...

— Et elle se met à me décocher une ribambelle d'œillades...

— Les poulardes de Candé sont tendres...

— Moins tendres que les propos de notre belle prisonnière...

— Le vin d'Anjou est capiteux...

— Moins capiteux que ses sourires...

— Si bien que je roulai sous la table...

— Et que moi, fou d'amour, je poursuivis jusque dans un cabinet noir la séduisante amphytrionne...

— Alors, pendant que je dormais à poings fermés...

— Et que je me morfondais dans ce cabinet, où elle m'avait enfermé en compagnie d'un maître soufflet, seul confident de ses sentiments à mon égard...

— La duchesse s'évaporait...

— Impossible de remettre la main dessus...

— Son Eminence s'est fâchée...

— M. de Rochefort a été furieux...

— Et l'on nous a congédiés...

— En nous payant un mois de gages...

— Eh bien, de quoi vous plaignez-vous ? demanda d'Artagnan, vous avez de quoi attendre une nouvelle position.

Le faux poëte d'épée, auteur des *Sonnets belliqueux*, et l'ex-*cap-d'escade* apocryphe des bombardiers de la République de Venise secouèrent piteusement la tête :

— L'argent file si vite dans ce diable de pays !...

— Le *muscadet* y est si bon !...

— Et les filles y raffolent tellement des colifichets !...

— Bref, nous n'avons plus qu'à aller nous faire manger les yeux par les poissons...

— A moins que nous ne rencontrions une âme charitable qui nous adopte et nous remplume...

Il y eut un moment de silence.

Ensuite Ange-Bénigne hasarda :

— Et si M. le Chevalier daignait être cette âme charitable...

— Oui, appuya Trophime Mirasson, s'il consentait à nous prendre à son service...

— A mon service ?... Vous ?... A quoi pourriez-vous m'être utiles ?

— Distinguons, Monsieur, distinguons, repartit le Normand : nous sommes deux poltrons, c'est certain, et nous l'avouons sans rougir ;

mais un poltron peut quelquefois être un homme de bon conseil et de bons renseignements — la poltronnerie n'étant guère que l'exagération de la prudence...

— Et puis, cornes de rhinocéros ! accentua le Marseillais, si nous ne sommes pas gens susceptibles de distribuer des horions, nous sommes, du moins, gens à vous les éviter en les recevant à votre place, et, quand ma copieuse personne ne vous servirait que de rempart, de barricade ou de contrefort...

Notre héros réfléchit une minute.

Après quoi, leur tendant la main :

— Vous êtes de braves garçons. Touchez là. Je vous enrôle...

— Bravo !...

— Et je vais vous employer à l'instant...

— Vivat.

— Suivez-moi : je vous expliquerai en chemin la besogne à laquelle je vous destine.

LV

LA SENTINELLE

Une fenêtre était éclairée sur la façade du Bouffay

C'était celle de la chambre de M. de Chalais.

Une sentinelle se promenait sous cette fenêtre.

Aux environs rien n'était fait pour exciter sa méfiance.

La place semblait solitaire.

On ne percevait aucun bruit.

Nantes dormait assurément.

La sentinelle se promenait, la hallebarde sur l'épaule, dans la paix profonde de son cœur.

Elle s'ennuyait, ce qui est métier de sentinelle, et, pour tuer le temps, elle fredonnait un *lied*.

Car c'était un hallebardier des compagnies suisses.

A un moment, une voix s'éleva au lointain.

— *Sentinelles, prenez garde à vous !*

C'était le cri de veille qui tombait des remparts et que chaque factionnaire devait répéter pour qu'il fît le tour de la ville en passant par tous les postes :

— Sentinelles, prenez garde à vous !

Notre Allemand répéta, en l'écorchant à sa façon, ce refrain sacramentel...

Puis il reprit son va-et-vient, en pensant à Margrédel, la fille du brasseur de l'*Eisengasse* à Bâle, ou de l'*Heiligengasse* à Bonn, ou de la *Judengasse* à Francfort...

Dans toutes les *gasse* et les *strasse* de toutes les villes d'Allemagne, il y a un brasseur qui possède une fille...

A Margrédel, dont les yeux étaient si bleus et dont la bière était si blonde !...

Saura-t-on jamais ce que notre guerrier aimait le mieux dans cette *jungfrau*, de ses yeux ou de sa bière ?

Plusieurs minutes s'écoulèrent...

La sentinelle interrompit sa promenade...

Un bruit de pas venait de la place...

C'étaient, ma foi, des pas qui ne se gênaient point et qui sonnaient bon jeu, bon argent sur les dalles...

En même temps qu'on marchait, on chantait : une voix avinée et une chanson d'ivrogne...

— *Wer da ?* cria le hallebardier qui prit l'attitude voulue.

Un personnage qui ressemblait singulièrement à l'ancien poète d'épée, était sorti, en festonnant, de l'ombre de l'une des deux statues.

Ses jambes paraissaient avoir une certaine peine à le porter. Il bavardait avec lui-même en riant un rire enroué.

— *Wer da ?* réitéra le soldat.

— La bonne nuit, camarade Hermann, répondit l'autre en avançant. Il fait diablement noir ce soir. Le bon Dieu a soufflé la lune et il a oublié d'allumer les étoiles.

— Passez au large ! intima la sentinelle dans un français mâtiné d'allemand.

— Distinguons, l'ami, distinguons.

Tu ne t'appelles donc pas Hermann ? Alors la bonne nuit, ou *gute Nacht*, dans ton langage, Karl, Muller, Frantz ou Heinrich !

Wie geht's, Landsmann ? ou pour te parler plus poliment : *Wie befinden sie sich, mein Herr ?*

Le hallebardier croisa sa hallebarde :

— Passez au large !

L'ivrogne était tout près de lui :

— Sais-tu, Fritz, poursuivit-il, je t'offre une bouteille de vin d'Anjou...

L'Allemand se disait :

— On ne peut cependant pas embrocher un citoyen qui manifeste de si honnêtes intentions !

Il adorait la bière du Nord...

Mais il ne détestait point les vins de France...

Ah ! s'il n'eût pas été de garde et de faction !...

L'autre continua :

— Si je t'invite, mon brave Otto, ce n'est pas pour te faire payer...

Ah ! mais non : on a de l'argent... Tiens, vois-tu, on en a à semer !...

Il tira de sa poche une poignée de monnaie qu'il répandit sur le sol...

Un éclair s'alluma sous le sourcil du soudard...

Il prit un air et un organe menaçants :

— Passez au large, *der Teufel !* ou j'appelle mes camarades et je vous fais donner pour cette nuit un gîte sûrement moins agréable que votre vin d'Anjou !

Son interlocuteur se rebiffa :

— C'est bon, c'est bon, Peter, mon fils, on n'a pas l'intention de t'emmener de force... Puisque tu refuses, on s'en va... On s'en va, Ludwig ou Gaspard... Mais ce sera pour une autre fois, tu me le promets, mon vieil Hans !

Et notre homme s'éloigna en reprenant sa chanson — mais non sans décrire sur le pavé une notable quantité de zigzags.

La sentinelle le suivit des yeux avec une évidente satisfaction.

Puis, lorsqu'elle l'eut vu s'enfoncer dans l'une des rues qui aboutissaient à la place, elle écouta si quelque bruit des pas d'une ronde ou d'une patrouille ne résonnait pas à distance.

Puis encore, elle regarda si rien ne bougeait du côté du corps-de-garde situé sous la voûte, à l'entrée du château.

Dans le corps-de-garde on dormait.

A distance, tout était tranquille.

Le soldat, alors, déposa sa hallebarde contre la guérite de pierre qui lui servait d'abri en cas de mauvais temps.

Ensuite, se penchant, il se mit avidement en quête de l'argent éparpillé par l'ivrogne.

Cet argent avait roulé çà et là.

L'Allemand était presque à genoux.

Ses regards et ses mains parcouraient le sol...

Chaque fois qu'il ramassait une pièce de monnaie, un soupir de plaisir soulevait son gorgerin...

Et il calculait mentalement combien la valeur de cette pièce représentait de bière mousseuse pour l'avenir ou de flacons de vin d'Anjou pour le présent.

Or, pendant qu'il s'acharnait tellement dans cette recherche, que le cri de veille étant arrivé pour la seconde fois jusqu'à lui, c'était à peine s'il avait redressé la tête pour le répéter ; pendant, disons-nous, qu'il était ainsi occupé, qu'il était ainsi absorbé, deux hommes étaient venus rapidement se coller contre la muraille du château, au-dessous de la fenêtre ouverte.

Le plus grand — qui était aussi le plus vieux et dont la taille excédait de beaucoup la moyenne — avait croisé ses deux grosses mains à la hauteur de sa ceinture.

Son compagnon avait posé un pied, puis l'autre, sur cet échelon improvisé.

Ensuite, ces deux pieds du second avaient passé, des mains, sur les épaules du premier.

Celui-ci n'osait remuer et retenait son souffle.

Il éprouvait le contre-temps des efforts auxquels le plus jeune se livrait pour grimper le long de la muraille.

Par malheur, ces efforts demeuraient impuissants.

— Eh bien, messire ? interrogea le premier à voix basse.

— Eh bien ! c'est trop haut, répondit le second avec un découragement marqué, et je m'épuise en pure perte.

Il y eut un instant de silence.

La sentinelle cherchait toujours.

Le jeune homme, toujours perché sur les épaules de son compagnon, passa le revers de sa manche sur son front que la sueur baignait.

Puis, il demanda :

— Es-tu fort ?

— Je ne sais pas.

— Mais je crois que oui...

— A Marseille, dans le commerce des épices, je maniais assez proprement les sacs de farine de maïs et les boucauts d'huile d'olives...

— Alors, nous allons essayer si tu as les bras aussi solides qu'à Marseille...

— Prends un de mes pieds dans chacune de tes mains et lance-moi en l'air...

— Lance-moi comme un sac ou un boucaut que tu aurais voulu faire passer par une ouverture élevée...

— Messire, vous n'y songez pas...

— J'ai trop peur pour vous désobéir...

— Mais vous jouez un jeu à vous briser les reins en retombant sur le pavé...

— Ne t'occupe pas de moi, ne faiblis pas et tais-toi : il me semble que j'entends une patrouille marcher dans une rue voisine...

L'autre hésitait :

— Ventre d'hippopotame ! grommela-t-il, du diable si je tremblerais autant pour ma propre peau !...

Le jeune commanda :

— Fais vite !

Trophime Mirasson lui saisit un des pieds, puis l'autre...

Nous avons dit que c'était un robuste gaillard...

Mais il est certain que l'émotion lui enlevait une partie de ses forces...

Ses bras se tendaient avec peine...

S'il eût osé, il eût poussé un cri d'angoisse...

Son cou était serré comme dans un étau...

— Va donc, malheureux, va donc ! murmura d'Artagnan.

On entendait distinctement le pas pesant et cadencé de la patrouille.

La sentinelle avait couru à sa hallebarde.

Par bonheur, pour faire face aux arrivants, elle était obligée de tourner le dos à notre héros et à son compagnon...

Celui-ci fit un effort suprême.

Ses muscles eurent une contraction désespérée...

Les deux pieds du Gascon s'élevèrent... Il y eut une impulsion violente donnée à ce dernier par les bras projetés de bas en haut du géant...

Puis les mains de celui-ci restèrent vides...

Lancé comme par ce que nous appellerions aujourd'hui un ressort *à boudin*, le mousquetaire était allé s'accrocher à la balustrade de fer ouvragé qui formait balcon autour de la fenêtre...

Puis, par un puissant tour de reins, il avait bondi par dessus cette balustrade.

L'ancien Francatrippa était déjà couché à plat ventre sur le pavé pour esquiver l'attention de la patrouille.

Celle-ci s'avançait sur la place.

— *Wer da?* cria le hallebardier.

— *Sehr gut!* répondit le sergent auquel il s'adressait : nous venions seulement te reconnaître...

— Si tu avais dormi, mon garçon, tu aurais eu les étrivières...

— Bonne faction : tu seras relevé à l'heure.

LVI

DANS LA CHAMBRE DU PRISONNIER

Une fois sur le balcon, notre héros plongea un regard curieux par les interstices des rideaux qui drapaient la fenêtre de la chambre de Chalais.

Deux personnages étaient en présence dans cette chambre.

Assis, vis-à-vis l'un de l'autre, à une table sur laquelle il y avait tout ce qu'il faut pour écrire.

Celui qui faisait face au mousquetaire n'était autre que le prisonnier.

Le second — que d'Artagnan ne voyait que de dos — portait un habit de cavalier de coupe sévère et de couleur sombre.

Celui-là parlait.

Le Gascon ne pouvait — à travers les vitres — saisir le sens de ses paroles, lesquelles ne lui arrivaient guère que comme un bourdonnement confus.

Mais il lui était facile d'en suivre l'effet sur le visage de Chalais.

Celui-ci avait commencé par exprimer une vive surprise.

Ensuite, il avait témoigné d'une croissante irritation.

Enfin, l'orateur ayant terminé par une chaleureuse péroraison, le geste et l'attitude du prisonnier — non moins que le jeu de sa physionomie — accusaient qu'il était en proie à une violente indignation :

Il s'était levé...

L'une de ses mains repoussait fiévreusement l'encre, la plume et le papier, placés devant lui sur la table...

L'autre désignait la porte au visiteur...

Ce dernier était debout, lui aussi...

Mais il ne se pressait pas de sortir...

Il avait entamé une nouvelle harangue...

— Oh ! oh ! se dit d'Artagnan, voilà qui est bizarre... Cette taille, cette tournure, cet habit... On jurerait Son Éminence !

Le prisonnier était retombé sur son siège.

Il écoutait dans un silence farouche et dans une sombre attention.

Le visiteur finit par prendre une plume sur la table et par la lui présenter en lui montrant le cahier de papier qui attendait auprès de l'encrier.

Chalais secoua la tête en manière de refus.

Ce visiteur lui apportait un paquet de lettres.

L'autre eut un mouvement d'impatience.

Il parut menacer.

Un sourire dédaigneux se dessina sur les lèvres du prisonnier.

Le visiteur pérorait toujours.

Il avait l'air d'insister sur le point de discussion; d'accumuler raisons sur raisons pour triompher des résistances de son auditeur; enfin de passer de l'insinuation à l'intimidation et de la douceur à la véhémence pour persuader et pour conquérir.

Chalais, les coudes sur la table, avait caché sa tête dans ses mains.

On devinait son émotion, aux mouvements de ses épaules convulsivement soulevées par les sanglots qui s'échappaient de sa poitrine.

Quand il releva le front, son visage était baigné de larmes.

L'autre lui montra de rechef la plume et le papier.

Le jeune homme parut lui adresser une question. En réponse, l'inconnu étendit le bras comme pour prononcer un serment solennel.

Le prisonnier saisit alors la plume avec un geste résolu, la trempa brusquement dans l'encre et se mit à écrire avec une hâte fiévreuse.

Puis, quand il eut couvert toute une feuille de papier de lignes rapides et serrées, il plia cette feuille en quatre et la tendit au visiteur.

Celui-ci s'en empara avec un empressement non équivoque et la serra sous son pourpoint.

Ensuite, il se dirigea vers la porte.

Sur le seuil, il se retourna pour renouveler à Chalais — par le même geste d'une gravité emphatique — la promesse qu'il semblait lui avoir faite quelques instants auparavant.

— Je ne m'étais pas trompé, pensa notre héros: c'est le Cardinal en personne!

Puis, réfléchissant:

— Qu'est-il venu faire chez le prisonnier, et que vient-il d'obtenir de ce pauvre jeune homme?

Puis avec inquiétude:

— Pourvu qu'il ne lève pas les yeux jusqu'ici tout à l'heure, en traversant la place pour retourner chez lui, et qu'il ne s'aperçoive pas de ma présence sur ce balcon!

Puis encore, tandis que la porte de la chambre se refermait sur le Ministre:

— Il est sorti!... A nous d'entrer!

Et il se mit à frapper de petits coups précipités contre les carreaux de la fenêtre.

Chalais — qui était resté, accablé, près de la table — dressa la tête au bruit.

Il se mit vivement sur ses pieds, et, témoignant de sa surprise, il marcha vers l'endroit d'où partait cet appel...

Et, quand il eut ouvert la fenêtre :

— Vous, chevalier ! s'écria-t-il, en reconnaissant d'Artagnan.

Celui-ci lui répondit par un signe qui recommandait la prudence.

Il se glissa prestement dans la chambre et referma avec soin la fenêtre derrière lui.

— Vous ! répéta le prisonnier dont la stupéfaction touchait au paroxysme.

— Moi-même.

— Par ce chemin ?

— Dame ! je n'avais pas le choix des moyens de transport.

— Et dans quel but cette escalade ?

— Vous me le demandez ?

— Oui, certes.

— Eh bien, vous n'êtes guère perspicace : dans le but de vous sauver, mordioux !

— Me sauver ?

— Cette idée ne m'a pas quitté depuis que j'ai été obligé de vous conduire ici.

Le comte lui prit les deux mains :

— Mon cher d'Artagnan, vous êtes un brave homme... Me sauver... mais comment ?

— Oh ! mon Dieu, de la façon la plus simple qui soit au monde... J'ai horreur des choses compliquées... mon plan est enfantin — mais sûr...

— Voyons votre plan, chevalier...

— Cette fenêtre n'a pas de barreaux...

En revanche, elle a un balcon auquel on peut se cramponner pour sauter sur la place...

L'étage n'est pas si haut que l'on doive forcément se casser le cou en tombant...

Nous risquons la chute tous les deux. En même temps. Remarquez que je dis : *en même temps*...

— Et la sentinelle qui se promène sous ce balcon ?...

— Je m'arrange pour lui tomber sur les épaules...

Nous roulons — elle et moi — sur le pavé...

Si elle n'y roule pas du choc, je l'y envoie d'un coup de poing...

Dans tous les cas, pendant que nous nous débrouillons ensemble, vous jouez des jambes dans la direction du quai...

Deux hommes à moi vous attendent là...

Ils vous conduisent dans un endroit où je vous ai fait seller un cheval...

Le pied à l'étrier et en avant de l'éperon !...

La mer n'est pas si loin, que diable !...

Et de l'embouchure de la Loire, à Bilbao ou à Plymouth...

— D'Artagnan, vous êtes mon ami... Vous êtes mon meilleur ami !...

L'ancien favori de Louis XIII ajouta :

— Peut-être le seul qui me soit resté dans mon apparente détresse !...

Il serrait chaleureusement les mains du mousquetaire :

— Merci de votre généreux dévouement... Mais je ne saurais en accepter les effets...

— Vous refusez de fuir ?

— Je refuse.

L'œil expressif du Gascon, sa bouche dilatée, sa moustache hérissée dirent, dans le plus éclatant des langages, l'étonnement que lui causait cette réponse.

— Eh quoi ! s'exclama-t-il, vous refusez de fuir, lorsque vous êtes arrêté, emprisonné, accusé !...

Lorsqu'on est en train de vous juger !...

Lorsque vous serez condamné demain !

— Oh ! chevalier, fit le gentilhomme, vous allez, ce me semble, un peu vite en besogne : mon procès est interrompu...

— On le reprendra.

— Pourquoi préjuger des mauvaises intentions du tribunal à mon égard ?

— Parce que ce tribunal tout entier est acquis à vos ennemis.

— Vous le calomniez !

— Je l'apprécie à sa juste valeur.

— Bref, son arrêt rendu...

— Monsieur le comte, songez-y : cet arrêt sera un arrêt de mort.

Chalais haussa les épaules :

— D'abord, je ne crains pas la mort... Et puis, quel qu'il soit, cet arrêt ne sera point exécuté... J'en ai la promesse formelle...

— Du Cardinal, n'est-ce pas ? questionna d'Artagnan.

— Vous savez...

— J'étais là, tout à l'heure, derrière cette fenêtre... J'ai reconnu Son Éminence... Et si je n'ai pu entendre, j'ai vu ce qui s'est passé entre vous.

— Alors, vous avez vu que, dès l'abord, je me suis refusé à ce qu'il réclamait de moi...

— Oui, mais j'ai vu aussi que plus tard...

— C'est vrai... Plus tard, j'ai consenti... J'ai pris la plume et j'ai écrit...

Puis, se levant et marchant par la chambre avec agitation :

— Que voulez-vous ? poursuivit Chalais, cet homme a pris le seul chemin qui pût arriver à mon cœur...

Il a évoqué devant moi la figure éplorée de ma mère !...

Ma mère que j'ai laissée si seule, si affectée, si délaissée, pour venir me mêler aux intrigues de la Cour...

Ma mère qui mourrait de ma mort, s'il me fallait poser sur le billot une tête qui est son trésor et son espoir suprême...

Encore une fois, chevalier, croyez-moi : je n'ai pas peur de monter sur un échafaud...

J'ai joué, j'ai perdu, je paye...

Mais l'idée de la douleur de cette pauvre mère et sainte femme a brisé mon courage, obscurci mon cerveau, gonflé ma poitrine et guidé ma main...

Et, des larmes plein les yeux, des sanglots plein la bouche, j'ai signé...

J'ai signé tout ce qu'on m'a demandé...

— Prenez garde, interrompit froidement d'Artagnan. Vous n'êtes pas en possession de votre bon sens. Remettez-vous, monsieur le comte...

— Comment ?...

— Je dis que vous n'avez pas pu signer l'aveu des crimes que vous n'avez pas commis...

Car vous n'êtes pas un assassin : partant vous n'avez pu conspirer contre les jours du roi Louis...

Car vous n'êtes pas un traître : partant vous n'avez pu rêver d'introduire l'étranger sur le sol sacré de la patrie.

— Monsieur, repartit le prisonnier, qui avait la sueur au front, je n'ai fait que ce que m'a dicté l'amour de cette même patrie...

Non, je n'ai pas tramé la mort du Roi...

Mais je me glorifie hautement d'avoir travaillé au renversement de son ministre...

Et, si, pour y atteindre plus vite, j'ai invoqué l'aide momentanée de Sa Majesté Catholique...

— Vous avez appelé l'Espagnol en France ? s'écria d'Artagnan.

— Chevalier, l'importance du but et la pureté des intentions excusent le choix des moyens.

Notre héros était devenu pâle à en paraître livide.

Il serra ses doigts qui craquèrent les uns sur les autres et d'un œil hagard qui foudroya son interlocuteur :

— Ainsi cette correspondance avec le marquis de Laisques... Cette lettre de Philippe IV... Cette réponse, de votre main, communiquée par Louvigny...

— Tout cela est vrai, et je n'ai pas hésité un seul instant à le déclarer...

— Déclaration écrite ?

— Déclaration signée.

Le Gascon demeura interdit.

Sa figure intelligente et railleuse prit un caractère à la fois de reproche et d'effroi qui fit plus d'effet sur l'ancien maître de la garde-robe que toutes les récriminations et tous les discours du monde...

— Alors, reprit-il après un moment, il ne vous reste plus qu'à sauter par cette fenêtre, si vous tenez décidément à épargner de la besogne au bourreau.

Chalais s'efforça de sourire :

— Bon ! j'espère bien n'avoir rien à démêler avec ce fonctionnaire !

— Vous croyez ?

— Le procès ne sera pas continué...

— Vous croyez ?

— Fût-il continué j'en sortirai indemne !...

— Vous croyez ?

— Enfin, fussé-je condamné — ce qui est absolument impossible — l'arrêt ne s'exécuterait point...

— Vous croyez ?

Le mousquetaire avait prononcé — à quatre reprises — ces deux mots : *Vous croyez ?* avec un accent qui témoignait de sa profonde, de son entière incrédulité :

— La Reine est encore avec moi et pour moi, accentua le prisonnier.

Notre héros montra la fenêtre.

— Sautez, Monsieur le Comte, dit-il d'une façon qui prouvait combien il avait peu de confiance dans l'intervention d'Anne d'Autriche.

— Monsieur est mon complice : frapper ma tête, c'est toucher à la sienne.

Le lieutenant eut une moue significative :

— Sautez ! répéta-t-il, sautez !

— Le Roi ne me laissera pas mourir !

— Sautez, sautez, sautez !

— Le Cardinal me l'a formellement promis !

D'Artagnan frappa du pied :

— Mais, sautez donc !... Sautez, mordioux !... Sautez sans perdre une minute !

Le comte secoua le front :

— Je ne peux pas, déclara-t-il.

— Pourquoi cela ?

— Parce que j'ai donné ma parole que je ne chercherais pas à fuir et que j'attendrais dans cette chambre le résultat des démarches qui allaient être tentées en ma faveur.

— Vous avez donné cette parole ?

— Tout à l'heure.

— A Richelieu ?

— En effet.

— Eh bien ! vous en serez quitte pour ne pas la tenir !

— Oh ! que me dites-vous là ! s'exclama le prisonnier avec une intonation vibrante de loyauté : ne pas tenir ma parole, quand on est gentilhomme et quand on est Chalais.

Le mousquetaire répondit par un regard courroucé au regard presque sévère de son interlocuteur :

— Mordioux ! répliqua-t-il, je crois avoir mérité d'être appelé un honnête homme...

Sous ma casaque de soldat, j'ai fait mon devoir de soldat..

Eh bien ! je vous le jure, je n'aurais pas scrupule de manquer à une promesse donnée à un ennemi, surtout si j'étais sûr d'avance que cet ennemi manquera à celle qu'il m'a faite...

— Mon ami, répliqua Chalais, la déloyauté de l'un ne légitime pas celle de l'autre...

— Donc vous restez ?

— Je reste.

— Vous êtes fou !

— C'est possible.

— Le Cardinal vous fera tuer, après vous avoir promis la vie sauve.

— Tant pis pour le Cardinal.

D'Artagnan baissa la tête :

Fiat voluntas ! murmura-t-il.

Puis, à lui-même :

— Ainsi voilà un homme qui ne craint pas d'ouvrir à l'ennemi les portes de la France et qui se croit lié par un engagement verbal à attendre ici le coup de la mort qui lui sera porté par un adversaire parjure.

Coriolan et Régulus à la fois.

Où l'honneur va-t-il se nicher chez les gens ?

Et que notre pauvre humanité est inexplicable et bizarre, puisque cet homme que je maudis comme un traître, je suis obligé de le plaindre et de l'admirer comme un martyr.

LVII

L'ARRÊT

En sortant du Bouffay, quoique la nuit fût fort avancée, Richelieu se rendit chez le Roi.

Celui-ci, qui se croyait débarrassé de lui jusqu'au lendemain, s'était mis au lit et dormait.

— Qu'on le réveille! ordonna le ministre.

Et comme les valets de chambre faisaient quelques difficultés :

— Affaire d'État, ajouta-t-il d'un ton qui ne souffrait aucune réplique.

A ce mot, devant lequel toutes les portes s'ouvraient, le visiteur fut introduit auprès du lit de Louis XIII.

Ce dernier, tiré de son sommeil par le bruit se souleva avec un visage effrayé:

— Que se passe-t-il donc? demanda-t-il d'une voix qui tremblait quelque peu.

Le Cardinal ne répondit rien.

Il se contenta de saluer profondément le monarque et de lui tendre un papier plié en quatre qu'il venait de tirer de la poche de sa robe.

Louis prit ce papier et le déplia lentement.

Il connaissait les façons de son ministre, et il avait deviné — rien qu'au geste et à la mine de celui-ci — que ce papier renfermait une nouvelle d'une importance capitale.

En effet, c'était un aveu explicite signé de la main de Chalais.

Le prisonnier reconnaissait pour vraie la lettre écrite par lui au marquis de Laisques.

Il accusait la Reine.

Il accusait Monsieur.

En face de cette preuve, pareil à un enfant qui se révolte contre son gouverneur, et qui, s'apercevant que cette révolte le conduit tout droit à sa perte, se jette dans les bras de celui qu'il voulait fuir.

— Ah! mon cher Cardinal, s'écria le Souverain, vous êtes mon seul ami et mon unique sauveur.

Et il lui avoua ses doutes du matin, que le prélat connaissait déjà.

M. de Chalais le suivit...

— Mon cher Sire, demanda Richelieu, quels sont ceux qui ont pu vous mettre ces méchantes idées dans la tête ?

— Tronson et Sauveterre, répondit le monarque.

Il omit de nommer Barradas.

Le Cardinal n'insista pas davantage.

Il se doutait bien que Barradas était pour quelque chose dans les répugnances royales.

Mais ce favori était un homme sans avenir, brutal et emporté, qui, un jour ou l'autre, devait, par ses familiarités, se mettre mal dans l'esprit de son maître.

En effet, peu de temps auparavant, celui-ci, par plaisanterie, avait jeté quelques gouttes d'eau de fleur d'oranger à la figure de Barradas, et ce dernier s'était mis dans une telle colère, qu'il avait arraché le flacon des mains du Roi et l'avait brisé à ses pieds.

Un tel homme, comme on le voit, ne pouvait inquiéter le Cardinal.

Son Eminence, qui connaissait à merveille la versatilité du Roi, ne se trompait pas à l'égard de Barradas.

Celui-ci eut bientôt son tour.

Amoureux de la belle Cressias, fille d'honneur de la Reine, et voulant l'épouser à toute force, il éveilla la jalousie de son maître, qui, après l'avoir relégué à Avignon, lui donna Saint-Simon pour successeur, par la raison, dit-il à ceux qui l'interrogeaient sur les causes de cette nouvelle fortune qui surgissait à la Cour, que Saint-Simon lui apportait toujours des nouvelles sûres de la chasse, ménageait ses chevaux et ne bavait pas dans ses cors (1).

On conçoit, en effet, que des amitiés qui reposaient sur des bases si solides ne devaient pas durer longtemps.

Le Cardinal, comme nous l'avons dit, satisfait de sa double dénonciation, s'en tint donc là, et après avoir fait jurer au Roi le secret sur cette lettre, il se retira.

Le Roi et le Cardinal passèrent, suivant toute probabilité, une nuit fort différente.

Le lendemain, le bruit se répandit sourdement que Chalais avait fait des aveux terribles.

On connaît la faiblesse de Gaston.

Sa première idée fut de fuir ; mais où fuirait-il ?

M. de la Valette refusait de le recevoir à Metz.

Il avait défiance du comte de Soissons.

---

(1) C'est le fils de ce même Saint-Simon qui nous a laissé sur son temps les fameux mémoires qui portent son nom.

Restait la Rochelle.

Le matin le prince se rendit chez le Roi pour lui demander la permission d'aller visiter la mer.

Louis devint très pâle en voyant entrer son frère, qu'il n'avait pas encore rencontré depuis la révélation du Cardinal.

Mais il ne l'en embrassa pas moins fort tendrement, et, quant à la permission qu'il lui demandait, il le renvoya pour l'obtenir à Son Eminence, disant que, pour sa part, il ne voyait aucun inconvénient à ce petit voyage.

Gaston fut pris à cet air de bonhomie.

Il crut que ce bruit d'une révélation faite par Chalais était un faux bruit, et s'en alla droit au logis de Richelieu.

Le Cardinal, qui était à une de ses fenêtres donnant sur la route, dut le regarder venir du même œil que son chat favori, charmant petit tigre de salon, devait voir venir une souris.

Les grands ministres ont toujours quelque animal préféré, qu'ils aiment et estiment de la haine et du mépris qu'ils portent aux hommes : Richelieu adorait les chats, et Mazarin jouait toute la journée avec son singe ou sa fauvette.

Richelieu alla au devant l'escalier et le fit entrer dans son cabinet avec toutes les marques de considération qu'il avait l'habitude de donner à ceux de ses ennemis qui étaient plus haut placés que lui.

Puis, il fit asseoir le prince et se tint debout devant lui, quelque instance que pût faire Gaston pour qu'il s'assît à son tour.

C'était une chose étrange que ce prince assis venant solliciter un ministre debout.

Gaston exposa son désir de visiter la mer.

— De quelle façon, demanda le Cardinal, Votre Altesse désire-t-elle voyager?

— Mais très simplement et comme un particulier, répondit Gaston.

— Ne vaudrait-il pas mieux, reprit Richelieu, attendre que vous fussiez le mari de Mlle de Montpensier et voyager en prince?

— Si j'attends que je sois le mari de Mlle de Montpensier, répliqua le duc d'Anjou, je ne verrai pas encore la mer de ce voyage-ci; car je ne compte pas épouser Mlle de Montpensier de sitôt.

— Et pourquoi cela, s'il vous plaît, Monseigneur? dit le Cardinal.

— Parce que, répondit confidentiellement Monsieur, je suis atteint d'une maladie qui rend ce mariage impossible!

— Bah! dit le Cardinal, j'ai une ordonnance avec laquelle je me fais fort de guérir Votre Altesse.

— Oui ! et dans combien de temps ? demanda Gaston.
— D'ici à dix minutes, dit le Cardinal.
Gaston regarda Richelieu.
Le Ministre souriait.
Le Prince trouva le sourire venimeux et frissonna.
— Et vous avez cette ordonnance ? reprit-il.
— La voici, dit le Cardinal, tirant de sa poche la déclaration de Chalais.
Le duc d'Anjou connaissait l'écriture de celui-ci.
L'accusation tout entière de la main du prisonnier était terrible.
Il devint pâle comme la mort, car, quoiqu'il ne fût point coupable, il comprit qu'il était perdu.
— Je suis prêt à obéir, Monsieur, dit-il au Cardinal ; mais encore, si je consens à épouser Mlle de Montpensier, faut-il que je sache ce qu'on fera pour moi.
— Peut-être, répondit Richelieu, Monseigneur, dans la position où il est, devrait-il se contenter de l'assurance qu'il aura la liberté et la vie sauve.
— Comment ! s'écria Monsieur, on me mettrait en prison et l'on me ferait mon procès, à moi, duc d'Anjou ?
— C'était du moins l'avis de votre auguste frère, repartit le Cardinal ; je l'ai fait revenir de cette résolution, juste peut-être, mais trop sévère...
Il y a plus, j'ai obtenu pour vous, Monseigneur, si vous voulez ne plus apporter aucun retard au mariage que nous désirons tous voir accomplir, j'ai obtenu, dis-je, qu'on vous donnerait le duché d'Orléans, le duché de Chartres, le comté de Blois et peut-être la seigneurie de Montargis, c'est-à-dire un million à peu près de revenu.
Ce qui, avec les principautés de Dombes, de la Roche-sur-Yon, les duchés de Montpensier, de Châtellerault et de Saint-Fargeau que vous apportera la princesse votre femme, vous fera quelque chose comme quinze cent mille livres de revenu.
— Et Chalais, demanda le duc d'Anjou, qu'en sera-t-il fait ? Prenez-y garde, monsieur le Cardinal, je ne veux pas que mon mariage soit sanglant.
— Chalais sera condamné, dit le Cardinal, car il est coupable ; mais...
— Mais quoi ?
Mais le Roi a droit de grâce, et il ne laissera pas mourir un gentilhomme pour lequel il a eu une si grande amitié.
— Si vous me promettez sa vie, monsieur le Cardinal, dit Gaston, qui éprouvait un peu moins de répugnance pour Mlle de

Montpensier, depuis qu'il y voyait de combien d'avantages cette union était entourée, je consens à tout.

— Je m'y emploierai de tout mon pouvoir, ajouta le ministre; d'ailleurs je ne voudrais pas laisser périr quelqu'un qui m'a rendu d'aussi grands services que l'a fait M. de Chalais. Aussi, soyez donc tranquille, Monseigneur, et laissez la justice faire son devoir; la clémence fera le sien.

Sur cette promesse, le duc d'Anjou se retira.

Il affirma depuis, dans une lettre au Roi, avoir eu du Cardinal une parole positive, que Richelieu, de son côté, nia toujours d'avoir donnée.

Le soir du même jour, Louis XIII fit demander Gaston.

Le prince se rendit tout tremblant chez son frère.

Il y trouva la Reine mère, le Cardinal et le garde des sceaux.

Il s'attendait, en voyant ces quatre visages sévères, à être arrêté; mais il s'agissait seulement d'un papier à signer.

C'était une déclaration constatant que le comte de Soissons lui avait fait des offres de service, que la Reine, sa belle-sœur, lui avait écrit plusieurs billets pour le détourner d'épouser Mlle de Montpensier, et que l'abbé de la Scaglia, ambassadeur de Savoie, était entré dans toute cette intrigue anti-matrimoniale.

De Chalais, pas un seul mot.

Gaston fut trop heureux d'en être quitte à si bon marché.

Il renouvela la promesse déjà faite au Cardinal d'épouser Mlle de Montpensier, et signa la déclaration qu'on lui présentait, moyennant laquelle on lui permit de quitter Nantes.

Mais, quelques jours après, il fut rappelé pour la célébration de son mariage.

Mlle de Montpensier était arrivée avec Mme la duchesse de Guise, sa mère.

Celle-ci, quoique fort riche comme héritière de la maison de Joyeuse, ne donna cependant à sa fille d'autre dot qu'un diamant : il est vrai que ce diamant était estimé *quatre-vingt mille écus*.

Le prince avait chargé le président Le Coigneux de débattre les articles de son contrat, et de mettre pour condition que Chalais aurait la vie sauve...

Mais, à cet endroit le Roi prit une plume et raya lui-même l'article, si bien que le président n'osa pas insister.

Cependant le Cardinal, qui était presque engagé avec Gaston, craignant que celui-ci ne fît de nouvelles difficultés, tira Le Coigneux à part et lui dit que le Roi voulait que Chalais fût jugé, mais qu'il avait obtenu que huit jours s'écoulassent entre le jugement et l'exécution.

Pendant ces huit jours, il promettait de faire les démarches nécessaires, et, d'ailleurs, de son côté, pendant ces huit jours, Gaston agirait.

Le contrat fut donc signé sans aucune condition que de promesses en l'air.

Aussi la cérémonie nuptiale fut-elle froide et sombre.

Il n'y avait aucun apparat qui indiquât un mariage princier.

Le nouveau duc d'Orléans, dit un de ces chroniqueurs qui remarquent toutes choses, les petites comme les grandes, ne fit même pas faire un habit neuf, pour cette importante cérémonie, où il jouait le premier rôle.

Le lendemain de son mariage, le prince partit pour Chateaubriant, ne voulant sans doute pas rester dans une ville où le procès capital fait à son confident, interrompu un instant à propos de ses noces, allait être repris avec plus d'acharnement que jamais.

En effet, le tribunal, à qui l'on avait donné momentanément congé, reçut l'ordre de se réunir de nouveau.

Enfin, le 18 août au matin, l'arrêt fut rendu, il était conçu en ces termes :

« Vu par la chambre de justice criminelle assemblée à Nantes, en vertu de la commission décernée par le Roi, pour la recherche du procès du comte de Chalais et de ses complices, informations, interrogatoires et confessions du dit Chalais, conspirations secrètes contre la personne du Roi et de son État, conclusions du procureur général, dit a été que la dite chambre, commissaires députés à cet effet, ont déclaré et déclarent le dit Chalais atteint et convaincu du crime de lèse-majesté au premier chef, perturbateur du repos public, etc., etc. ; et, pour réparation de ce, la dite chambre a condamné et condamne le dit Chalais à être appliqué à la question ordinaire et extraordinaire, à avoir le tête tranchée, le corps coupé en quatre parties, et ses biens acquis et confisqués au Roi, etc.

» MALESCOT. »

LVIII

LA MÈRE

Le jour où cet arrêt fut rendu, d'Artagnan rentra fort assombri dans le logement qu'on lui avait assigné au château entre les appartements de Sa Majesté et ceux de Son Éminence.

Encore qu'il l'eût prévu, de longue date, le dénouement de la tragi-comédie — dont Chalais et Richelieu avaient été les principaux personnages — l'affectait douloureusement.

Dans l'antichambre, son valet le prévint que deux dames l'attendaient avec toutes les marques de la plus anxieuse impatience.

De ces deux visiteuses, l'une était masquée.

L'autre, entièrement vêtue de deuil, avait la tête enveloppée d'un voile noir dont les plis empêchaient de déchiffrer les traits.

A l'entrée de notre héros, la dame masquée s'avança vivement et enleva son *loup* d'un geste décidé.

— Madame de Chevreuse ! s'exclama le Gascon.

— Moi-même, fit la duchesse avec tranquillité.

Elle ajouta avec un sourire amer :

— Vous êtes étonné de me voir...

— Il est vrai que je me doutais si peu de...

— En effet, nous ne sommes plus amis depuis que je vous ai ravi votre amante...

Mais rassurez-vous : votre séparation n'aura pas été de longue durée...

Je suis vaincue...

Richelieu triomphe...

Monsieur est bel et bien marié...

Celle dont j'avais rêvé de faire sa femme va donc vous être rendue...

Vous la retrouverez à Rézé, de l'autre côté de la Loire, dans la maison que j'occupais près de l'église...

Moi, Gaston me renie et la Reine m'abandonne...

— Est-il possible ?

— Que voulez-vous, chevalier ?... La reconnaissance des grands... On m'exile...

— On vous exile ?...

— Chez le prince de Guéménée : oh ! sans rémission cette fois !...

Puis, avec un regard d'une cauteleuse menace :

— Par exemple, je compte bien de ne pas vieillir loin de la Cour... Je n'ai pas dit mon dernier mot... Vous me reverrez en faveur...

— Je le souhaite et l'espère pour vous, Madame la Duchesse ; mais en quoi puis-je présentement...

— Vous avez raison : il ne s'agit pas de moi...

Et, s'écartant pour laisser approcher la seconde visiteuse :

— Il s'agit, reprit Marie de Rohan, de mon infortunée compagne : de Madame de Montluc...

— Madame de Montluc ?...

La dame en deuil fit un pas :

— La mère du malheureux Chalais...

Et, levant son voile, elle découvrit, sous une majestueuse couronne de cheveux blancs, son visage ravagé et flétri par les larmes.

— Ah! Madame, s'écria le mousquetaire, Dieu m'est témoin que j'ai fait tout ce qui est humainement possible pour sauver votre fils!

— Je le sais, Monsieur d'Artagnan, répondit la visiteuse d'une voix brisée par les sanglots, et je vous en remercie du plus profond de mon cœur...

— Je le sais et c'est ce qui m'enhardit à venir vous supplier...

— Me supplier!... Vous, Madame!... Oh!...

— Vous seul vous pouvez encore quelque chose pour moi, — pour mon pauvre enfant...

J'ai essayé de voir le Roi...

Sa porte m'a été impitoyablement fermée...

Alors je lui ai écrit une lettre...

Cette lettre, la voici...

Voulez-vous me permettre de vous en communiquer la teneur?

— Lisez, Madame!... Lisez!... Je vous écoute!

Mme de Montluc ne pleurait plus.

Mais ses larmes n'avaient tari que pour que d'Artagnan pût mieux l'entendre.

Voici sa lettre qui nous a paru un modèle de douleur et de dignité:

Au Roi.

« Sire,

» J'avoue que qui vous offense mérite, avec les peines temporelles, celles de l'autre vie, puisque vous êtes l'image de Dieu.

» Mais, lorsque Dieu promet pardon à ceux qui le demandent avec une digne repentance, il enseigne aux rois comme ils doivent en user.

» Or, puisque les larmes changent les arrêts du ciel, les miennes Sire, n'auront-elles pas la puissance d'émouvoir votre pitié?

» La justice est un moindre effet de la puissance des rois que la miséricorde: le punir est moins louable que le pardonner.

» Combien de gens vivent au monde qui seraient sous la terre avec infamie, si Votre Majesté ne leur eût fait grâce!

» Sire, vous êtes roi, père et maître de ce misérable prisonnier: peut-il être plus méchant que vous n'êtes bon, plus coupable que vous n'êtes miséricordieux?

» Ne serait-ce pas vous offenser que de ne point espérer en votre clémence?

» Les meilleurs exemples pour les bons sont de la pitié; les mé-

Louis frappa de sa canne sur un canon.

chants deviennent plus fins et non pas meilleurs par les supplices d'autrui.

» Sire, je vous demande, les genoux en terre, la vie de mon fils et de ne permettre point que celui que j'ai nourri pour votre service meure pour celui d'autrui ; que cet enfant que j'ai si chèrement élevé soit la désolation de ce peu de jours qui me restent, et enfin que celui que j'ai mis au monde me mette au tombeau.

» Hélas ! Sire, que ne mourût-il en naissant, ou du coup qu'il reçut à Saint-Jean ou en quelque autre des périls où il s'est trouvé pour votre service, tant à Montauban qu'à Montpellier et autres lieux, ou de la main de *celui* qui nous a causé tant de déplaisirs ?

» Ayez pitié de lui, Sire : son ingratitude passée rendra votre miséricorde d'autant plus recommandable.

» Je vous l'ai donné à huit ans ; il était petit-fils du maréchal de Montluc et du président Janin par alliance.

» Les siens vous servent tous les jours, qui n'osent se jeter à vos pieds, de peur de vous déplaire, ne laissant pas de demander en toute humilité et révérence, les larmes à l'œil avec moi, la vie de ce misérable, soit qu'il la doive achever dans une prison perpétuelle, ou dans les armées étrangères en vous faisant service.

» Ainsi Votre Majesté peut relever les siens de l'infamie et de la perte, satisfaire à votre justice et relever votre clémence, nous obligeant de plus en plus à louer votre bénignité, et à prier Dieu continuellement pour la santé et prospérité de votre royale personne, et moi particulièrement qui suis

» Votre très humble et très obéissante
» servante et sujette,
» De Montluc. »

Notre héros avait senti sa poitrine se serrer en écoutant cette humble prière.

Quand elle en eut terminé la lecture :

— J'ai tenté, poursuivit la mère du condamné, j'ai tenté de faire parvenir cette supplique à Sa Majesté...

Personne n'a osé s'en charger...

A mon approche, tous les anciens amis de mon fils reculaient comme pour n'être pas gâtés par la contagion de notre infortune...

— Donnez-moi ce papier, madame, dit le Gascon : je le remettrai moi-même au roi, tout à l'heure, en allant prendre le mot d'ordre.

En ce moment entra Sauveterre, le nouveau valet de Louis XIII.

— Lieutenant, annonça-t-il, mon maître vous mande près de lui sur-le-champ.

— Je vous suis, répondit d'Artagnan.

Puis se tournant vers Mme de Chalais :

— Vous le voyez, madame, le ciel semble pour nous, puisque le roi me fait appeler et que je vais pouvoir lui parler sans retard...

Veuillez m'attendre ici...

Je reviens — aussitôt libre — vous rapporter la réponse de Sa Majesté.

. . . .

Louis XIII se tenait assis dans son cabinet, le dos tourné à la porte d'entrée.

En face de lui était une glace dans laquelle tout en remuant ses papiers, il lui suffisait de jeter un coup d'œil pour voir ceux qui arrivaient chez lui.

A l'entrée du lieutenant, il se leva :

— Monsieur, dit-il brièvement, M. de Chalais a demandé à être confronté avec M. de Louvigny.

Cette confrontation aura lieu demain *avant l'exécution*...

Vous y assisterez avec quatre de vos mousquetaires afin de prêter main-forte à qui de droit et d'empêcher que le condamné se porte à des violences sur la personne de celui qu'il considère comme son principal accusateur.

— Bien, Sire.

— Allez, Monsieur.

D'Artagnan ne bougea pas.

Le Roi le regarda :

— Vous avez quelque chose à me dire ? demanda-t-il.

— A vous dire, non, Sire ; mais à vous remettre.

Et notre héros présenta silencieusement.

— Qu'est-ce que ce papier ? interrogea Louis avec impatience. Expliquez-vous. Rapidement s'il est possible.

— Sire, reprit le Gascon, Votre Majesté a défendu que l'on intercédât auprès d'elle en faveur du condamné qui attend en prison les rigueurs de la justice ou les effets de la clémence de son maître...

Je ne me permettrais donc pas d'élever la voix en faveur de ce malheureux...

Je me bornerai donc à déposer — avec le plus humble respect — cette supplique entre les mains du Roi...

— Une supplique ?

Louis fronça le sourcil...

Et, repoussant le papier :

— Qui donc ose me demander la grâce de ce misérable ?

— Sa mère, Sire.

Le fils du Béarnais conservait son œil sec et sa mine renfrognée.

Mais la rougeur était montée à ses joues pâles.

Il prit la lettre et la plaça sur son bureau.

— J'examinerai ceci, dit-il, et vous ferai tenir ma réponse que vous vous chargerez de remettre à Mme de Chalais-Montluc. Laissez-moi donc, Monsieur. Avant une heure d'ici, mon secrétaire Tronson sera allé vous communiquer ma décision irrévocable.

. . . .

Une heure plus tard, en effet, Tronson arrivait chez d'Artagnan, porteur de l'épître suivante.

Eu égard à sa longueur, il est permis de supposer qu'elle avait été rédigée d'avance pour couper court à tous les recours en grâce adressés à l'époux d'Anne d'Autriche par la mère du condamné.

A Madame de Chalais, la mère,

« Dieu, qui n'a jamais failli, se serait grandement mécompté si, établissant par ses décrets un séjour éternel de peines pour les coupables, il faisait grâce à tous ceux qui demandent pardon.

» Alors, les bons et les vertueux n'auraient pas plus d'avantage que les méchants, qui ne manquent jamais de larmes pour changer les arrêts du ciel.

» Je l'avoue, et cet aveu ferait que je vous pardonnerais très volontiers, si Dieu, m'ayant fait cette grâce particulière de m'élire ici-bas sa vraie image, il m'eut encore fait celle, qu'il s'est réservée à lui seul, de pouvoir connaître l'intérieur des hommes.

» Car alors, selon la vraie connaissance que je pourrais puiser de la source de cette divine grâce, je lancerais et retirerais le foudre de mes châtiments sur la tête de votre fils, dès que j'aurais reconnu sa vraie repentance ou non, de laquelle toutefois, bien que je ne puisse faire aucun jugement assuré, vous pourriez encore obtenir pardon de ma clémence, s'il n'y avait que moi seul qui eût intérêt dans cette offense ; car sachez que je ne suis point roi cruel et sévère, et que j'ai toujours les bras de ma miséricorde ouverts pour recevoir ceux qui, avec une vraie contrition de leur faute commise, m'en viennent humblement demander pardon.

» Mais quand je jette la vue sur tant de millions d'hommes qui s'en reposent tous sur ma diligence, dont je suis le fidèle pasteur et que Dieu m'a donnés en garde, comme à un bon père de famille qui en doit avoir pareil soin et gouvernement qu'il a pour ses propres enfants, afin de lui en rendre compte après cette vie ; et c'est en quoi je vous témoigne assez que la justice est un moindre effet de la puissance que la miséricorde et compassion que j'ai de mes loyaux sujets et de mes fidèles serviteurs, lesquels espérant tous en ma bonté, je veux les sauver tous du présent naufrage par le juste châtiment d'un seul ; n'y ayant rien de plus certain que c'est quelquefois une grâce envers plusieurs que d'en bien châtier quelqu'un.

» Si je vous avoue que beaucoup de gens vivent encore qui seraient sous la terre avec infamie si je ne leur avais pardonné ; aussi m'avouerez-vous que l'offense de ceux-là n'étant pas à comparer au crime exécrable de votre fils, les a rendus dignes de ma clémence : comme vous pouvez voir, en effet, de vérité de ce que je vous dis par les exemples de quelques autres atteints et convaincus du même crime, qui, justement punis, pourrissent maintenant sous la terre, lesquels s'ils eussent survécu à leurs entreprises impies et damnables, cette couronne qui ceint mon chef serait à présent un déplorable objet de misère à ceux-là mêmes qui ont vu fleurir les sacrés lis, au milieu des mouvements et des troubles.

» Et cette puissante monarchie, si bien et si heureusement gouvernée et conservée par les rois mes prédécesseurs, serait maintenant déchirée et mise en pièces par d'illégitimes usurpateurs.

» Ne m'estimez donc non plus cruel que l'habile chirurgien qui coupe quelquefois un membre gangrené et pourri pour garantir les autres parties du corps qui s'en allaient être la nourriture des vers sans ce pitoyable retranchement.

» Et assurez-vous que, s'il y a quelques méchants qui deviennent plus fins, aussi y en a-t-il beaucoup qui s'amendent par l'appréhension du supplice.

» Levez donc vos genoux de terre et ne me demandez plus la vie d'un qui la veut ôter à celui qui est, comme vous le dites vous-même, son bon père et maître, et à la France qui est sa mère et sa nourrice.

» Cette considération, ma cousine, m'ôte maintenant la croyance que vous l'ayez jamais nourri et élevé pour mon service, puisque la nourriture que vous lui avez donnée produit des effets d'un naturel si méchant et si barbare que de vouloir commettre un si étrange parricide.

» Je l'aime donc bien mieux voir à présent la désolation du peu de jours qui vous reste à vivre que de récompenser indignement sa trahison et son infidélité par la ruine de ma personne et de tout mon peuple qui me rend une entière et fidèle obéissance ; j'autorise bien les regrets que vous avez qu'il ne soit pas mort à Saint-Jean, Montauban ou autre lieu, qu'il tâchait de conserver, non pour son prince naturel, mais bien pour d'autres ennemis de mon bien ; non pour le repos de mon peuple, mais pour le troubler.

» Cependant, s'il est vrai qu'à quelque chose malheur est bon, je dois remercier le ciel de pouvoir garantir tout mon Etat par un si notable exemple, puisqu'il servira de miroir à ceux qui vivent aujourd'hui et à la postérité, pour apprendre comme il faut aimer et servir fidèlement son Roi, et qu'il sera la crainte de plusieurs autres qui se rendraient plus hardis à commettre un semblable crime par l'impunité de celui-ci.

» C'est pourquoi vous implorerez désormais en vain ma pitié, vu que j'en ai plus que je ne le saurais exprimer et que ma volonté serait que cette offense ne touchât que moi seul ; car ainsi vous auriez bientôt obtenu le pardon que vous demandez ; mais vous savez que les Rois, étant personnes publiques dont le repos de l'Etat dépend entièrement, ne doivent rien permettre qui puisse être reproché à leur mémoire, et qu'ils doivent être les vrais protecteurs de la justice.

» Je ne dois rien souffrir, en cette qualité, qui puisse m'être reproché par mes fidèles sujets, et aussi je craindrais que Dieu qui, régnant sur les Rois comme les Rois règnent sur les peuples, favorise toujours les bonnes et saintes actions et punit rigoureusement les injustices, ne me fît un jour rendre compte, au péril de la vie éternelle, d'avoir injustement donné la vie temporelle à celui qui ne peut espérer de ma miséricorde d'autres promesses que celles que je vous fais à tous deux qu'en considération des larmes que vous versez devant moi, je changerai l'arrêt de mon conseil, adoucissant la rigueur du supplice, comme aussi l'assistance que je vous promets de mes saintes prières que j'enverrai au ciel, afin qu'il lui plaise d'être aussi pitoyable et miséricordieux envers son âme qu'il a été cruel et impitoyable envers son prince, et à vous, qu'il vous donne la patience en votre affliction, telle que vous la désire votre bon Roi.

» Louis. »

Quand elle eut achevé la lecture de ce véritable monument de cruauté froide, hypocrite et ergotante, Mme de Chalais releva silencieusement la tête — l'œil aride.

Les larmes s'étaient taries au contact brûlant de ses joues et de ses paupières.

Elle n'eut que la force de murmurer :

— O Roi sans cœur !... Roi sans entrailles !... Roi à qui le ciel a bien fait de refuser un fils !

— Madame, insinua Tronson, si vous vous adressiez à Son Eminence ?

La duchesse de Chevreuse haussa les épaules :

— Ne voyez-vous pas, s'écria-t-elle, que c'est Son Eminence qui qui a dicté cette lettre ?

La mère du condamné répéta avec égarement :

— Aux bourreaux ?...

Madame de Chevreuse avait compris :

— Oui, s'exclama-t-elle, il n'y a plus que ce moyen — et peut-être qu'avec de l'or — beaucoup d'or...

Puis, entraînant la pauvre femme :

— Venez, Madame, venez sans perdre une minute... Réunissons tout ce que nous avons d'argent et de bijoux, et présentons-nous, les mains pleines, chez ces deux hommes de sang... Peut-être se montreront-ils plus accessibles au gain que le Roi de France et son ministre ne l'ont été à vos prières et à vos larmes.

LIX

L'EXÉCUTION

La confrontation — réclamée par Chalais — eut lieu le lendemain à sept heures du matin.

D'Artagnan et quatre mousquetaires escortèrent au Bouffay le sieur de Louvigny, le président Marillac et le greffier de celui-ci.

Le condamné et son accusateur furent mis en présence.

Louvigny était « blanc de peur » et tremblait « comme la feuille ».

Chalais avait conservé tout son calme.

Il adjura son ancien ami, au nom du Dieu devant lequel lui, Chalais, allait paraître, de déclarer si jamais il lui avait fait la moindre confidence touchant l'assassinat du Roi et le mariage de la Reine avec le duc d'Anjou.

Louvigny se troubla davantage encore, balbutia de « piteuses raisons » et finit par avouer qu'il ne tenait rien de la bouche du condamné.

M. de Marillac fronça le sourcil :

— Alors, demanda-t-il sévèrement, comment ce complot est-il venu à votre connaissance ?

L'autre essuya la sueur qui lui coulait du front :

— Etant à la chasse, bégaya-t-il, j'ai entendu des gens, qui, derrière un buisson, parlaient entre eux mystérieusement de ce que j'ai rapporté à son Éminence.

— Quels étaient ces causeurs ?

— Je l'ignore... Je ne les ai pas reconnus... Je ne les connaissais point, du reste...

— Etaient-ce des personnes de la Cour ?

— Je ne sais... Je ne me rappelle plus... Elles étaient vêtues de gris : voilà tout ce dont je me souviens.

Chalais sourit dédaigneusement et, se retournant vers le garde des sceaux :

— Maintenant, Monsieur, dit-il, je suis prêt à mourir.

Puis, à voix basse :

— Ah ! traître cardinal, murmura-t-il, c'est toi qui m'a mis où je suis !

En ce moment, un officier survint et remit un pli à Marillac.

Celui-ci en prit connaissance.

Ensuite, il commanda de reconduire le prisonnier dans sa chambre.

Lorsqu'on eut emmené le jeune homme :

— Que se passe-t-il donc, Monseigneur ? questionna notre mousquetaire avec la hardiesse familière du Gascon.

— Il se passe, répondit le président, que le bourreau de la cour et le bourreau de la ville ont disparu tous deux, et que, depuis le point du jour, c'est en vain qu'on les fait chercher.

Il ajouta après un instant de réflexion :

— Peut-être, d'ailleurs, est-ce une ruse imaginée par Son Éminence pour accorder au condamné un sursis, pendant lequel on obtiendra pour lui une commutation de peine...

D'Artagnan eut un mouvement d'épaules qui protestait de son incrédulité.

Juste sur ce mouvement, Rochefort entra.

— M. le Président, dit-il, avertissez M. de Chalais que l'exécution aura lieu à dix heures.

Le Gascon s'approcha de son ancien ennemi :

— Les deux exécuteurs ont donc été retrouvés, Monsieur le Comte ? s'informa-t-il en levant son chapeau.

L'affidé de Richelieu lui rendit son salut :

— Non, Monsieur le Chevalier, répliqua-t-il avec la même courtoisie ; seulement, on les a remplacés...

— Et par qui donc, je vous en prie ?... La besogne n'a rien de bien tentant... surtout, pour un quidam qui n'est pas du métier...

— Celui qui s'en est chargé fera de son mieux pour l'accomplir : c'est un soldat, condamné à la potence et à qui l'on a promis sa grâce s'il s'acquittait un peu proprement de sa tâche...

— Hum ! ne sera-t-il pas bien inexpérimenté ?

Ce soir là, entre onze heures et minuit.

— Hélas! je le redoute fort... Je le redoute pour M. de Chalais... Mais quoi! il fallait prendre ce qu'on avait sous la main !

— Je comprends, fit notre héros avec une gravité froide, que Monseigneur le Cardinal ne pouvait pas couper lui-même le cou à ce grand criminel... Alors, il a passé le glaive à un confrère improvisé... quoiqu'il n'eut pas à craindre que le sang versé parût davantage sur sa robe de pourpre que sur l'habit rouge du bourreau !

. . . .

Toute la garnison de Mantes était sur pied.

La maison du Roi pareillement : les mousquetaires, les gardes françaises et suisses — l'infanterie, la hallebarde à l'épaule — la cavalerie, le mousquet appuyé sur le pommeau de la selle — toutes ces troupes formant le carré sur la place du Bouffay, « en sorte, dit le journal de Montrésor, qu'elles renfermoient un espace d'environ quatre-vingts pas de chaque côté, dans lequel on ne laissoit entrer personne, sinon ceux qui étoient nécessaires.

» Au milieu de cet espace avoit été dressé un échafaud de sept pieds de haut et d'environ neuf pieds de large, au milieu duquel, un peu plus sur le devant, s'élevoit un poteau de la hauteur de trois pieds devant lequel on avoit couché un bloc de la hauteur d'un demi-pied.

» La principale façade de cet échafaud regardoit le fleuve de Loire.

» De l'autre côté s'appuyoit une petite échelle de huit échelons, par devers le bâtiment du Bouffay. »

Une foule compacte s'entassait derrière les lignes des soldats.

M. de Marillac avait envoyé son greffier prévenir le condamné qu'il n'avait plus que quelques instants à vivre.

C'était dur, quand on était jeune, riche, beau, issu d'un des plus nobles sangs de France, de mourir pour une aussi pauvre intrigue et victime d'une si misérable trahison !

Aussi Chalais eut-il un moment de désespoir.

— Tout le monde m'a donc abandonné? gémit-il en se tordant les bras.

— Non, mon fils, prononça une voix solennelle.

Le gentilhomme poussa un grand cri :

— Ma mère !

— Mon Henri, reprit la noble femme, je suis venue vous soutenir et vous aider à franchir la porte de l'éternité. Puisez le courage dans ma force. Et soyons dignes du nom que nous portons tous deux.

Le jeune homme se jeta sur la poitrine de l'héroïque veuve.

Puis, il releva la tête, essuya ses yeux et dit :

— Je suis prêt.

On sortit.

Au pied de l'échafaud attendait le soldat-bourreau.

Pour remplir sa terrible mission, on lui avait donné la première épée venue : c'était celle d'un garde suisse.

Le condamné marchait entre sa mère et le prêtre.

Il portait un habit de velours noir à taillades et à bouffettes de satin de la même couleur, avec des bas de soie et un col en point de rayure.

Ce costume rehaussait sa taille élégante et souple.

Il saluait à droite et à gauche avec une grâce mélancolique.

En passant devant d'Artagnan, qui se tenait ferme en selle, en avant des mousquetaires, mais qui serrait sa poitrine de la main, sous sa casaque, pour comprimer les battements de son cœur, et dont le visage reflétait une cruelle émotion :

— Ah! chevalier, soupira-t-il, que n'ai-je écouté vos conseils!

On plaignait fort ce beau jeune homme, richement vêtu, qui allait être exécuté; mais il y avait aussi bien des larmes pour cette noble veuve, encore en deuil de son mari, et qui accompagnait son fils unique à la mort.

Arrivée au pied de l'échafaud, elle monta les degrés avec lui.

Chalais s'appuya sur son épaule; le confesseur les suivit par derrière.

Le soldat était plus pâle et plus tremblant que le condamné.

Chalais embrassa une dernière fois sa mère, et, s'agenouillant devant le billot, fit une courte prière.

Sa mère s'agenouilla près de lui et unit ses prières aux siennes.

Un instant après, Chalais se retourna du côté du soldat :

— Frappe! dit-il, j'attends.

Le soldat, tremblant, leva son épée et frappa.

Chalais poussa un gémissement, mais releva la tête; il était seulement blessé à l'épaule : l'exécuteur inexpérimenté avait frappé trop bas.

On le vit tout couvert de sang, échanger quelques paroles avec le bourreau, tandis que sa mère se levait et venait l'embrasser.

Puis il replaça sa tête sur le billot, et le soldat frappa une seconde fois.

Chalais poussa un second cri : cette fois encore, il n'était que blessé.

— Au diable cette épée! dit le soldat; elle est trop légère, et, si l'on ne me donne pas autre chose, je ne viendrai jamais à bout de la besogne.

Et il jeta l'épée loin de lui.

Le patient se traîna sur ses genoux et alla poser sa tête toute sanglante et toute mutilée sur la poitrine de sa mère.

On apporta au soldat la doloire d'un tonnelier ; mais ce n'était pas l'arme qui manquait à l'exécuteur, c'était le bras.

Chalais reprit sa place.

Les spectateurs de cette horrible scène comptèrent trente-deux coups.

Au vingtième, le condamné criait encore :

— Jésus ! Maria !

Puis, lorsque tout fut fini, Madame de Chalais se redressa, et, levant ses deux mains au ciel :

— Merci, mon Dieu ! dit-elle, je croyais n'être que la mère d'un condamné, et je suis la mère d'un martyr !

Elle demanda les restes de son fils, et on les lui accorda.

Le Cardinal était parfois plein de clémence.

FIN (1)

---

(1) Nos lecteurs retrouveront une partie des héros de ce drame dans un roman que nous publierons prochainement.

TABLE DES MATIÈRES

		Pages
Chapitre	I. — Au Tourne-Bride.	2
—	II. — Le Judas	10
—	III. — Les Aversionnaires	16
—	IV. — Mariage de Prince.	22
—	V. — Par la fenêtre	30
—	VI. — Aventure de Voyage.	36
—	VII. — La Bohémienne.	40
—	VIII. — Halte de Bohémiens	44
—	IX. — Le Conseil des Anciens	48
—	X. — Premier Visiteur.	58
—	XI. — Ce qui s'était passé dans la nuit du 16 octobre 1604, et ce qui en était résulté	63
—	XII. — A bon demandeur, bon refuseur	72
—	XIII. — Le Rêve de d'Artagnan.	82
—	XIV. — Le Fouet à manche d'ébène et le Sifflet d'argent	87
—	XV. — L'Aventure du ravin et de l'enfant	92
—	XVI. — Le Sauvetage et l'Enrôlement	96
—	XVII. — Les Perplexités de d'Artagnan	102
—	XVIII. — Le Château neuf.	109
—	XIX. — L'Enquête du duc d'Anjou	116
—	XX. — Vieille histoire	123
—	XXI. — Présentation.	128
—	XXII. — Les Gants révélateurs.	134
—	XXIII. — Le jeu de la Reine.	141
—	XXIV. — Les jeux de la politique et de l'amour.	146
—	XXV. — Explication.	152
—	XXVI. — Deux nouveaux personnages.	159
—	XXVII. — Au Singe de qualité.	163
—	XXVIII. — L'intervention inattendue	171
—	XXIX. — Sous le couvent.	174

TABLE DES MATIÈRES

		Pages.
Chapitre	XXX. — Francatrippa et Fritellino.	179
—	XXXI. — Au rond-point du Rendez-vous de chasse.	187
—	XXXII. — A Rueil.	191
—	XXXIII. — La Lettre, le Masque et le Nœud de ruban	200
—	XXXIV. — Le retrait de Marie Touchet	212
—	XXXV. — La Surprise	216
—	XXXVI. — Le baron Christian.	221
—	XXXVII. — Succès et Mécomptes	228
—	XXXVIII. — Gorbas se souvient.	234
—	XXXIX. — L'Auberge de l'Orme de Sully. . . .	240
—	XL. — L'Envoyé de M. de Vendôme	245
—	XLI. — Cardinal et Mousquetaire.	254
—	XLII. — Fin d'une première conspiration	263
—	XLIII. — Le Narcotique.	271
—	XLIV. — Le Pourchas.	277
—	XLV. — Le Pum et la Navaja	282
—	XLVI. — Un peu d'histoire.	288
—	XLVII. — Un peu de politique.	294
—	XLVIII. — Départ pour Blois.	303
—	XLIX. — A Beauregard.	310
—	L. — L'Arrestation.	316
—	LI. — A Nantes.	323
—	LII. — Sur la Tour de l'Est.	328
—	LIII. — Coup de tonnerre dans un ciel serein. . .	333
—	LIV. — Le Procès.	341
—	LV. — La Sentinelle.	347
—	LVI. — Dans la chambre du prisonnier.	352
—	LVII. — L'Arrêt	360
—	LVIII. — La Mère	366
—	LIX. — L'Exécution.	375

FIN DE LA TABLE DES MATIÈRES

VERSAILLES. — IMPRIMERIE CERF ET FILS, 59, RUE DUPLESSIS.

Imprimerie CERF & Fils, à Versailles

DÉCLARATION DE DÉPOT

Nous, soussignés, CERF et Fils, Imprimeurs à Versailles, déclarons déposer à la Préfecture de Seine-et-Oise, deux exemplaires d'un ouvrage imprimé pour le compte de *Mirthille Wormus & Cie* et ayant pour titre littéral

d'Artagnan par Paul Mahalin

N° du récépissé ....
Format de l'ouvrage .... in-4°
Nombre de volumes .... 2e Série n° 6.7.8.9.
Nombre total de feuilles d'impression ..... 2 feuilles
Nombre d'exemplaires tirés 10.000

Versailles, le 24 Janvier 1890

Nombre de volumes .... 2e Série
Nombre total de feuilles d'impression ...... 6.7.8.9. 2 feuilles
Nombre d'exemplaires tirés 10.000

Versailles, le   18

PRÉFECTURE
DE
SEINE-ET-OISE

Secrétariat

DÉPOT LÉGAL

Récépissé de Dépôt

N°

Le Préfet de Seine-et-Oise certifie que MM. CERF et Fils, imprimeurs à Versailles, ont déposé à la Préfecture deux exemplaires d'un ouvrage imprimé pour le compte de *Hartlolié Hermus et Cie* et ayant pour titre littéral :

*d'Octaonar
par Paul Rabalin*

Format de l'ouvrage.................. in- 4°
Nombre de volumes................. 2.º Série
Nombre total de feuilles d'impression...... 6 f. ½ feuilles
Nombre d'exemplaires tirés 10.600

Versailles, le   18

www.ingramcontent.com/pod-product-compliance
Lightning Source LLC
Chambersburg PA
CBHW060604170426
43201CB00009B/897